CSSCI 来源集刊

语言研究集刊

Bulletin of Linguistic Studies

第二十七辑

复旦大学汉语言文字学科
《语言研究集刊》编委会 编

上海辞书出版社

《语言研究集刊》网址：http://yjjk.chinajournal.net.cn/

目　　录

音变产生的原因*

陈忠敏

提要　文章探讨激发音变的起始原因，认为激发音变的起始原因可分为发音和感知两大部分，其中感知原因还要考虑音系结构因素和增强区别性因素，最后，文章对 Ohala 教授所提出的听者启动音变模式做了简单的解释和评介。

关键词　语音演变　协同发音　逆同化音变　听者启动音变模式　矫正不足　过度矫正

一、导　　言

历史语言的教科书在音变的章节里往往会罗列各种音变类型，比如合并音变、腭化音变、同化音变、异化音变、umlaut 音变等。当然这些音变类型的介绍是很重要的，对要学习历史语言学的初学者尤其重要。但是我们发现有些音变在世界各地语言里都会出现，具有跨语言的普遍意义，为何会出现这样的情况，可以做深入探究。新语法学派的规则音变假说只强调音变的规律性，并没有提供多少有价值的音变解释，他们非常肯定地认为音变的过程是无法观察的，音变的发生、进行都是盲目的、无目的的，跟词的结构、说话者的言语交接能力没有任何关系。因为整个音变过程是不知不觉的，无法察觉的，所以说话者既没有能力阻止音变，也没有能力修改音变的进程，直到整个音变完成。十九世纪历史语言学家认为音变是由发音动作的逐渐移动造成的。关于音变的渐变性质，丹麦语言学家叶斯伯森（Otto Jespersen）曾做过一个比喻：音变就像锯木头一样，如果你想把每段木头都

* 本文的写作承蒙国家社科基金重大项目"上海城市方言现状与历史研究及数据库建设"（项目编号 19ZDA303）资助，特此鸣谢！

锯得一样长的话,每次都用锯下来的一段木头比着去锯下一段木头,稍不留意,开始的和最后的两段木头长短就可能相差很远。叶斯伯森认为音变就跟锯木头相似,每次差一点,积累几十年、几百年时间,差别就非常明显了。

二十世纪初期及中期结构主义语言学家对音变也缺乏解释,他们注重语言中具有区别功能的音位变化,对那些不具音位价值的语音变异是不重视的。这一点在布龙菲尔德的论著中十分明显,他说:从历史的角度看,语音演变方向就像非区别性变异选择一个倾向,而放弃另一个倾向。只有当这些变异过了几代人达到足够多和大的时候人们才会察觉。在一个语言里任何时候非区别性声学特征是具有高度变异性的,而语音的演变其实是一个音系结构里的音位变化(it is phoneme that change)。即使是最灵敏的声学记录也无法告诉我们语言里的音位变化。(Bloomfield 1933)霍凯特(Charles Hockett)也认为音变是无法直接观察的:音变的整个过程是缓慢的和持续进行着的,但是音位的重建和改变必定是突然的、一刹那的,人们无法直接观察到这种突然事件的发生。(Hockett 1958)

无论是新语法学派还是结构主义语言学家在音变的观察中都没有认识到这些事实。第一,音变的过程并不是不能观察。我们得承认受过训练的语音学家对语音的细微差异敏感度高于常人,一些常人毫无觉察的语言变异语音学家可以通过各种专业方法听辨出来。第二,进入二十世纪,随着录音技术、语音分析软件发展和进步,以及语音学家对语音变异研究的深入,音变中各种语音变异的性质、变异的倾向都被很好地揭示出来,从而能看出音变的方向。

其实音变并不像新语法学派所说的是盲目的、无目的的,证据如下:第一,跨语言、跨语系存在着相同的音变现象。比如在一个词首音节位置的浊塞音、浊擦音都有清化的趋势,而在词中或响音间则有浊化趋势;一个语言元音的格局总是前元音不圆唇,后元音圆唇;在前高元音前的辅音都有腭化的趋势等。第二,上述跨语言、跨语系的音变不仅现在是这样,以前的语言也是这样。如发生在梵语里的腭化音变也是在前高元音前,原始梵语也有五个元音,也遵循前元音不圆唇,后元音圆唇规律。第三,现在世界语言有七千多种,各种方言则不计其数,如果语音演变真的是盲目的、无目的的,这么众多的语言和方言经过成千上万年的演变,各语言(方言)的语音格局必然是纷繁复杂,相互间会毫无相似性,差异性随着时间的推移也必定是越来越大。但是现实的情况正好相反,音系格局都遵循平衡、对称、成系统的特点,音系的类型也就是这么几个。综上所述,跨越时间和跨越不同语言的相同音变一次次重复出现,以及各种语言语音系统都遵循平衡、对称、系统等特点的现实,足以说明音变不是盲目发生的,而是遵循一定规律,沿着一定目标演变的。

结构主义语言学家注重音位变化而忽视音变过程中语音变异的研究,其结果直接导致结构主义语言学对音变原因研究的滞后。当然不是所有的语音变异都会导致语音演变,但是语音演变肇始于语音变异。如果脱离具体的语音变异,语音变化的物质基础就不存在了,音变过程的观察和研究也就枉然。

二十世纪五六十年代以后,历史语言学家对语言演变,特别是语音演变的原因越来越重视。语言学家大概从这样几方面来解释语音演变:1. 非语言因素的原因,如社会因素、历史因素等。2. 音系结构的规则性和平衡性等因素。3. 发音器官的因素。4. 语音的声学或感知原因。5. 语言习得因素。其中 1 是非语言因素,其他都是语言因素。通常研究音变的原因分两步走:第一步是研究激发音变的起始原因,英文叫 actuation,第二步是研究激发后在人群中的扩散原因,英文叫 implementation。第二步的研究工作属于社会语音学的任务,音变在人群中扩散跟社会因素有关。本文不讨论第二步内容,只对第一步,也即对音变起始的原因进行讨论。

激发(actuation)阶段包括说者的发音、声波的传递,以及听者对这些音的感知等。语音感知主要途径是声波,所以声波的传递和听者的感知可以纳入音变的感知部分。这样讨论音变的原因其实主要是两大块:发音和感知。当然感知还受听者的语音系统制约,有的音变还受增强区别性的要求,这些也都会对音变的方向做出改变,我们在讨论音变的原因时也会考虑这两方面的因素。

二、音变的发音制约因素

2.1 发音协同引起的音变

邻近的音段如果发音收紧点位置相差较远,会相互竞争、影响,采取折中协调的部位发音。比如非洲的 Ewe 语前后是 e 环境中的 k(eke)与前后是

a 环境中的 k(aka),其中的 k 发音动作是不一样的。图 1 是用电磁波记录 Ewe 语 eke 和 aka 中两个 k 的收紧点位置[根据 Maddieson(1993)一文中的图增删]。

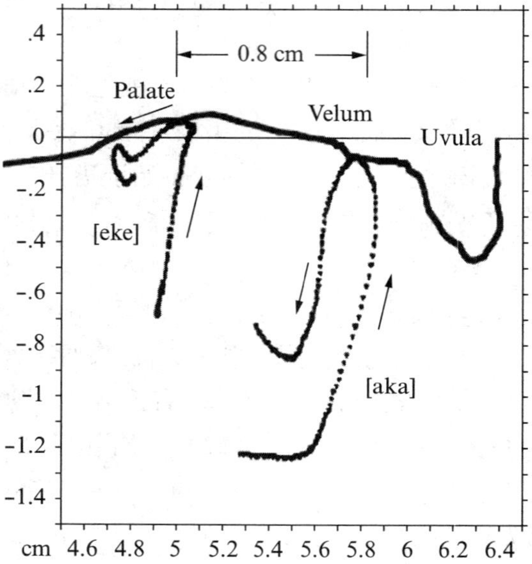

图 1　电磁波记录 Ewe 语 eke 和 aka 中两个 k 的收紧点位置

图 1 中两个 k 的位置由于受不同元音的影响位移 0.8 cm。如果在低元音 a 中间的 k 是原先 k 收紧的位置,那么在前高元音 e__e 的环境里 k 的收紧点则前移了 0.8 cm。那么在元音 e 或 a 的环境下为什么是 k 的收紧点位置移动,而不是元音舌位发生变化? 根据 Stevens 提出的量子理论(Quantal Theory),在前后两个音段发生音姿混合(gesture blending)时,收紧点相对紧的音段更不稳定,容易被收紧点较松的稳定音段影响而滑动,所以稳定音段在音变的方向性上是起决定作用的。与辅音相比元音即使有收紧点也是非常松的,这样就能解释世界语言里腭化音变的方向,是元音影响辅音,决定辅音音变方向,而不是相反:

k k^h ɡ > tɕ $tɕ^h$ dʑ / ________ i 或 y

2.2　发音音姿时间差引起的音变

很多增音现象的解释也跟发音音姿有关。比如古英语里 þunrian > þundrian(thunder),n 和 r 之间增音 d;拉丁语里 temlo > templum,m 和 l 之间增音 p;希腊语里 mrotos > mbrotos,m 和 r 之间增加 b。产生此类增音的原因,John Ohala 认为是发音音姿的时间差(wrong timing)造成的。以 nr > ndr 音变为例,可分解为三个示意图(Ohala 1997),见图 2。

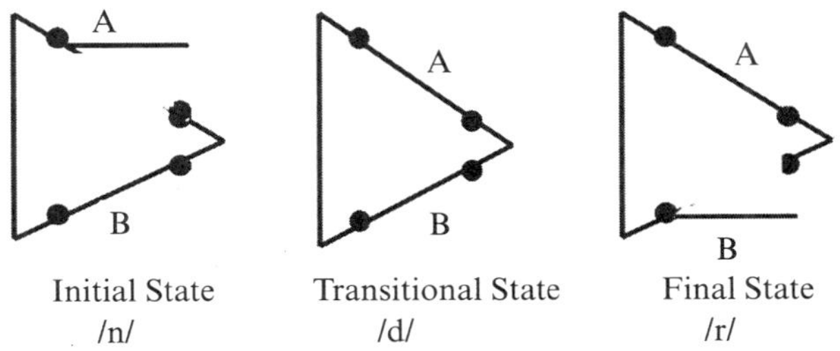

图 2　nr > ndr 时间差示意图

发 n 时鼻腔 A 打开,如左边的 initial state(开始阶段)图示;发 r 时则鼻腔要关闭,口腔得打开 B 阀门,如右边的 final state(最后阶段)图示;在发完 n 后鼻腔关闭,此时口腔尚未打开,也就是 A 和 B 两个阀门都没有打开,如中间的 transitional state(中间阶段)图示,这个音姿正好就是 d 的发音音姿。所以就会有 d 的增音。

2.3　发音时空气动力制约引起的音变

空气动力制约也属于发音制约范畴,其对浊辅音变为清辅音的解释力最强(Ohala 1983; Ohala & Solé 2008)。图 3 是发浊塞音持阻阶段的示意图。

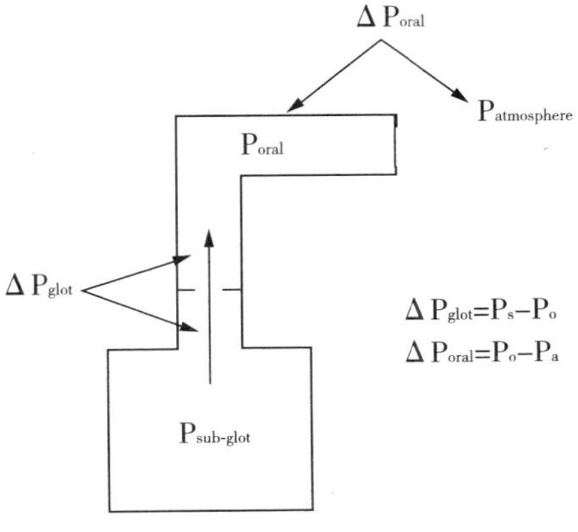

图 3　声门上下、口腔内外气压差示意图

图3中口腔收紧点封闭,形成口压(P_{oral})和外面大气压($P_{atmosphere}$)之间的气压差($\Delta P_{oral} = P_o - P_a$),称之为口内外气压差($\Delta P_{oral}$)。对塞音来讲口内外压力差越大越好,除阻时才会有塞音的爆破感。声带振动需要急促的气流穿过两片声带,使之产生布努力效应(Bernoulli effect)做相向的运动而振动。声门下压力($P_{sub\text{-}glot}$)要高于口压才能有肺部气流急促往口内流,所以声门上下气压差($\Delta P_{glot} = P_s - P_o$)越大越好,这就要求口压越小越好。但是随着急促气流从肺部穿过声带进入口腔,口内的压力会越来越高,这对声带振动是不利的,所以浊辅音相对来讲较难维持,往往变为清辅音。如果要维持浊塞音,有几种方法,第一种,由于压力与空间成反比,空间越大,压力越小,所以在语言里浊塞音最容易保留是口内空间较大的双唇塞音,其次是舌尖塞音,较难的是舌根塞音 g,所以浊塞音保留的易难程度有个次序:b > d > g。第二种维持浊塞音的方法就是有意地扩大声门到收紧点的空间,空间变大,压力就会下降,所以下沉喉头发浊内爆音是有利于浊音的保留。第三种方法,打开鼻咽通道,释放口腔压力,也是容易维持浊塞音的,所以很多语言里鼻冠浊塞音($^{m}b\,^{n}d\,^{ŋ}g$)也是容易维持浊塞音的。对浊擦音来讲,口内高压更是擦音具有摩擦感的必备要求。口内外气压差(ΔP_{oral})大才会达到摩擦声所需雷诺数(Reynolds number)的要求,所以发擦音口内收紧点后面必定是高压。口内高压就无法满足声门上下气压差越大越好的声带震动要求,鱼和熊掌不可兼得,因此浊擦音也极易发生变化,演变途径有两个(以浊擦音 z 为例):

(+voice, +fricative) z → [-voice] s(保持擦,丢失浊)
(+voice, +fricative) z → [+sonorant] r(保持浊,丢失擦)

浊擦音还要保留摩擦,收紧点后要有高压,那就要求两片声带放开,不做振动,变为清擦音,这样就没有声门上下有气压差的要求了。如果仍要保持浊的特征,声带要振动,就不能口内有高压,口内收紧点放松,丢失擦的特征就变为对应的响音了。表1、表2的音变是浊擦音变响音的例子:

表 1　West Germanic rhotacism: $^*z>r$ (Sievers 1898)

GOTHIC	OLD ENGLISH
hazjan	*xerian* ‘to praise’
maiza	*maːra* ‘more’
huzd	*xord* ‘treasure’

表 2　Middle English (ME) voiced back fricative gliding (Luick 1921—1940)

LATE OE/EARLY ME	ME	GLOSS
cœːj	*keie*	‘key’
eːje	*eye*	‘eye’ (German *Auge*)
plœjian	*pleien*	‘play’
laɣe	*lawe*	‘law’
jeoɣuþ	*youth*	‘youth’ (German *Jugend*)
borɣian	*borwen*	‘borrow’ (German *borgen*)
folɣian	*folwen*	‘follow’ (German *folgen*)
morɣe	*morwe*	‘(to) morrow’ (German *Morgen*)
sorɣe	*sorwe*	‘sorrow’ (German *Sorge*)

三、感知原因造成的音变

语音经发音人发出传入听者感觉器官。不过在传播的过程中说者发出的语音并不是百分之一百为听者所接受,由于前后语境的不同、声波在媒介传播中的失真,听者感觉器官的特殊性等原因都会导致听者所听到的语音跟说者的原本说的语音有所不同,或者造成听者的错位理解和分析(misparsing),这些不同再由听者口里发出,就有可能引起音变。我们把这种音变称为“听者启动的音变”(listener-based sound change, Ohala 1993)。

逆同化音变(regressive assimilation)在语言中十分普遍。比如:

汉语普通话:人民[ɻəm³⁵ min³⁵]、赶快[kɑŋ²¹⁴ kʰuai⁵¹]

英语:impossible　incomplete　indirection

[impʰ-]　[iŋkʰ-]　[ind-]

汉语普通话、英语里前一音节的鼻尾,其发音部位都要跟后一音节辅音的发音部位一致,也就是发生了逆同化,它们都是发音部位相同,自己尚保留各自的发音方法,所以这是部分逆同化(partial regressive assimilation)。

晚期拉丁语:[oktu]>　　意大利语[otto]　"八"

[noktu]>　　[notto]"噩梦"

拉丁语到意大利语则是全部逆同化(total regressive assimilation)后面的塞音同化前面的塞音,前后塞音变得完全一样。为了简便,上述逆同化的公式可以表述为: $C_1C_2>C_2C_2$。对于这种同化音变,以前往往是从发音的角度去解释原因的:说者在极为短暂的时间内连续发两个不同部位的音有难度,所以为了便于发音,两个前后的音段就会同化,或部分相同(上述普通话、英语的例子),或全部相同(上述意大利语的例子)。这种说法其实是缺乏解释力的。语音同化有逆同化,也有前面音段同化后面音段的顺同化(progressive assimilation)。在世界语言里逆同化远远多于顺同化。如果为了说者便于发音,发完第一个音,让第二个音与前一个音相同应该更为容易和省力,而不是第一个音去迁就第二个音,产生逆同化。或者至少顺同化和逆同化的概率大致相当,才能说是便于发音。但是实际的语言正好相反,逆同化的数量远远超出顺同化。这就需要从另一角度来重新审视逆同化音变。

辅音的同化往往是改变发音部位,使得前后两个音段发音部位相同,无论是部分同化还是完全同化都是如此。辅音,尤其是塞音,发音相当短促,所以在一个音节里,音段与音段并非线性排列,而是叠加在一起出现,像塞音这类辅音的很多音征都是隐藏在后接元音里的。图4是Haskins Lab做语音合成的模式播放(Pattern Playback)器画出的塞音加元音的声学模式示意图:

CV结构中的V(元音)是一样的,所不同的是元音前的塞音,有双唇、舌尖和舌根三个发音部位的。塞音的清浊跟后接元音第一共振峰有关,清塞音没有从低往上升的第一共振峰弯头,浊塞音则有。双唇、舌尖和舌根三个发音部位的不同主要是看两个声学特征,其一是塞音爆破点(stop burst),三个发音部位,舌尖塞音的爆破点频率最高,其次是舌根塞音,双唇塞音则最低。其二是在元音段里,也就是后接元音共振峰前段音轨(transition)的走向。前面是双唇塞音的三个共振峰音轨走向都是从下往上升的;前面是舌尖塞音的第二、第三共振峰音轨都是从上往下的;前面是舌根塞音的第二共

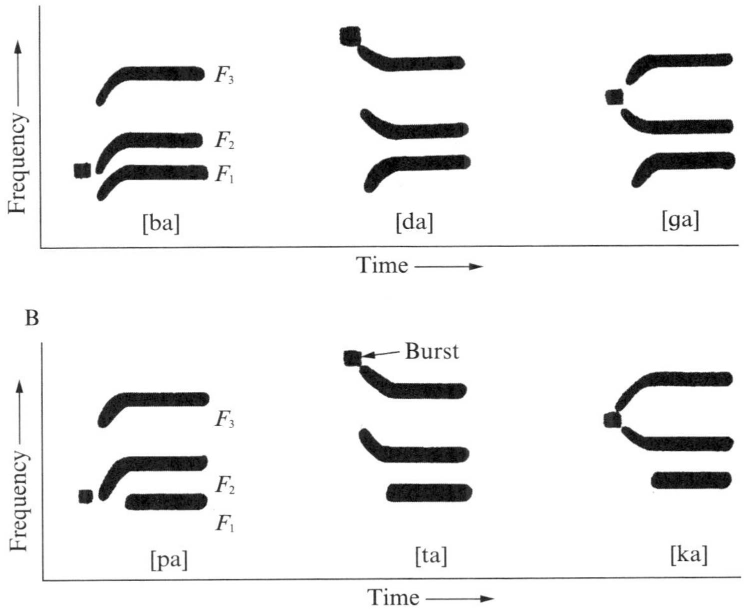

图 4　双唇、舌尖、舌根塞音爆破点及后接元音音轨示意图

振峰音轨从上往下,第三共振峰音轨则是从下往上的。元音共振峰音轨的时长比塞音本身爆破点的时长要长得多,提供前面塞音发音部位的信息也就更强,研究证明后接元音共振峰音轨所提供的塞音发音部位信息远比塞音本身爆破点信息更重要。(Ohala 1990;Hume, Johnson, Seo. *et al.* 1999)像"kt + 元音"这样的音段序列,k 音段的发音部位只有爆破点的信息,丢失了共振峰音轨的强信息,所以从信号的强度来说是残缺的,是种弱音征。后面的 t 则爆破点信息、共振峰音轨信息都有,是健全的音段,是强音征,两者排列在一起,强音征会遮蔽弱音征,听者捕捉到的是强音征,忽略弱音征,所以就会发生音变:

kt + 元音 > tt + 元音

从说者的角度来说,他确实是发了"kt + 元音",所以这类音变跟说者无关,而是听者把"kt + 元音"感知为"tt + 元音"。这就是听者启动的音变。

梵语(Sanskrit)是公元前 1000 年在印度使用的语言,Pāli 语是梵语的子语言,从梵语发展而来,不过 Pāli 语也已经消失,没有流传下来。请看表 3 梵语到 Pāli 语词中位置复辅音的音变。

表 3 梵语到 Pāli 语词中复辅音的音变

梵语	Pāli 语	词义
ṣaṭka	$tʃ^{h}$akka	'collection of six'
mudga	mugga	'bean'
sapta	satta	'seven'
kilbiṣa	kibbisa	'sin'
kalmaːṣa	kammaːsa	'spotted'
karka	kakka	'a precious stone'
durlab^{h}a	dullab^{h}a	'hard to attein'
aːrja	aːjja	'venerable'
nirjaːti	nijjaːti	'goes away'
swapna	soppa	'sleep'
$tʃ^{h}$adman	$tʃ^{h}$addana	'cover'
takra	takka	'whey'
udra	udda	'otter'
sukla	sukka	'white'
sakja	sakka	'capable'
utʃjate	wutʃtʃati	'is said'
kuḍja	kuḍḍa	'wall'
pradʒwalati	padʒdʒalati	'burns'
tʃatwaːras	tʃattaːro	'four'
saːdwala	saːddala	'grassy'

从梵语到 Pāli 语词中位置复辅音发生了完全同化的音变。不过粗看起来这种同化音变似乎没有规律,既发生逆同化音变,如 ṭk > kk;也发生顺同

化音变,如 kl > kk。但是,如果把辅音分为强辅音和弱辅音两类,规律就清楚了:

A 类是塞音、塞擦音: k, g, t, d, p, b, ʈ, ɖ, tʃ, dʒ

B 类是鼻音、边音、滚音、近音: m, n, l, r, j, w

A 类是强辅音,B 类是弱辅音。音变的规律是: AA、BB、BA 序列一定是逆同化,只有 AB 序列是顺同化。音变方向完全可以从听觉的强音征遮蔽弱音征这一角度来解释。逆同化序列中的第二个辅音都是强音征,因为后面有元音提供的共振峰音轨,发音部位特征就显赫。那么 AB 为什么是顺同化呢?原因是 A 类塞音、塞擦音后接 B 类响音,响音也有共振峰,也能提供发音部位的共振峰音轨音征,所以 AB 复辅音中的 A 也具备强音征的特点。尽管梵语、Pāli 语今已消失,但是我们仍可以从现在语言 C_1C_2V 语音序列强弱音征的不同,判断梵语到 Pāli 语词中位置复辅音的音变是听者启动的音变。

如果发音时共鸣腔前后有多个收紧点,声音传送受到多个收紧点的修饰,里面收紧点所修饰的音响较弱,产生的音响会被外面收紧点做第二次修饰,所以总的音响是外面收紧点所产生的,里面收紧点所产生的微弱音响也会被外面收紧点遮蔽,听者所接收到的往往是被最外面收紧点修饰的声音,对听者来说这是强音征。于是,听者启动的音变就由此发生。知系声母读 pf 唇齿音就是一个很典型的例子。知系声母读 pf 唇齿音在汉语方言中分布很广。高本汉(1940)[174]首先发现某些汉语方言中来自知系的 pf 类声母,他详细记录西安方言中来自知系声母的 pf。据张世方(2004)研究,官话中知系声母读成唇齿音的分为 7 大类,全国有 12 个省 100 多个县市方言具有这类现象。张世方(2004)对此音变现象有个音理上的解释,他认为这种音变的原因是合口呼介音 u 的强摩擦化引起的。

[u]虽然是后高元音,但它的发音同时和双唇有关,而摩擦化可能使元音辅音化,并且摩擦化所造成的发音负担可能由双唇或唇齿分担,这样介音由于摩擦化所形成的新的发音特点最终会影响声母,声母为了适应介音的这种特点,发音部位逐渐前移,变成带有摩擦的、发音部位靠前的新声母。

后接元音 u 当然是一个原因,因为发生唇齿化的知系声母都有后接 u 元音,或者以前属于合口呼。但是把知系声母唇齿化都归为后接元音 u 的强摩擦,未免太简单化了。还必须要回答同是后接 u,为什么其他声母没有唇齿化?比如属精组的 ts 类声母在 u 前,为什么没有往前移?从发音部位来说,ts 类声母比 tʂ类声母更靠唇齿部位,为什么 ts 类声母不发生唇齿化?请看表 4 西安话精组、知系声母读者对比表(《汉语方音字汇》1989):

表 4　西安话精组、知系声母读音对比表

精组声母	祖 tsu^3	粗 ts^hu^1	苏 su^1
知系声母	煮 pfu^3	初 pf^hu^1	书 fu^1

知组声母原先是卷舌音,卷舌音 tʂ类声母一个次要发音动作就是双唇收紧,再加上后接 u,两者相加,唇收紧的程度就高,时长也长。tʂu 协同发音(在发 tʂ时,双唇和舌根已在做发 u 的准备)形成类似闷葫芦发音体,如图 5 所示。

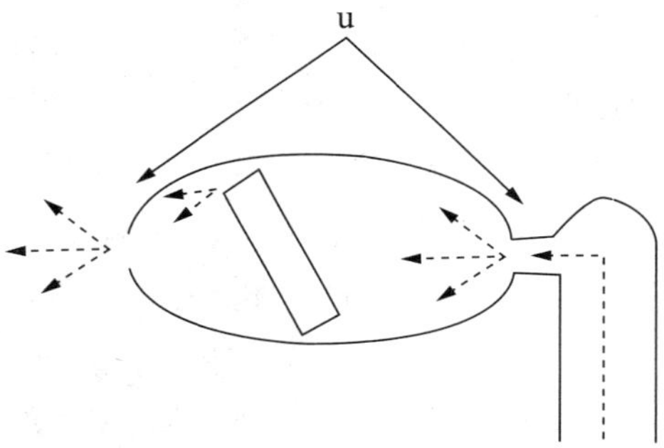

图 5　tʂu > pfu 唇齿化音变示意图

发 u 元音舌根与软腭收紧,以及卷舌舌尖与硬腭某处收紧,这两处收紧处所产生的声学信号,都是闷在口腔里,这些信号都得经过收紧程度深、时间长的唇部收紧处再修饰。也即,发出的总音响效果是经过唇部修饰的声音。唇部收紧处发出的强音征遮蔽了闷在里面的弱音征。于是就会发生唇齿化音变:tʂu > pfu。这是一种典型的听者启动的音变。来自精组的 ts 类声母尽管后接 u,但是因为声母本身没有双唇收紧的动作,所以尽管 ts 跟 u 也有协同发音的作用,但是靠后接元音 u 微弱的双唇收紧不足以产生唇齿化音响效果。所以知系声母后接合口呼变为唇齿音要有两种唇部收紧的合力才能实现:卷舌声母圆唇化动作 + 后接元音 u 圆唇化动作。

世界语言里有大量的类似音变,如 h(χ)u > fu、ku(w) > pu(w)等。(Catford 1977)h 或 x(χ)收紧处在喉部、舌根或小舌处,圆唇收紧的话,这些闷在里面的音响都要经过收紧的唇部发射出去,听者捕捉到的强音征是来自唇部的语音,所以就会误判为唇部音了。这也是听者启动的音变。圆唇的 u 可以在前,也可以在后,都会引起此类音变。如古英语到现代标准英语的音变是 x > f/圆唇元音____,如:

古英语 * koxxian > 现代英语 cough

古英语 * xlœxxan > 现代英语 laugh

古英语 * ruːx > 现代英语 rough

古英语 xw 在 Buchan Scots 英语里变为 f(Dieth 1932):

xwaː > fɑː 'who'

xwœt > fɑt 'what'

xwiːt > fəjt 'white'

xwonne > fɑn 'when'

u 无论在 x 左还是在 x 右,两个音段紧挨着,一定会发生协同发音,也即发前面一个音时已经为下一个音做准备了。这种协同发音在两种音姿(发 x 舌根与软腭收紧,发 u 唇以及舌根与软腭收紧)动作无冲突时,协同的程度就更大和自由,发前一个音的同时可做后一个音的动作,此时,发生音变的可能性也就大。从发音的角度看,x 和 u 两个音的动作都是做的,但是协同以后,收紧点靠外所产生的音响是强音征,容易为听者接受,于是就发生了音变。

四、音变受制于音系结构

音变的发音制约因素和感知制约因素是人类共有的,也是人类语言共同遵循的演变趋势。不过具有相同的发音、感知制约因素,为什么有的语言发生了音变,有的则没有,有的还发生与预期不同的音变,原因之一就是各自不同的语言系统,特别是各自音系结构起了很大的制约作用。可以说,各种语言音系结构的特点为音变到底往什么方向变化提供了一种选择性途径。另外,在已有的音系框架下,演变可以使音变前与音变后不是那么突然,这对交际是有利的。音系结构是一种抽象的语音规则,抽象的规则会制约音类的感知和音变的方向。

英语为母语的人认知/p,t,k/和/b,d,g/时很大一部分因素是由音系规则和环境决定的。英语/p,t,k/在 s 后面都是不送气的清塞音,在词首则是送气的清塞音。所谓的浊塞音/b,d,g/在词首位置一般也是清不送气塞音,尤其是舌尖和舌根的/d,g/更是如此,双唇的/b/有人是真浊音(这里所说的真浊音是指 vot 数值小于零的塞音),有人则是清音。如果浊音都发成清不送音,那么英语为母语者如何区别清浊塞音呢?那就完全由英语的音系规则来决定:

/p,t,k/ →[p,t,k]/s ____
→[p^h,t^h,k^h]elsewhere

/b,d,g/ →[p,t,k]/#____
→[b,d,g]elsewhere

/p,t,k/和/b,d,g/都可以读成[p,t,k],但是出现的环境不一样,前者必须在 s 的后面,后者是在词首,两者不出现在相同的环境里,所以尽管是听到的音值相同,也会被感知为不同的音类。可见,音类的感知是受音系结构的制约。

上文第三节论及 C_1C_2V 序列,C_1 是弱信号,在音变中容易给 C_2 同化,所以音变的公式可以表述为 $C_1C_2V > C_2C_2V$,梵语到 Pāli 语词中位置复辅音的音变就是典型的例子,音变后变为重叠辅音 C_2C_2(geminate),这是因为在 Pāli 语的音系结构里已经存在重叠辅音,变为重叠辅音才有可能。(Kiparsky 1995)在古藏语也有 C_1C_2V 类似的复辅音,到今各藏语方言却发生了复辅音单辅音化。如(江荻 2002):

"白":古藏语 dkar po,拉萨 $kaː^{55}$ po^{55},桑噶尔 kar po
"脏":古藏语 btsog pa,拉萨 $tsok^{55}$ pa^{55},巴塘 tso^{55} pa^{53}
"九":古藏语 dgu,拉萨 ku^{13},宗卡 guː,德格 gu^{31}
"梁":古藏语 gduŋ ma,拉萨 $tuŋ^{13}$ $mə^{53}$,德格 $duŋ^{55}$ ma^{53}
……

与 Pāli 语复辅音的音变途径不同,现代藏语各方言普遍发生了浊辅音清化,同时也发生了 C_1 丢失的变化。今藏语各方言的音系格局里已经没有"塞音+塞音(塞擦音)"这样的组合,于是,在 C_1C_2V 序列中,弱信号的 C_1 就会丢失,而强信号的 C_2 则保留。C_1C_2V 的音变走向就要适合今藏语各方言的语音格局。

中古英语 iç 发展到 Bradford、Yorkshire 英语变为长元音,详见表 5:

表 5　中古英语 iç 发展到 Bradford、Yorkshire 英语变为长元音

中古英语	Bradford、Yorkshire 英语	词义
briçt	briːt	"bright"
friçt	friːt	"fright"
liçt	liːt	"light"
miçt	miːt	"might"(*n.*)
niçt	niːt	"night"
pliçt	pliːt	"plight"
wriçt	riːt	"wright"
siçt	siːt	"sight"
tiçt	tiːt	"tight"

上述音变公式可表述为：

iç > iː

其中的 ç 辅音丢失，引起前面的元音做补偿式的拉长（compensatory vowel lengthening），这种音变发生的前提是 Bradford、Yorkshire 英语的音系结构里原先就有元音长短的对立，如果音系结构里没有长短元音的对立，这种音变就不太可能发生。

英语和其他语言里的元音大转移（the great vowel shift）的内容其实包括紧元音（tense vowels，又称长元音）高化，松元音（lax vowels，又称短元音）低化，后元音前化三条重要的音变规则。（Labov 1993）语言中发生上述元音大转移音变的一个条件是这些语言的音系里原本就有松紧元音（或长短元音）对立。如果只有长元音没有短元音，元音就始终处于高化的过程中，如果只有短元音没有长元音，元音也始终处于低化的过程中，整个元音格局就失去结构性的平衡。（Kiparsky 1995）

五、音变的增强区别性因素

语言是音和义的结合体。传递语义，特别是重要的语义载体——语音，由于音变而模糊,听者就无法凭借模糊的音来感知说者的意义,这样的言语交际就会失效。雅各布逊(Jakobson *et al*. 1952)说:"We speak in order to be heard, in order to be understood."所以,听者会对说者提出增强语音清晰度的要求。于是,为了增强区别性,会产生特殊的音变。英语名词复数的音变就是典型的例子。英语的名词有单复数之别,重要的复数语素有三种读音形式:-s、-z、-əz,见表6:

表6　英语名词复数语素有三种读音

[-s]	读音	出现的环境
lips	[lɪps]	词干语素结尾不是刺耳性(strident)的清辅音
mitts	[mɪts]	
backs	[bæks]	
puffs	[pʰʌfs]	
baths	[bæθs]	
[-z]		
cobs	[kʰbz]	词干语素结尾不是刺耳性(strident)的浊辅音
lids	[lɪdz]	
pills	[pʰɪlz]	
lathes	[lejðz]	
pins	[pʰɪnz]	
teas	[tʰiz]	
[-əz]		
hisses	[hɪsəz]	词干语素结尾是刺耳性辅音(s、z、ʃ、ʒ、tʃ、dʒ)
buzzes	[bʌzəz]	
crutches	[krʌtʃəz]	
judges	[dʒʌdʒəz]	
wishes	[wɪʃəz]	

三个复数语素其实来源于一个：-z，以后根据不同的语音环境发生了增音、清化的音变，见表7：

表7　复数语缀的音变

	*lɪp-z（lips）	*pʰɪl-z（pills）	*dʒʌdʒ-z（judge）
音节结尾增音	lɪp-z	pʰɪl-z	dʒʌdʒ-əz
清化	lɪp-s	pʰɪl-z	dʒʌdʒ-əz
结果	lɪps	pʰɪlz	dʒʌdʒəz

音节尾增音的音变是：

ø > ə/[+strident]____-z

清化音变的公式是：

-z > [-voice]/[-voice]____##

音节末尾增音的音变只发生在词干语素结尾是刺耳性辅音（s、z、ʃ、ʒ、tʃ、dʒ）环境下，换句话说，增音 ə 音变只发生在前后都是刺耳性辅音的环境里。词尾语素-z 是表示名词的复数，具有区别意义的功能。如果两个刺耳性辅音相连，就无法有效区别两个刺耳性辅音哪个是词干结尾的，哪个是表示复数语素的。中间插入 ə 元音就可以有效地把表示复数的语素-z 与前面词干的刺耳性辅音区别开来，所以增音是为了凸显复数语素的音响效果，从而让听者知道说者所说的名词是复数，不是单数。显而易见，在这里，语素意义的区别功能在音变里起了作用。

为了增强音类之间的区别度，有些音类除了有自己的主要音征外，还会伴随一些次要的非区别性音征。这些次要非区别性音征是用来加强或凸显主要音征的。卷舌音（post-alveolar，retroflex）是一种听觉音类。有卷舌音的语言（方言）一般也有齿龈音（alveolar）。卷舌音听觉音征主要是低沉、含糊、浑厚，以区别于齿龈音的刺耳、高尖音色。Jakobson-Halle 和 Halle（1956）[29]用“降音性”（flat）特征来说明卷舌音声学特点，即“频谱上显示高频弱化或向下移动的”。美式英语/r/是个卷舌近音（approximant），发音时舌尖呈卷舌状或成束状卷起是它的主要音征，与此同时还有双唇圆唇收紧和舌根部与软腭或咽腔上壁收紧的特点，这些是它的次要非区别性音征，图6是美式英语/r/卷舌状、成束状舌体图，以及发这类音三个收紧点的位置图（Gick，Wilson & Derrick 2013[213] Figure 11.2）。

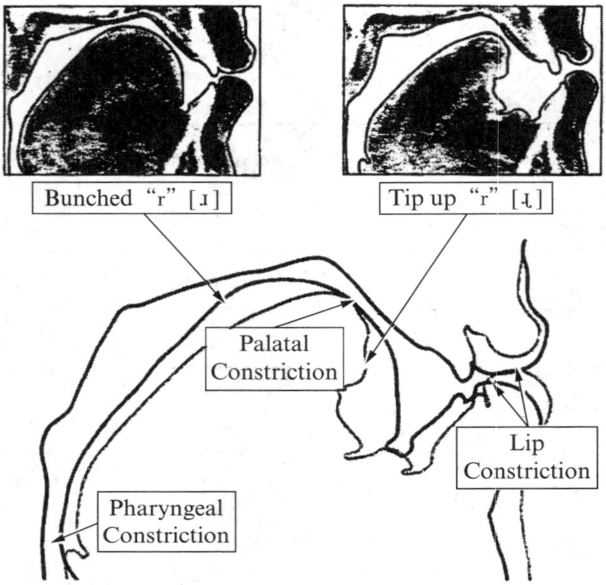

图 6　美式英语/r/发音三个收紧点位置图

所以有人认为这类音的较为正确命名是"浊的唇-前软腭卷舌近音"(voiced labial pre-velar approximant with tongue-tip retraction)(Lass & Higgs 1984)[96]。根据这个命名可以看出由唇、软腭和舌尖三个地方的收紧。不管是卷舌状的 r,还是成束状的 r,都有三个收紧点,它们分别位于双唇、硬腭端、上咽壁。根据物理学共鸣腔频率的微扰理论(perturbation theory),一端开一端闭的管道,三个最低的共鸣频率正好对应三种最低频率的体积声速(volume velocity)形成的驻波(standing wave)波长。体积速度最大处的驻波叫作波腹(antinode),体积速度最小处的驻波叫作波节(node)。如果在波腹处收紧,会降低此共振的频率。美式英语卷舌音的一个最为重要的声学特征是第三共振峰低,硬腭、咽腔上部,再加上双唇收紧,三处的收紧正好坐落在代表第三共振驻波的波腹处,起到降低第三共振峰的作用。特别是唇部处收紧,不仅使第三共振峰降低,还能使所有的共振频率都降低,因为唇部收紧恰好都落在所有驻波的波腹点上(见图 7)。唇部的收紧还有拉长共鸣腔的作用,从而也起到降低所有共振峰的作用。

卷舌音伴有圆唇或舌面后与软腭或上咽部收紧,在印度诸多语言、印欧语、中国境内语言或方言内卷舌辅音也有类似的现象(陈忠敏　待刊)。舌尖

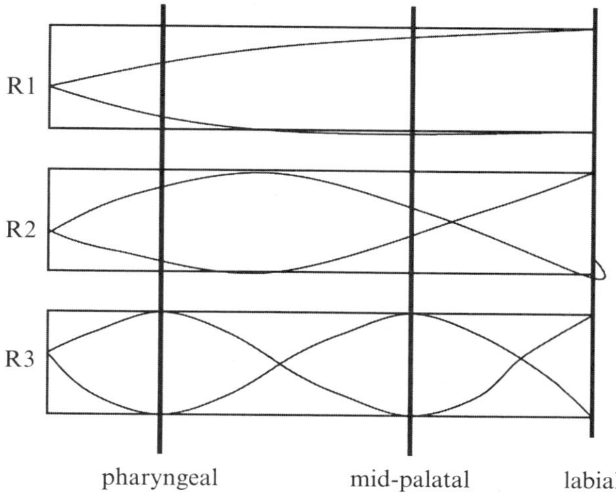

图7　发/r/时微扰理论声速示意图

成束或卷起是卷舌音的主要音征，作为次要音征的唇、软腭部或上咽部收紧的参与，使得第三共振峰低的特征更加突出。唇部、软腭处收紧这些次要特征的作用是为了增强卷舌音那种低沉、含糊、浑厚的音征感知度，以区别于齿龈音。不过，如果次要音征的动作增强，就会往次要音征的方向音变。如：侗台语、苗瑶语里都存在＊ʐ(r)＞ɣ和＊ʐ(r)＞w(v)的音变。见表8。

表8　侗台语的例子

汉义	声调	泰语	来宾壮语	武鸣壮语	石家语
"长"	A2	riː	ɣai	ɣai	rai
"鸡虱"	A2	rai	ɣei	ɣai	riː
"旱田"	B2	rai	ɣei	ɣai	riː
"力气"	A2	rɛːŋ	ɣeːŋ	ɣeŋ	reːŋ
"知道"	C2	ruː	ɣo	ɣo	rɔː
"房子"	A2	rɯan	ɣaːn	ɣaːn	raːn
"糠"	B2	ram	ɣam	ɣam	ram
"我们"	A2	rau	ɣau	ɣau	rau
"串"	C2	rɔːi		ɣoːi	rɔːi

(续表)

汉义	声调	泰语	来宾壮语	武鸣壮语	石家语
“黎明”	B2	ruŋ	ɣoːŋ	ɣoːŋ	roːŋ
“根”	D2L	raːk	ɣaːk	ɣaːk	raːk
“船”	A2	rɯa	ɣu	ɣu	rua
“臭虫”	D2L	rɯat	ɣɯːt	ɣɯət	ruat
“后天”	A2	ma-rɯːn	ɣəɯ	ɣaɯ	rɯː

李方桂先生(Li 1977,2011)在《比较台语手册》里认为泰语这些语素(词)的声母来源原始台语 ∗r 或 ∗hr。泰语、来宾、武鸣壮、石家语这些词显然是同源词。如果这些词的声母在原始侗台语中是 ∗r,那么这组侗台语同源词发生了 ∗r > ɣ 的音变。

苗语的卷舌辅音对应也能说明 ʐ > w(v),ʐ > ɣ 音变。表 9 的材料对应取自王辅世(1994)《苗语古音构拟》,属作者原始苗语声母 32 梨母,作者构拟为 ∗vʐ。

表 9　苗语里的对应

32. 梨母	养蒿	腊乙坪	大南山	石门坎	摆托	甲定	绞坨	野鸡坡	枫香
*vʐ	ɣ	ʐ	ʐ	z(v)	v	ʐ	ʐ	wj	ɣ
梨	ɣa^{2}	ʐɑ^{2}	ʐua^{2}	zɦa^{2}	vo^{2}	ʐu^{2}	ʐa^{2}	wjaA	ɣa^{2}
龙	ɣoŋ^{2}	ʐoŋ^{2}	ʐaŋ^{2}	zɦaɯ^{2}	vaŋ^{2}	ʐɑŋ^{2}	ʐaŋ^{2}	wjoŋA	ɣaŋ^{2}
鸟窝	ɣi^{4}	ʐɯ^{4}	ʐe^{4}	və^{4}	væ^{4}	ʐæ^{4}	ʐe^{4}	wjiB	ɣi^{4}
尿	va^{4}	ʐɑ^{4}	ʐi^{4}	vɯ$^{4\text{I}}$	ve^{4}	ʐɑ^{4}	ʐɪ^{4}	wjaB	ɣa^{4}
仓	—	ʐe^{4}	ʐo^{4}	zu$^{4\text{I}}$	voŋ^{4}	ʐəŋ^{4}	ʐoŋ^{4}	wjaŋB	ɣoŋ^{4}
寨子	ɣaŋ^{4}	ʐɑŋ^{4}	ʐau^{4}	zo$^{4\text{I}}$	vɔŋ^{4}	ʐoŋ^{4}	ʐoŋ^{4}	wjoŋB	ɣaŋ^{4}
梳子	ɣa	ʐa^{6}	ʐua^{6}	za$^{6\text{I}}$	vo^{6}	ʐɑ^{6}	ʐəa^{6}	wjiC	ɣa^{6}
力气	ɣə^{6}	ʐo^{6}	ʐo^{6}	zo$^{6\text{I}}$	vau^{6}	ʐə^{6}	ʐu^{6}	wjuC	ɣau^{6}
锐利	ɣa^{6}	ʐɑ^{6}	ʐua^{6}	—	—	—	—	wjaC	ɣa^{6}
磨包谷	—	ʐo^{8}	ʐo^{8}	—	vau^{8}	ʐə^{8}	ʐo^{8}	wjuD	ɣau^{8}

Ratliff(2010)[70]则把上述语音对应构拟为 * r-,我们认为构拟为 * ʐ 更合适。ʐ 见于各子方言,而 r 则不见于子方言;ʐ 是卷舌音,有唇收紧和舌根与软腭收紧的次要音征,次要音征的动作加强,就演变为唇擦音 v 或近音 w,以及软腭擦音 ɣ。

汉语方言里更有卷舌音变为唇齿音的音变,见表 10:

表 10　西安话精组、知系声母读音对比表

精组声母(* ts 组)	祖 tsu^{3}	粗 $tshu^{1}$	苏 su^{1}
知系声母(* tʂ组)	煮 pfu^{3}	初 $pfhu^{1}$	书 fu^{1}

知系声母是卷舌音,卷舌音的次要音征就是唇收紧,再加上后接 u,增强了唇部收紧度,从而导致卷舌音向唇齿音的演变。

六、解释音变的一种模式——听者启动的音变模式

听者启动的音变模式(The listener-based model of sound change)认为启动音变的决定因素是听者而不是说者。(Ohala 1993)Ohala 提出的听者启动音变模式的主要内容是:听者由于各种原因会对外来的语音发生感知误判(misparses),造成与说者原本的语音(speaker's intended pronunciation)有偏差。此语音再从听者口中说出,就会跟原来的语音在某些方面不同,从而造成了语音变异,音变就在这些语音变异里产生。

Ohala 认为听者误判是由两个机制来实现的,一个叫作“矫正不足”(hypocorrection):音变音段的语音环境被听者误判为音变音段本身的特征,从而引起语音变异。比如不送气清塞音由于后接高元音或近音,塞音爆破后,高元音或近音发音部位收紧点较紧,会产生摩擦噪音,或延迟后面音段声带振动的起始时间(有较大的 vot 数值),听者误判这些为塞音音段本身的特征,再由听者口中说出,就会有送气塞音或塞擦音变异。如 t + i > t^{h}i 或 t + i > tɕi。这些音变在汉语方言里也是常见的。声调产生(tonogenesis)也是矫正不足的典型例子。清/浊辅音会对后接元音的基频产生影响,一般来说后接元音基频在清辅音后较高,在浊辅音后则低,换句话说,元音基频的高低是由前面辅音这个环境决定的,当听者矫正不足,把基频的高低当作元音本身特征从而产生高调和低调之别,这样就产生了高低调对立。

另一个机制是“过度矫正”(hypercorrection):“过度矫正”跟“矫正不足”正好相反。音变音段本身的语音特征被听者误判为环境条件造成的,于是听者启动矫正,把本不该矫正的特征去除,所以名曰“过度矫正”。典型的“过度矫正”就是异化音变(dissimilation)。如古希腊语曾发声唇化辅音异化音变:

$*luk^wos > lukos$“狼”, $*k^wuk^wlos > kuklos$“轮子”

当唇化(labialization)的辅音 k^w 旁边是圆唇元音的时候,听者可能会把辅音的唇化特征误判为是受邻近圆唇元音协同发音的影响(coarticulatory influence)产生的,从而把唇化特征从辅音音段里剥离出去,做了过度矫正的工作。Ohala(1993)所举的一个异化音变例子是:

Slavic 语言异化音变的例子

stoj + ā > stojā“站立”

词缀语素本来是前元音[a],与词干语素 stoj 组合成词后,词缀[a]在前近音[j]环境里演变为后元音[ɑ],这是异化音变。这是听者做了过度的矫正。听者以为[j]后的元音之所以会有[+前]的特征是受[j]具有[+前]特征的影响所致,所以启动补偿机制剥离[+前]的特征,元音就变为后元音[ɑ],做了过度矫正。下面这些例子也是运用“过度矫正”发生的异化音变例子:

唇化:*pjam > pin“贬”汉语粤方言

喉化:*t'ant'a > t'anta“面包”Quechua 语

送气:*bɦendɦ > bandɦ“瞎的”梵语

“矫正不足”机制适合对同化音变、声调产生、协同发音等现象做解释;“过度矫正”机制则适合对异化音变、换位音变(metathesis)等做解释。其中“过度矫正”通常发生在音段中时域较长的附加特征里,比如辅音的唇化、送气、卷舌化、咽化、喉化等。一个语言里有辅音的唇化、送气、咽化、喉化等次要音征往往是辅音种类较为繁多的语言,所以辅音的异化音变一般也发生在辅音种类较多的语言里。通过“矫正不足”机制所产生的音变往往会产生新的音段,比如鼻韵尾消失产生新的鼻化元音音段;“过度矫正”机制所导致的音变一般不会产生新的音段。

听者启动音变模式用“矫正不足”和“过度矫正”这两个看似简单其实巧妙的机制来解释音变,尤其对异化音变的解释力比前人要强。异化是本来相同的或相似的音段、超音段,变得不相同、不相似。从发音的角度看实在是不合常理,没有理由可以用来解释本来相同、相似的变为不相同、不相似。难怪以前的语言学家只能用心理因素、发音错误或“其他原因”来解释,把它归为非自然音变。总之,从说者的角度来看异化,实在是很“不自然”。用听者的过度矫正机制来解释异化音变,把启动音变从说者转到听者,另辟了蹊径,一下子盘活了从发音角度看异化音变的死局。在语言交际中,交际的双方并不是刻意追求语音变化,而是希望不变。因为“变化”对语言交际是不利的。但是说者由于性别、年龄、民族等因素,发音器官是有差异的,传递语言信息的环境和媒介也因时因地而异,所以不可避免会有语音变异。听者可以根据自己的语言经验、环境经验矫正绝大部分的变异,使得语言交际正确无误。偶尔,听者也会因矫正不足或过度矫正对这些变异产生误判。从人类感知的普遍规律来看,矫正不足和过度矫正这两种机制都是人类感知所采取的极为普通的策略,所以从这个角度看,由过度矫正产生的语音异化、换位音变也是极为自然的音变。所以用过度矫正的机制来说明异化和换位化解了自然音变、非自然音变的争议和矛盾。Ohala 总结异化音变时说由过度矫正而产生的音段一般都是音系里既有的成分或音段,而不是新成分或新音段。其实,过度矫正就是听者过度使用规则化(normalizing)的修改过程(corrective process),规则化就是跟既有系统里的成分、音段来对照而产生音变结果,所以合乎逻辑的结果一定是既有的成分,而不是创新成分。

参考文献

北京大学中文系语言学教研室编(1989)《汉语方音字汇(第二版)》,北京:语文出版社.

高本汉(1940)《中国音韵学研究》,北京:商务印书馆。

江　荻(2002)《藏语语音史》,北京:民族出版社:211-234。

王辅世(1994)《苗语古音构拟》,东京:国立亚非文化研究所。

张世方(2004)中原官话知系字读唇齿音声母的形成与分布,《语言科学》第4期。

Bloomfield L. (1933) *Language*. New York: Henry Holt: 364-367.

Catford J C. (1977) *Diachronic Phonetics*. University of Michigan ("originally intended to be Chapters 13 and 14 of Catford Fundamental Problems in Phonetics").

Dieth E. (1932) *A Grammar of the Buchan Dialect (Aberdeenshire), Descriptive and Historical*. Cambridge: W. Heffer & Sons.

Gick B, Wilson I, Derrick D. (2013) *Articulatory Phonetics*. Massachusetts: Wiley-Blackwell Publishing.

Grammont M. (1933/1939) *Traité de Phonétique (2nd ed)*. Paris: Delagrave.

Hermann O, Brugman K. (1878) Vorwort. *Morphologische Untersuchungen* 1. Leipzig: Vorlag von S. Hirzel: iii-xx.

Hermann P. (1880) *Principien der Sprachgeschichte (1st ed)*. Halle: Max Niemeyer.

Hermann P. (1920) *Prinzipien der Sprachgeschichte (5th ed)*. Halle: Niemeyer.

Hume E, Johnson K, Seo M, Tserdanelis G, *et al.* (1999) A Cross-linguistic Study of Stop Place Perception. *Proceedings of the XIVth International Congress of Phonetic Sciences*: 2069-2072.

Jakobson R, Gunnar C, Fant M, Halle M. (1952) Preliminaries to Speech Analysis. Cambridge: MIT Press.

Jakobson R, Halle M. (1956) *Fundamentals of Language*. The Hague: Mouton.

Kiparsky P. (1995) The Phonological Basis of Sound Change. //Goldsmith J A. (ed.) *The Handbook of Phonology Theory*, Oxford: Blackwell: 640-670.

Labov W. (1993) *Principles of Linguistic Change (Vol. 1): Internal Factors*. Oxford: Blackwell: 115-154.

Lass R, Higgs J. (1984) Phonetics and Language History: American /r/ as a Candidate. // Higgs J-A W, Thelwall R. (eds.) *Topics in Linguistic Phonetics in Honour of E. T. Uldall*, Coleraine: The New University of Ulster: 65-90.

Li Fang-kuei. (1977/2011) A Handbook of Comparative Tai. Holununu: The University Press of Hawaii: 142-151.(《比较台语手册》丁邦新译,北京: 清华大学出版社: 126-133。)

Luick K. (1921 -1940) *Historische Grammatik der Englischen Sprache*. Leipzig: Tauchnitz: 88.

Maddieson I. (1993) Investigating Ewe Articulations with Electromagnetic Articulography. *UCLA Working Papers in Phonetics* 94: 22-53.

Ohala J J. (1981) The Listener as a Source of Sound Change. //Masek C S, Hendrick P A, Miller M F. (eds.) *Papers from the Parasession on Language and Behavior*, Chicago: Chicago Linguistic Society: 178-203.

Ohala J J. (1983) The Origin of Sound Patterns in Vocal Tract Constraints. //MacNeilage P F. (ed.) *The Production of Speech*, New York: Springer: 189-216.

Ohala J J. (1989) Sound Change is Drawn from a Pool of Synchronic Variation. //Breivik L E, Jahr E H. (eds.) *Language Change: Contributions to the Study of Its Causes*, Berlin: Mouton de Gruyter: 173-178.

Ohala J J. (1990) The Phonetics and Phonology of Aspects of Assimilation. //Kingston J, Beckman M. (eds.) *Papers in Laboratory Phonology I: Between the Grammar and the Physics of Speech*. Cambridge: Cambridge University Press: 258-275.

Ohala J J. (1993) The Phonetics of Sound Change. //Jones C. (ed.) *Historical Linguistics: Problems and Perspectives*. London: Longman: 237-278.

Ohala J J. (1997) *Emergent Stops*. Proc. 4th Seoul International Conference on Linguistics [SICOL]: 84-91.

Ohala J J, Solé M J. (2008) Turbulence and Phonology. //*UC Berkeley phonology Lab Annual Report 2008*: 297-355. Phonology. (http://linguistics.berkeley.edu/phonlab/annual report/x.)

Ratliff M. (2010) Hmong-Mien Language History, Canberra: Pacific Linguistics.

Sievers E. (1898) *Angelsächsische Grammatik (3rd ed)*. Halle: Max Niemeyer.

(复旦大学中文系　上海　200433　zhongminchen@fudan.edu.cn)

副词“就”的话题焦点功能研究

张新华

提要 “就”有一种话题焦点算子的用法，给其前话题授予强[焦点]的特征，并要求评述部分回指语篇前文；且话题身上的焦点特征投射为全句的语力义。相比一般对比话题句，“就”句有所不同：前者常伴随评述中出现对比焦点，后者却不欢迎这种焦点。“就”的上述功能内涵在话题的量化特征、评述的回指形式上，有系统的体现。

关键词 “就”对比话题　倒序信息结构　话题焦点投射

一、引　　言

1.1 对“就”话题焦点现象的相关讨论

“就”的功能很多，一般认为它有焦点敏感性，分前摄、后摄两种位置关系。本文探讨其作为话题焦点敏感算子的用法，是典型前摄；话题一定重读（黑体指重读）：

（1）A：可这不是这么个做法呀。　B：怕什么，**我**就这么做过。

“话题焦点敏感算子”的概念是刘丹青、唐正大（2001）提出的，关注的是“可”，如：“他不在乎，我们可要在乎呀。”[该文例（30）]本文借鉴该称谓。

学界很早就注意到“就”的话题焦点功能，不过缺乏理论概括。吕叔湘先生（1980）指出，“就”的一个功能是“加强肯定”，分三小类，之一是：“主语重读，‘就’轻读，表示主语已符合谓语所提的条件，无须另外寻找”，如“这儿就很安静”。马欣华、常敬宇（1980）指出这种“就”“表示就地取材，不必到别处去找，这里就有”。前述学者都没从话题、焦点的维度解释。陆丙甫（1984）明确提到“话题”，但未指出焦点的内涵：“就”“表示现成的话题，就地取材，不用多找，总而言之有‘近’的意思”。

共同的是，上述文献对“就”的话题焦点功能只是义项式列举，未具体论证；本文拟做系统阐述。

1.2 关于“话题焦点”

国外学者对“话题焦点”的流行称谓是“对比话题”(Contrastive Topics)。刘丹青、徐烈炯(1998)对话题焦点的刻画是：[-突出]、[+对比]，可见也是对比话题。屈承熹(1999)质疑道：该成分就“是地地道道的主题(亦即话题)，怎么能称它作‘焦点’呢？而在刘、徐的术语中‘话题’怎么能反而沦为次要的定语呢？”

与之类似，国外关于对比话题在话题性和焦点性的语法性质上，同样存在争论。Kiss(1987，匈牙利语)、Büring(2003，德语)认为对比话题是话题的一个次类。Wagner(2012，德语、意大利语、英语)强调，对比话题无非是一种取宽域的焦点算子，普通焦点算子对之取窄域。Krifka(1989)、Selkirk(1984)认为对比话题实际就是焦点。Molnär(1998)取居中立场，认为对比话题兼有话题和焦点的特征。Tomioka(2010，日语)采用对比话题的称谓，但又强调，相比话题，该成分的焦点特征更为显著，并且这种话题可作为小句的唯一焦点，句中不出现其他焦点成分。

本文认为，就汉语而言，话题焦点的基本性质是话题，焦点是一种特征，所以其实也可称“焦点话题”(focus topics)；Ernst 和 Wang(1995)就如此称谓。本文采用话题焦点的称谓，主要还是出于语言事实的考虑：“就”句话题比一般对比话题更显著地指焦点、引出新信息，相反，却抑制评述部分指新信息的功能。

二、“就”句信息结构的基本特征

在“就”句中，全句焦点信息在话题位置传达，评述中允许不指新信息，却不允许不带预设。这是由“就”句指提醒的表达功能带来的。

2.1 倒序信息结构

焦点成分都内在指向某种特定的疑问句(Rooth 1985 等)，问答序列是焦点结构的鲜明体现。这一点在“就”句中甚是显著。具体看，“就”句所针对的是主语位置 wh-问句，谓语是预设的，如例(2)、例(3)；但不能用为整句新信息(即非主题判断 thetic)的答句，因为后者谓语不带预设，如例(4)：

(2) A: 干什么能发大财呢? B: 你现在做的这个生意 *(就)可以 φ。

(3) A: 请问,哪里有取款机? B: 这个大厅的西北角(就)有 φ。

(4) A: 有什么新闻? B: 特朗普(*就)赢得总统大选!

例(2)“能发大财”是 A 每天都在考虑的事情,强预设,现在提问的目的是让 B 指出达到该状况的手段;答句话题“你现在做的这个生意”是显而易见的,必须重读:在该语境,评述中不用“就”,小句就不成立。例(3)用不用“就”小句都成立,用“就”就对话题焦点化。例(4)问句要求一种非主题判断,这就不允许把主语提取为焦点而把谓语处理为预设,因此与“就”句的信息结构发生根本冲突,不允许用“就”。

“就”句评述的预设性在省略形式上有确切的印证。例(2)的评述只保留情态动词即功能范畴“可以”,内容范畴“发大财”被省略;例(3)只保留核心动词“有”,宾语被省略。而“可以、有”也都是回指性的,表旧信息,只起保持小句框架的纯形式作用,即,“就”句评述全无新信息——相反,话题部分的信息量却很重。例(4)答句不存在省略。

“就”句信息结构的倒序性不但体现在句首话题,还体现在“把”所引次话题:

(5) ……首先检查车底是否藏匿物品,然后检查车厢和车后座……。采访游客:我不觉得很麻烦,在菲律宾时,我就曾把枪放在车上。

“车”虽非句法上的话题,却是语篇关注的核心事物,所谓“在讨论的问题”(Question Under Discussion),它在“就”句是回指成分,旧信息,却处于句末——后者在常规小句默认指新信息。“我、枪”都指焦点,相对“车”而引出。

2.2 “提醒”而不是“告知”

小句的信息结构方式是其现实表达功能的反映,小句的形式特征则是信息结构的语法化;即:表达功能→信息结构→句法形式。

“就”的基本表达功能是:前文(对方或本人)陈述到某种情况,现在用受话熟悉的事物加以验证。这意味着,“就”句指一种常规信息传达之上的高阶信息。Delin(1992)提出,英语 it-分裂句的功能是“提醒而非告知”(*remind* rather than *inform*)。本文对此理解为:“提醒”是再次、有标记的信息传达,“告知”是首次、常规的信息传达。再次、高阶的内涵是:基于更强的预设。强预设是“就”句与 it-分裂句提醒功能的共同根据:后者系词 be 所引焦点成分也带话题性质(Chomsky 1977 处理为话题),that/wh-所引关系句也指预设信息。

“就”句所带强预设是:话题事物本身是熟知的、评述所指情况前文刚说到。“就”句的功能只在于断言二者的关联。其话题的焦点内涵就来自:事物本来[熟知],受话却[没想到]它正符合当前关注的情况——[熟知]与[没想到]的落差越大,“就”授予话题的焦点性就越强;“就”的功能即在于引导受话对话题事物做强烈聚焦,即授予话题焦点的特征。

可从四种语境得到验证:

Ⅰ.“就”句一定是对特定语篇前文的回应,所以决不允许用于语篇首发句,这一点检验本文任一实例都可看出,此不缀举。

Ⅱ.容易用为反问句,提醒话题事物“近在眼前”:

(6) 三水人正规划旅游兴市苦于难寻特色项目,这荷花旅游不就是一个很好的项目吗?

Ⅲ.常用于对[无NP + VP]进行纠正(correction),即强烈提醒对方关注现实话题的存在:

(7) 佩芳道:“你又发什么大爷脾气?事先没有人说过吗?**我** *(就)说过。”

(8) A:现在这个局面,我看谁也救不了你。　B:不是吧,**你** *(就)救得了我。

Ⅳ.往往带有恍然大悟的意味,句首可加语气副词“原来”:

(9) 原来,我们就是传说中的傻瓜三人组啊。

按照生成语法理论,小句的语法内涵分为三个基本层级:CP(语力)、IP(限定)、VP(客观事件)。“就”处于 CP 层,刻画为:[$_{CP}$[$_{F}$TOP,$_{F^0}$就][IP(VP)]]。“就”所针对的前文常有多个小句,但总是可概括为一个主谓小句,称为背景句;“就”所引话题一定指不同于背景句论元(不仅是话题)的另一事物。“就”的句法行为也就体现在两方面:话题的指称性与焦点性的联系;评述部分对背景句的回指方式。前者是“就”句信息传达的目的所在;后者是控制“就”句存在的支点——如评述内无回指,则“就”句不成立。

三、“就”句评述部分的回指关系与焦点特征

“就”句评述部分一定要求对语篇前文有所回指,并且往往只做旧信息

的回指,而完全不出现新信息。这种回指形式很多,概括为两种类型:事件回指、实体回指。前者重复性强,“就”句语义表现为:话题属于背景句的情况;后者重复性降低,“就”句语义表现为:话题与背景句的论元在行为上相关。有时,评述部分的表层并无显性回指形式,但语义上存在联系,称为“语义回指”。另外,“就”句评述部分也可表示与背景句评述部分完全对立的情况,这就形成对比焦点,不过这种用法并不多见。

3.1 事件回指

从本文语料调查看,这种用法在“就”句数量占优,概括为五种回指形式。下面按照“就”句评述对背景句重复性由高到低的顺序讨论;重复性低,也就是自身携带更多新信息。

Ⅰ. 评述中只出现功能成分,内容成分完全省略。这种功能成分有两种典型代表,一是动力和道义情态动词(即根情态),如前述例(2)的“可以”,又如“能”:

(10) A:一个人不能把一辈子发生过的每一件事情都记住。 B:我就能 ϕ。

根情态属 IP,允许所组合的内容成分 VP 省略;认知情态属 CP,无此替代能力。

二是宾语悬空的系词“是”,这种形式在“就”句出现频率相当高。

(11) 连年轻人也喊他“新波”,我就是 ϕ。

(12) 应松在对于诗的追求上付出了他的努力,而且结出了果实,这本集子就是 ϕ。

这个“是”是一个只起小句结构作用的傀儡谓语,用法固化,可回指任何具体事件(但不能回指根情态短语),而无须补出省略的成分。其语法意义也与一般系词形成较大分化:典型系词属于实词,一般功能是指等同(这是老王),或属性认定(他是好人)。上述“是”则表语篇回指、一般性的断言,即,已由词汇性转换为功能性,由 VP 提升到 IP。

Ⅱ.“(是)+这样/那样/如此”

(13) 以前都是茅草屋,黄土路,下雨一腿泥。我小时就是那样。

(14) 臧先生纪行体的诗有时不免散漫,《淮上吟》似乎就如此。

省略、回指都是指旧信息的典型手段(Halliday1967 等)。在上文的Ⅰ、Ⅱ两种形式中,“就”句评述是对背景句的完全回指,不传达任何新信息。

Ⅲ. 抽象名词、动量词,对背景句 e_1 指称化;进入宾语位置,用实义动词引出。

(15) 亲信让老板不但能做一个人,还能做一个很舒服的人。和坤就很明白这个道理。

(16) 发展也有关键期,一般把人生的早期看作智力发展的关键期。狼孩就是例证。

(17) 中国足球一直在冲击世界杯,我本人就亲身经历两次。

Ⅳ. 用代词"这么、这样、那样"等回指背景句,占据状语位置:

(18) 我们更愿意把学外语的时间花费在创新上。其实日本人也不就这么做的吗?

(19) 我五十岁以前,看到漂亮女人,我会勾搭她,我老婆就是这样认识的。

Ⅴ. 对背景句做重新表述,一般要在词形上对其中重要内容有所重复:

(20) 古老的冀东平原,润泽着丰美的物产,同时也哺育了一方优秀儿女。张锦芬就是在这充满希望的田野上成长起来的农业科研人员。

(21) 注意到鲁迅内心"黑暗"的论者多从西方现代主义的角度来表征它,如荒诞、孤独、绝望等等。钱理群就曾从鲁迅的《死后》一文中分析出……的荒诞感。

在上述三种类型,评述部分传达较多新信息,但仍可大致概括为"属于背景句的情况",如例(21)可粗略说为"钱理群就属于这种情况"。

3.2 实体回指

相比事件回指,实体回指形式中,"就"句评述传达更多新信息。所回指的 DP 在背景句中的典型形式是充当话题;回指形式在"就"句中可出现在宾语、宾语的定语、介词宾语等不同位置。"就"句的核心动词指一种与背景句动词不相干的行为。

(22) A: 小姐 i 可是柔道高手,……想碰她哪有这么容易? B: 至少林觉民就得手过 ϕ_i。

(23) [盐肤木]i 落叶乔木,……结小核果。五倍子虫就生在盐肤木 i 的叶子上。

(24) [郑国渠]i 我国古代引泾河水灌溉的著名水利工程。……现在的泾惠渠就是在此 i 基础上改造完善起来的。

“就”句 DP 所指事物也可在背景句并未编码,但通过论元关系而明确关联:

(25) 现代的公路和铁路,不仅有架空和入地的,而且还能穿过水底。上海黄浦江水底就建造了两条越江隧道。

(26) 马克思主义不是教条,而是行动的指南。马克思本人就坚决反对那种……的空论家。

这种“就”句的一般功能是:通过受话熟悉的事物在行为上与背景句话题相关,对后者做辅助解释,以显示该事物的意义、价值等。

3.3 语义回指及句类限制

从深层看,“就”句评述对背景句的回指根本上是一种语义关联,基于人们的认知理解。因此,也存在语义相关却无显性回指形式的用例,Rochemont (2009)所谓“语篇-可构建”(*c-construable*),具有“语义先行词”(semantic antecedent)。如:

(27) 她只是处境不好。污泥里不是就长出了荷花吗?

读者会按照“污泥里长出荷花”,去反向推出一个背景句,如“她只是暂时处于逆境,以后也会像荷花那样开放”。这表明:“就”句对背景句的关联,已成为一种稳定的语义模式,所以当回指关系不明确时,人们就会自作推理。

若“就”句评述对背景句偏离过大,回指关系难以建立,则“就”难读为话题焦点算子:

(28) ……,那么探索古今文化结合点就应该是古为今用了,前段我们斥资、划地在东郊公园重立邓世昌墓,就曾在中外各界引起震动。

该语篇像是要做“就”句表述:“重立邓世昌墓就是古为今用的一个成功案例”,但“在中外各界引起震动”对前文偏离很大,难做语义推理,这就造成“就”不易读为话题焦点算子。

“就”对句类有明显的选择:典型用于陈述句,也用于反问句、感叹句;但不大用于疑问句,不能用于祈使句。前两种情况文中实例可以体现,此略,这里观察其对疑问句、祈使句的排斥:

(29) 顾客有时买了次货,无处退,也无处换。我就吃过这种苦头。/ * 你就别吃这种苦头!/?? 你就吃过这种苦头吗?

原因是:祈使句表示当面直接指令,这与“就”句评述的回指性、预设性相冲突。疑问句则不表真值,也与“就”句的预设性、断言性相违。

3.4 评述中使用自然焦点、对比焦点

国外学者一般认为,在对比话题句,评述部分也要求带有对比焦点,像前述 Tomioka 那样,认为这种句子可以只在话题部分传达焦点信息,而评述中无须引出新信息的观点,并不占主流。本文的考察则显示,上述两种信息结构在"就"字句都可存在,而常规用法则属于 Tomioka 所描述的情况。有时,"就"句评述中也可引出焦点信息,包括自然焦点和对比焦点。自然焦点也称呈现焦点(presentational focus),是一种弱焦点,表对事物自身存在性的一般强调,并不提示此物与彼物的对比。对比焦点是强焦点,一定提示与交替项的对比关系。

相比而言,"就"句评述部分更容易接受自然焦点,对比焦点则是有标记的,要求更特别的语境支持。例(30)的对话中,B1 的"两部车"是自然焦点,小句成立;B2"两部车"是对比焦点,小句就不成立。

(30) A. 咱们公司还没人买车。

B1. 瞎说,**老王**就买了**两部车**。 B2. *瞎说,**老王**就买了**两部车**。

B1"两部"是对"买车"行为现实存在性的自然强化:车内在是有数量的,但"两部车"对"买"仍是融合性的,构成一个整体信息单位。该句并不强调"两部"的数量有什么特别的语用价值;"两部"也重读,但强度低于"老王"。B2 强调"两部"本身的语用价值,即相比三、四,数量并不大,无须大惊小怪,这时"就"只能后摄,不能读为话题焦点算子;但"两部车"读对比焦点时,又不能同时允准话题焦点,所以小句不成立。

下面 B 的"泰国"构成对比焦点,与前句 A 的"海南"形成交替项的关系:

(31) A:今年春节旅游,同事们都去了**海南**。

B:不是吧,**老王**就去的**泰国**。

从指新信息的强度看,评述中的对比焦点"泰国"要比话题焦点"老王"弱一些。韵律上,"老王"也要比"泰国"读得更重,即,话题焦点总是读为小句的最重音①。

严格看来,例(31)"泰国"作为对比焦点的典型性似乎不强。表现在:该

---

① 关于"就"句评述中可出现对比焦点的用法,是陈振宇先生提示作者注意的,谨致谢忱!

句并不是直接表示“泰国”与“海南”构成对比关系,而是为了表示反驳:“同事们去的地方”并非都是“海南”。即,“泰国”的功能只是为这个反驳提供一个事实的证据,因此带有很大的自然焦点的性质。典型的对比焦点如例(32):

(32) 今年春节旅游,**老李**去了**海南**,**老王**去了**泰国**。

该句是学者们一般讨论的普通对比话题句,“老李”与“老王”构成对比话题;评述中的“海南”与“泰国”则是中性对比关系——而不是例(31)那样的反驳关系,所以构成典型的对比焦点。在指新信息的强度上,例(32)的对比焦点,其信息强度要比本句的对比话题高,所以前者也要读得更重。

四、“就”所引话题的量化特征

在“就”句,评述的作用主要在于建立与背景句的关联,焦点信息在话题位置传达。话题的语义特征是构成该小句表达目的的关键,包括:[部分性]、[限定性]、[极值性]、[断言性],之间且内在相关。前二者属广义量化范畴,本节讨论;后二者与语力相关,下节讨论。

4.1 部分性(partitivity)

部分性也即非穷尽性、不完备性,是对比话题的定义特征(Büring 2003等),这是由其所带焦点特征造成的,即,焦点激活一组交替项,当前话题只是其一。激活交替项是对比话题与对比焦点的共同点,区别是:前者对交替项兼容,如:“是谁迟到了?”“是小王。”排除别人迟到;后者却排除交替项,如:“孩子们呢?”“**老大**在房间。”别人的情况尚待了解。就话题焦点算子而言,不同算子所激活交替项的具体构成,仍有差异,需具体分析。(Wagner 2012)

根据与背景句相关论元(不一定是主语/话题)的关系,“就”句话题所引发的交替项分为两种类型。

4.1.1 类/集合-个体/成员

这时,“就”句话题前可加“如、比如、例如、像”等词,后者也有话题标记的性质。下面“就”句话题指类事物中的个体:

(33) 她常说:“……当媳妇的就得听公婆、丈夫的话,我当媳妇就是那样。”

(34) 短时间的、局部的一种惩罚是完全需要的,像我们西沙就打得非常漂亮。

模态上,类事物内在带有[遍指]的量化算子,是非时间性的,只能构成类事件。类事件指一种高度概括的规律,适用于无数个体,参与者不一定在小句表层出现。这种“就”句的功能是:用受话熟知的个体的行为,来印证背景句,以帮助理解,增强说服力。

下面背景句的论元指集合事物,“就”句话题指该集合中成员:

(35) 住在海边或江河边的居民,让罪犯坐上一条没有舵的船,同时将其手足捆牢,然后将其放逐。古代日耳曼人就曾这么做过。

(36) 科大试验室的利用率也不那么高,至少晚间就空着。

个体对类是[例示](examplization)的语义关系,成员对集合则是[组成]的关系。成员事物的行为是集合事物的“局部情况”(Sub-Case)。“晚间空着”指“利用率不高”的构成情况,同时,前者对后者也有证实的作用。

学者讨论对比话题时,所举实例多属集合-成员的关系。一个经典做法是:把大问题(big question)分解为次问题(sub-question);下面是 Büring (2003)的分析:

(37) How was the concert? Was the sound good? How was the audience?

音乐会怎么样?**声音**好吗?**观众**怎么样?

“声音、观众”分别指“音乐会”这个集合的不同成员,构成对比话题,重读。

一个区别是:“就”句话题所属的集合、类,并不要求在背景句明示,即,“就”句有很强的语义推理能力。

4.1.2 独立实体

在这种语篇模式中,“就”句与背景句在事理关系上也表现为明显的分离;“就”句的功能是:通过指出受话熟悉的事物对背景句重要论元,存在某种关联,来显示后者的影响。

(38) 北京有很多庙,这个庙 *i*(注:指法源寺)不算最有名的,但它是历史最悠久的。……钦宗就曾住在法源寺 *i*。南宋有名的人物谢枋得就饿死在法源寺 *i*。

(39) 那儿有一条曲惠沟 *i*,她流淌了不知多少年,是个古老的地方,汉代西域三十六国之一危须国就曾在她 *i* 滋润下辉煌一时。

例(38)语篇话题是“法源寺”,中间用两个“就”句,所引“钦宗、谢枋得”都不构成语篇连续,功能只在于显示“法源寺”的影响力。

相比成员/个体-集合/类,话题指独立事物时,对交替项的提示力要弱;

规律是：交替项范围越小，越明确，可及性越强。与法源寺相关的人无数，不可能做确切推理。

4.1.3 排斥全量 DP

这是“就”句话题部分性的自然推论。全量 DP 内在具有焦点性，有前置 VP 的自然倾向，并兼有话题特征。但这种话题后的“就”不能读为话题焦点算子。在下面各句，斜杠前是全量 DP，“就”都不是话题算子，斜杠后是部分量 DP，“就”都是话题算子。

(40) 化纤衣物不利于机体向外排放热量，无数的人/人们/很多人就不穿这种衣服。

(41) 这里的田园风景优美，每个产业/这个茶场就是一道景观。

(42) a. 占领军当局在济州岛单独举行伪选，岛上的全体/很多居民就坚决拒绝参加。

b. 占领军当局在南朝鲜单独举行伪选，济州岛上的全体居民就坚决拒绝参加。

例(40)“无数的人、人们”做话题时，不重读，“就”读为因果关系；“很多人”做话题时，重读，“就”读为话题算子。例(41)“每个产业”内在是焦点性的，重读，但“就”不能读为话题算子：“就”聚焦话题事物本身的内涵，并不着眼其对背景句的关联。“这个茶场”指部分，“就”读为话题算子：表示话题对背景句有验证作用。

例(42)a“岛上全体居民”相对背景句“济州岛”指全量，不重读，“就”读为因果关系；“很多居民”指部分，重读，“就”读为话题焦点算子。例(42)b“济州岛上的全体居民”相对背景句“南朝鲜”指部分，重读，“就”读为话题焦点算子。

4.2 限定性

4.2.1 欢迎日常熟知，不欢迎类指

所谓一个成分“欢迎”另一个成分，指后者在语义上更加符合前者的组合选择，即双方高度契合。相比普通话题，“就”更加强调话题的熟知性，即与这种话题更加契合。话题的限定性是老问题，此不详谈，只考察其在“就”句一些有特点的行为。限定着眼 DP 的可定位性，这是一种客观内涵，“就”句话题并不只体现这一点，而更强调其日常熟知性，以及有代表性的意义。句法上，在“就”句话题位置，事物自身的认知显著性，直接体现为话题的强

焦点性,这是指向句法的名人效应。面向普通受众的政论、科技语体,常用这种事物构成“就”句,以增强解释力。比较:

(43) [岩溶]可溶性岩石,……受含有二氧化碳的流水溶蚀,并加以沉积作用而形成的地貌。……广西等地(就)有这种地貌。著名的桂林山水*(就)是这样形成的。

“广西等地”是普通限定,小句用不用“就”都成立;“著名的桂林山水”则强调其日常熟知性,小句就强制要求用“就”。

指话主本人的“我、笔者、记者”等是限定性最强的指称形式,它们很容易充当“就”句话题。因为话主本人的行为最具亲证力,容易验证背景句。如:

(44) 不要说游客欲访无门,就是来此工作的也是归途难觅。我/笔者/记者就曾遇上归无计的窘境。

一个伴随的句法行为是:“就”句话题后欢迎“本人、本身、自己”之类反身代词,后者天然带有焦点的特征。这时,如果宾语部分用限定成分,则即便前面不出现背景句,“就”也容易读为话题焦点算子。原因是:限定成分内在是预设性、回指性的,这就关联一个背景句,因此造成“就”句的语篇模式。如:

(45) 陈水扁本人就很善于玩弄这些技巧。

“这些技巧”显然指向语篇前文,所以“就”容易直接读为话题算子。

一般认为,类指 DP 也具有强限定性,所以普通话题对限定和类指都同样接受。“就”在这里有所差异:不欢迎类指。如:

(46) 雨过天晴,树叶又呈深绿色。农民/我爸就根据这个信息,预报气象安排农活。

“农民”似乎能读为话题焦点,这时评述中的“这个信息”就不读为焦点;但也很容易把“这个信息”读为焦点,而这时“农民”就不读为话题焦点,而是普通话题。“我爸”做话题,则强烈读为焦点。

引入方式上,“就”话题与普通话题有明显不同:后者一般要求语篇回指,即便话题转换,也要尽量具有可及性,以免突兀;前者则直接引入,一定避免前文同指。这从“就”排斥“至于”可得到证明:后者典型用于语篇话题转换,而所引话题必须有可及性。比较:

(43)' ……*至于广西,就有这种地貌。

“至于”的功能是提示当前话题对前文言谈对象有同类相及关系,这就造成[可自然期待]的解读。这与“就”的提醒功能,指向相反:后者强调所引话题[既熟悉又没想到]。

4.2.2 允准弱限定的“有 NP”

(47) ……也不认为诗是那么高雅,须焚香净手方能触摸。有人就写得洒脱。

(48) ……相关研究数据也再次证明了染发剂和白血病间的密切联系。血液科主任王昭:“有人就把它称为染发相关性白血病,有这种提法。”

这种“就”句在语法意义上与强限定 DP 有重要差异:后者指凸显的个例,前者则指[现实存在],“有 NP -就 VP”读为:“确实存在着 VP 的 NP”。即,关于背景句所陈述的情况,确实存在着真实个体;在这里,[存在]与[空无]构成一组交替项。例(48)后续小句“有这种提法”显然就是对“就”句的同义解释。

相比“有 NP”,“一量名”及一般数量名短语就很难充当“就”句话题:

(47)' 也不认为诗是那么高雅,须焚香净手方能触摸。*一/三个同学就写得洒脱。

原因是:“有 NP”在语形上带有存在义,所以容易接受“就”的强调;数量名指的是纯量,缺乏存在义,“就”的强调义就失去着落。

五、“就”所引话题的语力特征

语力是一种主句层的语法范畴。在“就”句,话题本身就带有很强的语力特征,后者并投射到全句范围,即,话题构成全句语力的来源。若句首出现多个 DP,则只允许一个是对比话题。

5.1 话题的强限定义直接表现为强断言,且伴随极值特征

“就”句的表达结构是:在“x VP”的交替项集合中,不同项符合 VP 的强度存在差异,“就”所引 DP 是最切近(根据空间、百科知识)的一个,也是话主认为最有把握的一个,以即刻说服受话。所以“就”句也总是暗示认知的不完备性:其他项的情况无暇顾及,暂不断言。

有两个形式标志:A.“就”句话题上容易添加“首先、至少、起码”,指该

DP最有把握;B.“就”句容易伴随“别的不说/不说别的”,指暂且撇开对其他项的断言。

(49) 你认为降低条件也不行(注:指找男朋友)?金巧巧:首先我就是例子啊。

(50) 戊戌变法时期和辛亥时期的人物研究虽然比较多,但有些人物就没有研究清楚,至少说梁启超的研究就是这样。

(51) 不都说Win7好用吗,不说别的/别的不说,控制面板就够反人类的了。

例(49)“首先”有所虚化:并不指客观顺序——后面无须出现“其次”之类,而指有把握断言。例(51)“至少”后带“说”,是对语力的显性编码。

“就”前话题在定语与中心语的焦点性上也可形成分化,而“至少、就”总是指向其中的焦点部分:

(52) a. 说不定王丽丽还是位漂亮的姑娘呢,至少丽丽的**声音**就十分动听。

b. 谁说这些选手的声音都很差?至少**丽丽**的声音就十分动听。

“至少”与“就”句话题有很强的伴随关系:前者对后者差不多是羡余性的。需注意:在上述句子中,“至少”的直接成分是话题本身,而并非整个小句;而在该组合中,“至少”是副词,而非形容词。这意味着:“至少”所刻画的是话题身上的断言语力,而非指称性。话题本身就携带显著的语力内涵,这是“就”句区别于普通话题句的一个重要特征。

在话题成分的极值性、强断言性上,“就”句话题与一般对比话题也形成分化。关于对比话题的经典论述是:该话题是一个集合中的次集,如前述Büring(2003)“音乐会”的例子。有两点:A.“乐队、鼓手”等交替项地位平等,不存在梯级特征;B.交替项的具体个体是确定的。“就”句在这两点上都不同,如:

(53) A:音乐会的乐队、鼓手、歌手还不错吗? B:**鼓手**(*就)很好。

“音乐会”指一个确切的集合,对其中任一成员的评述,都构成典型对比话题句。该句却不允许加“就”,因为“鼓手”在该语境并不具备极值特征。这表明,“就”比普通对比话题句,焦点性更强,也就是,“就”句是在更强预设基础上发起的言语行为。

由于带有显著的焦点特征,“就”前话题在形态上也与普通话题形成一些分化。

A. 排斥在评述的主语位置用代词“他、那”等回指前面的话题,普通话题则欢迎这种形式。二成分组合时相排斥,意味着双方性质抵触,欢迎则意味着性质一致。如:

(54) a. 我们这些人当初都在北京大宅门里当花匠,*我的父亲,他就在庆王府待过。

b. 我的父亲,他在庆王府待过。

B. “就”句话题后排斥“呢、啊、么、嘛、呀”之类提顿词:

(55) a. 我们这些人当初都在北京大宅门里当花匠,*我的父亲嘛,就在庆王府待过。

b. 我的父亲呢/啊/么/嘛,在庆王府待过。

上述现象表明:相比普通话题,“就”句话题与评述的结合更紧密。提顿词的内涵是:肯定话题事物的存在、指出某种态度、提请注意:下面要有所评述。这些都造成:话题本身就带有小句那样的表述内涵,即赵元任(1968)所谓零句。评述主语位置用代词回指的根据也在这里。而上述内涵都不是“就”句话题的功能指向;在“就”句:话题事物的存在是显而易见的,本句不做认证;不指对话题的态度;评述的目的不是对话题做一般性的具体陈述。

5.2 话题语力投射到全句,“就”的CP特征

作用方向上,“就”首先是指向话题自身的:聚焦其显而易见性,然后,这个特征又投射为整个小句层面的表达语力;这表明“就”处于CP层。表现为两个维度。首先是整个小句的感叹语力。比较:

(56) 特朗普/*李四就曾住在我们法源寺!!

该句感叹语力的来源显然是话题。在这种小句,信息结构的倒序特征是很显著的:句首的话题指焦点,句末的宾语指旧信息、言谈对象。话题事物自身所具备的名人效应越强,则其对语篇话题“我们法源寺”的烘托意义就越大,整个小句的感叹语力也就越强。设想李四是说话双方的朋友,即专名“李四”在限定上与“特朗普”相同,但前者不为“就”所允准;因为“就”对话题的功能指向并非DP的客观限定,而是事物的日常熟知。

其次,“就”所授予话题的强焦点性,还投射为全句的真值可靠性。可比较焦点标记“是”,其作用对象是主语本身,并不投射为整个小句,因此句法

层级要比“就”低,IP 层。

(57) a. **老赵**就买了车。　b. 是**老赵**买了车。

“就”针对的预设是个否定句,外部否定、元否定:[并非[无人买车]],it not the case that-S。“是”保持动词性质,其后 DP 是宾语;对“老赵”所强调的是买车的施事身份,并非话题身份。“是”针对的预设是论元,内部否定:[[是老赵而非别人],买了车],[[DP1, not DP2], VP]。虽都重读,但“就”前 DP 的音高和延续,都比“是”后 DP 略胜一筹。

话题身上的焦点特征可投射到全句(focus projection),而宾语的焦点特征就只能投射到 VP 范围,这是一般话题句都有的特征,成为学者共识。(Selkirk 1984 等)不过学者讨论话题焦点投射时所关注的语法现象,一般是非主题判断句(thetic),如“干嘛急着回家?”“**我妈**来了。”这跟本文上述“就”句话题的焦点投射,语法内涵不尽相同:非主题判断句的全句焦点是语义性的,刻画一个客观事件;“就”句焦点则无论是感叹语力还是真值断定,都是语用性的,即,语法层面更高。这与“就”句的信息结构特征是一致的:该句的基本表达目的并非陈述客观事件,而是高阶提醒。

“就”的 CP 层特征还体现在其与语气副词的位置关系。语气副词分“知识”“义务”两大类(史金生 2003 等),前者的位置高于后者。“就”与前者位置相同,证据是:二者可互为先后,而语义不变。如:

(58) 有一类人总是对的,夫人(显然/的确)<u>就</u>(显然/的确)属于这类可怕的人!

(59) *是老王显然/的确买了汽车。

另外,“是……的”框内 VP 有现实性限制,即对体貌敏感,这足以表明“是”位置较低。

“就”与句法层面更高的言语行为成分共现时,则只能居后。比较例(58):

(58)’ ……夫人(老实说)<u>就</u>(*老实说)属于这类可怕的人!

义务类语气副词属于 IP 层,相对这种副词,“就”必居前:

(58)” ……夫人(*偏偏)<u>就</u>(偏偏)属于这类可怕的人!

语义上,“显然、的确”指强断言,是真值指向的;“老实说”指言说态度,并不直接指向真值。“就”与前者同列,也可表明其表真值的特征。综上,“就”的内涵概括为[强断言],指真值确认;位于言语行为短语之下,IP 之上,刻画为:[[SpeechP, AssertP 就], IP, VP]]。

5.3 小句只允准一个对比话题,位置不限

句首出现多个话题时,“就”必指向对比话题,另一个则为普通话题,非焦点;“就”决不同时指向两个 DP,即:句首不允准两个对比话题。至于哪个 DP 被选作对比话题,则取决于与背景句的关联:一定是与背景句论元无同指关系的那个;DP 的前后顺序则不起作用,就是,对比话题并无自身专门的位置。

(60) a. 我还是喜欢冬天。我说的是真话,至少**此时**我就是这样。

b. 当时人们还存有希望,至少当时**我**就有。

(61) 总体来说空调行业是一分钱一分货,至少杂牌机我就不敢卖。

例(60)a 背景句话题是“我”,所以“就”句对比话题一定不是“我”,而是“此时”;例(60)b 背景句话题是“当时”,所以“就”句对比话题一定不是“当时”,而是“我”。例(61)“就”句回指关系不明,这就造成歧义:“杂牌机、我”可分别读为对比话题,另一个为普通话题。

对比话题的竞争在“就”句很普遍,例(62)是介词短语与代词的选择:

(62) a. 大家在奥运会金牌数量上还是有差距的,至少**我**在金牌数上就很落后。

b. 同邓亚萍相比我还是有差距的,起码我**在奥运会金牌数上**就不如她。

六、结　　论

“就”句的功能内涵概括为:A. 评述部分回指特定的前文,基本功能是表[断言],而不是陈述具体行为;B. 整个小句的一般表达任务是指出一个符合评述部分所回指的情况的事物;C. 话题所指事物带有非穷尽性;D. 话题带有[+显而易见]的特征,读全句最重音;E. 话题的焦点特征投射为全句语力。上述五者,C 是“就”所标记的话题和普通对比话题的共同点,而在其他几点上,“就”都有很强的个性。这表明:在“对比话题”这个语法现象上,内部还可有复杂的表现。

句法上,话题焦点、对比话题并不构成一种平行于普通话题的专门的句法成分,也不占据一个专门的句法位置。带有话题焦点、对比话题的小句,应视为一种表达特殊焦点、预设、蕴涵等信息结构的句式,且内在带有强烈的语篇指向性。

参考文献

刘丹青，唐正大(2001)话题焦点敏感算子"可"的研究，《世界汉语教学》第3期。

刘丹青，徐烈炯(1998)焦点与背景、话题及汉语"连"字句《中国语文》第4期。

陆丙甫(1984)副词"就"的义项分合问题，《汉语学习》第1期。

吕叔湘主编(1980)《现代汉语八百词》，北京：商务印书馆。

马欣华，常敬宇(1980)谈"就"，《语言教学与研究》第2期。

屈承熹(1999)从汉语的焦点与话题看英语中的Y-Movement及其他倒装句，《外语学刊》第4期。

史金生(2003)语气副词的范围、类别和共现顺序，《中国语文》第1期。

张新华(2018)从词到小句："至少""最多"在多句法层面的功能发展//复旦大学汉语言文字学科《语言研究集刊》编委会编，《语言研究集刊》第二十二辑，上海：上海辞书出版社。

赵元任(1968/1996)《中国话的文法》，石家庄：河北教育出版社。

Büring D. (2003) On D-trees, Beans, and B-accents, *Linguistics and Philosophy* 5: 511-545.

Chomsky N. (1977) On Wh-movement. // Culicove P W, Wasow T, Akmajian A. (eds.) *Formal Syntax*. New York: Academic Press: 71-132

Delin J. (1992) Properties of It-cleft Presuppositions. *Journal of Semantics* 9: 289-306.

É. Kiss K. (1987) *Configurationality in Hungarian*. The Hague: Mouton.

Ernst T, Wang C C. (1995) Object Preposing in Mandarin Chinese. *Journal of East Asian Linguistics* 4: 235-260.

Halliday M A K. (1967) Notes on Transitivity and Theme in English: Part 2. *Journal of Linguistics* 2: 199-244.

Krifka M. (1989) Nominal Reference, Temporal Constitution and Quantification in Event Semantics. // Bartsch R. (ed.) *Semantics and Contextual Expression*. Dordrecht: Foris: 75-115.

Molnár V. (1998) Topic in Focus. *Acta Linguistic Hungarica* 45: 389-466.

Rochemont M S. (2009) *English Focus Constructions and the Theory of Grammar*. Cambridge: Cambridge University Press.

Rooth M. (1985) *Association with Focus*. Ph. D. dissertation, University of Massachusetts.

Selkirk E O. (1984) *Phonology and Syntax*. Mass: MIT Press.

Tomioka S. (2010) A Scope Theory of Contrastive Topics. *Iberia* 2: 113-130.

Wagner M. (2012) Contrastive Topics Decomposed. *Semantics & Pragmatics* 8: 1-54.

(复旦大学中文系　上海　200433　zhangxinhua@fudan.edu.cn)

副词"净""光"的语义性质和用法特点对比分析*

李　强

提要　文章主要对现代汉语副词"净"和"光"的语义性质和用法特点进行比较分析。基于相关研究说明"净"和"光"对其后所修饰的动词性成分在语义性质方面具有不同的要求；这种不同的背后反映了人们对于"净"和"光"的语义具有不同的认知心理视角；进而也会对"净"和"光"在语言实际中的使用情况产生影响。此外，文章还认为副词"净"具有"都"这一总括义，而表"只"的限定义则是在总括义的基础上推导出来的。

关键词　"净"　"光"　认知心理视角　总括义　限定义

一、引　　言

"净"和"光"都是现代汉语口语中使用频率非常高的范围副词，它们在句法、语义和语用等方面有较多的相似之处。尤其在语义上，它们的意义差别微乎其微，都有"单、只"的意思，用以限定范围或数量；因此，在很多情况下它们之间可以相互替换，而替换之后，句子所要表达的意义基本可以保持不变。例如：

(1) a. **净**顾着聊天，忘了打电话。

b. **光**顾着聊天，忘了打电话。

(2) a. 前排票已经卖完了，**净**剩下后排的了。

b. 前排票已经卖完了，**光**剩下后排的了。

---

* 本文得到国家社科基金项目"基于'分解—组构'模型的语句构造和意义组合问题研究"(项目编号 19CYY005)的资助，谨致谢忱。

（3）a. 成功需要个人踏踏实实的努力，不能**净**说空话。

b. 成功需要个人踏踏实实的努力，不能**光**说空话。

但是，我们也发现，像上面这种"净"和"光"可以替换的现象并不是在任何情况下都能发生。例如：

（4）a. **光**发言的就有几十位。

b. ＊**净**发言的就有几十位。

（5）a. **光**急躁是没有用的。

b. ＊**净**急躁是没有用的。

（6）a. 他**光**给我十块钱，没给别的。

b. ＊他**净**给我十块钱，没给别的。

由于"净"与名词性成分和形容词性成分的组合情况非常少，所以，从句法上的组合搭配就可以很容易地解释上文例（4）b、例（5）b 不能成立的原因。但是，即使"净"最常见的句法功能是修饰动词性成分，然而在例（6）b 中也不能修饰"给我十块钱"，而"光"却可以。这种合格性上的差异很显然不能通过句法组合来加以解释，而只能从"净"和"光"的语义性质和用法特点上寻找原因。可资对比的是例（7），其中的 a 和 b 都能成立。

（7）a. 他**净**读小说，不读别的。

b. 他**光**读小说，不读别的。

目前来看，虽然学界对"净"和"光"所进行的单独研究已经有不少成果，但把它们放在一起进行对比研究的成果还不是很多。武荣强（2010）[60-63]、张倩颖（2012）是所见到的为数不多的专门对"净"和"光"进行对比研究的文献资料；此外，郑剑平（1994）[62-65]、王红（2000）也零星地涉及一点儿它们在用法上的差异。总体而言，已有的这些成果对于"净"和"光"在句法层面的差异关注的比较多，而对于语义和语用层面，尤其是如上文例（6）、例（7）所示，表示"只"义的"净"和"光"在都修饰动词性结构的情况下可以相互替换的条件是什么，解释得并不充分。本文将在相关研究的基础上，对副词"净"和"光"的语义性质及其使用特点进行探讨。

二、关于副词"净""光"语义的既往描写

对副词"净""光"的语义做过细致描写和研究的文献资料主要有《现代

汉语八百词》(吕叔湘 1980)和《现代汉语虚词例释》(北京大学中文系1955/1957 汉语言班 1982)(以下分别简称《八百词》和《虚词例释》)。首先,让我们看它们对于“净”的释义描写。

《八百词》中认为副词“净”有三个用法: ① 表示“光;只”的意思。以“净 + 动词短语”的形式出现,比如, ~ 顾着说话,忘了时间了;② 表示“总是;老是”的意思。以“净 + 动词短语”的形式出现,比如,这些日子 ~ 刮大风,没个好天;③ 表示“全;都”的意思,比如,书架上 ~ 是科技书刊。

《虚词例释》中指出“净”只用于口语中,用来表示范围,说明除此以外没有别的。既可以表示动作的范围,有“总”的意思,比如,我都知道啊,你有病净背着人不说。同时,还可以表示事物的范围,一方面与“全”“都”的意思相近,常与“是”连用,比如,朱副主席讲的净是我心里的话呀;另一方面与“只”“光”相近,比如,别的都已经运走,净剩下棉花了。

从《八百词》和《虚词例释》的释义中,我们可以发现,它们在对待“净”的意义分类上基本上是一致的,都采取的是三分,都囊括了三种不同的意义。王红(2000)则指出,“净”的上述三个义项的分化有其合理性,但它们之间是相通的,从更高层面上看,分为两个大类更为合理,即“相同性”和“排他性”,而这两个大类的区分则是由“净”表示“一定范围内事物或动作的性质单一”这一基本意义驱动的。如果我们的关注视角集中在事物或动作性质所构成的集合内部,强调相同性特征,那“净”的意义就等同于“都/全”和“总是/老是”;相反,如果我们的关注视角集中在事物或动作性质所构成的集合外部,强调区别性特征,那“净”的意义就等同于“只/光”。马真(2004)也指出“净”的实际意义是表示“单纯而没有别的,强调单一性”,其观点与王红颇为相近。

其实,《八百词》《虚词例释》和王红、马真两位先生的分类体系或观点都具有合理性,分别代表两种不同的分类判断和取向。《八百词》和《虚词例释》的分类是从语言事实和语义直觉的角度提取出来的,符合人们对于特定语境下的特定词语的语义判断和感知;因此,从语言教学层面来说,这种分类具有较为可靠的操作性,直观并且易于理解。但是,如果深究义项之间的细微关系,则可能会出现一定的重合问题,比方说,说“书架上净是科技书刊”中的“净”表示“全/都”义,是不是就一定没有“只/光”的意思?说“坐这儿歇歇吧!别净站着呀!”中的“净”表示“总是/老是”义,是不是就一定没有“光/只”的意思?而王、马两位先生的分类和观点具有很强的概括性,对于“净”实际意义的把握也更贴近于“净”作为形容词的本义。因为形容词的“净”就是“干净、洁净、没有污点、没有杂物”的意思，由这个意义虚化，就成了“性质单一”的意义，所以，在词义的虚化演变方面，这种概括性的词义与本义之间保持了较高的一致性和连贯性；而“光/只、总是/老是、都/全”看上去更像是在这种本义的基础上经过衍推这一过程而产生的附加义。但是，如果以衍推这一词义推导程序来评判，王红的“相同性”和“排他性”两分到最后仍然可以归并为一个，即“相同性”或“排他性”，因为“相同性”可以衍推出“排他性”，而“排他性”也同样可以衍推出“相同性”，关键在于我们选取的是站在事物集合之内还是集合之外的角度去观察。

接下来，我们再看《八百词》和《虚词例释》对副词“光”的释义。

《八百词》中的释义较为简单，认为“光”是限定副词，相当于“只/单”的意思，有“光 + 动/形”和“光 + 名”两种形式，比如，“我们不需要 ~ 说不做的人”，“ ~ 他们俩，就抬了八十筐土”。

《虚词例释》中对于“光”的释义则要详细得多，认为：“光”用于口语中，主要用来限定事物和动作的范围。归纳起来主要有两种用法：① 放在动词之前，把动作、状态、现象限制在某种特定的范围内，而排斥这个范围以外的任何情况，有“只、仅”的意思。比如，“这家伙，光会跟人干仗……”；还可以表示动作情况经常发生、多次反复的意味，大致相当于“老、总”，但限定范围的作用仍然存在，比如，“鞋子破了，光往里进土”；② 放在名词性成分之前，限定事物的范围，有“只、仅”的意思，比如，“光你一个人是对付不了，可是还有大家呢！”

从上述释义中可以看到：《八百词》和《虚词例释》都指出副词“光”具有“只”的意义，除此之外，《虚词例释》还认为“光”具有“老、总”义，该意义在下面两例中体现的较为明显：

(8) a. 那么多重要的工作你不去操心，光操心一堆鸡毛蒜皮、绿豆芝麻的事！

b. 你怎么光说废话，要是全体市民都当市长也就没有市长了。

此外，如果以“净”字句中表示“全、都”义的“净”可用“光”来替换作为评判标准，那么，我们或许也可以认定“光”有“全/都”义①。比如：

① 康军帅(2011)[70-72]指出鹤壁方言里的“光”可以表示“全、都”义。比如，“别去上街了，光人！”的意思就是：“别去上街了，全是人！哪里都是人！”

(9) a. 大伙儿指望他会带些钱回来,起码能带些年货回来,谁知他箱子里光是书,大伙儿有点失望了。

b. 那女人街,满街光是女同胞的服装。

可见,副词"光"的意义还比较复杂,我们这里暂不讨论"光"应该设立几个义项的问题。本文主要集中探讨副词"净"和"光"在语义上的差别及其在用法上的差异,说明如引言例(6)和例(7)的对比性情况:同样都是修饰动词性结构,为什么有的句子中"净"和"光"可以相互替换,而有的则不行。

三、副词"净""光"的语义性质

郭锐(2010,2012)提出"净"对其所限定的对象具有复数性的要求,即"要求被修饰的谓词性成分具有复数性"。例如:

(10) a. 他净吃馒头。

b. *我净认识老王。

因为动词"认识"是状态动词[①],没有时间上的起点和终点,也就无所谓"第一次认识、第二次认识……"等重复性事件的发生,因而该事件不具有复数性,所以不能受"净"的修饰限定,b 句不成立。而"吃"是动作动词,可以重复发生,具有复数性特征,满足"净"要求复数性事件的语义要求;a 句可以表示他历来吃饭只吃馒头,也可以表示某次吃饭时,他每一口都只吃馒头。

张蕾(2015)在郭文的基础上对"复数性"这一概念进行了改进,认为所谓的"复数性"是"净"的三分结构中的限定部分和核心部分所形成的配对是复数性的。以"他净读小说"为例,其三分结构可以表示成:

(11) 净 x[他读 x][x = 小说]

∀x[他读 x→x = 小说]

"对于每个 x 来讲,如果'他读 x',那么 x 等于'小说'。"

因为限定部分"他读 x"可以看作是反复发生的动作;核心部分"x = 小说"引出的变量 x 从"小说"这个类别(type)中取值,可以为不同的实例

① 关于动词的情状类型划分,参考 Vendler(1970)。

(token)。因此,限定部分和核心部分形成复数性配对的语义要求。

虽然郭文和张文对"复数性"的理解存在一定的差异,但他们都认为"净"所修饰的动作行为必须能够重复发生,这样才能满足"净"的语义约束要求。我们赞同这个观点。不过,更为直白地说,之所以动作行为能够重复发生,深层次的原因是受到了"净"的语义牵制,因为即使在一般所认为的表示"只"义的"净"字句中,"净"仍然残存并保留"总是/老是"义。例如:

(12) a. 他净读小说,不读别的。=他总是/老是读小说,不读别的。

b. 他净喝可乐,不喝别的。=他总是/老是喝可乐,不喝别的。

c. 他净收集旧书,不收集新书。=他总是/老是收集旧书,不收集新书。

正是在"老是/总是"这种意义的影响下,"净"所修饰的动作行为能够转变为一种惯常性和反复性的非单次动作行为;某个动作行为反复发生,那么它就会具有一定的稳定性,进而又可以渐渐地蒙上惯常性状态这一层意味①。因此,如果仔细品味上面三句,我们从中可以体会到:"净"其实有一种将主语"他"的爱好和习惯烘托表达出来的作用。如果"净"后的动词是状态动词,那么,这种状态意味就更加明显。例如:

(13) a. 他净想着回家。

b. 他这个人呀,净爱开玩笑。

c. 屋子里净是玩具。

"净"的使用在上面三句中可以表达出不同的语义效果:a 句表现出"他"一贯、经常性的心理状态;b 句表现出"他"的性格特点;c 句表现出屋子被玩具塞满的状态。

因此,我们可以认定,在使用"净"的语言环境下,某种动作行为必须具有经常发生、是在一定时间段内的某种习惯这样的特点;如果仅仅是一次性的动作行为,那么就不能使用"净"来加以限定。相反,副词"光"却没有这种

① Heine 和 Kuteva(2002)援引 Bybee *et al*. (1994)[159]的研究指出,在世界语言样本中,有六种语言的某一标记兼表反复动作和惯常体;并且,反复体产生在先,惯常体是反复体语义扩展的结果。就此,他们提出了由反复体演变为惯常体的语法化类型和路径。我们认为,这在一定程度上就可以说明某个反复不断发生的动作最终可以携带惯常性特征的状态义。

使用要求,它不仅可以说明反复性或状态化的动作行为,此时具有"总是/老是"的意义,比如上文例(8);也可以说明某一次特定的动作行为,此时它只具有"只"的意义,而并不具有"总是/老是"义。也正是因为表达"只"义的"净"和"光"存在这种语义差异,导致下面例(14)中句子的合格性有所不同,同时也可以解释例(6)、例(7)的对比情况。

(14) a. 他光给我十块钱,没给别的。

a'. 他光给我十块钱,没向我打听你的事。

b. *他净给我十块钱,没给别的。

b'. *他净给我十块钱,没向我打听你的事。

根据常识理解,一般而言,一个人"给钱"是某一次特定的行为,而不会是经常反复性的行为,并不会固定化为一种动作行为的习惯。"别的"和"打听你的事"分别引出了一个与"光""净"所关联的焦点"十块钱"和"给我十块钱"相对的候选项,因而"光""净"的排他性意味十分明显,都表示"只"义。而之所以例(14)b、例(14)b'不成立,是因为如上文所说,表示"只"义的"净"中仍然具有"总是/老是"义,它要求所修饰的事件必须具有惯常性特征,而"给钱"这一行为一般并不具有惯常性。相反,"光"可以限定一次性行为,表示"只"义,所以例(14)a、例(14)a'成立。当然,如果在有特定语境支撑的条件下,某个人经常性、固定性、周期性地做出"给钱"这一行为,那么,"净"字句也能成立。例如:

(15) 他每次给钱,净给我十块的那种,不给我二十、五十的币种。

值得注意的是,上面这个句子之所以能够成立,还跟"净"字句的后续小句相关。因为后续小句在内容上引出了一个与"十块钱"形成对比的候选项,即副词"净"关联约束的是"十块钱",而句子中的宾语数量成分比较容易成为句子的焦点成分。(徐杰,李英哲 1993)所以,后续小句的内容与"净"所关联的焦点可以构成比较明确的对比关系,这是"净"的一个重要语义性质的要求。(张蕾 2015)相反,如果后续小句不与焦点成分"十块钱"构成对比关系,那么,即使"给钱"这一动作行为是惯常性的,"净"字句也很难成立。例如:

(16) *他每次给钱,净给我十块钱,没向我打听你的事。

此外,郭锐(2010,2012)和张蕾(2015)都指出"净"的一个重要特性是不与量级相关。比如:

(17) a. *他净读两本书。

b. 他只读两本书。

因为“两本书”是无定非特指的数量成分,它所引出的候选项如“一本书、三本书”等通常具有能在数量级上排序的特征,而“净”不与量级相关,因此例(17)a不成立;“只”的情况与“净”不同,它有量级和非量级两种用法(殷何辉 2009),比如,“他只是个助教”中,“助教”“讲师”“教授”构成一个量级,“只”起到了排除这个量级中的“讲师”和“教授”的作用;而在“他只去过美国”中,“只”作为非量级用法排除了与“美国”相对的其他国家的候选项。因此,在例(17)b中,“只”发挥了其量级用法,排除了“三本书”“四本书”等数量上比“两本书”更大的单位,因而可以语义关联“两本书”。

从量级和非量级的角度看,我们发现副词“光”的性质与“只”类似。例如:

(18) a. 要想解决这个问题,光看手头上的一两本书是远远不够的,还要读更多的书。

b. 他光去过山东,其他省份都没去过。

例(18)a中,“一两本”与“更多的”形成对比,引出了一个按照数量大小排序的量级,“一两本”处于这个量级的最低值;在例(18)b中,“山东”与“其他省份”形成对比,“光”与“山东”相关联,倾向于非量级用法。

因此,以“净”和“光”是否具有量级用法的差异来看例(15),就会有:

(19) a. 他每次给钱,净给我十块钱,不给我二十、五十的币种。

a'. *他每次给钱,净给我十块钱,也不多给我一点。

b. 他每次给钱,光给我十块钱,不给我二十、五十的币种。

b'. 他每次给钱,光给我十块钱,也不多给我一点。

因为“净”与量级无关,所以只能像例(19)a那样,语义关联“十块钱”,引出“二十”“五十”作为币种类别的对比项,而“二十”“五十”与“十块”并不存在金额数量上的多少差异。相反,像例(19)a'那样,后续小句“也不多给我一点”暗示了说话人觉得自己被给的钱太少,与“十块钱”具有金额数量上的多少差异,副词“净”就不能用于表达这种意义效果的句子中。而从例(19)b和例(19)b'中我们看到,无论是在隐含类别非量级关系的句子中,还是在隐含数量量级关系的句子中,副词“光”的使用都不受限制,说明“光”既有量级用法,也有非量级用法。

四、认知心理视角与副词“净”“光”的用法特点

张蕾(2015)指出下面例(20)这组句子在合格性上存在差异。她认为,例(20)a中,动词带有完成体标记“了”用以标识动作“写”完成,因为表达的是某一个已经完成了的特定的行为,所以不能用“净”修饰;例(20)b中,因为句尾的“了”是断言算子,断言在说话时间或之前相关事件已经完成,作用于“他净写小说”这部分内容,而“写小说”仍然是一个复数性事件,所以可以用“净”修饰。

(20) a. *他净写了小说,没写别的。

b. 他净写小说了,没写过别的。

但是,我们发现,“净”也有可以修饰一个已经完成了的特定行为的用法。例如:

(21) 本来说是来给我们讲英雄团长的经历的,谁知讲了半天净讲了他自己的经历。

在例(21)中,动词“讲”携带完成体标记“了”,说明“讲”这一行为已经发生,并且,说话者是在叙述过去发生的某个特定的事件。如果按照张蕾的上述解释,副词“净”应该不可以修饰限定“讲”这一行为,但情况并非如此。

我们认为,例(20)a之所以不合格的原因并不在于某一行为是否已经完成或者行为本身是否是特定的,其实,只要给予恰当的语境支撑,例(20)a的可说性也将大大增强。比如:“这三天的休息时间里,他净写了小说,没写别的。”而孤立的例(20)a不能成立的真正原因跟“净”的语义在说话人心理所反映出来的认知视角相关。上一节的相关内容已经指出,副词“净”对于所修饰和限定的动词性结构有语义上的要求,即该动词性结构所表示的动作行为能够反复发生,甚至具有惯常性的特点。在例(20)a中,因为缺乏适当的语境,“写”这一动作并不能表现出重复多次的性质;相反,即使“写”这一动作以现在说话时刻为基准点看是过去已经完成的特定行为,但说话人只要在心理上认为它可以在“三天的时间”里重复发生,这个句子就能成立。同样地,在例(21)中,“他讲经历”这一事件发生在过去,叙述者作为事件的观察者站在“现在”时间节点上回顾该事件的发生,所以可以用“了”进行标记。除此之外,叙述者用副词“净”也有自己的情感表达意图,意在强调讲述

者“他”在“半天”的时间里反复、不间断地讲他自己的经历，而并没有带给听者想要听的内容，暗示了讲述者所说内容的单调乏味。

副词“光”的性质特点与“净”不同。如果把例（21）中的“净”替换为“光”，我们就会感到整个句子好像意犹未尽，必须在后面再补上一句，句子才显得完整。例如：

（22）本来说是来给我们讲英雄团长的经历的，谁知讲了半天光讲了他自己的经历，英雄团长的经历一个字都没提。

如果说叙述者使用“净”是站在“讲述他自己经历”这一事件发生过程的内部，为了强调在一段时间里该事件内容的单一；那么，使用“光”就是站在该事件发生过程的外部，侧重于说明该事件与“讲述英雄团长经历”事件的区别。正是因为刻意强调区别性和排他性，所以有了后续句，内容上与“光”所限定的对象“他自己的经历”构成对比，整个句子才感觉完整、自然。

从例（21）和例（22）的对比情况看，我们认为“净”和“光”的使用其实反映了人们的认知心理视角的差别，究竟选择哪一个取决于人们是站在“相同性”“单一性”的视角，还是站在“区别性”“排他性”的视角。这种差别可以以集合形式表示如图1：

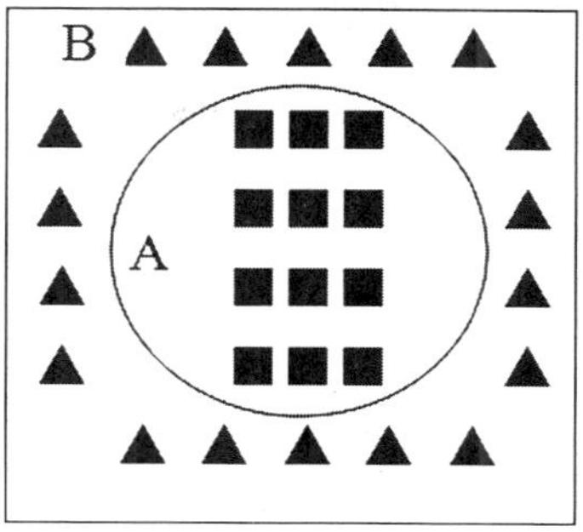

图1　“净”“光”所反映认知视角差别的集合表示

如果我们站在集合A的内部去观察其中所包含的个体，就会得到相同性的看法，这如同我们对于副词“净”的语义理解，将其看成表示在语义上所关联的事物或动作行为在某种程度上或某段时间里性质单一，这种单一性的认知视角导致我们倾向于将“净”理解为“都”；但是，如果我们站在集合B中去观察它所包含的个体，就会得到区别性的看法，这如同我们对于副词“光”的语义理解，将其看成表示在语义上所关联的事物或动作行为与其他事物或动作行为有所不同,这种区别性的认知视角导致我们倾向于将“光”理解为“只”。

这种认知心理视角的转换具体就表现为丹麦心理学家Rubin提出来的“图形-背景分离”(figure/ground segregation)心理机制(又称为“脸谱-花瓶”格式塔转换),它反映了我们在看待事物时的注意力分配过程。如图2所示,如果我们将注意力集中在图片中白色的部分,看到的图形就是花瓶,而黑色的部分就是背景,被我们忽略;相反,如果我们将注意力集中在黑色的部分,看到的图形就是两个相对的头像,白色的部分此时就是被我们忽略的背景。因此,图形和背景可以发生倒换,而这完全取决于我们认知注意视角的转变。下面,在这种“图形-背景分离”心理机制的基础上,我们对“净”和“光”的语言实际运用情况做更进一步的考察。

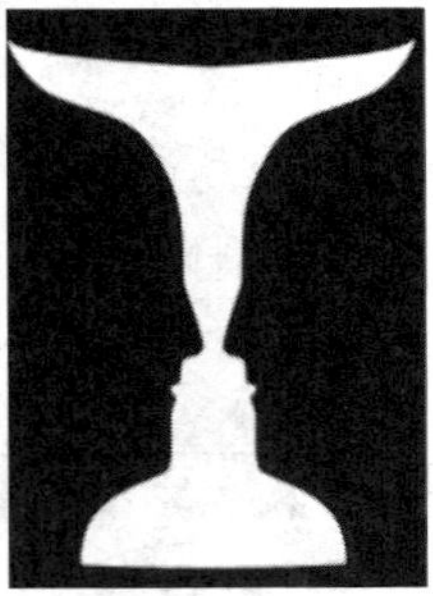

图2　人脸/花瓶测试

王红(2000)认为“净”既有“相同性”视角,也有“区别性”视角。沈家煊(1999)[112]也指出由于视角的不同,“净”可以理解为表示极小量的“只、光”,也可以理解为表示极大量的“全、都”。比如“书架上净是科技书刊”这句话中的“净”,既可以理解为“只”,也可以理解为“全”,句子的意思基本不变。但是,我们认为,人们在使用副词“净”时通常是站在“相同性”的视角上,由于这种心理视角的作用,我们将其语义理解成表示极大量的“都、全”;而之所以“净”也具有表示极小量的“只、光”义,并不是因为“净”有“区别性”的视角,而是因为“只、光”义可以在“全、都”义的基础上衍推(entail)出来,这一点在后面第五节再谈。

张蕾(2015)认为副词“净”除了可以右向关联焦点成分外,还可以在此基础上左向关联一个隐性的复数性情境集合。例如:

（23） a. 满天净是乌云。

b. 这片地方净是工厂。

在例（23）a 中，“净”同时关联它右边的“乌云”和它左边的“满天”，表示天上到处都是乌云，而不是“白云”或“晴空”等，隐性的情境集合是“天空所划分出来的每一块空间”；在例（23）b 中，“净”在右向关联“工厂”的基础上左向关联“这片地方”，可以认为“这片地方”在语义上是复数性的，是由更小的区域组成，于是该句可以表示：隶属于这片地方的每一个空间都是工厂。

我们认为，之所以“净”有左向关联隐性复数性情境集合的性质，其实跟我们关于“净”的认知心理视角相关。因为“净”反映的是我们对于集合内个体的“相同性”“单一性”的认识，因此，在“乌云”和“工厂”这个大集合里面，我们在心理上可以将其划分出许多个离散的“乌云”和“工厂”个体，而这些个体在性质上都是相同的。当主语是表示处所方位的“满天”和“地方”时，为了与这些离散的个体在语义上相配对，处所方位也被切分为更小的离散量，这样就会让“净”左向关联一个隐性的复数性集合。也正是因为“净”反映的是我们关注集合内部个体的性质这一认知视角，所以“净”字所在小句的后续句在内容上可以对集合个体进行描述。例如：

（24） a. 这片地方净是工厂，一家挨着一家。

b. ？这片地方光是工厂，一家挨着一家。

c. 这片地方光是工厂，也没什么住宅区。

（25） a. 书架上净是科技书，各种题材类型的都有。

b. ？书架上光是科技书，各种题材类型的都有。

c. 书架上光是科技书，连文学类的书都没有。

例（24）a 和例（25）a 中的“一家挨着一家”和“各种题材类型的都有”分别是对“工厂”和“科技书”这个集合中的个体成员所进行的描述。相反，同样的后续小句，如果前面的小句中出现的是副词“光”，那么整个句子就会显得不那么自然，如例（24）b 和例（25）b 所示，原因就是：与“净”反映我们关注集合内部个体的同质性这一认知视角相反，“光”反映的是我们对于集合内部个体与集合外部个体的异质性的关注，强调“区别性”和“排他性”特征；因此，例（24）c 和例（25）c 都是可以成立的，“住宅区”和“文学类的书”作为候选项分别与“工厂”和“科技书”构成对比关系，从而使得“光”的排他性特征得以突显。

同样地,因为副词“净”强调集合内部动作行为个体的反复性和单一性,在某些情况下,如果句子的区别性和排他性语境十分鲜明;那么,“净”的使用就没有“光”自然。例如:

(26) a. ? 今天这个讨论会,我们准备净谈学习问题,不谈其他问题。

a'. 今天这个讨论会,我们准备光谈学习问题,不谈其他问题。

b. * 净考察他们掌握基础知识的情况,而不考察他们运用知识的能力,是培养不出合格的专业人才的。

b'. 光考察他们掌握基础知识的情况,而不考察他们运用知识的能力,是培养不出合格的专业人才的。

相反,如果不刻意凸显区别性,例(26)a 和例(26)b 中画线部分也可以成立。例如:

(27) a. 他是个书呆子,一天到晚净谈学习问题。

b. 你不要净考察他们掌握基础知识的情况。

由上文例(26)a、例(26)b 和例(27a)、例(27b)的对比可见,如果认为“净”也有“区别性”视角,那就不能解释为什么例(26)a、例(26)b 不能成立,而同样表示“区别性”视角的“光”字句例(26)a'、例(26)b'却可以成立。同理,这也没法解释为什么引言中例(6)的两个句子在合格性上存在差异。

此外,“净”和“光”这种认知心理视角的差异也可以解释下面这些句子的对立:

(28) a. 过敏了,他一天到晚净打喷嚏。

b. * 过敏了,他一天到晚光打喷嚏。

(29) a. 街上来来往往的净是队伍,有的军装,有的便衣,有的便衣军帽,……

b. * 街上来来往往的光是队伍,有的军装,有的便衣,有的便衣军帽,……

由上面两例中的画线部分可见,例(28)意在强调在“一天到晚”的时间段里“打喷嚏”这一动作行为的反复,例(29)强调事物的单一相同,即着装相同的人组成一个方队,街上都是队伍。所以“净”满足这种语义性质要求,而“光”却不行。

除了语义性质外,“净”和“光”所代表的认知心理视角的差异也会对它们的语用表达效果产生影响。“净”可以表示主观大量,而“光”则表示主观小量。例如：

(30) a. 他一天净看电视。(强调“看电视太多”)

b. 他一天光看电视。(强调“干的其他事太少”)

(31) a. 他太粗心了，净写错别字。(强调“错别字的数量多”)

b. 他太粗心了，光写错别字。(强调“正确字的数量少”)

“净”反映事物或事件性质单一而多次出现、发生的认知视角，所以，它表示主观量大；而“光”反映事物或事件区别于其他事物或事件的认知视角，具有排他性，即否定其他事物或事件，所以，它表示主观量小。正是由于这两种认知视角的差异导致了“净”和“光”在主观性表达上有所不同。

五、“相同性、单一性”认知心理视角和副词“净”的“全、都”义

郭锐(2010)对“净”的语义进行了深入的研究。他认为“净”具有限制义，相当于“只”的意义；并且，他从句义等值的角度讨论了“净”的“$净_1$”(光，只)、“$净_2$”(总是)、“$净_3$”(全、都)这三种意义之间的关系。具体来说，他认为“净”并不具有“全、都”义，而之所以我们对“净”会有这样的语义理解，是因为“净”所在的句子与“都”字句存在语义等值的现象，而不是“净”具有“都”的词义，句义等值和词义同义是不同的。因此，在原本表示“都”义的“净”字句中，“净”是表示限制，而不表示总括。

对于句义等值的观点，张蕾(2015)已经指出了其中的一些问题。我们这里另外补充几点看法：

首先，郭文以“小孩只看动画片→小孩看的都是动画片”为其中一例，分析“只”和“都”时认为：“句义等值是因为除了‘只’和‘都’外，句子中的其他成分和句子结构也对句子整体的语义有所贡献，因此不能只看作‘只’和‘都’两词的语义相同。”从郭文上面这个结论的表述来看，似乎并没有完全否认“都”和“只”的同义性，主要还是提醒我们要额外关注其他因素对句义等值所带来的影响。但是，这两个句子其实在语义上还是存在一些细微差异，并不是完全等值的：“小孩只看动画片”表达的是“小孩除了动画片，其他什么类型的电视节目都不看”，旨在表达小孩的一种喜好；而“小孩看的都是动画片”则更像是在陈述一个客观情况“小孩看的是动画片，不是其他类型

的电视节目”,但这并不意味着小孩不会看其他类型的电视节目。此外,郭文认为“他说的净是废话”和“他说的都是废话”两者之间存在句式转换,具体的转换过程是:前者的“废话”经过谓词化加“是”变成“是废话”,然后前加“都”形成“都是废话”;前句中除去“净”之外的成分名词化加“的”,变为“他说的是的”,由于“他说的是的”不合法,而和“他说的”同义,所以转化成“他说的”,之后再和“都是废话”拼合形成“他说的都是废话”这样的完整形式。按照这种句式转换的方法,我们也可以说“床上只是玩具”和“床上光是玩具”两者之间存在句式转换:“玩具”谓词化变成“是玩具”前加“光”;除去“只”后的成分“床上是”名词化加“的”形成“床上是的”,而“床上是的”与“床上”同义;“床上”与“光是玩具”结合构成“床上光是玩具”。同样地,我们也可以说之所以“床上只是玩具”和“床上光是玩具”是同义句,是因为句义等值,而不是“只”和“光”同义。但很显然,这种说法恐怕并不符合语言事实,也不符合我们对“只”和“光”语义的一般性认识。

其次,“净”字句和“都”字句有时不需要经过句式转换就是同义的。比如,“他净说些废话”和“他都说些废话”,两个句子的句法结构完全相同,除去“净”和“都”外其余成分全部相同。如果硬说这两个句子之间也存在句法转变的话,那这种句法转化就脱不了“特设”(ad hoc)之嫌,与我们的经验判断也是相差甚远。依据最朴素的认识,这两个句子的意义相同,完全就是由“净”和“都”的语义等值所带来的。

最后,从“净”词义的历史演变的角度来看,东汉以后,“净”已经出现了表示“都、全”义的用法;因此,“都、全”可以看作是“净”本身的词义。例如:

(32) 善解分别具**净**除。(《普法义经》)

先是,景每出师,戒诸将曰:“吾破城邑,**净**杀却,使天下知吾威名。”(《南史》)

司州刺史萧诞拒战,虏筑围堑栅三重,烧居民**净**尽,并力攻城,城中负楯而立。(《南齐书》)

综合以上三点来看,我们认为,郭文从句义等值的角度指出“净”不具有“都、全”义的观点可能还有存疑之处。与郭文的观点不同,我们认为副词“净”具有“都、全”义,并且,该义与“净”的另外两个义项“总是、老是”和“只、光”相比,是更为基本的;“总是、老是”义和“只、光”义是在“都、全”义的基础上衍推而来的。下面,我们做进一步的论述。

正如本文第四节所指出的，副词"净"体现的是人们对于集合内的事物或动作行为的单一性、重复性和相同性的认知视角，其语义功能相当于"都"。"都"被认为是分配量词和全称量词(Lee 1986)，而无论是分配还是全称，"都"所实现的语义效果就是它所关联的对象集合中的每一个个体都具有谓词所表示的属性特征，换言之，每一个个体在属性特征方面是单一的、重复的和相同的。从这方面看，"净"所实现的语义功能与"都"其实是类似的。因此，我们认为，在副词"净"的三个义项中，基本义是"都、全"，而"总是、老是"义和"只、光"义是在本义的基础上衍推出来的。如果"净"所关联的对象是动作行为，该动作行为在一定时间段里性质单一，并且具有反复性特征；那么，"净"就会被识解为"总是、老是"的意义。Heine 和 Hunnemeter(1991)将人类认识世界的认知域映射依次排列成一个从自身到外部、由具体到抽象的等级(引自沈家煊 1994)：

人 > 物 > 事 > 空间 > 时间 > 性质

上述认知域次序对应的是由实词向虚词演变的语法化过程，象征着在由实词向虚词语法化的时间链条上所能适用的场景和领域。在这个等级连续统中，时间认知域处于链条的偏右端，抽象程度较高，表示适用于时间场景或表示时间概念的虚词都是从其左端更为具体的认知域发展而来的。换言之，当一个虚词的用法与时间相关，就可以说明这一用法的产生相对于空间、事物的用法来说，是在它们基础上后起的。这一演变规律同样可以说明副词"净"表示"总是、老是"的时间频率意义的用法，是在它表示"全、都"义修饰人、事物、空间的用法的基础上经过隐喻认知机制发展而来的①。

同样，在使用"净"字时，因为在说话人的心里，对象集合里的个体都是相同单一的，那也就可以衍推出该集合里只有这些同种类型的个体，而没有其他不同类型的个体，所以"净"也就容易被理解为"只、光"的意义。魏兆惠(2014)[41-44]指出，"净"作为表示"只、光"义的限制副词用法首见于清代的《红楼梦》中。而正如上文例(32)所示，表示"全、都"义的总括副词用法早

---

① 沈煜、龙国富(2011)指出，"光"的"总是、老是"义表示时间频率的用法也是经过隐喻，由修饰人、事物、空间的顺序逐渐引申和抽象化而来的。但是，我们不能因为"光"有"总是、老是"的意义，就认为它的使用反映的是人们"相同性""单一性"的认知视角。正如沈、龙在文中所指出的，副词"光"最初的认知语义来源就是"只有"义。换句话说，人们一开始就是站在"区别性""排他性"的心理视角上去使用它的。

在东汉时期就已经出现了。从副词"净"的词义产生的时间顺序来看,"全、都"义在前,"只、光"义在后。这也从侧面说明,人们一开始就是站在"相同性"视角上去理解"净"的语义的,而"只、光"义则是在"性质单一相同"的基础上慢慢虚化而来的。因为事物性质单一相同,那就自然可以衍推出无例外、无其他,排除性质不同的事物,因而具有表"只、光"义的排他性用法。这种虚化过程在现代汉语表示"只、光"义的"净"字句中也可表现出一些端倪,其中的"净"仍然残存有"都、全"义。比如:

(33) a. 前排票已经卖完了,净剩下后排的了。

b. 净顾着说话,忘了时间了。

例(33)a 中,"剩下的票"都具有"后排"这一属性特征;例(33)b 中,"一段时间"都被用来"顾着说话"。由于说话人认为"票"和"顾着说话"在"剩下的票"和"一段时间"里性质动作相同单一,所以可以用"净"来对其加以修饰限定。

张蕾(2015)认为"净"具有内在的排他性特征,我们则认为"排他性"其实不是"净"的内在特征,它只不过是"都、全"这一基础义的附属产物。如果认为"净"具有内在的排他性特征,或者认为"净"的本义是"只",而不是"都";那我们也难以解释例(34)a 中"净"和"只"连用的情况。既然"净"已经表示"只"义,具有排他性,为什么还要和"只"连用?

(34) a. 这些日子我存心和水山哥照面,可是他对我和对别人一样,**净只**说些工作上的事,打反动派的道理。

b. 这些日子我存心和水山哥照面,可是他对我和对别人一样,**都只**说些工作上的事,打反动派的道理。

如果按照例(34)b 那样,把其中的"净"语义理解成"都",那就没有什么问题。一方面,说话人用"只"强调水山哥所说内容的单调,除了"工作上的事"和"打反动派的道理"外,就没有其他什么内容,此时说话人意在强调所说内容与认知世界中的其他内容的区别性。而用"净",说话人则将心理视角转向"这些日子"所代表的时间段内部,意在强调水山哥所说内容的重复,表明这段时间里面所说的话的内容是相同的。所以,"净"和"只"的使用分别侧重于对象集合里外两种不同的视角,因而连用也就不矛盾。同时,"净"和"只"的连用也符合近代汉语和现代汉语中总括副词和限定副词连用的线性规律,即总括副词在前,限定副词在后。(杨荣祥 2007[244],袁毓林 2002)

六、小　　结

本文主要对现代汉语口语中使用频率非常高的两个范围副词"净"和"光"的语义性质和用法特点进行比较研究。"净"要求其所修饰限定的动作行为具有经常发生,或接近于惯常性、日常性状态的语义性质;"光"则没有这方面的性质要求,无论是一次性,还是惯常性、日常性的动作行为都可以受其修饰限定。"净"的语义不与量级相关,而"光"的语义则没有量级这方面的约束。"净"和"光"的这种语义性质差异的背后隐藏的是人们在认知心理上对它们所表示语义的不同认识:"净"反映了人们在集合内部观察个体的认知视角,倾向于将事物或动作行为个体看作具有"相同性""单一性"的特征;"光"反映了人们在集合外部观察该集合中个体的认知视角,倾向于将事物或动作行为个体看作是具有"区别性""排他性"的特征。"净"和"光"的这种认知差异是人们身上所见的一种更为广泛的心理视角自由切换效应的语言投射。同时,这种认知心理视角的差异也会对"净""光"的语言实际使用产生影响。在此基础上,本文认为副词"净"的本义是"都、全",而"只"义和"总是、老是"义是在本义基础上衍推出来的。

参考文献

北京大学中文系 1955/1957 级语言班编(1982)《现代汉语虚词例释》,北京:商务印书馆。
郭　锐(2010)"只"义句和"都"义句的语义等值//中国语文杂志社编,《语法研究和探索》第十五辑,北京:商务印书馆。
郭　锐(2012)汉语虚词研究的精细化和汉语虚词教学,《汉语与汉语教学研究》第 3 期:1-9。
康军帅(2011)鹤壁方言中的副词"光",《商丘职业技术学院学报》第 52 期。
吕叔湘(1980)《现代汉语八百词》,北京:商务印书馆。
马　真(2004)《现代汉语虚词研究方法论》,北京:商务印书馆。
沈家煊(1994)"语法化"研究综观,《外语教学与研究》第 4 期:17-24。
沈家煊(1999)《不对称和标记论》,南昌:江西教育出版社。
沈　煜,龙国富(2011)试论限定副词"光"的语法化机制与动因//四川大学俗文化研究所,四川大学汉语史研究所编,《汉语史研究集刊》第十四辑:9-29。

王　红(2000)副词“净”浅析,《暨南学报》第1期: 39-45。
魏兆惠(2014)早期北京话范围副词“净”、“尽”和“竟”,《廊坊师范学院学报》第1期。
武荣强(2010)范围副词“光”、“净”对比研究,《盐城师范学院学报》第6期。
徐　杰,李英哲(1993)焦点和两个非线性语法范畴: “否定”“疑问”,《中国语文》第2期: 81-92。
杨荣祥(2007)《近代汉语副词研究》,北京: 商务印书馆。
殷何辉(2009)焦点敏感算子“只”的量级用法和非量级用法,《语言教学与研究》第1期: 49-56。
袁毓林(2002)多项副词共现的语序原则及其认知解释//北京大学语言研究中心《语言学论丛》编委会编,《语言学论丛》第二十六辑: 313-339。
张　蕾(2015)全称量化副词“净”的语义及使用限制,《世界汉语教学》第3期: 336-349。
张倩颖(2012)副词“光”和“净”的比较分析,上海师范大学硕士学位论文。
郑剑平(1994)试论副词“光、仅、净、只”的用法,《西昌师专学报》第1期。
Bybee J L, Revere D P, Pagliuca W. (1994) *The Evolution of Grammar: Tense, Aspect and Modality in the Languages of the World*. Chicago: University of Chicago Press.
Heine B, Kuteva T. (2002) *World Lexicon of Grammaticalization*, Cambridge: Cambridge University Press. (中译本《语法化的世界词库》,龙海平,谷峰,肖小平 译,北京: 世界图书出版公司,2012。)
Heine C, Hunnemeter F. (1991) *Grammaticalization: A Conceptual Framework*. Chicago: The University of Chicago Press.
Lee T, Hun-tak. (1986) *Studies on Quantification in Chinese*. Ph. D dissertation, University of California.
Vendler Z. (1970) *Linguistics in Philosophy*, Ithaca: Cornell University Press. (中译本《哲学中的语言学》陈嘉映译,北京: 华夏出版社,2002)

(上海大学文学院　上海　200444　leeqiang2222@163.com)

“同盟”范畴研究成果与问题*

孙佳莹　陈振宇

提要　同盟范畴是立场范畴下一个重要的子范畴，指的是说话者将言说主体（言者和听者，有时也包括第三方）即时划分为不同或相同的社会群的一种主观性操作。社会群是在特定社会活动中自发形成的集合，包括人的集合，以及与人相关的物的集合。群内成员为正同盟关系，他们具有相同的观点、信念、利益、属性、价值等，或者分享信息、情感，关系亲密，共同担责或共同从事同样的活动或事业；群与群之间是反同盟关系，他们具有不同观点、信念、利益、属性、价值等，阻碍信息交流，不进行情感分享，关系疏远，推卸责任，反对进行共同的活动或事业；没有划分群层面关系的散漫个体则是非同盟关系，此时群没有受到关注或根本没有建立。文章对西方和汉语同盟范畴研究进行了分类梳理，介绍同盟范畴理论的产生和同盟范畴重要的语用语法地位，同时用“社会群”代替立场三角理论来阐释同盟关系，并对同盟范畴中亟待解决的若干重大问题提出自己的观点。

关键词　同盟性　正同盟-反同盟　社会群　同盟的层次　即时构建

“同盟”很晚才被引入语言学领域。同盟是立场表达的一个重要子类，指的是说话者将言说主体（言者和听者，有时也包括第三方）在言语行为中划分为不同或相同的社会群的一种主观性操作，其所构建的主观间性关系就是同盟关系。国内学者在援引相关理论时，还将其翻译为“同盟、离合、匹

---

*　本研究是国家社会科学基金后期资助项目《言语行为的逻辑——汉语语义和语用接口研究》（项目编号19FYYB032）的成果之一。

配、认同”等术语。(陈振宇 2014;罗桂花 2014;陈景元,高佳 2016;李桂东 2019;方梅,乐耀 2017)本文之所以采用“同盟”术语,一方面是因为aligns的词根含义为“同盟”,“同盟”比其他术语更能涵盖其在语言结构背后的社会意义。另一方面,“正同盟”和“反同盟”这两种基本的主体间位置关系的命名能更好地表达alignment和disalignment的分类共识。许多学者不区分同盟和作为同盟关系类型之一的“正同盟”,不论哪个都使用alignment这一术语,并且都译为“同盟”,我们认为这会带来概念上的严重混淆,故此建议前者改用alignability这一术语,并严格区分翻译的中文名称。还有一些学者所说的non-alignment实际上是指反同盟关系(他们不用disalignment这一术语),本文也严格做了区分。本文仅将non-alignment限定在非同盟,这也请读者特别注意。

- 无同盟关系存在,“非同盟”(non-alignment)。
- 有同盟(alignability)关系存在
  - 在同一社会群内,“正同盟”(alignment)。
  - 处于不同社会群,“反同盟”(disalignment)。

一、西方同盟范畴研究

1.1 同盟概念的提出

同盟(alignment)最早出现在社会学有关框架(frame)和立足点(footing)的研究当中(Goffman 1974,1981),随后被引入语言学中的会话分析等领域,受到学者们的关注。Alignment在相关理论引介中也被翻译为“协同”。Pickering和Garrod(2004)提出“互动同盟模式(interactive alignment model)”,明确了“同盟是对话成功交际的基础”。成功的会话包括不同语言结构层面上的“言者-听者同盟”(talker-listener alignment),可以分为语音、词汇和句法三个结构层面。此外还包括情景模式(situation models)的同盟,会话参与者通过不断调整情景模式,达到语言层面的同盟,从而使得语言产出和语言理解更加顺畅。请注意,互动同盟模式及同时期的其他文献中的“同盟”,实际上仅仅是指本文的“正同盟”关系,即会话参与者的立场趋同。

在会话分析领域存在一些与同盟(alignment)混为一谈的概念,如affiliation、agreement、imitation、preference等(Steensig & Drew 2008),一般情况下这些概念均被视为同义,但在特定的情况下有必要进行区分,比如Stivers

(2008)[31]区分了故事叙述场景下的联系(affiliation)和同盟(alignment),指出了联系和同盟都是"合作形式(forms of cooperation)",但二者在听话者回应方式等方面有所区别。Affiliation 是听话者对说话者立场的回应,属于合作的情感和社会层次;而 alignment 则属于合作的结构层次,指的是听话者对说话者讲述活动和会话结构(structure)的回应。

同盟概念提出之初,其边界还比较模糊,内容还相当散乱,与今天讨论的"同盟"还不是一个概念,尚不能称之为一个明确的语言学概念,但是同盟的社会属性和言语互动功能已经被学者们所关注。

1.2 同盟与立场

随着社会互动被引入语言学领域,人们逐渐将目光从语言结构转移到了语义语用上,立场以及与立场相类似的概念开始受到越来越多学者们的关注。最初评价(appraisal/evaluation/assessment)、位置(position)、情感(affect)、态度(attitude)等相类似的概念混杂在一起。直到评价系统和立场三角模型丰富了"立场"范畴,逐渐明确了立场是一种具有交互主观性的互动过程,"同盟"才具有了其语言学内涵。

Biber 和 Finegan(1988)较早对立场进行了界定,将"立场"定义为"言者对命题的态度、情感、判断或者承诺的显性表达"。Elinor 和 Schiefflin(1989)则将评价、态度、立场等都划归到一个庞大的"情感(affect)"范畴里。Conrad 和 Biber(2000)分类了立场的不同子范畴:认识立场,态度立场和(语体)风格立场,认为立场可以影响参与主体的情感和反馈,并展示立场主体对所提出的命题的认知程度。Martin(2000)指出评价系统关注语篇中评价的各类协商态度、所涉及的情感强度以及同盟读者的各种方式。态度作为评价系统的子系统,分为情感、判断和鉴赏三部分。这不仅明确了评价对情感的表达,更注意到了评价在道德(moral)上和美学(aesthetic)上的表达,后两者实际上说明了评价涉及社会伦理和社会价值。评价的背景是基于社会互动的社会文化价值体系的方方面面。这些研究不仅看到了语言形式,更看到了说话者通过语言形式对态度、价值、立场等的语义区分。随后不同的学者基于会话分析从各个语言层面乃至非语言层面对"评价"进行了补充,建立起了一个较为系统的理论框架来归纳这个混杂概念的内在语义。但立场此时还是一个静态概念,尚未有对立场功能和性质的区分。

之后,不少学者从研究立场在语言形式上是如何表现的,转向研究不同语言形式下立场功能是如何实现的。比如 Hyland(2005)分析了模糊标记(hedges)、助推标记(boosters)和态度标记(attitude markers)。他认为模糊标记用于表达说话者的低确信度的立场,助推标记用于强调说话者高确信度的立场,而态度标记用于表达说话者对听话者或话题的情感立场。

随着立场的互动性成为学者们的普遍共识,不少学者认识到立场的社会行为属性,立场的研究范围随之被扩大。比如 Englebretson(2007)关注到了立场的主体间性,他指出立场的三大性质之一就是互动性(interaction)。Kiesling(2012)提出了立场研究的主要参数:同盟、情感和投入(investment)(属于认知情态,即言者在谈话中投入了多大的力量),将情感与同盟列为立场下的不同层次。人们认为立场可以起到使主体与其他主体或话题保持正同盟关系或反同盟关系的目的,或者强化社会地位和意识形态,立场实际上被明确为一种极其强大的结构。(Du Bois 2007;Martin 2004;Martin & White 2005)

其中,Du Bois(2007)将情感、评价、认识、价值判断等概念归入“评价”(evaluate),将视角、立足点等概念归入“定位”(positions),构建了反映主观性和主体间性的“立场三角”(the stance triangle)模型,明确了“同盟”(aligns)作为立场范畴的重要子范畴的理论地位。立场三角因其对主体间性的分析而具有重要的理论价值,同盟正是立场表达主体间性动态理解的关键。

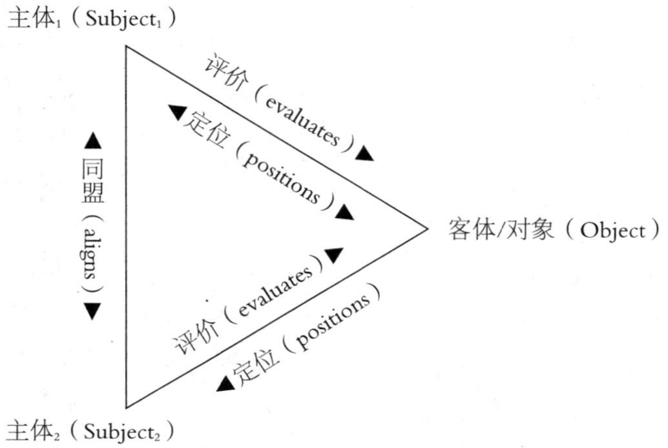

图1　立场三角(译自 Du Bois 2007)

Du Bois(2007)认为立场表达包括两个立场主体和一个立场客体。两个立场主体指的是互动的对话双方,也即说话者和听话者。立场客体指的是互动双方所谈论的焦点,包括人、物、情况、话语甚至其他参与者的立场。立场表达行为可以分为评价、定位和同盟三个子行为(或者说是过程)。三者均具有导向性。评价是从立场主体导向立场客体的,指的是立场主体对立场客体的情感、评价、认识、道义要求、价值判断等。定位则是从立场客体导向立场主体的,因为定位是主体评价客体后的间接结果。言说主体通过立场表达定位自己,立场客体唤起言说主体的社会立场(social force filed),使之担当社会行为责任。因为立场表达是一种公开行为,人们不可避免将自己的立场与其他言说主体的立场进行比较,所以同盟用于突出强调评价和定位的异同,同盟指的是调整两个立场之间关系的行为(act)以及两个立场主体之间的关系(implication)。Du Bois(2007)指出,主体间性不是以共性(commonality)为前提,而是以可比性(commensurability)为前提。同盟就是一个对当前立场和原先立场不断协商的实时交互的动态过程,趋同或趋异,而非对另一言说主体简单的支持或反对。立场是言说主体双方共同参与构建的立场。其中两个主体间的同盟操作是通过相同或不同的定位对比得到的,同盟反映了主体间性。

简单来说,Du Bois(2007)认为立场表达就是两个主体在互动交际语境下对同一对象表达态度、价值、情感的言语互动行为。立场表达的核心和基础是位置关系,因为立场本身就是一种互动公共空间的隐喻,而同盟关系所表达的主体间性位置关系则又是当中尤为重要的部分。从这个角度来看,立场异于评价的最大特征是其同时涵盖了主观性和主体间性。“评价”(这里的评价内涵甚广,包括了情感、态度等)更关注行为单方面的静态部分,而立场则是互动的动态过程,具有社会行为的属性。评价将社会价值体系看作言说行为的背景,而立场还强调言说行为对构建言说主体社会关系的这种反作用。评价性和同盟性都是立场表达的重要性质,二者从主观性和主体间性方向丰富了立场框架。但是立场三角中对同盟的认识显然还很单薄,没有针对同盟进行更加深入的探究,具有不少局限性。例如,立场三角中的同盟界定实际上还是把同盟看成两个主体之间的位置对比,没有看到两个主体之间的不对称,其中一个主体作为主动的立场建构者,是试图表明自己与对方位置相同或不同,而对方是否真的有此位置其实并不重要。立场三角也没有反映听话者不介入或缺省回应时,立场是如何在非同盟关系(non-alignment)下调整的,同时缺乏对反同盟(disaligns)操作的解释。

至此,随着立场研究侧重点的转换(从语义到功能再到言语互动行为;从主观性到主体间性),同盟作为立场表达的重要下位概念登上语言学的历史舞台。

1.3 正同盟和反同盟

不少学者发现,同盟操作不是一种单一的操作,同盟至少可以基于两个方向进行操作,体现两种关系。Martin 和 White(2005)认为"正同盟"和"反同盟"是对态度性评价(attitudinal assessments)、世界的性质(nature of the world)、过去的历史(past history)和偏好(the way it ought to be)在信念或假设层面的认同或不认同。他用"正同盟"和"反同盟"来表示说话者对"实际或潜在的应答者"的立场。Haddington(2005)认为同盟性解释了趋同(convergent)和求异(divergent)位置关系的所有可能,参与者由此构建了主体之间的关系。

Pagliai(2012)基于种族话语对正同盟(alignment)和非同盟(non-alignment)概念进行了区分,他认为正同盟是指参与者对事件的相同定位,非同盟是指参与者对事件的不同定位,正同盟或非同盟定位均通过引发和接收话语来表达。其中,non-alignment 涵盖甚广,Pagliai 认为其可以再细分为失同盟(misalignment)和反同盟(disalignment)两种。二者的区别在于,失同盟强调偶然性,如暂时没有达成正同盟关系;反同盟强调有意性,如拒绝交流的言者意图。Pagliai 的区分对语篇中具体现象的分类是有帮助的,但是语法学中语用平面研究的不是语言的偶然现象,而是说话者自主实施言语行为的规律。因此偶然的失同盟对同盟范畴来说意义不大,只有有意地表明自我与对方的差异,才是说话者的主观态度,才是反同盟的本质,才能体现言说主体的交互主观性。

1.4 对正同盟与反同盟的表达手段的研究

1)在自然会话等言语活动中的研究

不少学者基于对话语料探讨了言语主体间的同盟关系,比如 Sakikawa(2011)调查了在叙述性对话中采用美式英语和日语的参与者展示出的同盟和联系(affiliation),归纳了说话者如何可以重复主题、声音强调和凝视、点头、手势等行为表达评价。Goodwin(2007)分析了父亲指导女儿写作业时的言语行为,说明了五种涉及同盟表达的立场。Park(2011)以韩国人关于英语的元语言讨论(metalinguistic talk)为例,指出情感的表达是说话者协商社会关系和文化地位的重要手段,并阐明情感的互动是如何通过立场构建联系的。

以立场三角模型为主要理论背景,不同学派的研究者们对立场进行了大量案例分析。Haddington(2007)分析了新闻采访中的"定位"(positioning)与"同盟"(alignment)两种交际立场表达的相互作用。"同盟"给予受访者一个表达立场以及自身身份、背景和目标等的空间,受访者通过反复使用提问中的话语来适应和消除偏好立场和预设。Duszak 和 Okulska(2010)研究了青少年女孩会话中的同盟和身份构建,认为言说主体在正同盟或反同盟关系的构建中表明了与群体的联系(affiliation)和社会身份归属。Johnstone(2007)将身份与方言联系起来,阐明了言说主体可以通过方言表明其当地人的身份,重新构建与其他参与者的正同盟关系,从而在情境中拥有更多的互动资源。Ramírez-Cruz(2017)针对西班牙裔美国人和英裔美国人遭遇不同情况的客户服务进行了同盟性分析,指出在请求交互中有交易立场(transactional)和友好立场(friendly)两种(语体)风格立场。

此外,研究者们注意到同盟是社会行为中的一种主体间性活动。比如Scheibman(2007)研究英语"概括"的主观性和主体间性,指出概括话语(尤其是评价)并不是对世界的指称描述,而是用于表达主观性和主体间性,并且被会话参与者用来表达个人,互动和社会文化的立场。概括将个人主观性与群体联系起来,在友好交谈中建立共同持有的立场,也即正同盟关系。

2)对规约化的语言要素和多模态的研究

从语言形式上看,学者们主要根据可推导出同盟意义的语词、立场标记、句子结构等显性语言手段研究同盟功能。

使用具有立场语义的词汇可以直接在会话交际中构建同盟关系,比如Lee-Goldman(2011)分析了话语标记"NO",指出重建同盟关系以解决冲突的功能是"NO"作为话语标记的三种功能之一。Chase(2017)指出通过咒骂评价,言者向听者定位自己的权威身份,听者额外承担评价任务以推进对话。这些评价质疑言者的叙述内容,特别是观点和立场,构建了对立立场来表达听者观点的不一致,指出了咒骂词在互动中构建反同盟关系以创造权威身份的功能。

此外,不少学者从立场标记入手,对同盟功能研究的发展做出了贡献。比如 Kärkkäinen(2003)以“I think”为例,指出语调单位居首的立场标记有助于参与者调整自己与其他言说主体的关系,建立正同盟关系。Kärkkäinen(2007)认为当参与者之间存在某种程度的分歧和不同意见时,使用“I guess”往往表明言说主体撤回其原始立场并重新构建更为趋同的立场,也即构建正同盟关系。

不少句子结构分析的案例也为同盟研究提供了事实支撑。比如 Keisanen(2017)考察了三种极性疑问句的立场表达,指出疑问句话轮通过在前一话轮中嵌入的声明或立场来表示质疑,从而构建具有反同盟关系的挑战行为,要求听话者对言说主体间的认识差异做出解释。Koymen(2011)发现儿童采用补充结构中的“格式联结”(format tying)句法语言策略来展现与同伴的正同盟和反同盟关系。比如在命令主句中嵌入“我说”(I said)和“我来”(let me),形成补充结构如“我说我不做”(I said I don't do it)来回应与同伴的冲突,展现反同盟立场。

此外,还有一些涉及非语言或韵律层面的同盟研究。比如 Bubel(2011)发现同声大笑(shared laughter)可以改变原有的同盟关系,构建正同盟关系,导致宏观层面的社会关系的转变。Satoh(2018)发现日语赞美话语引发的权力失衡(power imbalance)是通过三个过程被调停的,其中同声大笑(laughing together)是缓解潜在权力失衡的稳定策略之一,它是通过改变参与者的主体间立场来实现的。称赞者或(最经常)被称赞者可能会开个玩笑以缓解因称赞而产生的紧张感,参与者会一起大笑。

当前,国外有关同盟的研究主要是基于立场三角理论对立场的语言表达手段的研究。这些研究一般不进行理论性的总结,尽管贡献了很多有用的素材,但极为缺乏规律性的概括,整体上呈现出较为零散的状态。

二、汉语同盟范畴研究

针对汉语的同盟研究,最早是国外的汉语研究者对英语研究成果的模仿。比如 Xiao(2010)受“I think”研究的影响,分析了汉语话语标记“我觉得”的反同盟功能和话语标记“你说”的正同盟的功能等。国内汉语学界的同盟研究,则首先是从立场表达研究和交互主观性问题开始,再推及到“同盟”。

2.1 对汉语立场范畴和交互主观性(主体间性)的研究

汉语中关于"立场"的分析由来已久。尽管一些研究中还没有使用"立场"术语,但我们可以看出学者们的研究对象正是"立场"且意识到了其中同盟发挥的作用,但都不具有理论的自觉。

近年来,随着会话分析和互动语言学等学派的蓬勃发展,汉语立场表达研究成果丰硕。方梅、乐耀(2017)梳理了汉语研究者在立场表达研究上取得的一些重要成果以及呈现出的研究特点,对汉语立场表达进行了界定和分类,分析立场的实现手段、语言表现形式和产生途径等。这些研究例证丰富,虽然也探讨了言者意图、评价立场和规约化等专题,但缺乏对同盟关系的专门认识。

此外,随着语言哲学引入西方哲学的主体间性理论,主体间性在话语分析、翻译批评等领域受到学者们的关注。主体间性将人际意义引入语言功能研究,使人们关注到主体间位置关系,为我们研究同盟问题奠定了理论基础。

2.2 汉语语法研究中同盟范畴的引进与发展

尽管汉语立场表达研究和主体间性研究已经取得了一些成果,但到目前为止,针对汉语同盟的专门研究还处于相当贫乏的状态。

较早在汉语语言学界引介同盟理论、界定同盟关系并探究同盟关系构建的是陈振宇。陈振宇、叶婧婷(2014)指出立场不仅是一个语用属性,而且在长期的使用中会发生词汇化、语法化,从而成为一种特定的语法项。同盟关系既可以指在言语过程中用肯定词,甚至点头、赞许等方式来表示说话者与对方立场相同;也可以使用一些语法化后的专有词汇。他们具体分析了汉语领属结构中同盟性的影响。陈振宇(2017)指出同盟关系就是主体间位置关系的统称。陈文基于 Du Bois 的立场三角理论,认为当多个会话参与者对某一对象持有相同的意见、态度、评价、感情等时,他们之间为正同盟关系。而当会话参与者表示对立,双方不分享同样的意见、态度、评价、感情等,他们之间则是反同盟关系。此外,陈振宁(2017)从句法语义角度分析了汉语人称代词的语篇特性,认为生命度高的第一人称、第二人称更易成为对立起点,第三人称使得语篇特性从叙述描写进入会话,在语用机制的作用下,偏好建立正同盟关系。

在运用同盟理论对具体汉语现象的解释方面,陈振宇、叶婧婷(2014)指出"人称代词领属结构"有一种是表达同盟性关系。陈振宇(2017)指出,由语用因素构建同盟关系,要遵循"评价→位置→同盟"的语用过程。但当语言中出现了表示同盟关系的标记后,也就有了另外一个会话展开的策略,即倒过来,"同盟→位置→评价"。这是因为这些正同盟或反同盟标记不一定必须处于后续话轮中,而是可以在前面的话轮直接使用,如"你看""你知道""你说过""如果我/你是 X"类。张帆、翟一琦、陈振宇(2017)研究了汉语复数标记的产生和演变过程,认为数范畴的演化动力之一是"立场"。其中,汉语的复数标记便是在立场驱动下产生的,汉语复数标记在产生之初显示出较强立场倾向性,第一人称复数的本质是表达正同盟关系,但与第二人称对比时,就表达反同盟关系。陈振宁(2017)从人类偏好建立正同盟关系出发,解释了小称"人、人家"的演化,并总结了其建立同盟关系的主要手段和次要手段。

在理论方面,陈振宇(2017)从语用角度探讨了构建同盟关系的方法以及同盟范畴规约化、词汇化的情况,并总结了构建同盟关系中遵循的若干语用原则。

三、汉语同盟范畴研究亟待解决的若干重大问题

3.1 "同盟性"的界定和分类

以往同盟问题研究,在很大程度上受到立场三角模型的影响,但是这一模型比较简单,不能反映真实语料中的各种复杂情况,在充分肯定它的贡献的同时,我们仍需要对同盟性的界定进一步加以阐释。主要有以下几点:

3.1.1 言说主体间位置关系的确定并不一定需要听话者的回应

基于社会价值体系,说话者对听话者存在社会先赋的预设判断,说话者基于预设判断表达了其主观意图,这实际上已经构建了最开始的同盟关系,听话者可以通过后续回应调整这种关系,也可以缺省回应或不介入。例如:

(1) a. 甲:当官有什么了不起啊!(构建反同盟)

乙(不语)(不回应)

b. 甲:你看啊,怎么会有这种父亲!(构建正同盟)

乙:a. 这没什么,这很正常。(拒绝正同盟)

b. 是啊,他怎么这样!(回应正同盟)

按照 Du Bois(2007),同盟关系的构建是通过多个言说主体间位置关系

的对比得出的,立场是"成对的通过互动双方构建的立场"。但实际上听话者没有任何回应,说话者也可以基于对听话者立场的预设判断,构建自己与听话者之间的同盟关系。比如例(1)a,当说话者甲对具有官员社会身份的听话者乙说"当官有什么了不起"时,表达了构建反同盟的主观意图。这种反同盟关系的构建并不一定需要乙的回应。实际上,如果乙不回应的话,就默认了自己与甲处于对立关系之中,延续了甲所构建的反同盟关系。在例(1)b 中,说话者甲默认听话者乙认同普适的社会伦理价值体系,比如父亲应当是爱孩子的。所以当甲说"怎么会有这种父亲"时,既是进行消极评价行为,也是在构建正同盟关系,"你看"表明甲是在邀请乙与自己站在同样的位置,一起对某个"父亲"进行批评。

我们把同盟关系构建的这种性质称为"单向性",指的是总是由说话者在试图与对方建立或调整相互的同盟关系,此时对方的态度还没有表达。单向性使得同盟关系不是一成不变的,因为这就意味着听话者可以在下面的话轮中按其意愿接受或试图调整改变对方表达的同盟关系。如在例(1)b 中,假如乙回应"这没什么,这很正常",这一回应就是在试图改变对方已经建立的正同盟关系,并使之转向构建反同盟关系,因为他是在表明自己与对方意见其实不一样;相反,当乙回应"是啊,他怎么这样"时,则是在接受甚至是在加强说话者在前一话轮构建的正同盟关系。因为他不但同意对方的意见,还采取了与对方一样的行为,即继续对某人进行批评。

3.1.2 言说主体的评价对象可以不唯一,言说主体之间位置关系的确立甚至可以在没有评价对象只有行为时进行

先看"不唯一"的例子:

(2) a. 甲:张三人真好啊。

乙:张三哪里好了,李四比张三好多了。

b. 我们象棋比你们围棋难多了。

在立场三角模型中,stance 和 alignment 的概念是基于空间隐喻的,一般而言,对同一对象进行评说,才有所谓异同对比的必要,但实际情况可能更为复杂。比较句是展现多个评价客体间关系的直接证据。例(2)a,例(2)b 证明了评价对象并不一定是唯一的,而是可以涉及多个对象,如"张三和李四""象棋和围棋"。以例(2)b 为例,我们可以看到复杂的关系,其中有两组对象,如图 2 所示:(图中圆圈表示"群",下同)

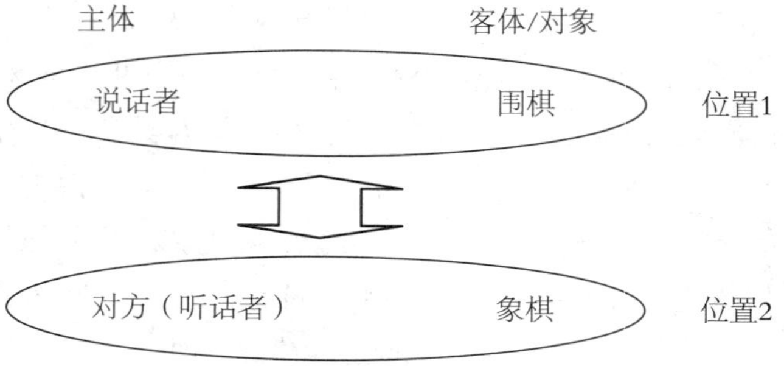

图2

在这一话语空间中,说话者是站在围棋一边,而他认为听话者是站在象棋一边,这样构成两个不同的位置。位置之间是对立关系(反同盟关系),需要注意的是,这不仅仅是两个主体之间(我们—你们)的对立,说话者还人为地将两个客体(围棋—象棋)也对立起来,而当前的立场三角模型无法反映这两个客体之间的对立关系。另外,这里不但有对立,还有协同,即说话者是把围棋划在自己一方,而把象棋划在对方一边,也就是说,说话者表明自己与围棋是亲密的关系,而对方是与象棋有亲密关系。这种亲密关系其实也是同盟关系的内容之一,而这也是立场三角模型无法反映的。

有时,评价对象甚至不是必需的。言说主体本身也可以是评价对象,此时可以只依靠行为进行互动,达成正同盟或反同盟关系。如通过翻白眼、怒目而视、冲对方使用詈语(骂人的话)构建反同盟关系,通过竖大拇指、会意的微笑、叫对方的亲昵的名字等行为构建正同盟关系。

评价对象的"不必需"还反映在:有时,不管具体的评价对象或主体的观点是什么,都是在表示同种的同盟关系。例如,说话人发现对方是某个地方的人,说着某地方的方言,不管这时他是同意还是不同意对方,是不是有什么具体的评价对象,他都可以通过一个方法来加强对方的亲近感从而构建同盟关系,这个方法就是说出同样的方言,这时评价对象并不重要,方言导致的"老乡见老乡"的局面可以超越知识立场上的差异。

3.1.3　同盟不仅表达说话者和听话者两个言说主体间的关系,有时候还涉及与第三方(第三个主体)的同盟关系

(3) a. 你看人家多刻苦(,再看看你)!

b. 妈,你看他啊(,总是欺负我)!

Du Bois(2007)认为第三方(the third party)是被说话者言说的对象类型之一,对象可以是人、物、情况、话语等。但是,第三方和言说主体的位置常常是即时转换的,有时第三方只是短暂地被排除在言语互动之外,第三方也可以是在场的旁听者。有时言说主体的评价不仅是对自己和另一言说主体立场的调整,也同时协调了自己与在场第三方的关系;有时说话者引入第三方不是为了评价第三方,而是为了以此作为桥梁来构建自己与听话者之间正同盟或反同盟关系。比如,在例(3)a中,说话者用“人家”表示第三方,从而表明说话者自己是与第三方具有同盟关系的(我站在他那一边);又因为一般而言,说话者是把听话者与第三方置于反同盟关系的;我的同盟者的反同盟,与我也就是反同盟,这样推出说话者是在构建与听话者的反同盟关系。实际上,说话者正是通过对第三方的表扬(多刻苦),来达成对听话者的批评(你不够刻苦),这样就是在建立一个复杂的社会关系,如图3所示:

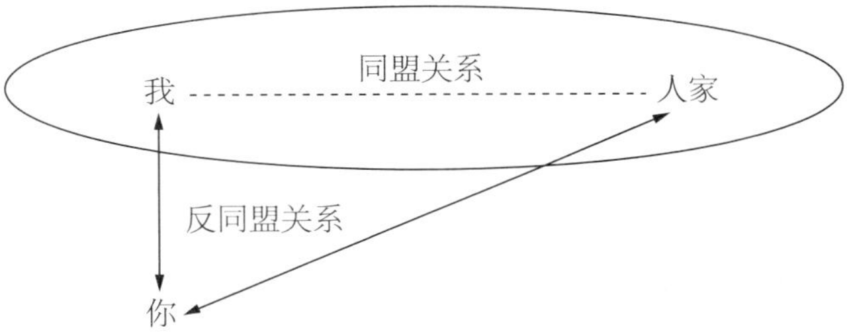

图3

在例(3)b中,说话者邀请听话者(妈)与自己站在一起来看第三方(他),所谓站在一起,就是表明“言者—听者同盟”,他们俩构成了此时言语活动的主体,双方共同面对其他人,即第三方;因此听话者和说话者是正同盟,第三方则和听说双方都处于反同盟关系。如图4所示:

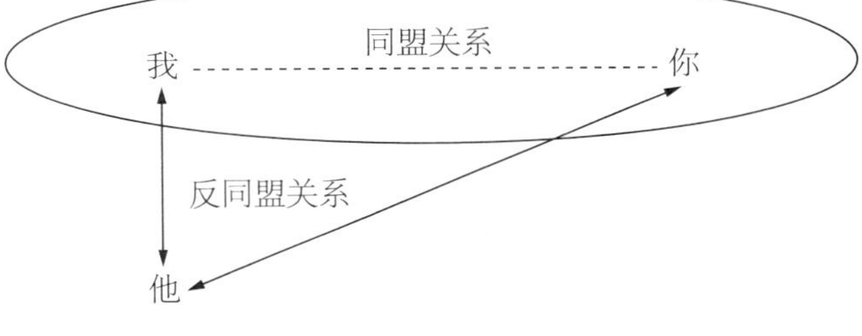

图4

与第三方的同盟关系,也是我们需要在立场三角模型基础上进一步研究的。

3.1.4 立场三角理论缺乏对同盟关系层次性的阐释

我们认为同盟关系至少包含三个层面:命题观点层面(包括对事实性的表述以及对价值判断的表述)、社会/言语行为层面(包括是否是同样的社会行为和同样的言语行为)和情感层面(包括是否分享情感、是否亲密疏远、是否冒犯面子)。例如:

(4) a. 我觉得你这样干不合适。

b. 我觉得吧,也可以听他的。

汉语"我觉得……"强调命题观点是说话者个人的,基于信息价值原则倾向表达与听话者相反的观点,这是在命题层面上表达与听话者的反同盟关系。但另一方面,例(4)b"我觉得……"表明"下面的只是我个人的意见",降低了意见的权威性,为听话者提供了更多选择,有委婉语用,这是在情感层面上与听话者构建正同盟关系。二者的矛盾深刻地反映了同盟关系的层次性。这与例(4)a的直抒己见(构建反同盟关系)是不同的。

同盟关系的多个层次之间还有高低之分。一般来说同盟高低序列为:

命题观点层面 < 社会/言语行为层面 < 情感层面

例如例(4)b的"我觉得",即使观点不同,但强调委婉,因为情感层面压倒命题层面,所以正同盟性强于反同盟性,这种表达因此更应该归入正同盟。"同盟关系分层"有助于我们正确地看待人际关系中的复杂情况。

在Du Bois(2007)立场三角模型的基础上,我们引入另一个概念"(社会)群"(social group)来重新定义同盟性。

陶寰在汉语中较早使用"群"(community)这个术语,用以讨论上海话复数人称代词领属结构。我们使用group,是因为这里的"群"(group)与社会学意义上的"社团"(community)是不同的。本文所谓的"(社会)群",是在特定的、具体的单一社会/言语活动中自发形成的集合,包括人的集合以及与人相关的物的集合,社会群的本质是说话者或表达者的建构,这一建构具有即时性、临时性、简单性(相对于复杂的社会关系而言)、单向性;而社团则必须要有长期多样的互动,包括多方面的社会活动(一次单一的社会活动形不成社团),会形成复杂的社会层级体系,并且是群内成员共同参与构建的、多项性的关系。正是因为如此,我们不主张用社团这样较大的概念。

语言中的“同盟”研究如何用语言材料反映社会群及其性质，也包括研究如何用语言手段来建立社会群，并讨论这些群对语言结构语义语用等各个方面的重要影响。群的性质是：基于特定的、具体的社会/言语活动；群代表了群内成员的相同观点、信念、利益、情感等多个方面的性质。

我们认为，同盟有三种不同的内涵外延，有时需要做适当区分。一是动词性的“同盟”，其是立场表达框架下的重要子行为之一，指的是说话者将言说主体进行划分的一种主观性操作。二是同盟关系，指的是上述同盟操作所构建的即时的主观间性关系。这种关系既可以是语言结构层面的，也可以进一步发展到社会层面的空间，最终成为一种社会关系。三是同盟性，是对同盟关系各个方面的认识，也包括对那些没有构建同盟关系的主体间性的认识。

同盟操作的关键要素是社会群，同盟关系划分的根据是交际双方（有时也包括相关联第三方）基于社会群的位置。群内成员的关系是正同盟关系，他们具有相同的观点、信念、利益、属性、价值等，或者分享信息、情感，关系亲密，共同担责或共同从事同样的社会活动；群际关系是反同盟关系，他们具有不同观点、信念、利益、属性、价值等，阻碍信息交流，不进行情感分享，关系疏远，推卸责任，反对进行共同的活动；没有划分群层面关系的散漫个体，则是非同盟，此时群没有受到关注或根本没有建立起来。

同盟关系是说话者主观意图的表现，在话轮中可以即时转化或强化。此外，同盟关系需要群成员的经营来保证它的延续或转换。另外，任意一个人来到一个共同的场合，会被默认为是同一个群的成员并遵守正同盟的原则，这也是交际的优先策略之一。因此正同盟往往是无标记的、默认的，反同盟则往往需要特别的言语形式来表征；但是如果已经有了倾向于表示反同盟关系的标记（比如使用第二人称代词），就会倒过来，反同盟是无标记的而正同盟是有标记的。

3.2 同盟关系的语言达成手段

同盟关系的达成手段灵活多样。通过共同行为（如同声大笑、凝视、点头、手势等）或者社会行为（如共同担责、共同请求、共同宣告、互相信任、互相分享等）构建同盟关系是同盟非语言层面的达成手段。不过，作为语言学研究，我们最后还是会集中在语言表达形式上。不同的语言，表达正同盟或反同盟采用的语言手段不一定相同，这和它们的语法化、词汇化路径有关，所以我们不能完全套用国外同盟研究的成果；但人类语言在同盟表达上的确有很大的普遍性。同盟的语言达成手段可以分为：

3.2.1 通过语用原则来构建

1）认知/知识层面：主体对某一命题的确定性、可能性、现实性、局限性的认识（怀疑或确信），主体的道义要求，意愿等是相同还是不同。

其中涉及的语用原则包括关联原则、适量原则、等同原则、合理性原则等。也就是说，在构建正同盟关系时，说话要切题，不说无关的话或转移话题；提供的信息量应该正好够，不多也不少；对命题或对象有相同或相同方向的评价、道义要求或意愿；尊重对方的地位或贬低自己的地位等。如果不是这样，就是在构建反同盟关系。

2）情感态度层面：主体的心理、信念、感受、情感或价值判断，疏远或亲近，贬低或抬高，支持或反对，对内容主体、量度和方向的评价和态度等。礼貌原则也是这一层面的内容，包括照顾积极面子和消极面子。

3）（语体）风格层面：如通过共同的方言（或乡音）、文化背景或者网络语体等风格来构建正同盟关系。此外，还包括"坦白说"等对信息呈现方式的说明，等等。例如，北京话的"挺好"就是表示"好、很好"的意思，但是却带有对事物的亲爱感情，具有构建正同盟关系的次级功能。适当的词汇的选择，如用"挺好"不用"很好"，这也是一种风格手段。

3.2.2 通过表示同盟意义的语词或标记来构建

同盟范畴不仅是语用层面的，更是句法层面的。同盟不仅是语用属性，还会在长期使用中发生词汇化、语法化，从而逐渐成为一种特殊的语法项或词汇项。比如表示认同义/反对义的语词，如"是、对、不可能"等，表示递进/转折的语词，如"并、也、然而"等。还有一些达成普遍共识的表示同盟关系的标记，源自主体间关系表达的人称代词一般就属于此类，如"咱（们）、我们仨"等。

同一个同盟达成手段，在实际话轮中往往会受到其他因素的影响，并非只能固定表达一种同盟关系。比如，带有消极语义的词汇普遍地被用于建立反同盟关系。但基于"打是亲骂是爱"的社会价值观，有使用冒犯或侮辱听话者的詈语来建立正同盟关系的情况。对于詈语的理解必须要透过其所在语境和社会文化的价值系统去理解。

关于正同盟和反同盟的语言达成手段的研究还有很多工作值得做，这也是同盟研究的主要内容,我们要放眼世界,但尤其要注意汉语言语社团的个性与差异,任重道远。

3.3 同盟性与其他语言范畴的互动影响

同盟不是一个孤立的范畴,它对各种语法现象都有重要的作用。限于篇幅,这里仅举数例。

同盟与人称范畴有紧密的联系。在言语活动中,人称不仅具有指称或指示功能,还具有同盟功能。比如,第一人称复数包括式(如"咱")倾向于表示同盟关系,第二人称代词(如"你、你们")倾向于表示反同盟关系。(陈振宇 2017)这是因为第二人称代词的引入本来就是和说话者相对立的,用于将双方区分开来,是拉开距离,这一点在日常生活中有大量用例。比如:

(5) a. 王局长,这是我送给你爸的礼物。

b. 王局长,这是我送给咱爸的礼物。

在例(5)中,相比例(5)a,例(5)b 更利于正同盟关系的建立。这是因为当使用第一人称"咱"时,说话者表达了不分你我的亲近用意,拉近了听说双方的心理距离。

同盟与感叹范畴也有相当紧密的联系,包括积极/消极评价的表达、积极/消极情感态度的表达等。比如:

(6) a. 哈哈,你又输了!——?? 哈哈,你又赢了!

?? 唉! 你又输了!——唉,你又赢了!

b. ?? 哈哈,我们小明又输了!——哈哈,我们小明又赢了!

唉! 我们小明又输了!——?? 唉! 我们小明又赢了!

第二人称代词默认时构建反同盟关系,对于反同盟的一方,如果他遭到了消极的结果,说话者会产生积极的心理(高兴,由"哈哈"表达);如果他获得了积极的结果,说话者反而会产生消极的心理(难过,由"唉"表达)。与之相反,"我们小明"这一表达式,说明小明是说话者一伙的(正同盟关系),如例(6)b 所示,小明获得积极的结果,说话者应该高兴;遭到消极的结果,说话者应该感到难过。

同盟与事实范畴间也有紧密的互动,包括事实与反事实等。比如:

(7) a. 他不记得你救了他。

b. 我不记得自己说过要娶你。

袁毓林(2020)指出,"不记得"在叙实性方面具有模糊性: 既可以蕴涵其宾语小句为真,又可以蕴涵其宾语小句为假,使得它可以用作否认其宾语小句中所指涉事件曾经发生过的委婉形式。当第三方被默认为说话者的反同盟关系时,语句的重点落在对第三方的批评“不记得该记得的事”上,因此说话者预设“不记得 XP”的宾语小句表示现实性事态,此时“他不记得 XP”的内容默认倾向于表达事件 XP 为真。反过来,说话者与自己是天然的正同盟,故而说话者在传信上相信自己,而不是批评自己,所以用“不记得 XP”倾向于表达委婉否认,故而“我不记得 XP”的内容就会倾向于表达事件 XP 非真。如例(7)b。

同盟在合理范畴中同样具有重要意义,比如正确/错误,恰当/不恰当。陈振宇(2017)指出,同盟具有这样的原则,当意见或行为发出者不是说话者时:如果意见或行为发出者与说话者是正同盟关系,说话者认为这是合理的;反之,若对方与说话者是反同盟关系,则倾向于是不合理的。比如:

(8) a. 看,咱女儿如何?(是很好的)

b. 瞧他干的那事儿!(是不对或不好的事)

“女儿”与说话者是正同盟关系,所以不必说她究竟做了什么,只要从正同盟关系就推出说话者是认为她做得很好、很不错的。相反,“他”与说话者是反同盟关系,所以说话者认为他所做的是不合理的、不好的。

在言语活动中,复杂的同盟关系往往隐藏在其他范畴之后起作用,已经开展的研究表明,我们需要建立较为复杂的规则集,才能应付具体语言材料中纷繁复杂的局面,而这恰恰是我们以往的研究中最缺乏的部分,不论是国外还是国内的研究。

四、结　　语

“同盟”指的是说话者将言说主体(言者听者,有时也包括第三方)即时划分为不同或相同的社会群的一种主观性操作。社会群指在特定社会活动中自发形成的集合,包括人的集合,以及与人相关的物的集合。根据言说主体间意图将社会群成员划分在同一社会群或不同的社会群,同盟可以分为“(正)同盟”和“反同盟”。

同盟具有层次性,从低到高可以分为三种层次:命题观点层次、社会/言语行为层次和情感层次。当在不同维度上的同盟关系存在矛盾时,将遵循高低层次序列来决定。同盟具有即时性,同盟关系确立的并不是稳定的社会关系,而是说话者为了达到某种交际目的的一种手段。同盟关系的确立是临时的操作,是交互的动态过程,在话轮推进中跟随言说主体的需要不断调整和变化。此外,同盟具有社会文化特性,需要充分考虑到不同语言文化的差异。

同盟的整体研究现状是零散和匮乏的。在国外,同盟研究主要依托于评价系统和立场三角。不少学者基于会话对同盟表达手段如词汇、结构、多模态等进行研究,但缺乏将同盟作为独立的语义语法范畴的规律概括和理论总结。在国内,同盟研究开始得较晚,取得了一些成果,但理论研究才刚刚起步,仍有界定、分类等许多重大问题亟待解决。

同盟具有重要的理论价值。一方面,同盟作为立场范畴的子范畴,是我们研究语用句法的重要抓手,有利于更好地完善立场表达框架。另一方面,同盟研究体系的建立还处于起步阶段,许多基于汉语文化特性的同盟关系的复杂情况还没有得到足够的重视,这对于完善同盟理论体系不得不说是一种损失。例如汉语中存在通过违反礼貌原则表达亲昵的复杂情况。比如:通过贬低听话者表达亲昵,如用贬损义小称表亲昵;通过表达对听话者的消极情感态度来表达亲昵,如娇嗔性的责骂。此外,因为汉语的句法不够发达,难以建立独立于语义语用的语法体系,语用平面对建设汉语语法体系意义重大。文中所提及的如汉语人称代词的同盟功能、具有同盟功能的一些高频搭配的规约化等,可以视为同盟范畴化的初级表现。尽管同盟还没有独立的语法范畴表现,但作为语用平面的重要概念在汉语语法体系建设方面大有用武之地,故而将同盟纳入语法理论体系的构建之中是十分必要的。同盟研究是汉语语法体系中语用平面研究的重要内容之一,也应当成为汉语语法研究的重要课题之一。

参考文献

陈景元,高　佳(2016),网络热点事件微博文本中的立场建构——基于"立场三角"理论的分析,《传媒观察》第8期:36-38。

陈振宁(2017)旁指、他称与人称——他人、其他人、别人、旁人、人家. //复旦大学汉语言文字学科《语言研究集刊》编委会编,《语言研究集刊》第十九辑:95-115。

陈振宇,叶婧婷(2014)从"领属"到"立场"——汉语中以人称代词为所有者的直接组合结构,《语言科学》第 2 期: 154-168。
陈振宇(2017)《汉语的指称与命题——语法中的语义学原理》. 上海: 上海人民出版社: 229-242。
方　梅,乐　耀(2017)《规约化与立场表达》. 北京: 北京大学出版社: 7-38。
李桂东(2019)立场与立场表达的对话句法表征.《现代语文》第 3 期: 168-174。
罗桂花(2014)立场概念及其研究模式的发展.《当代修辞学》第 1 期: 41-47。
袁毓林(2020)"记得"的叙实性漂移及其概念结构基础.《语言教学与研究》第 1 期: 36-47。
张　帆,翟一琦(2017)陈振宇. 再说"我们"——人称代词、复数与立场//复旦大学汉语言文字学科《语言研究集刊》编委会编,《语言研究集刊》第十九辑: 第 2 期: 95-115。
Biber D, Edward F. (1988) Adverbial Stance Types in English, *Discourse Processes* 11: 1-34.
Bubel C M. (2011) Relationship Impression Formation: How Viewers Know People on the Screen are Friends. //Piazza R, Bednarek M, Rossi F. (eds.) *Telecinematic Discourse: Approaches to the Language of Films and Television Series*, Amsterdam: John Benjamins Publishing Company: 225-247.
Chase D K. (2017) *Oppositional Stance Taking and Authority Through Profane Assessment*, MA thesis, University of Colorado Boulder. Available from: The University of Western Australia Library Course Materials Online.
Conrad S, Biber D. (2000) Adverbial Marking of Stance in Speech and Writing. //*Hunston S, Thompson G. (eds.) Evaluation in Text: Authorial Stance and the Construction of Discourse*. Oxford: Oxford University Press: 56-73.
Duszak A, Okulska U. (2010) *Language, Culture and the Dynamics of Age, Walter de Gruyter*, Berlin. Available from: The University of Western Australia Library Course Materials Online.
Du Bois J W. (2007) "*The Stance Triangle*", *Stancetaking in Discourse: Subjectivity, Evaluation, Interaction*. Amsterdam, Netherlands: John Benjamins Publishing Company: 139-182.
Englebretson R. (2007) 'Stancetaking in Discourse: An Introduction', *Pragmatics & beyond New Series 164*. // Englebretson R. (ed.) Stancetaking in Discourse: Subjectivity, Evaluation, Interaction. Amsterdam, Netherlands: John Benjamins Publishing Company: 1-26.
Goffman E. (1974) *Frame Analysis: An Essay on the Organization of Experience*. Cambridge, MA: Harvard University Press: 21.
Goffman E. (1981) *Form of Talk*. Oxford: Blackwell.
Goodwin C. (2007) Participation, Stance and Affect in the Organization of Activities,

Discourse & Society 18(1): 53-73.

Haddington P. (2005) *The Intersubjectivity of Stance-taking in Talk-In-Interaction*, Ph. D dissertation, University of Oulu.

Haddington P. (2007) Positioning and Alignment as Activities of Stance-taking in News Interviews. //Englebretson R. (ed.) *Stance-taking in Discourse: Subjectivity, Evaluation. Interaction.* Amsterdam: John Benjamins Publishing Company.

Hyland K. (2005) Stance and Engagement: A Model of Interaction in Academic Discourse, *Discourse Studies* 7: 173-192.

Johnstone B. (2007) Linking Identity and Dialect Through Stancetaking, *Stancetaking in Discourse: Subjectivity, Evaluation, Interaction.* Amsterdam, Netherlands: John Benjamins Publishing Company: 49-68.

Kärkkäinen E. (2003) *Epistemic Stance in English Conversation: A Description of its Interactional Fuctions with a Focus on "I think"*. Amsterdam: John Benjamins Publishing Company.

Kärkkäinen E. (2007) 'The Role of I guess in Conversational Stancetaking', *Stancetaking in Discourse: Subjectivity, Evaluation, Interaction.* Amsterdam, Netherlands: John Benjamins Publishing Company: 183-220.

Keisanen T. (2007) Stancetaking as an Interactional Activity: Challenging the Prior Speaker. //Englebretson R. (ed.) *Stancetaking in Discourse: Subjectivity, Evaluation, Interaction.* Amsterdam: Philadelphia: 253-281.

Kiesling S F. (2012) Stance in Context: Affect, Alignment and Investment in the Analysis of Stancetaking, Paper Presented at the I Mean Conference (15 April 2011. The University of the West of England, Bristol, UK. Available from: http: // www. academia. edu/ 1037087/Stance_in_context_Affect_alignment_and_investment_in_the_analysis_of_stanceta king).

Koymen S B. (2011) "I said 'I don't Want Him do it'": Toddlers' usage of Complement Constructions within Interactions in Daycare, Ph. D dissertation, University of California Santa Barbara.

Lee-Goldman R. (2011) No as a Discourse Marker, *Journal of Pragmatics* 43 (10): 2627-2649.

Martin J R. (2000) Beyond Exchange: Appraisal Systems in English. //Hunston S, Thompson G. (eds.) *Evaluation in Text: Authorial Stance and the Construction of Discourse*, Oxford: Oxford University Press: 142-175.

Martin J R. (2004) Mourning: How We get Aligned, *Discourse & Society* 15(2-3): 321-344.

Martin J R, White P R. (2005) *The language of Evaluation: Appraisal in English*. London/ New York: Palgrave/Macmillan.

Elinor O, Schieffelin B. (1998) Language has a Heart, *Text and Talk* 9: 7-26.

Pagliai. (2012) Non-alignment in Footing, Intentionality and Dissent in Talk about Immigrants in Italy, *Language & Communication* 32(4): 277-292.

Park J S Y. (2011) Framing, Stance, and Affect in Korean Metalinguistic Discourse, *International Pragmatics Association* 21(2): 265-282.

Pickering M J, Garrod S. (2004) Toward a Mechanistic Psychology of Dialogue. *Behavioral and Brain Sciences* 27: 169-226.

Ramírez-Cruz H. (2017) No manches, güey! Service Encounters in a Hispanic American Intercultural Communication Setting, *Journal of Pragmatics* 108: 28-47.

Sakikawa Y. (2011) Alignment and Affiliation in Narratives in Conversations between Speakers of American English and Japanese, Ph. D dissertation, Temple University. (Available from: The University of Western Australia Library Course Materials Online.)

Satoh K. (2018) Laughing Together in Japanese Complimenting Discourse: Collaboratively Constructed Stance, *The Bulletin of Yokohama City University* 69: 38-55.

Scheibman J. (2007) Subjective and Intersubjective Uses of Generalizations in English Conversations, *Stancetaking in Discourse: Subjectivity, Evaluation, Interaction*. Amsterdam, Netherlands: John Benjamins Publishing Company: 111-138.

Steensig J, Drew P. (2008) Introduction: Questioning and Affiliation/Disaffiliation in interaction, *Discourse Studies* 10(1): 5-15.

Stivers T. (2008) Stance, Alignment, and Affiliation during Storytelling: When Nodding Is a Token of Affiliation. *Research on Language and Social Interaction* 41: 31-57.

Xiao Y. (2010) Discourse Markers in Chinese Conversational Narrative, Ph. D dissertation, University of Hawaii.

(孙佳莹　复旦大学中文系　上海　200433　17210110076@fudan. edu. ch;
陈振宇　复旦大学中文系　上海　200433　Chenzhenyu@fudan. edu. cn)

“也”和“又”的负极性特征探索

——从二者在WH句式中的区别出发*

张汶静　邢莉莉

提要　“也”和“又”都是表示重复意义的副词，同时可以表示语气。在表示任指的“WH+也/又……”陈述句中，“WH+也”句多为否定句，但也有少量的肯定句；而“WH+又”句基本都是否定句。从语料统计、“也”和“又”的演变过程及功能出发，得到“也”的负极性弱，“又”的负极性强。同时，从“也”和“又”的主观化程度及其本身的基本语义和信息价值入手，探讨了二者在肯定、否定的WH陈述句中表现不对称的原因。

关键词　也　又　WH句式　负极性　不对称

一、引　　言

“也”和“又”都是表示重复意义的副词，同时可以表示某种语气，在大多数情况下可以互换。本文的WH词是疑问代词，WH句式指该句子的谓语满足WH词能够搭配的所有范围。WH词包含：① 谁、什么，位于句首做主语；② 什么时候，位于句首或句中做状语；③ 怎么样，位于句首或句中做状语；④ 什么地方/哪儿/哪里，位于句首或句中做前置宾语。

当WH词表示全量意义时，WH词和“也”组合，构成“WH也”结构。一般出现在陈述句中，不出现在反问句中。此时WH词可以是表示人的“谁”，

---

* 本文为国家社会科学基金项目“类型学视角下汉语肯定否定极性逆转的限制条件研究”（项目编号17CYY036）的阶段性研究成果，并受到上海师范大学“比较语言学与汉语国际传播”创新团队支持。《语言研究集刊》匿名审稿专家提出了宝贵的修改意见。谨此一并致谢。文中尚存错谬概由笔者负责。

也可以是表示事物、方式、位置、时间等状态的其他词,如“什么”“怎么”“哪里”“什么时候”等,在句中表示全量,指“任何人/东西/方式/地方”。“也”的重复义弱化,更多表示辩驳语气。并且“WH 也”更倾向于出现在否定句中,但也有肯定句的例子。例如:

(1) a. 就是太子也不知其中详细,谁也不敢泄漏。①

b. 什么也不用,您就此赶紧拿贼,百日内如能将人赃俱获,百事皆无。

c. 我踩着车轮胎上斗车,但车沿很高,怎么也上不去。

d. 世上哪有婆婆会把自己的媳妇当犯人一样限制自由,哪里也不准她去,只准她在自己的房间随意走动。

e. 谁也知道,当时社会生产力是极为低下的,人们的生活也是极为艰难的。

当 WH 词和副词“又”组合,构成“WH 又”句式时,绝大多数出现在反问句中,少数出现在陈述句中。在反问句中,WH 词的范围较广,可以是“谁”“什么”“怎么”“哪里”等。这些 WH 词原本表示真性疑问,反问使其获得了部分全量意义。这种问句大多数时候不需要回答,但其实都可以被回答。例如:

(2) a. 他们之中谁又不希望有一个自己的家?(——小王就不希望。)

b. 什么又能替代一个快要失去的家呢?(——一个新的家。)

c. 即使在偏远的山区海岛,哪里又没有基层组织呢?

如果被回答,则 WH 词的真性疑问意义被凸显,如例(2)a、例(2)b;如果没有回答,则整句更倾向于被理解为全量意义,如例(2)c 表示“任何地方都有基层组织”。“WH 又”所在的反问句,既可以表达否定意义,也可以表达肯定意义[如例(2)c]。

而“WH 又”出现的陈述句中,WH 词一般只能是“谁”,不能是其他 WH 词。例如:

(3) a. 谁又不是泥捏的,能没些脾气。

b. 你那点子手法,谁又不是不知道。

c. 你紧张什么,谁又没怀疑你。

---

① 文中语料来自北京语言大学 BCC 语料库、北京大学 CCL 现代汉语语料库在线,少量为自省语料。

如例(3)所示,"WH 又"一般只出现在否定陈述句中,不能出现在肯定陈述句中。此时 WH 词只能是"谁",表示全量意义"每个人"。"又"在句中加强否定语气。

WH 词与"也""又"组合,为什么会产生如上的不对称现象?"也"和"又"在 WH 句式中又体现出了哪些功能和特性?本文围绕这些问题按以下三个步骤进行分析。

1. 首先,证明当 WH 表示任指时,表全量意义的"WH + 也/又……"陈述句中的"也"和"又"都具有负极性特征。

2. 其次,证明"WH + 也……"中的"也"负极性弱;"WH + 又……"中的"又"负极性强。

3. 最后,从词的主观化角度、语义及信息价值这两个方面探讨 WH 词和"也""又"组合时产生肯定否定不对称现象的原因。

二、"WH + 也/又"句式中的"也"和"又"的负极性特征

语言中有些词语一般只能用于肯定句,有些词语一般只能用于否定句。如果把肯定、否定看作正、负两极,那么语言中有些词语属于"极性词"。有些词语本身并没有全称或周遍的意思,但在一定的句式中可以有这种意思。(沈家煊 1999)正如"WH + 也/又"句式中的 WH 词有全量意义,"也"和"又"体现出了极性特征。

2.1 "WH 也"句式中"也"的负极性特征

吕叔湘(1980)[595]在《现代汉语八百词》中给出了"也"的四种解释:(1)表示两事相同;(2)表示无论假设成立与否,后果都相同;(3)表示"甚至";(4)表示委婉的语气。在解释(2)中,吕叔湘指出:"也"前面表示任指的指代词,有"无论……"的意思。"也"后面多数是否定式。比如,"谁也不说话,眼睛都盯着黑板"。我们认为,这项用法是从"也"表"重复"的基本用法引申出来的,"谁也不说话"等于"A 也不说话,B 也不说话,C 也不说话……"。这类句式是没有对应的肯定句"*谁也说话,眼睛都盯着黑板"的。

"WH 也"句式基本都是否定陈述句,并且这些否定陈述句都没有对应的肯定句。在特殊语境下,只有极少量能够勉强接受的肯定陈述句。例如:

(4) a. 谁也一句话不说。——＊谁也一句话说。

b. 怎样也不能退缩。——＊怎样也能退缩。

c. 谁也不这么认为。——? 谁也这么认为。

例(4)a中包含了一个固定格式“一……不……”,通过否定最小量来否定全量,这是否定的无标记模式。如果改成相应的肯定句就变成了肯定最小量,无法达到肯定全量的效果。根据沈家煊(1999)[121]提出的“关联标记模式”,“肯定句”和“极大量”构成“无标记配对”。因此,例(4)a变成肯定形式后不仅破坏了固定格式,而且不符合“关联标记模式”。例(4)b、例(4)c句中,“也”前的WH成分表示任指,有全量意义,句子通过“不”否定全量,这是有标记否定的模式。它们变成肯定句后应该是符合“肯定极大量以肯定全量”这一无标记配对模式的,但我们发现这时肯定句却仍然倾向于不成立,这进一步说明了“也”具有负极性,是“也”限制了其出现的句子倾向于为否定句。

结合以上分析,否定的WH句式变换为肯定句会产生不合语法的情况。“WH也”大多出现在否定句中,出现在肯定句中的情况较少。由此,我们认为“WH也”句式中,WH表示任指,“也”具有一定的负极性特征,在否定句中可以加强语气。

2.2 “WH又”句式中“又”的负极性特征

如前所述,“WH又”在反问句中,表示全量的WH词可以是“谁”“什么”“怎么”“哪里”等,后面可以跟肯定式,也可以跟否定式,此时“又”并不是负极性词。而“WH又”在(表示全量意义的)陈述句中时,WH只能是“谁”,并且只能构成否定句,这时“又”才体现出较强的负极性。可见,反问中的“又”与陈述中的“又”并不是相同的成分。接下来我们将进一步加以证明。

2.2.1 “WH又”反问句中的“又”不具有负极性特征

“WH又”能够同时出现在肯定和否定的反问句中,且反问句中的“又”可以省略,省略后只会在句子的语气上有所差异。我们发现,“WH又”反问句倾向于表达全量肯定或否定;而去掉“又”后,WH句则倾向于表达疑问意义,一般需要对方的回答。例如:

(5) a. 你有足够的勇气和毅力,什么又能将你打倒呢?

b. 你有足够的勇气和毅力,什么能将你打倒呢?

(6) a. 公司里的员工,上上下下,谁又不认识他?

b. 公司里的员工,上上下下,谁不认识他?

例(5)a 中“又”后跟肯定成分,构成否定意义的反问句,表达“任何事情都不能将你打倒”。例(5)b 中“什么”更容易被理解为一个疑问词,可以有具体的回答,如“贫穷可以将我打倒”。例(6)也是如此。可见,“又”在反问句中并不是一个绝对的负极词。我们认为,“又”在反问句中主要是起到了使得 WH 词全称量化的作用。

《现代汉语八百词》(吕叔湘 1980)[633]中“又”的用法大致可分为三个方面:(1) 表示相继,和时间有关;(2) 表示累积,与时间无关;(3) 表示某些语气:A. 表示转折;B. 加强否定;C. 加强反问。我们发现,上述“又”的用法中没有提到可以使某些成分全称量化,那么“又”是如何起到这个作用的呢? 我们来比较以下三种情况:

A. “谁”是疑问代词

(7) a. 无东牟、朱虚以致其计,无南史、董狐以证其罪,将来今日,谁又理之?(晋《抱朴子》)

b. 问何人又卸,片帆沙岸,系斜阳缆?(宋《水龙吟·过南剑双溪楼》)

上述两个例子都有真性疑问的用法,例(7)a“谁又”首次出现在晋朝,“谁”有疑问用法,即“哪个人”,“又”指“将来今日”时,谁会再次理会他们? 例(7)b 用“何人”代指“谁”,表示真性疑问,“又”表示累积,指“再一次卸下”。此时,“又”的用法是基本义,表示累积,兼有加强疑问语气的作用。

B. “谁”指代上文的范围

(8) a. 晴雯道:“……一样是这屋里的人,难道谁又比谁高贵些?”(清《红楼梦》)

b. 宝玉点头叹道:“……又不知是那个姑娘得罪了,上在他账上了。”一句未完,晴雯在旁说道:“谁又没疯了,得罪他做什么? ……”(清《红楼梦》)

上述两个例句既可以被看作是真性疑问句,也可以被看作是反问句。但“谁”所指向的范围都是有定的,分别代指上文的范围“这屋里的人”中的一个或几个人、“那(通“哪”)个(得罪她的)姑娘”。此时,“谁”所指的范围并非任指,而是指向前面已经出现了的明确的范围。“谁”指代的可以是某个单独的对象或者几个对象,也可以是全部对象。

C. 前文不出现特定范围

(9) a. 谁又是二十四个月养的?(清《红楼梦》)

b. 难道谁又看见天那里怎的个支使,谁又听见天怎的个吩咐的不成?(清《英雄儿女传》)

例(9)只可能是反问句。副词"又"的本义是表示同一事物的加合关系,当不出现前文,"又"在句法上没有可累加、重复的对象时(如被用在起始话轮中),"又"只能将可重复的对象延伸到了"谁"的内部语义中来。此时"谁"是一个多成员的集合。例(9)a中的"谁"表示"任何人"。同样,例(9)b的"谁"前面也没有可重复的对象,因此"重复"意义只能落实到"谁"这个多成员集合的内部。当"又"前没有明确的可重复的对象时,"谁"的意义必须包含多个成员的集合。又由于"谁"本身只可能是一个不定指的集合,所以"谁+又"就变成了一个表示全量意义的组合。这样,"谁"完成了其全称量化的意义解读。"谁"和"谁又"所指的范围如图1所示:

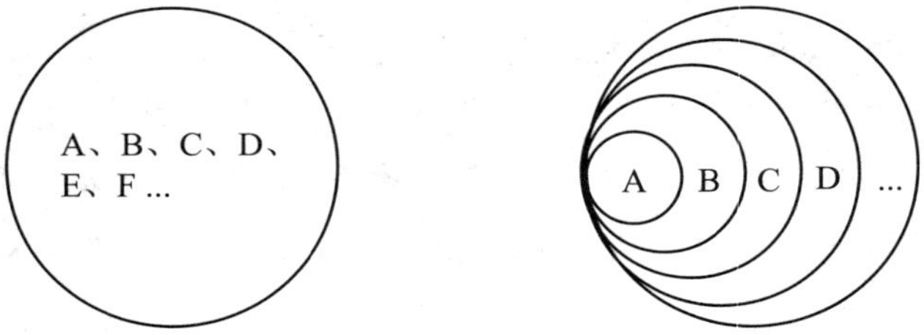

a. "谁"所指的范围　　b. "谁又"所指的范围

图1 "谁"和"谁又"所指的范围

图1a中,"谁"的范围是任意一个或几个成员,但有时"谁"还可以表示疑问意义,指称在一个有限范围内的成员。而图1b中,"谁又"所指的范围可能是圆圈中的任意 $N(1<N<+\infty)$ 个成员的组合。"又"起到了一个将子集合不断加合的功能。由此"谁+又"发展到指向集合内的所有成员,这样"谁"就获得了真正意义上的全量意义。前文不出现特定范围时,"又"的加合意义以及"谁"的不定指意义对"谁又"句式全量意义的获得共同起到了作用。

综上,反问句中的"又"不具有负极性特征,它起到的主要作用是帮助"谁"得到全称量化的解读。

2.2.2 "WH 又"陈述句中的"又"具有负极性特征

现代汉语陈述句中的"谁又"彻底不再具有真性疑问的意义,只表示全量意义,并且后面只能添加否定性成分,"又"不能省略,否则句子不能成立。例如:

(10) a. 就算你犯错了,谁又不能杀了你,你只会从错误中学到教训。

b. *就算你犯错了,谁不能杀了你,你只会从错误中学到教训。

(11) a. 谁又没对你多高要求! 何必非要造假! 你就欠那么一个称号吗?

b. *谁没对你多高要求! 何必非要造假! 你就欠那么一个称号吗?

上组例句中,"谁又"中的"谁"表示全量,"又"的主要功能是强调否定,加强辩驳语气,如例(10)a 强调"任何人都不能杀了你"。但去掉"又"之后,例(10)b 中的"谁"具有疑问的作用,和所处陈述句句法环境相矛盾,句子不成立。例(11)也是如此。当"WH 又"句式是陈述句时,和"WH 也"一样,正负极性颠倒以后,句子不能成立。例如:

(12) a. 可是敌人准往里钻吗?

b1. 谁又不是算卦的,不过敌人可能来就是咯!

b2. *谁不是算卦的,不过敌人可能来就是咯!

b3. *谁又是算卦的,不过敌人可能来就是咯!

(13) a. 谁又不是铁打的。

b. *谁不是铁打的。

c. *谁又是铁打的。

例(12)b1 和例(13)a 中的"又"都有加强否定语气的作用,去掉"又"后的句子都无法成立,也没有对应的肯定句。由上述分析可得,同时满足"表全量意义"和"所处句式为陈述句"这两个条件的"谁又"句只可能是否定句。此时"又"是一个负极词。

归纳来看,"谁又"是反问句时,后面可添加肯定成分和否定成分,"又"并不是一个负极词,但它起到了将整个句式从真性疑问过渡到表示全量意义的功能。而"谁又"陈述句中的"又"则是一个负极词,主要功能是加强否定。两个"又"是不同的。

相比之下,"也"只是在 WH 句中具有一定的负极性特征,还不能将其认

为是一个绝对的“负极词”,因为它也可以出现在一些肯定的 WH 句中。例如:

(14) a. 既然我不怕死,哪里也可以去。

b. 听见她的歌声,谁也会快乐。

因而“也”不能称为是一个严格意义上的“负极词”,只能说具有一些负极性特征。我们将在下一节详细论述“WH 也/又”陈述句中“也”和“又”的负极性强弱。

三、“WH 也/又”陈述句中“也”和“又”的负极性强弱

3.1 “也”的负极性弱

3.1.1 从历时角度看“也”的负极性

从历时的角度来看,“也”首次变为语气副词,是在宋朝。例如:

(15) 临了连格物也看错了,所以深不信伊川“今日格一件,明日格一件”之说。(南宋《朱子语类》)

例(15)“也”已经有了副词的用法,“也”在语义上是作用在左边的成分“格物”上,而这一成分不需要具有复数特征,单数也可以。所以“也”作为副词,只能有条件地出现在“X_1、X_2、…… + 连/和 + Xi + 也/都 + VP”句式中。例如:

(16) a. 唬得众秀才站脚不住,都逃席去了,连莫稽也随着众朋友躲避。[明《今古奇观(下)》]

b. 而今学者看来,须是先晓得这一层,却去理会那上面一层方好。而今都是和这下面一层也 1 不曾见得,所以和那下面一层也 2 理会不得。(南宋《朱子语类》)

例(16)a 副词“也”出现在“连”字句中,指向左边的单数成分“莫稽”。因为“莫稽”是最不可能逃避的人,如果“莫稽”都逃避了,那么其他人肯定也会逃避。在“连”字句中通过否定最小量来否定全量,所以“也”指向的成分无需是复数。例(16)b 中有两个“也”,“也 1”是语气副词,指向前面的“下面一层”,是单数成分,强调一个序列中处于极端位置的事例,从而突出事物的周遍性。“也 2”表示异中有同,在“不曾见得”的基础上累加“理会不得”。

但上述例子中语气副词“也”前的成分并不是 WH 词,“也”并非只能出

现在否定句中。“也”前出现表示全量的 WH 词“谁”构成“谁也”的这一用法首见于明代。例如：

(17) a. 孙雪娥道：“娘，你看他嘴似淮洪也一般，随问谁也辩他不过。”(明《金瓶梅》)

b. 若另委别人，谁也都给过个三千二千、一千八百的，怎好意思呢？(清《儿女英雄》)

c. 谁也该“饮水思源，缘木思本”的。(清《儿女英雄》)

从上述例句中可知，从明代起语气副词“也”已经可以和“谁”组合表示全量了，这是“也”的语气副词用法的自然发展。从明代起，“谁也”已经可以出现在否定陈述句中。据“语料库在线”统计，到清朝时，表示全量意义的“谁也”出现在肯定句和否定句中的比例约为 3 : 7。可见，语气副词“也”可以同时出现在肯定句和否定句中，但经过发展后，“WH 也”更倾向于出现在否定句中。因此我们得到“也”具有较弱的负极性特征。

3.1.2 从共时角度看“也”的负极性

上文指出，“WH 也”句式中的“也”具有负极性特征。高顺全(2009)曾指出“‘也’必须用于否定结构指明极性，才能用于极性表达”。因此，当 WH 表示任指时，和“也”组合，用于否定句，具有负极性。然而，通过查找北京语言大学 BCC 语料库，我们发现，WH 和“也”组合时，可以出现在少量的肯定句中。之所以会存在“WH 也”肯定句成立的情况，是由于“也”本身隐含否定的意义，因此这些形式上肯定的句子实际上含有内隐的否定意义。例如：

(18) a. 要是三小姐穿上二爷衣服，不仔细看，谁也以为是二爷。
P1　　　　　　　　P2

b. 穷到无路可走，谁也会去偷，肚子才不管什么叫作体面呢！
P1　　　　P2

c. “你若要去，我便什么地方也跟了你去。”
P1　　　　P2

例(18)中的“也”都可以换为“都”。袁毓林(2007)曾指出，“都”对于事件的全称量化，隐含了“在其量化域中没有例外”这种否定性的意义；从而引申出了“都”的一种隐性否定的语义功能：当“都”联结到语句(或命题)上时，它不仅肯定了该语句(或命题)，而且还同时排他性地否定了其量化域中的补集性语句(或命题)。在事件的全称量化中，“也”隐含的否定性语义功能和“都”相似，在肯定全量的同时，隐含了对其量化域外命题的否定。隐性否定副词,通常可以从显性的肯定结构推导出其隐含的否定语义。它们表达的隐性否定义往往具有很强的认定性和排他性,即在某一方面同时排他性地否定与其对应的一面。(郑玉贵,齐沪扬 2019)

上述例子中,“也”后添加的都是肯定成分,并且前后小句中都含有“假设”的语义关系,前一小句表示假设条件 P1,后一小句表示结果 P2。在逻辑学上,P1 和 P2 构成蕴涵关系“P1→P2”,即如果 P1 为真,那么 P2 一定为真。从逻辑学的角度来说,否定前件 P1 并不能得到否定后件 P2。但语言中的情况是不一样的。凸显原因的“也”就是通过否定前件而达到否定后件的目的,这样的推理我们可称为逆果推理。

逆果推理的推理过程与会话合作原则有关,根据合作原则中的足量准则,说话人为对方省力着想,说的话要尽量充足。由此,说话人在说出“P”时传递“最多 P”的隐含义。当说出一个充分条件“如果 p,那么 q”时,通常隐含着“如果 ~p,那么 ~q”。两者合起来就是“只有 p,才 q”。(史金生 2005)因此,例(18)a 隐含着一个逆果推理:否定 P1“要是三小姐‘没有’穿上二爷衣服”,得到否定 P2“谁也‘不会’以为是二爷”。例(18)b、例(18)c 句也隐含着同样的逆果推理。

通过对“WH 也”肯定句中的逻辑推理分析,我们认为,虽然句子没有出现否定词,但能推导出隐性的否定意义,因此“也”本身隐含了否定的语义特征。和“都”一样隐含了否定语义特征的副词,既有单独承担起约束变量的功能,又有允准否定极项的功能,所以它既可以在肯定句中出现,又可以在否定句中出现。

综合共时与历时分析,我们发现“也”具有一定的负极性,但整体负极性并非绝对。

3.2 “又”的负极性强

3.2.1 从历时角度看“又”的负极性

“又”只有到了现代汉语中才真正作为负极词出现在否定陈述句中。从历时的角度来看,“又”成为一个负极词的演变过程有可能受到了“也”的语法化道路的影响。“又”和“也”的本义都是“重复”,相同的语义基础使得二者能够进入相同的句法环境。在古汉语中一般只能进入反问句的“谁又”,正是受到了历史上大量出现“谁也”否定陈述句的影响,再加上反问与否定功能本就相通,从而进入否定陈述句,并形成了只能进入否定句,不能进入肯定句的格局。只能在否定陈述句中出现的格局一旦形成,也就使得"又"带上了极强的负极性特征。

现代汉语中,"谁也"仍旧能够出现在肯定陈述句中,而"谁又"只能出现在否定陈述句中,用以强调否定。因此,我们认为"又"相对于"也"又往前发展了一步,体现出了更强的负极性特征。

"也"和"又"进入 WH 句式的发展历程如图 2:

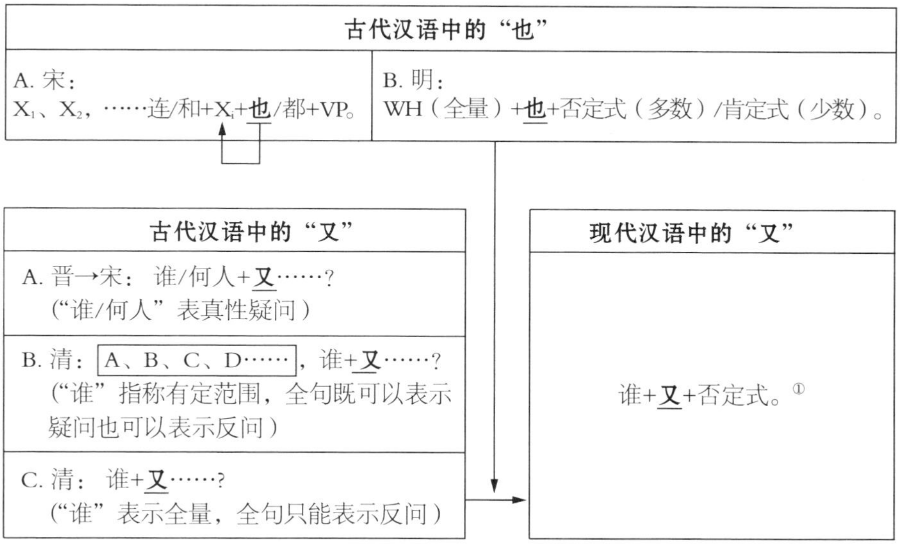

图 2　WH 句式中"也"和"又"的发展历程

3.2.2　从共时角度看"又"的负极性

在现代汉语共时层面,"WH 又"只能出现在否定陈述句中,此时"又"的作用主要是强调否定。例如:

(19) a. 谁都想到外边,哪怕看一眼也好,可是,谁又不愿离开伤员一步。

b. 不要挤,谁又不跟你抢座位。

上述两个否定陈述句中,"又"对谓语部分的否定进行强调。这类否定陈述句没有对应的肯定句。从共时的现实语料来看,"又"本身的负极性是极强的。

"又"比"也"的负极性强还体现在以下语言事实中。

---

① "谁"表示全量,"又"的作用是加强否定,并且后面只能跟否定式。

有学者认为,“也”更像典型的负极性词,如“任何”或 any,它们都不只用于否定句中,都可以用于特殊的肯定句中,如“任何人都会同意你的做法的”“我可以为任何人工作”。而“也”也是如此,恰恰是“又”比较特殊。[①]

但是从负极性强弱的角度来看,“又”表示全量意义时,只能出现在否定句中,负极性极强。由于这种用法出现得更晚,所以用例不多,这使得“又”成为了一个非常特殊的负极词。“又”凸显强负极性必须同时满足两个条件:第一,出现在陈述句中;第二,句子表示全量意义。

本文所说的负极性强弱,是就二者出现在表全量意义的陈述句中时所言,此时“也”能够和更多的疑问代词搭配(如“什么/哪儿/怎么/谁 + 也”等),而“又”只能与“谁”搭配。因此从语料的绝对数量上说,“也”表现为负极性词的语料更多。但“也”出现在表全量意义的 WH 陈述句中时,肯定句的语料也是不少见的。例如:

(20) a. 金子在哪儿也会闪光。

b. 可是,谁也能看出来,上海的战事并没有多少希望,假若其余的各线都吃败仗。

例(20)中的“也”无法换做“又”,并且从“语料库在线”的语料数量来看,“WH 也”是陈述句时,肯定句和否定句的比例为 1 : 32;而“谁又”100%只能出现在否定句中,详见表 1。

表 1 “WH 也”肯定句和否定句的比例

	肯定句	否定句	比例
谁也	25	619	1 : 24.76
什么也	5	343	1 : 68.6
哪儿也	3	17	1 : 5.67
怎么也	2	141	1 : 70.5
合计	35	1120	1 : 32

因此,我们认为当“WH 也/又”句式是陈述句时,“也”只是具有一些负极性特征,但是“又”却是一个强负极词,所以“又”的负极性比“也”强。

① 感谢《语言研究集刊》匿名审稿专家指出这一重要语言现象。

四、"也"和"又"产生负极性强弱的原因

上文已证明在"WH 也/又"句式中的"也"和"又"都具有负极性，但是强弱不一样。接下来，本部分要从主观化和语义及信息价值这两个方面分析，进一步解释二者在 WH 句式中的肯定否定不对称现象。

4.1 主观化角度的分析

语言具有主观性，即说话人在说出一段话的同时表明自己对这段话的立场、态度和情感。这种主观性由主观化表现，主观化是指通过语用推理使词语由客观事态变为表达说话人的主观心态，包括说话人的视角、认识和情感等（沈家煊 2001）。

4.1.1 "也"的主观化用法

查永山（2014）提出，在现代汉语中，"也"的虚化是一个"共时"的过程，即随着"也"的主观性增强，其实际意义越来越弱。现代汉语中，"也"的主观化是由纯粹的类同，到类同中的语气，再到只表示语气。例如：

（21）勃罗姆老是守在阿娜床头，连饭也不愿意吃了。

（22）这么大的人了，你也不怕人家笑话。

在现代汉语中，人们常常加入一些具有主观性的词，来表达自己的态度、立场。例（21）中"也"在表示类同义的同时兼有表示语气的作用。一方面，"也"强调"勃罗姆不愿意吃饭"这件事，与"不愿意吃其他东西"的行为类同。同时称赞他对阿娜的痴情，具有一定的主观性。另一方面，由于说话的礼貌原则，人们在说否定语句时，尽量使用语气词，使句子变得委婉。例（22）中"也"表示纯粹的语气，这句话的停顿可以为"你也/不怕人家笑话"，"也"起着缓和语气的作用。如果没有"也"，这句话就显得过于直接。随着带有感情色彩的"也"使用频率的增加，"也"逐渐从表示类同义的实义副词主观化为表示情感、态度的语气成分。

表全量的"WH 也"句式中"也"的主观化主要有两种途径：一，通过元语增量表示追述义；二，通过否定适宜条件，表达轻微的辩驳语气。例如：

（23）他是不得已而为之，谁也不乐意去坐牢的嘛！

（24）其实我想谁也议论不了她。因为实际上谁也不了解她。

高顺全（2009）曾指出，增加信息量也可以通过使用某个词语来完成，这

是该词语的元语用法,这种增量叫元语增量或者主观增量,汉语的一些副词如“还”“也”“又”等都有这种用法。例(23)前项陈述客观事实“因为他有难处,所以是不得已而为之”。后项是通过元语增量追加理由“任何人都不乐意去坐牢”,这既是客观事实,也是作者主观地对前项进行补充说明,缓和语气。此时,“也”的追述义也具有轻微的主观化用法。“WH 也”的否定句式置于一定的语境中,在否定全部的同时,隐含“适宜条件”,即可能存在这种情况。例(24)中两个“也”都带有轻微的辩驳语气,也是对适宜条件“有人可以议论她”“有人了解她”的否定。和追述义比起来,表示“轻微辩驳义”的“也”主观化程度更深。

综上,现代汉语中“也”从纯粹的类同义,到兼具类同和语气,再到纯粹表语气,主观化过程不断深入。“WH 也”句式中“也”从“通过元语增量表示追述义”到“通过否定适宜条件表示轻微的辩驳语气”,“也”的基本意义逐渐消失,主观化程度逐渐加深。因此,现代汉语中的“也”处于主观化的过程中,但并不能说“也”已经完全发展到了只有主观的表达功能,它还有部分客观的表达功能。

4.1.2 “又”的主观化用法

“又”在演变过程中发展出了如同“难道”一样的反问标记功能。例如:

(25) 鲁道有荡,齐子庸止。既曰庸止,曷<u>又</u>从止!(先秦《南山》)

且“谁又”用于反问句,并不比“也”晚。例如:

(26) 无东牟、朱虚以致其计,无南史、董狐以证其罪,将来今日,谁<u>又</u>理之?(晋《抱朴子》)

直到现在这个功能还是很凸显,从“WH 又”句式上可见一斑。例如:

(27) a. 看到这里的环境,谁<u>又</u>能不起一种钦羡之感呢?

b. 他天天在外面厮混,谁<u>又</u>知道他去哪儿了?

“WH 又”反问句中,“WH”表示全量,“又”的作用在于加强反问,使句子具有辩驳语气。“又”后可以加否定成分,也可以加肯定成分。吕叔湘(1956)曾说“反诘实在是一种否定的方式”,因此当“又”后添加肯定成分时,整个句子表达否定义。“WH 又”句式大多数是反问句,具有逆转极性的功能,但也有少数“WH 又”句式是陈述句。例如:

(28) a. 谁都想到外边,哪怕看一眼也好,可是,谁<u>又</u>不愿离开伤员一步。

b. *谁都想到外边,哪怕看一眼也好,可是,谁不愿离开伤员一步。

若将上述例子理解为反问句，例(28)a 的语义为"每个人都愿意离开伤员"，这和整个句子的语境及实际意义相矛盾。并且失去"又"，句子不成立。此时，"又"是对谓语部分的否定进行强调，"又"在这里主观化为一个典型的语气副词，主观性极强。

表示全量的"谁又"否定句式在现代汉语中才出现，而表示全量的"谁也"陈述句式首次出现于明代。其中，"又"的主观化过程在"也"的发展途径的基础上，又往前推进了一步，更加强调了辩驳的语气。例如：

(29) a. A：为什么结婚之后夫妻会有越来越多的矛盾呢？
B：你这个问题太为难我们了，毕竟谁又没结过婚。
b. A：作为年轻人，何必这么节约？
B：谁又不是躺着赚钱的！

上文已述，副词"又"和"也"都具有元语增量的用法，此外"又"在补充事实的同时表达了言者的主观态度。例(29)a 的答句 B 前项陈述客观事实"你这个问题太为难我们"，后项通过元语增量追加理由"我们没结过婚，所以不了解情况"。这既是陈述客观事实，也融入了言者的主观认知。"又"的"追加义"是在"累积义"的基础上形成的，说话人认为自己所说的话语信息量不足，因此补充了与之相关的信息。说话人在陈述客观事实的同时，融入了自己的主观态度。和基本义相比，"又"的追加义已经有了部分主观性。

"谁又"陈述句式中，后面只能添加否定成分，是对某个范围内的所有成员进行全部否定。和"也"轻微的辩驳语气不同，否定句中"又"的作用是加强辩驳语气，如例(29)b。和追加义相比，此时"又"的语法化程度更高，主观性更强。

在对"WH 也/又"句式中的"也"和"又"的主观化进行分析后，我们发现两者都可以表示追加义，"也"通过元语增量主观性地补充客观事实，"又"的追加义在补充客观事实的基础上，凸显作者的主观态度。两者都具有辩驳语气，相比之下，"也"的辩驳语气较弱，"又"的辩驳语气较强。可见，"又"的主观化程度比"也"更强。

另外，从语气差异的角度来看，"也"本身委婉表达否定语气，"又"本身强调否定语气，这和它们的基本语义有关。"也"表达不同个体的相同行为，把责任分摊于群体，因此更加委婉。如"他不知道汽车要到什么地方去，我也不知道"中，"我"和"他"这两个不同的主语同时满足"不知道汽车要到什么地方去”这一谓语,隐含了“不是只有我不知道”的意思,将“不知道”的责任分摊到“他”身上,由此达到推诿、减轻语气的作用。而“又”是强调同一个体相继发出的行为。如“因为没带材料,又没按时赶到,使我非常内疚”中同一主语“我”,相继发出两个不同的谓语“没带材料”和“没按时赶到”,突出了同一主体的多种行为,因而使得语气更强烈。

正是因为“也”和“又”有类似的语义基础,都表示重复,因此当二者在表达辩驳语气时可以互换,只是在程度上有所差异。例如:

(30) a. 这件事只能怪他自己,谁又不知道他没来!

b. 这件事只能怪他自己,谁也不知道他没来。

综上,“又”“也”都可以用于否定句指明原因,但语气的强弱不同:“又”是加强辩驳语气、加强否定,“也”则表示委婉语气。(史金生 2005)。辩驳语气的进一步突出是“又”主观化过程比“也”更往前一步的表现。通常来说,主观性越强的成分负极性也越强。因此,从主观化程度的角度来看,强主观性的“又”比弱主观性的“也”的负极性更强。

4.2 语义及信息价值角度的分析

“也”和“又”虽然都能表示重复意义,但两者的基本意义有所差别,这就决定了“WH 又”句式一般都是否定意义的句子;而 WH 也句式既可以是肯定句,也可以是否定句。

4.2.1 “也”的基本语义与信息价值

沈家煊(1999)[46]提出,每一个陈述句都要提供一些新信息,但是肯定句和否定句提供的新信息的性质很不一样,区别在于(用 P 代表一个命题):

肯定句提供的新信息:在听者不知道 P 的情况下告诉他 P。

否定句提供的新信息:在听者可能相信 P 或熟悉 P 的情况下否认或反驳 P。

由上述可知,“也”在现代汉语中的基本意义是不同个体的并存关系,即“类同义”,强调的是“异中有同”。在“WH 也”句式中,“WH”表示任指,如果后面添加的是肯定的成分,则表示所有的人、时间、方式都满足谓语使用的条件。一般情况下,这样的语句并没有特殊的意义,不提供新信息,无须强调,所以没有说出来的必要。例如:

(31) ? a. 谁也尊敬医生。

? b. 谁也喜欢努力的人。

* c. 谁也想到会有这样的怪事。

通常情况下，每个人都会尊敬医生这一职业，每个人都喜欢努力的人。这些即使没有说出来，也是每个人心知肚明的。作为言语活动，肯定性断言是"听话者不知道，说话者知道"（张汶静，陈振宇 2016）。但是例(31)a和例(31)b中的信息听话者和说话者都知道，没有提供新信息，信息价值不大，这样的肯定句在实际生活中出现的频率较低。例(31)c句中"怪事"本就是不易想到的，如果用肯定句则表达每个人都能想到，这样的情况是不符合常理的。

(32) a. 谁也不会不尊敬医生。

b. 谁也不喜欢懒惰的人。

c. 谁也想不到会有这样的怪事。

否定句是用来否定一个"预设"的命题，往往置于一定的语境中。以上三句分别否定的预设是"有人不尊敬医生""有人喜欢懒惰的人""有人会想到这样的怪事"，这些情况在一些超常的情况下可能会发生，否定这样的超常预设能够给人提供新信息。因此否定句出现的概率较高。

从基本语义来看，"也"表示"异中有同"的作用是分摊责任。如"他们明天不去参加这个会议，我也不去"隐含了"不参加这个会议的"不仅仅是"我"，也包括"他们"。这样就把"不去参加会议"的责任分摊到不同的人身上，能够使得语气变得更加委婉。使用"WH也"的否定句式，通过类同义标记"也"表达否定，使得辩驳语气相对不突出。

反问句具有加强语气的功能，而"WH也"句式中"也"本身表示委婉语气，因此两者无法共存。我们通过查找北京语言大学BCC语料库和北京大学CCL现代汉语语料库，也证实了"WH也"句式中不存在反问句。

综上分析，"WH也"句式只有陈述句，没有反问句。肯定陈述句和否定陈述句的比例约为1：32。其中一个原因是"WH也"肯定句不表达新信息，没有说出来的必要，因而出现得少，而"WH也"否定句表达新信息，因此出现得多。

4.2.2 "又"的基本语义与信息价值

"又"的基本意义从甲骨文"又再之又"演变而来，表示同类或同一事物的加合关系。（刘剑波 2007）它强调的是在相同的基础上进行累加，后面可添加否定成分，也可添加肯定成分。如"这些草没什么味道，又不能充饥"。这里的"又"表示"不仅……而且……"，在这些草"没什么味道"的基础上补充“不能充饥”,两个理由累加,给听话者提供新信息,强调没有必要采摘这些草。也可将句子转换为肯定句“这些草有味道,又能充饥”。这里的“又”同样表示累加。正如上文所述,肯定性断言是“听话者不知道,说话者知道”,说话者在肯定句中先提出一个理由,再使用“又”提出第二个理由,进一步提供新信息,告诉听话者“这些草可以采摘”的原因。

在“WH又”句式中,“WH”只能是“谁”,表示任何人。上文已述,“WH又”句式作为陈述句时,“又”后只能出现否定成分,加强否定。例如:

(33) a. 不要说了,谁又不是来吵架的。

b. 珍惜当下的时光,毕竟谁又不能重活一次。

当“WH又”句式是陈述句时,“WH又”所在小句是对前一小句的补充说明,追加理由的同时也进一步提供新信息。例(33)a、例(33)b的“又”都是强调否定成分,解释前项的原因。“WH又”句式中的“又”在陈述句中强调“又”之后的否定性成分是为了对前面的话语进行补充,追加相关理由,使句子更有说服力。“又”的语义指向是其后面表原因的成分“不是来吵架的”和“不能重活一次”。这些成分同时是重要的新信息。

例(33)去掉否定成分“不”后,整体的肯定陈述句不成立,如果要使得句子成立一定要变成问句,即:

(34) a. 不要说了,谁又是来吵架的?

b. 珍惜当下的时光,毕竟谁又能重活一次?

此时,“又”更倾向于指向前面的“谁”,这个“谁”可以理解为表真性疑问,也可以表示全量。无论是表示真性疑问还是表示全量,它们都是语义的焦点,传达更多的新信息,因此也可以成立。如果不出现在问句中,“谁”的真性疑问意义或者是全称量化意义都无法得到实现,句子不能够成立。

“WH也/又……”中“也”的负极性弱,“又”的负极性强,这也和“也”“又”的主观化程度、语气、基本语义和信息价值有关。“又”“也”都可以用于否定句指明原因,但主观化程度和语气的强弱有所不同:用“又”是加强辩驳语气、加强否定,凸显作者的主观态度,主观化程度高;用“也”则表示委婉语气,通过元语增量表达追述义,主观化程度低。(史金生 2005)因此当WH句式是陈述句时,“也”后可以是否定,也可以是肯定;而“又”后面只能是否定。本文开头指出WH表示任指时,与“也”和“又”组合产生的不对称现象,在这里得到了解释。

综上所述,从主观化和语义信息价值这两个角度来看,"又"的负极性比"也"强。

五、结　　语

本文观察到 WH 表示任指时,与"也""又"组合会产生不对称的现象。主要体现在:"WH 也"句式几乎全部都是陈述句,且否定句居多;"WH 又"句式既可以是反问句也可以是陈述句,陈述句基本只能够是否定句。只有当 WH 句式为陈述句时,"也"和"又"才体现出负极性特征,并且"也"的负极性弱;"又"的负极性强。

我们从三个相互关联的方面探究了"也"和"又"产生负极性的原因。

首先,从句式的角度分析,当"WH 又"句式是反问句时,"又"不具有负极性特征。当 WH 句式是陈述句时,"也"和"又"都具有负极性特征。

其次,从演变的角度来看,"也"从明朝起就可以和 WH 词组合,表示全量,只能出现在陈述句中,且以否定句居多。在反问句的句法环境下(反问句与否定句本就相通),WH 词的不定指意义与"又"的重复意义相互影响,使得 WH 词进一步全称量化。同时,"WH 又"句式受到了"WH 也"多用于否定陈述句的影响,到现代汉语中发展出了"WH 又"否定陈述句。而出现在"WH 又"否定句中的"又"体现出比"也"更强的负极性。

从主观化及信息价值角度来分析二者产生负极性强弱的原因。首先,"又"的主观化程度比"也"高,因此负极性也越强。另外,否定句相较于肯定句能够传递更多的新信息,这是"WH 也"大量进入否定句的原因。并且"WH 又"只有在进入否定陈述句时才能传达新信息。这是对句子成立必须要传达新信息的要求。

"也"和"又"都可表示重复义,但是二者的功能发展、主观化程度以及语气强弱都有区别。这些区别造成了二者负极性强弱的差异,这也导致了"WH 也/又"陈述句式中肯定否定的不对称现象。

参考文献

高顺全(2009)"都"、"也"、"又"主观化用法的异同,《淮海工学院学报》第 2 期。
刘剑波(2007)古今"又"说,《唐山师范学院学报》第 3 期。

吕叔湘(1956)《中国文法要略》,北京:商务印书馆。
吕叔湘(1980)《现代汉语八百词》,北京:商务印书馆。
沈家煊(1999)《不对称和标记论》,北京:商务印书馆。
沈家煊(2001)语言的"主观性"和"主观化",《外语教学与研究》第4期。
查永山(2014)"也"的虚化,《牡丹江大学学报》第2期。
史金生(2005)"又"、"也"的辩驳语气用法及其语法化,《世界汉语教学》第4期。
袁毓林(2007)论"都"的隐性否定和极项允准功能,《中国语文》第4期。
张汶静,陈振宇(2016)信息的确定性对否定表达的制约,《语言教学与研究》第5期。
郑玉贵,齐沪扬(2019)否定极性副词与肯定结构的共现状况及原因分析,《新疆大学学报》第5期。
(张汶静　上海师范大学对外汉语学院　上海　zhangwenjing@shnu.edu.cn;
邢莉莉　上海师范大学对外汉语学院　上海　735940015@qq.com)

“已经”的焦点敏感算子功能探究*

林巧莉

提要　文章以程度语义学和选项语义学为理论背景，针对“已经”的多种意义和功能，提出并论证了“已经”具有焦点敏感算子功能的假设。分析认为，“已经”以谓词为关联的焦点，具有排序和排他功能：一方面，“已经”能够确保焦点在选项集中获得最高程度值，使得焦点及其触发的选项按程度值递减的次序自动排列；另一方面，“已经”能够排除选项在语境中激活的命题，为句子带来非在议意义。在这一分析中，现有研究中论及的时体义、程度义、情态义以及反预期功能都是“已经”的焦点敏感算子功能的反射。

关键词　已经　焦点　选项　等级性　非在议意义

一、引　　言

关于副词“已经”的语义功能，现有文献中主要有以下几种观点。第一种是以《现代汉语八百词》（吕叔湘 1984，以下简称《八百词》）为代表的“时体标记说”。认为“已经”既可以标记时体，表示“动作变化完成”，如例（1）a 和例（1）b，也可以表示“动作变化达到某种程度”，如例（1）c—例（1）f。

（1）a. 他已经走了。

b. 这个问题已经讨论了。

c. 苹果已经红了。

---

* 本文得到湖南省社科基金外语科研联合项目（项目编号 18WLH24）和湖南省教育厅重点科研项目（项目编号 15A108）的资助。

d. 我都已经五十了。

e. 已经两点了,该走了。

f. 火车已经快开了。(《八百词》)

《八百词》的观点为《汉语大词典》所采纳。在此基础上,产生了以马真(2003)为代表的"已然说"。认为"已经"的作用不是标记完成,而是表明句子所说的事情、情况在某个参照时间之前就成了事实,强调的是事情的影响与效应具有延续性和有效性。持类似观点的还有杨永龙(2002)、张谊生(2004)和夏群(2011)等。从本质上看,"时体标记说"和"已然说"是大同小异的,区别在于前者是从客观角度,后者是从主观角度。

与以上两种观点对立的是许诺(2015)的"反预期说"。许诺认为,"时体标记说"和"已然说"都无法解释包含"已经"的句子(如"我已经吃过了")与去掉"已经"的那部分句子(如"我吃过了")之间的语义差别。因此,主张从语用的角度来考察"已经"的意义,认为"已经"的功能是反预期;包含"已经"的句子是针对语境中某种预期而言的,带有说话人明显的交际意图。

总之,关于"已经"的意义或功能,学界还没有一致的看法。下文将从现有研究的不足出发进一步探讨"已经"的本质功能,以期为它的多功能性寻求一致的解释。

二、现有研究的不足与存在的问题

2.1 来自理论内部的问题

从理论方面来看,现有的几种观点都不能给语言事实以充分的解释。先来看看"时体标记说"和"已然说"。虽然"已经"句常常带来时间流逝和事态转变的含义,但由此把"已经"定性为时体副词却是不妥的。首先,"已经"句中一般还有动词词尾"了"的出现,如:

(2) a. 他已经走(#了)一个小时。

b. 苹果已经红(#了)很久了。

如果承认动词词尾"了"是完成体标记(Li & Thompson 1981;刘勋宁 1988;Smith 1997),"时体标记说"和"已然说"就难以成立。此外,"已经"还可以和副词"快"共现,如例(1)f。"快"意味着事态尚未发生转变,对"时体标记说”和“已然说”构成了更直接的威胁。其次,上述两种观点都无法解释为什么表达时体的“已经”还能表达程度。例如,在例(1)c 和例(1)d 中,程度义和时体义是并存的,而在例(1)a 和例(1)b 中,只要在“已经”的前面加上副词“都”,同时把重音从“已经”移到它后面的谓词,句子的程度义便会得到凸显——表达事件的进展。如:

(3) a. 他都已经走了。

b. 这个问题都已经讨论了。

再来看看“反预期说”。如果“已经”是一个反预期的标记,例(4)中的句子就应该是合格的。

(4) a. *我们已经年轻了。

b. *列车已经没到站。

c. *她已经是小姑娘了。

这些句子都不能用来表达实际发生的情形或已然的状态与预期相反,说明反预期并不是“已经”的本质功能。

2.2 来自经验方面的挑战

现有研究不仅难以摆脱理论方面的问题,而且还面临着来自经验的挑战。突出的表现是,它们都忽略了以下两方面的重要事实。首先,“已经”常常能给句子带来言外之意。试比较:

(5) a. 天亮了。

b. 天已经亮了。

例(5)a 仅仅是在陈述一个事实:在说话时间或参照时间天亮了。但例(5)b 除了这层断言之外,还有“在说话时间或参照时间之前,天没有亮”这层不言自明的言外之意。再比较:

(6) a. 小明九点已经到达了公司。

b. 小明到达公司已经九点了。

例(6)a 和例(6)b 的断言都是“小明九点到达了公司”,但言外之意却不同。例(6)a 意味着小明到得早,而例(6)b 意味着小明到得晚。Simon 等(2000)把这种言外之意称为“非在议意义”(not-at-issue meaning),与“在议意义”(at-issue meaning)即句子的断言(assertion)相对。Simon *et al.* 还指出,非在议意义产生于句子的预设(presupposition)。例(6)a 和例(6)b 的预设究竟有何不同?“已经”为什么能够带来非在议意义呢?要解读“已经”的功能,这些无疑都是不可回避的问题。

另外,除了经常被用来表达时体和程度以外,“已经”还可用来表达说话人的认知态度,具有一定的情态意义。例如:

(7) a. 这孩子已经很听话了。

b. 橄榄队今天的表现已经非常不错了。

c. 他们已经相当尽力了。

这些句子传递了不同的命题内容,但却具有相同的话语意义:说话人在有与句子命题相左或相反的预期存在的语境下表达了一种主观态度——对命题内容进行充分肯定,对预期表示怀疑或否定。正因为如此,句子前面常常会出现“我觉得”“我认为”“我看”之类表达主观判断的模糊限制语,以及“虽然”“尽管”“即使”等引导的让步状语,如:

(8) a. 虽然有点调皮,但我觉得这孩子已经很听话了。

b. 尽管没有拿到奖牌,但我认为橄榄队今天的表现已经非常不错了。

c. 即使有些不尽人意,但我看他们已经相当尽力了。

上述分析表明,“已经”的功能不能凭借经验层面的句子意义来界定。由于停留在描写和分类层面,现有的几种观点都难以摆脱其片面性。“已经”虽然具有多种功能,但把它定性为时体副词、程度副词、情态助词或反预期标记都有顾此失彼之嫌。

三、程度语义学和选项语义学视野中的“已经”

既然“已经”的功能无法从句子意义中获得,句法分布也许是更为有效的途径,因为“已经”总是修饰句中的谓词。然而,如果从词性来看,句法分布也无规律可循:“已经”表达时体时,谓语可以是动词短语,如例(1)a和例(1)b,可以是形容词短语,如例(1)c,也可以是介词短语(如“答案已经在里面了”);“已经”表达程度时,谓词可以是名词短语,如例(1)d—例(1)e,也可以是动词短语,如例(1)f;而谓词由形容词充当时,“已经”可以表达程度、时体或情态。例如例(1)c就兼具这三种意义。可见,“已经”对于谓词的词性是不敏感的,传统意义上的句法分布也解决不了它带来的问题。本文认为,要认清“已经”的语法本质,需要借助于程度语义学和选项语义学的理论和分析手段。

3.1 基于程度语义学的分类

首先,我们采用程度语义学理论对"已经"的用法进行分类。程度语义学(Degree Semantics)发端于英语形容词的语义研究(Cresswell 1976; Klein 1982; Kennedy 1999; Heim 2000)。形容词有一些复杂的表现。比如,一部分形容词有比较级和最高级,可用于一系列比较结构,如"x 比 y(更)A""x 和 y 一样 A""x 最 A"①。这些词包括"穷""长""短""富""老"、"少"、"便宜""昂贵"等。但另一部分形容词却不能这样使用,其中有"死""活""男""女"等。此外,上面的第一组形容词可以被程度副词"完全""彻底"所修饰,而"满""空""干""干净"等另外一些形容词则不能。再者,能被"完全""彻底"修饰的形容词一般不能被程度副词"有点儿"修饰,而能被"有点儿"修饰的又一般不能被"完全""彻底"修饰,如"湿""脏"。可见,形容词并不是一个匀质的语类。根据上述研究,形容词的这些不同表现应归因于它们具有不同的词汇化量级(lexicalized scale)。

量级(scale)实际上是体现在语言中的一个认知工具。它包含三个要素:一组度数(degrees),一种序列关系(ordering relation)和一个估量纬度(dimension of measurement)。量级的参数变异导致了形容词内部的差异。首先,根据度数的变化可把形容词归入两类:引导两点式量级(two-point scale)的是一类,引导多点式量级(multi-point scale)的是另一类。前者没有程度的区分,是非等级性(ungradable)形容词;后者有程度的区分,是等级性(gradable)形容词。正是等级性的差异造成了"穷""富"类形容词和"死""活"类形容词的不同表现。另外,量级的不同估量维度导致了形容词意义上的区分:估量维度为长度(length)的形容词"长"和"短"显然不同于估量维度为温度(warmth)的形容词"冷"和"热",也不同于估量维度为路径(path)的形容词"远"和"近"。再者,量级的界限性(boundedness)也会直接导致形容词具有不同的语法表现。例如,量级具有上限(upper bound)的形容词才能被"完全""彻底"修饰,量级具有下限(lower bound)的形容词才能被"一点儿"修饰。两类形容词呈互补分布。

近来的研究表明,拥有词汇化量级的不仅仅是形容词,等级性(gradability)是一种跨语类的语义属性,为动词、名词、介词等其他范畴

① 这里的 x 和 y 分别代表两个个体,A 代表形容词。

所共同拥有(Kennedy 和 Levin 2002;Beavers 2011)。Hay 等(1999)、Kennedy 和 Levin(2007)就把这种方法推广到动词的研究,证明动词也可以引导量级,在程度语义方面和形容词具有平行性。例(6)中的两个谓词就可以用来证明这一点:例(6)a 中,“到达了公司”断言在九点之后的说话时间 t_u 小明的已然状态,预设在九点之前的参照时间 t_0 小明的未然状态“没有到达公司”,两者构成极性对立关系;例(6)b 中谓词“九点了”断言已然状态发生的实际时间“九点”,预设该状态可能发生的其他时间八点、七点、六点等,所有的时间点构成程度关系。因此,谓词的断言与预设之间的这些关系就是一种等级性关系,用量级来呈现是再好不过的,如:

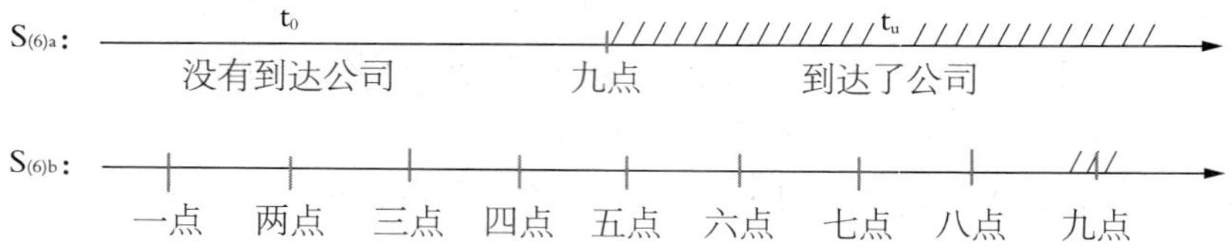

图 1 “已经”句的断言与预设

$S_{(6)a}$和 $S_{(6)b}$分别代表例(6)中的两个谓词所引导的量级:$S_{(6)a}$是一个非等级性量级,由“到达”与“未到达”两种极性相反的状态组成,表达事态的转变;而 $S_{(6)b}$是一个等级性量级,由多个时间点组成,表达时间的进程。图 1 表明,“已经”句的意义需要借助量级来解读。量级的属性不同,句子的断言和预设就不一样①。在非等级性量级上,例(6)a 断言的是极性转折点“九点”之后的已然状态——小明到达了公司,预设的是“九点”之前的未然状态——小明没有到达公司。在等级性量级上,例(6)b 断言的是“小明到达了公司”发生的具体时间“九点”,预设的是在九点之前该状态可能发生的一系列其他时间,如八点、七点、六点等。

上述分析表明,“已经”敏感于谓词的等级性,依赖于量级来构建语义关系。因此,根据谓词所引导的量级来寻找“已经”的分布规律是可行的。我们通过“度数”和“估量维度”两个参数的变化,可划分出理论上可能的四种量级,分别为主、客观维度上的两点式和多点式量级。如表 1:

---

① 图 1 中,斜线部分标记的是句子的断言,非斜线部分标记的是句子的预设。

表1　基于量级参数的"已经"功能分类

量级的维度 / 量级的度数	主观维度	客观维度
多点式	已经$_1$	已经$_2$
两点式		已经$_3$

主观维度指的是评价维度，这种维度上的量级称为评价量级（evaluation scale）；客观维度有多种，这种维度上的量级既有时间性质的，也有物理性质的，如长度、高度、温度、强度、频率、速度、属性、路径、空间，等等。表1中的空缺表明，"已经"只能作用于三种量级：主观维度上的多点式量级、客观维度上的多点式和两点式量级。这三种量级分别代表"已经"的三种语义功能，分别被标示为"已经$_1$""已经$_2$"和"已经$_3$"：作用于主观维度多点式量级的"已经$_1$"修饰等级性谓词、表达情态，如例（9）a；作用于客观维度多点式量级的"已经$_2$"修饰等级性谓词，表达程度，如例（9）b；作用于客观维度两点式量级的"已经$_3$"修饰非等级性谓词，表达时体，如例（9）c。

（9）a. 橄榄队今天的表现已经$_1$非常不错了。

b. 苹果已经$_2$红了。

c. 这个问题已经讨论$_3$了。

在上述分类中，区分三个"已经"的不是"已经"所在句子的意义，也不是"已经"所修辞谓词的词性，而是这些谓词的程度语义属性。由于建立在语义抽象的基础上，基于程度语义学的分类无疑有效地摆脱了经验标准的主观性和随意性。接下来的问题是，"已经"究竟是如何实现这些不同功能的。要寻找这个问题的答案，还需诉诸选项语义学。

3.2　基于选项语义学的假设

近年来，语义学和语用学领域的众多研究表明，许多语言现象的解释都离不开选项（alternatives）这个概念。选项语义学正是在这一背景下产生的。作为一种理论框架，该理论已被运用于问句、焦点及会话含义等语言现象的研究。在焦点解读方面，以 Rooth（1985，1992）、Karttunen 和 Peters（1979）、König（1991）以及 Krifka（1998）为代表的流派最具影响力。根据 Rooth（1985，1992），焦点预设了一组选项，能赋予句子以"焦点语义值"（focus semantic value）。也就是说，含有焦点项的语句 α 除了拥有普通语义值

$[[\alpha]]^{0}$之外,还拥有焦点语义值$[[\alpha]]^{f}$;前者是 α 的真值条件意义,是由单个命题组成的单元集合;后者是由一组命题组成的多元集合,其中既包括焦点所在项(即句子表达的命题),也包括由焦点触发的选项所激活的一组与句子命题平行的候选命题。因此,普通语义值是焦点语义值的一个子集。这样一来,不含焦点的例(10)a 具有不同于含有焦点的例(10)b 的语义值,分别为例(11)a 和例(11)b:

(10) a. John introduced Bill to Sue.

b. John introduced [Bill]^{F} to Sue.

(11) a. [[John introduced Bill to Sue]]^{0} = [John introduced Bill to Sue]

b. [[John introduced [Bill]^{F} to Sue]]^{f} = {[John introduced Bill to Sue], [John introduced Matt to Sue], [John introduced Tom to Sue], [John introduced Jill to Sue]}

例(10)a 只是陈述了"John 把 Bill 介绍给了 Sue"的事实,但例(10)b 除了陈述这一事实以外,还暗示着 John 没有把 Bill 介绍给其他人。如果在句中置入焦点敏感算子 only,这层言外之意就更为明显了。only 将统制(c-command)焦点,并把它作为自己的关联项(associates)。如[①]:

(12) John ONLY introduced [Bill]^{F} to Sue.

作为焦点敏感算子,only 统制焦点 Bill,并把它作为自己的关联项(associates)。根据选项语义学,焦点敏感算子把焦点语义值作为自己的量化域,两者是算子(operator)与操作项(operant)之间的关系。only 是一个排他算子,能够排除焦点语义值集合中的候选命题;在它的作用下,例(12)除了字面意义"John 把 Bill 介绍给了 Sue"之外,还获得了一层否定的言外之意,即 John 没有把 Matt、Tom、Jill 等语境中的其他任何人介绍给 Sue。为了区分这两层意义,Neeleman 和 Vermeulen(2012)把它们分别标记为 A-component 和 B-component:

(13) a. A-component = [John introduced Bill to Sue]

b. B-component = $\neg\ \exists x,\ x \neq Sue$, [John introduced Bill to x]

例(13)中,A-component 是一个肯定的语义成分,即句子的断言或真值条件意义,而 B-component 是一个否定的语义成分,即 only 赋予句子的不言自明

① 为了突出 only 作为焦点敏感算子的作用,例(12)中使用的是大写的 ONLY。

的极性成分(a polar component)。

Krifka(2000)把选项语义学运用到英语时间副词 already 和 still 的研究中,认为它们都具有焦点敏感算子的特征,是对焦点触发的选项进行限制的语法装置;两者功能的发挥须以焦点触发的选项具有内在排序为前提。其中 already 的作用在于确保所有选项在排序等级上低于焦点所在项,而 still 的作用在于确保所有选项在排序等级上都高于焦点所在项。Krifka 的观点无疑为时间副词的语义研究开辟了新途径。Zimmermann(2018)关于德语时间副词 schon 的研究就是按照 Krifka 的思路进行的。类似的还有 Lee(2008)关于韩语副词 imi/pelsse 的研究。这些跨语言的研究无疑为我们的分析提供了新的思路。本文的假设是,“已经”是一个和 only 十分类似的焦点敏感算子(focus sensitive operator);“已经”具有排他功能,以句中的谓词为关联的焦点,通过操纵量级提供的选项进行断言和预设,它的多种功能都是其焦点敏感算子的功能使然。下文将对此假设进行论证。

四、“已经”作为焦点敏感算子的具体表现

根据 König(1991)、Hoekstra 和 Zwarts(1991),焦点敏感算子具有一些典型特征,其中最主要是:1)不影响句子的真值条件意义;2)具有量化力(quantificational force);3)能对焦点触发的选项进行“添加”“排序”和“排他”等操作。“已经”具备焦点敏感算子的第一个特征是显而易见的,因为包含“已经”的句子语义蕴含(entail)不包含“已经”的句子。例如:

(14) a. 问题已经讨论了。⇒问题讨论了。

b. 天已经亮了。⇒天亮了。

c. 已经三点了。⇒三点了。

因此,下文将侧重论证“已经”作为焦点敏感算子的第二和第三个特征。

4.1 修饰等级性谓词、表达情态的“已经$_1$”

“已经$_1$”作用于主观维度上多点式量级,所修饰的谓词具有等级性。充当谓词的往往是等级性形容词如“好”“坏”“漂亮”“丑”“贵”“便宜”,等等。这些词不涉及客观的评判标准,句子为真或为假取决于说话人和语境。另外,它们通常带有“很”“非常”“相当”等程度修饰语,如例(7)中的句子所示。“已经$_1$”实现的是“已经”的情态功能。包含“已经$_1$”句子与其

说是在陈述一个事实,不如说是说话人在表达对命题内容的一种主观态度,即在有不同见解,甚至是反对意见存在的语境下对句子命题的有效性进行充分肯定。

根据本文的假设,“已经$_1$”的情态功能是其焦点敏感算子功能的反射。就例(7)a来说,“已经$_1$”关联谓词焦点“很听话”。后者会触发一个评价量级和一组程度递减的选项,依次是“比较听话”“不太听话”“还算听话”“不听话”“很不听话”等。接着,选项会激活一组候选命题,使句子获得如下的焦点语义值:

(15) [[这孩子已经$_1$[很听话]^{F}了]]^f = {[这孩子很听话],[这孩子比较听话],[这孩子还算听话],[这孩子不听话],[这孩子很不听话]}

作为排他性算子,“已经$_1$”选择焦点所在命题“这孩子很听话”,同时排除了“这孩子比较听话”“这孩子还算听话”“这孩子不听话”“这孩子很不听话”等选项命题。因此,“已经$_1$”表达的是一种言据(evidence)。句子的话语意义或非在议意义是:支持“这孩子很听话”的证据远远多于支持“这孩子比较听话”“这孩子不太听话”或“这孩子很不听话”等其他说法的证据。可见,在“已经$_1$”的作用下,句子同时获得了肯定和否定两重意义。因为被排除的选项往往代表语境中的预期,“已经”在表达情态的同时还会起到反预期的作用。

4.2 修饰等级性谓词、表达程度的“已经$_2$”

“已经$_2$”作用于客观维度上多点式量级,也修饰等级性谓词。充当谓词的有名词词组,如例(16)a和例(16)b,也有动词词组,如例(16)c。

(16) a. 小张开会迟到已经$_2$三次了。
b. 二次列车已经$_2$到达郑州站了。
c. 桃树开花结果已经$_2$二十年了。

根据《八百词》,例(16)中的“已经$_2$”表达的是程度,而根据许诺(2015),它们表达的是“主观大量”,即事物在发展过程中的高级状态。如前文所述,这些句子都获得了一层非在议意义,分别是“小张迟到的次数多”“火车的运行速度快”“桃树的树龄长”。

根据本文的假设,这些不言自明的意义也是“已经$_2$”发挥排他性焦点敏感算子功能的结果。这一假设的确能得到语言事实的支持。例(16)中,“已经$_2$”关联的谓词焦点都包含一个等级名词(gradable noun),分别是“三次”

"郑州站""二十年"。等级名词可以触发选项,是潜在的焦点。(文为平 2015)例如,"三次"将在频率量级上触发一系列选项,如"一次""两次""四次""五次""六次"等;"郑州站"将在路径量级上触发"岳阳站""武昌站""石家庄站""北京西站"等一系列标志距离远近的选项。与"已经$_1$"不同,"已经$_2$"除了排他功能以外,还具有排序功能,因为它可以阻止程度值高于焦点的选项进入选项集。因此,例(16)a 中,进入句子焦点语义值集合的只有"一次""两次"和"三次",而"四次""五次"等选项会被阻隔。例(16)b 中,进入句子焦点语义值集合的只有"岳阳站""武昌站"和"郑州站"。以例(16)a 为例,句子获得的焦点语义值为:

(17) [[小张开会迟到已经$_2$[三次了]^F]]^f = {[小张开会迟到三次了],
[小张开会迟到两次了],[小张开会迟到一次了]}

作为排他性算子,"已经$_2$"将选择焦点所在命题,排除所有的候选命题,使句子同时获得肯定和否定双重意义。句子肯定的是"小张开会迟到三次了",否定的是"小张开会迟到两次了"和"小张开会迟到一次了"——小张迟到次数多的言外之意就此而生。由于被排除的选项可能代表语境中的预期,"已经$_2$"也会在表达程度的同时实现反预期的功能。

4.3 修饰非等级性谓词、表达时体的"已经$_3$"

"已经$_3$"作用于客观维度上两点式量级,修饰非等级性谓词。充当谓词的有动词短语,如例(18)a,形容词短语,如例(18)b,和介词短语,如例(18)c:

(18) a. 已经$_3$下雨了。

b. 庄稼已经$_3$熟了,可以收割了。

c. 答案已经$_3$在里面了。

这些句子明显带有时间在流逝的含义,是"时体标记说"和"已然说"的主要事实依据。因此,"已经$_3$"代表"已经"的时体功能。在本文的分析框架下,这一功能也是"已经"的焦点敏感算子功能所致:谓词 p 指称说话时间 t_u 的一种极性状态 $p(t_u)$;作为极性焦点,$P(t_u)$ 触发的唯一选项是说话时间 t_u 之前的另一种极性状态 $\neg p(t_0)$(t_0 是先于 t_u 的参照时间)。根据 Löbner(1989),$p(t_u)$ 和 $\neg p(t_0)$ 代表时间量级上相邻的两个时相(phase),两者也有程度,即时值(temporal value)的区分,如例(19)所示:

(19) $\neg p(t_0) << p(t_u)$

由于时值低于焦点所在项 $p(t_u)$,选项 $\neg p(t_0)$ 正是可以进入选项集的合格选

项,会在语境中激活一个候选命题,使句子获得焦点语义值。据此,例(18)a的焦点语义值为:

(20) [[已经[下雨]^{F}了]]^f = {[下雨了(t_u)],[没下雨(t_0)]}(t_0 < < t_u)

作为排他算子,"已经$_3$"将在断言焦点所在项"下雨了(t_u)"的同时排除选项命题"没下雨(t_0)"。由于后者指涉一种前时状态,句子不仅会获得事态已转变、时间在流逝的时体意义,而且还会有"雨下得比较早"的非在议意义。如果这个被排除的选项命题正好代表语境中的预期,"已经$_3$"自然会起到反预期的作用。

本节的分析表明,"已经"的确具有排他性焦点敏感算子的功能。"已经$_1$""已经$_2$""已经$_3$"并非同形异义的三个不同词项,而是同一个功能成分的变体。三个"已经"的不同在于所作用的量级不同。它们都以句子的焦点语义值为量化域,通过排除语境中的候选命题赋予句子一层不言自明的非在议意义。那些被"已经"排除的选项命题实际上就是 Simon 等(2000)所说的预设。上述分析同时表明,"已经"和英语的 only 有些类似,但也不同于它:其一,only 以句中的名词性成分为关联的焦点,"已经"则以句子的中心——谓词为关联的焦点;其二,only 关联的焦点触发的是一组来自语境的、无序的选项,而"已经"关联的是一组来自上下文、具有内在序列的选项;其三,only 只有排他功能,而"已经"则具有排他和排序双重功能。有趣的是,在排序功能方面,"已经"的表现和英语的另外一个焦点敏感算子 even 是相似的。不同在于,"已经"要确保焦点项在选项集中获得最高的程度值,会阻止程度值比焦点更高的选项进入选项集;而 even 要确保焦点项在选项集中获得最低的程度值(Schwenter 2002),会阻止程度值比焦点更低的选项进入选项集。

五、本文分析的优越性

根据本文的分析,"已经"没有任何经验层面的意义,而只有焦点敏感算子的功能。"已经"的时体义、程度义、情态义以及反预期功能都是这一功能派生而来的。与现有的几种观点比较起来,这一分析具有以下优势:第一,它为"已经"的多种意义和功能提供了统一的分析。三个"已经"的差异仅在于它们关联的焦点性质不同,所作用的量化域不同;第二,它为"已经"带给句子的非在议意义提供了合理的解释。非在议意义是“已经”发挥焦点敏感算子的功能，排除选项命题的结果。根据这一分析，例(6)a 和例(6)b 的非在议意义之所以不同，是因为两个句子中的“已经”分别是“已经$_3$”和“已经$_2$”。两者关联的焦点不同，量化域也不一样。句子的焦点语义值分别为：

(21) a. [[小明九点已经$_3$[到达了]^{F}公司]]^f = {[小明到达了公司(t_u)]，[小明没有到达公司(t_0)]}(t_u = 九点，t_0 > > t_u)

b. [[小明到达公司已经$_2$[九点了]^F]]^f = {[小明到达公司九点了]，[小明到达公司八点了]，[小明到达公司七点了]……]}

所以，虽同为排他算子，“已经$_3$”和“已经$_2$”排除的对象是不同的。例(6)a 中，“已经$_3$”排除的是一个命题，而例(6)b 中，“已经$_2$”排除的是一组命题。因此，前者意味着小明到得早，后者意味着小明到得晚。

最后，本文的分析还能有效地排除错误的“已经”句，如例(4)中不合格的句子。按照本文的假设，“已经”要求选项的程度值低于焦点。而在这些句子中，作为焦点的谓词“没到站(t_u)”“年轻了”“是小姑娘了”都无法触发程度值比自己更低的选项。相反，它们都只能触发程度值高于自身的选项，如“到站了(t)”(t 是晚于说话时间 t_u 的某个参照时间)、“老了”、“是大姑娘了”。焦点和选项的错位导致“已经”无法获得恰当的量化域，最终导致句子不合格。因此，只要纠正这种错位，用选项来取代谓词，得到的便是合格句子：“列车已经到站了”“我们已经老了”“她已经是大姑娘了”。

六、结　　语

生成语法学关于时间副词的语义研究始于 Löbner(1989)和 Van de Auwera(1993)关于 already 和 still 究竟是不是时相量词(phase quantifier)的争议。根据这些研究，传统语法所界定的时间副词并不是一个匀质的范畴。在普遍语法研究的推动下，汉语这部分虚词的系统性研究势在必行。本文的研究正是在这一背景下进行的。分析表明，现代汉语中出现频率极高的副词“已经”具有焦点敏感算子的诸多特征，并不是一个普通的时间副词。基于篇幅有限，文章未能穷尽“已经”涉及的方方面面。比如，音系层面的问题只是点到为止，还有待进一步研究。

参考文献

汉语大词典编纂处,汉语大词典编辑委员会编.(1986—1993)《汉语大词典》,上海:上海辞书出版社,汉语大词典出版社。

刘勋宁(1988)现代汉语词尾"了"的语法意义,《中国语文》第5期。

吕叔湘(1980)《现代汉语八百词》,北京:商务印书馆。

马　真(2003)"已经"和"曾经"的语法意义,《语言科学》第1期。

文卫平(2015)英汉极性触发结构比较,《外语教学与研究》第2期。

夏　群(2011)试析"已经"的语法意义,《宁波大学学报》第3期。

许　诺(2015)谈"已经"的反预期语用功能,《汉语学习》第1期。

杨永龙(2002)"已经"的初见时代及成词过程,《中国语文》第1期。

张谊生(2004)《现代汉语副词探索》,北京:学林出版社。

Beavers J. (2011) On Affectedness. *Natural Language and Linguistic Theory* 29: 335-370.

Cresswell M J. (1976) The Semantics of Degree. // Partee B. (ed.) *Montague Grammar*. New York: Academic Press: 261-292.

Hay J C, Kennedy, Levin B. (1999) Scale Structure Underlies Telicity in Degree Achievements. // Matthews T, Strolovitch D. (eds.) *Semantics and Linguistic Theory* 9. NY: CLC Publications: 127-144.

Heim I. (2000) Degree Operators and Scope. // Jackson B, Mattehews T. (eds.) *Prodeedings of SALT 10*. Ithaca, NY: CLC Publications: 40-64.

Hoekstra J, Zwarts F. (1991) Some Remarks on Focus Adverbs. *Journal of Semantics* 8: 51-70.

Karttunen L, Stanley P. (1979) Conventional Implicature. // Choon-Kyuet *et al.* (eds.) *Syntax and Semantics 11: Presupposition*. New York: Academic Press: 1-56.

Kennedy C. (1999) *Projecting the Adjective: The Syntax and Semantics of Gradability and Comparison*, Garland, New York: Routledge.

Kennedy C, Levin B. (2002) Telicity Corresponds to Degree of Change. Northwestern University and Stanford University. (Unpublished ms)

Kennedy C, Levin B. (2007) Measure of Change. The Adjectival Core of Degree Achievements. // Mc Nally L, Kennedy C. (eds.) Adjectives and Adverbs: Syntax, Semantics and Discourse, Oxford: Oxford University Press.

Kennedy C, McNally L. (2005) Scale Structure, Degree Modification, and the Semantics of Gradable Predicates. *Language* 81(2): 345-381.

Klein E. (1982) The Interpretation of Adjectival Comparatives. *Journal of Linguistics* 18: 113-136.

König E. (1991) *The Meaning of Focus Particles: A Comparative Perspective*. London: Routledge.

Krifka M. (1998) Additive Particles under Stress, *Proceedings of SALT* 8: 111-128.

Krifka M. (2000) Alternatives for Aspectual Particles: Semantics of *Still* and *Already*. *Paper presented at the Berkeley Linguistics Society*, 2000.02.

Lee E H. (2008) Aspectual and Focus Adverbs in English and Korean. *Natural Language and Linguistic Theory* 26(2): 339-358.

Li C, Thompson S. (1981) *Mandarin Chinese: A Functional Reference Grammar*. Berkeley, CA: University of California Press.

Löbner S. (1989) German *Schon-erst-noch*: An Integrated Analysis. *Linguistics and Philosophy* 12(2): 167-212.

Neeleman A, Vermeulen R. (2012) Types of Focus and Their Interaction with Negation. // Neeleman A D, Vermeulen R. (eds.) *Studies in Generative Grammar (Vol. 113)*. Berlin: De Gruyter Mouton: 227-264.

Rooth M. (1985) *Association with Focus*. Amherst: University of Massachusetts.

Rooth M. (1992) A Theory of Focus Interpretation. *Natural Language Semantics* 1: 75-116.

Schwenter S A. (2002) Additive Particles and Scalar Endpoint Marking. *Belgium Journal of Linguistics* 16(1): 119-134.

Simon M, Beaver D, Tonhauster J, *et al*. (2010) What Projects and Why? //Li N, Lutz D. (eds.) *Proceedings of Semantics and Linguistic Theory* 20. LSA. Washington, DC: 309-327.

Smith C S. (1997) *The Parameter of Aspect*. Amsterdam: Kluwer Academic Publishers.

Van de Auwera J. (1993) “Already” and “still”: Beyond Duality. *Linguistics and Philosophy* 16: 613-653.

Zimmermann M. (2018) Wirdschonstimmen! A Degree Operator Analysis of *Schon*. *Journal of Semantics* 35: 687-739.

（北京理工大学珠海学院　珠海　519088/
湖南涉外经济学院　长沙　410000　linqiaoli@sina.com）

“花呗”诱发的“呗”系列词演化研究*

刘一梦

提要 “花呗”衍生出的“呗”族词在语言学上有重要意义，主要体现在：“花呗”由句子直接跨级实现为词；新的词汇结构为只有语法意义的语气词赋予了新的词汇意义和语法意义；语气词“呗”实现了逆语法化。因“花呗”具有谐音双关的语用效果，商家纷纷效仿，以致“X 呗”大量泛化。建议工具书为“呗”增加新的音义。新词形成原因为人脑优先理解语义信息、开放社会环境推动语言变化、汉语自身特点等综合因素。

关键词 花呗 “X 呗” 逆语法化

据2017年初“花呗”官方披露的数据显示，运营近三年来，“花呗”成为促进消费的重要信贷产品，实际使用人数已近亿人，日常每4个90后就有一个使用花呗。（李茁宁 2017）[7] 伴随着数量较高的使用人数，“花呗”一词具备了一定的社会影响。

从语言学分析，“呗”本身是语气词，具有足句作用。新产生的名词“花呗”由句子直接实现为词。从语义功能分析，语气词“呗”重在表“情况唯一”的语气（郭红 2012），“花呗”体现了商家劝买家消费、消费者受鼓动乐于付款的场景。语用上，“花呗”具有双关效果。读音上，句子“花呗”的“呗”读轻声，“花”的时长偏长，一旦成词，“花呗”整体指一名物时，读音是否会发

---

* 感谢评审专家的指导意见。基金项目：教育部项目“流布与扩散：清代以来胶东方音演变研究”（项目编号 19YJC740042），国家语委重点项目“提升《汉语拼音方案》应用规范研究”（项目编号 ZD1135-72）；山东省社科规划项目“清代山东音韵手稿数据库建设与研究（项目编号 18DYYJ01）”，青岛市社科规划项目“流布与扩散：胶东方音三百年史研究”（项目编号 QDSKL1801010），中国海洋大学本科教学改革与研究项目“语言学概论课程教学改革项目”（项目编号 2018JY107）。

生变化？从内部结构分析，“花”是动词性成分，“呗”增加了新的构词功能，变成了语素。“呗”在复合词里的语法意义、词汇意义是什么？“呗”更像词根还是词缀？这些都值得探讨。

笔者搜索到一系列“花呗”类推的词族，“呗”族词“过呗”“团呗”“开呗”等达一百多个，还有继续衍生之势，说明“呗”新增的作为语素的用法急速扩张，该研究具有语言学的现实价值。

一、“呗”系列词现象呈现

1.1 “呗”系列词的选取范围

“呗”，《现代汉语词典》第7版的解释为：

呗（唄）·bei 助 ① 表示事实或道理明显，很容易了解：不懂，就好好儿学呗。② 表示勉强同意或勉强让步的语气：去就去呗……

呗（唄）bài……［梵呗］ 名 佛教做法事时念诵经文的声音：空山梵呗。①

电商作为专名使用之前，我们可能选择轻声中的第一项释义，将“花呗”理解为句子，但“花呗”的新用法整体变成名词，例句如下：

为什么年轻人宁愿用花呗也不用信用卡。

花呗大数据曝光：疯狂剁手的背后，藏着多少年轻人的痛。

为获得语料，我们穷尽式列出2018年12月百度、搜狗、读秀、知网各类搜索里的“呗”系列词，一一记录这些“呗”系词的实际意义。

1.2 与“花呗”相关的“呗”

类似“花呗”的“呗”的泛化主要表现在新成立的公司产生的新名称，如“新呗、飞呗、发呗”；或公司原有名称更改，如珠宝制造工厂改为“戴呗珠宝首饰有限公司”，这类多为“X呗”格式，或者“X呗”公司旗下会再命名App的子部分为“X呗”，如“财贝、益贝和乐贝”②。另有，“呗”作为语素的其他衍生物，不代表公司名称，如“呗殼、呗友”。

① “梵呗”，不是我们探讨的新产生的意义，不在本文的研究之列。

② 书写形式为“贝”，但含义与“呗”新的用法相同。

1.2.1 “X 呗”的命名时间与数量

初始命名时间是我们观察“花呗”一词诱发相关词汇的重要指标之一。我们考察“花呗”之外的“X 呗”公司命名时间,列曲线图如图 1 所示①:

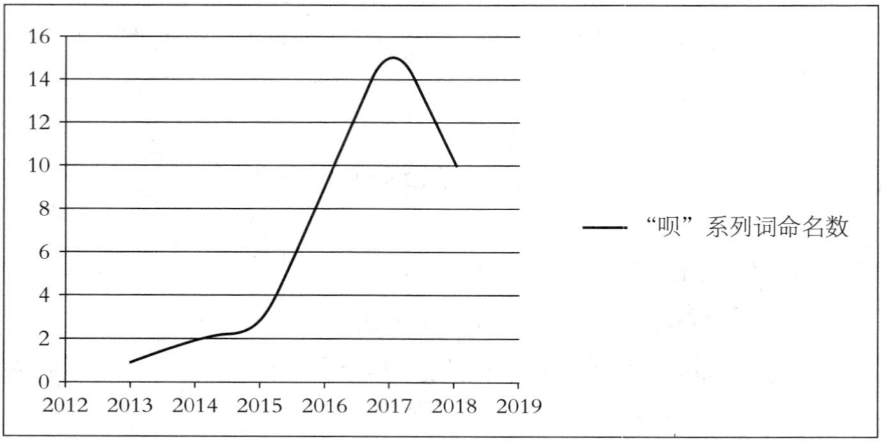

图 1 “X 呗”命名曲线图

图 1 说明 2013 年到 2018 年间,“X 呗”公司迅速增加,2015 到 2017 年间增速尤为明显,2017 年后增速放缓。2018 年,不仅新增“X 呗”名称的公司数量少,而且出现“X 呗”更名,去“呗”现象,如 51 返呗升级更名为“爱上街”。(何飘飘 2018)这与金融整顿期,消费者对“X 呗”心里信赖感下降有一定关系。可见,“X 呗”泛化的幅度与“花呗”的使用、互联网金融业的扩张有很大关系。

---

① 需要说明的是,还有两家写明时间的公司。一家是“过呗”,武汉过呗科技有限公司旗下的过呗教育是一家专注于各类职业资格考试考前冲刺教辅研发及出版发行的平台;另一家“松松呗”深圳市松松呗共享网络科技有限公司是一家以自主生产和经营共享按摩椅为主的高新技术企业,生产的按摩椅主要投放在公共休闲区域供客户微信支付有偿体验,于 2007 年 3 月正式成立。

这两家一来涉及的时间与我们图示相差较远,而且时间为单点,不易入图表;二来不好断定这类公司成立之初是否即用“X 呗”这类名词。因为存在避免给客户造成教育公司新成立这类心理印象的情况,或者存在同一公司之前有其他名称,没有在网上列出的情况,我们暂时作为说明列出。

二、“呗”系列词命名语义特征分析

2.1 主打互联网金融信贷

我们搜集到的“X呗”中有31个名词是直接和商业信贷有关的,属于网络借款平台,比如:

分呗分期是一个全国领先的依托于B端合作的消费金融分期平台。

刷脸呗是汇联易家旗下的革命性信用支付App,通过金融科技为新房后市场消费场景提供快捷的大额信用支付工具。

友呗App是一款为用户提供小额借贷服务的平台。

“X呗”产品与网络信贷相关,突出金融借贷之外的某项服务,涉及付款,会推出零首付、分期付等活动。付款分期理念凸显的,如:

上海爱美呗IMB国际,是一家全球顶尖整型专家团队打造、网红全脸设计的公司。付款“全身打造0首付0利息”。

阐释“X呗”介绍时,凸出共享理念的有13个,如:

河北嗖嗖汽车租赁服务有限公司倾心打造“嗖嗖开呗”分时共享租赁汽车平台。

按呗,是深圳大创客网络科技有限公司旗下基于共享经济概念所运营的共享按摩椅项目,以“按一按,放松一下”为理念打造的即时性健康消费平台。

武汉萌呗科技有限公司于2017年7月开始筹备“萌呗”分时租赁项目。公司秉承“活力进取,分享,共赢”的宗旨。

公司命名或者经营理念上包含“服务”的有66家,比如:

点呗,致力于解决用户生活的即时需求,包括代购、代送、代排队、代办事、到家服务、代接送、同城速递、家政服务、代驾服务、人力搬运服务等。

白吃呗App是一款美食类应用软件,白吃呗专注豫东餐饮业,给用户提供便捷优质的餐饮服务,实现足不出户在线订餐。

“扫呗”属于武汉利楚商务服务有限公司。

我们搜索的名称里,突出标App的,涉及45个产品名称,如:

好呗呗是一家专业化母婴平台,利用好呗呗App、门店自媒体、门店导购。

拼呗 App 是返利网推出的一款手机购物拼团软件,可以通过拼呗手机客户端,用户秒杀各种物美价廉的商品。

友呗 App 是一款为用户提供小额借贷服务的平台。

显现网络科技的有 127 家,我们仅列举公司名称含有"网络科技"的情况,如:

住呗厦门网络科技有限公司。

广东小呗呗网络科技有限公司。

嘿呗网络科技有限公司。

2.2 "X 呗"语义特征微观演进分析

"花呗"由初始期的[+互联网][+消费][+信贷][+金融平台],到发展期减弱了"消费"的限制,保留[+互联网][+信贷][+金融平台]。随着命名的推广,"X 呗"附带的其他特征也日益凸显,比如网络消费信贷不用格外办理手续,手机就能操作,本身具有便民的特征,到了"X 呗"使用的繁荣期,[+便民][+共享][+服务平台]这些隐含的语义特征凸显,随着高频使用,词语泛化,金融性消解,所涉行业领域扩大。最终,"X 呗"包含了"共享、服务新理念下的新兴商业平台"的意义。

三、"X 呗"分析

3.1 "X 呗"内部结构

3.1.1 谓词性成分+呗

1. 动词性成分+呗

我们搜集到的"X 呗"语料,有 108 个是"动词性词语或动宾短语+呗"组成的。动词性的比如"还呗、学呗、拿呗、付呗、播呗、冲呗、撩呗、约呗、扫呗、画呗",动宾短语如"快上车呗""刷脸呗""买菜呗""用钱呗""赏个脸呗"。

我们细致区分"呗"前的动词性成分,有动宾式复合词,如"分期呗";动词重叠式,如"看看呗""找找呗";动补结构短语,如"借下呗""借了呗""存着呗"。

以上动词性词语或短语+呗的语例,在"X 呗"模式产生之前,能在普通语境中使用,是完整的有语气词的句子,从构成上说,是组合成了句子后,再整体为句子赋予新的内涵,固定使用,凝固成相当于今天词的性质的语言单位。

当"呗"前面是能独立使用的动词性成分,组合关系倾向为先成句再成词,是由句子构成的词。理由是,作为普通句子,所有汉语使用者能明白意义,而作为词,是新词,要重新接收判断其内涵。

2. 形容词性成分+呗

"形容词性成分+呗"我们搜集到的语料数有22个,"形容词+呗",如"鲜呗、酷呗、萌呗、乐呗、灵呗、美呗、小呗、新呗";"形容词性词组+呗",如"鼎好呗"。

这一类与"动词性词语+呗"相同,本身可以成句,同时又整体赋予了新的词的含义。

3.1.2 体词性成分+呗

"体词性成分+呗"一共有18个。

其中,包括"名词性成分+呗",如"车呗""卡呗生活"。

"拟声词+呗",如"嘿呗、喵呗"。

"字母+呗",如"T呗"。

3.1.3 "X呗"现有结构形式分析

"谓词性成分+呗"占数量优势。这一结构容易理解成"呗"做语气词时的双关意义,商家乐于采用。

而当"呗"前面出现的是名词性成分,如"职呗、菜谱呗、友呗","X呗"不再具有明显的句子含义,"呗"失去了语气词的情感,倾向于客观陈述,表述新生的一种网络平台,"网络服务平台"的意义可能是"X呗"作为一个构式具备的,或语气词"呗"重新赋予了新的实语素含义。

"呗"不仅可以放到固定位置上,也有其他存在形式,如"呗友""呗游圈(玩小游戏赚取呗壳在礼品商城兑换礼品。)""呗殼"。命名新的App时也有把"呗"挪到前面的情况,比如"呗宝"①"乐居一呗成""呗付通"。

这时,"X呗"框架被打破,构式的基础不存在了。只能理解为"呗"最常用的语气词功能消失,"呗"彻底名物化了,实现了由虚词到语素这一逆语法

① 可以从广告语分析出"呗宝"中的"呗"是本文讨论的"呗"。广告语——呗宝试玩App即可赚钱,任务包含多种形式……

化和语法单位由高一级到低一级的转变。

“呗”构词过程中,由“谓词性词语+呗”组合时凸出体现的成句、构词的双关效果①,到“体词性词语+呗”时,失去句法理解,作为新生事物的实词义赋予到整个结构上或者可能寄托到“呗”这一消失掉语气词用法的成分上,再到“呗”和体词性及其他成分的位置不固定组合,整个词的意义需要寄托使“呗”增加了新的实义,“呗”实现了一个虚化的语气词逐步赋予实义的连续过程。这也是语法单位层级由词变为构词语素的渐进过程。

3.2 “X 呗”的语用效果

3.2.1 增加祈使效果

“花呗”以及泛化的“戴呗、存着呗、放心呗”,均能作祈使句理解。语气助词“呗”的核心情态意义是述唯弃责,即说话人认为自己所说的话(所做断言或发出的祈使)是唯一的可能,且主观上认为那是大家都应当知晓的。(徐晶凝 2007)比如“花呗”,理解为句子的时候,“呗”产生了促使人“花销”的这种唯一可能性的语气,这种“X 呗”命名,只要能同时按双关理解为句子,就因为语气词“呗”而具备了商家推广产品那种不容置疑、买家必买等附加效果,自然“X 呗”品牌命名模式受到推崇。

系统功能语法认为语气和情态是人际功能的主要手段。人际传播中,可利用语气词恰当调节交际距离,合理建构人际关系。“X 呗”这种包含语气词的新词新语命名模式,亲近百姓,能有效缩短商家与消费者的心理距离。(李小凤 2014)[159]

3.2.2 谐音双关效果

“呗”在商品品牌命名过程中,不仅有语气词“呗”的意义双关,也有语音相似的谐音双关,如“呗”谐音“贝”“背”“倍”的现象。

1. 谐音“贝”

“呗”谐音“贝”的例子如下:

保呗:渤海保呗,属于渤海人寿保险股份有限公司,地址在北京市朝阳

---

① 也存在其他难以成句的现象,表现为“具有谓词色彩的不成词语素+呗”这时也不再是先成句再凝固成词,而是语素和语素组合成词,如“易呗、译呗”,再如“车查呗”明显是符合汉语构词顺序,如果是句子,则为“查车呗”。我们查找这类词,能查到的形成时间也相对较晚(如 2018 年),从形成关系上,也是在“呗”具备语素义以后产生的。

区东三环北路乙2号海南航空大厦A座。

好呗呗：好呗呗是一家专业化母婴平台，所属公司为北京好呗呗网络科技有限公司。

这里的"呗"既有新生的网络科技平台的意义，也附加了谐音"贝"表示"宝贝"的情感义。甚至出现具备"呗"近几年新生的意义，而书写形式直接采用"贝"的现象，如：

乐贝：当用户完成得呗App的任务或行为上传时，将获取乐贝。

2. 谐音"背"

"呗"个别时候谐音"背"，使人联想到"背诵"义，例子有：

易呗：易呗网致力于帮助用户学习、记忆和管理知识，是一个以记忆知识为目的的网站，将知识划分成一条一条，归类成一本本的"书"。

3. 谐音"倍"

"呗"表达的意思有时候与"倍"谐音，比如：

呗呵：呗呵在线，从专业到职业的提升服务平台。

这里，"呗"变换位置，放到了前面，谐音容易理解为加倍呵护。

又如：

番呗：2018年5月份，番山集团和番呗商城强强联手，实力出品一款充值话费、购物及理财投资的大型线上App，即番呗商城。

"番呗"这一命名谐音"翻倍"。

我们搜集到的"X呗"大部分为公司品牌名，我们根据能获得的信息，得到了87个公司的地域，这些公司分布在全国有16个省市，主要在东部地区，中部地区也有零星分布。其中，浙江省、广东省的数量最多，合起来占总数的近一半。

联系地域方言，初始命名"花呗"的浙江杭州，虽然是今"X呗"泛化与使用频率比较高的地区，杭州方言并没有用"呗"做语气词的现象。而蒋星煜(1986)[149]研究表明1949年后"呗"作为语气词逐渐兴起，"北方文艺杂志，北方文艺作家以及北方农村、城市为背景的作品较多用'呗'字"，语气词"呗"是北方方言区先产生的现象。可见，本文研究的"呗"为网络科技平台采用，其兴起、泛化不是以南方某地方言为基础，"呗"做语气词更多地与普通话有关。

佟晨菲(2018)[25]研究表明：截至2017年6月末，花呗交易分期用户主要分布在长江中游地区、长三角地区、南部沿海地区、西南地区和黄河中游地区。"花呗"分期用户的分布区与我们研究的"X 呗"这一模仿"花呗"的泛化、使用范围基本一致。

3.2.3 "X 呗"的语音讨论

语音作为物质外壳,我们分别讨论"X 呗"一词的音节数和"呗"的读音问题。

1. "X 呗"音节数

整体观察语料,"X 呗"音节结构数量有双音节、三音节、四音节、五音节几种情况。

"X 呗"为双音节形式,即"X"数量为 1,这样的情况有 113 个,如"滑呗、行呗、定呗、钱呗、带呗、拼呗、抖呗"。

"X 呗"为三音节形式时,有 44 个,如"找找呗、借款呗、一起呗"。

"X 呗"为四音节形式时,有 23 个,如"莆田买呗、元宝呗呗、幸福住呗、e 起吃呗"。

"X 呗"为五音节形式时,有 2 个,如"乐居一呗成、都来看看呗"。

可以说我们搜集到的"X 呗"词语符合现代汉语双音节词占优势的总体特征。音节数贴近词的音节数量,也为"X 呗"组合中的句子直接成词现象提供了可行性。同时,存在避免重复命名而增加音节的现象,比如"嗖嗖开呗"和"开呗"分别是两家公司,又如"小牛借呗"区别于"借呗",再如"花呗呗"与"花呗"有异。

2. "呗"的读音讨论

《现代汉语词典》里,"呗"做语气词读轻声,"呗"是佛教里"梵呗"的意思读 bài。

而新兴的"X 呗"族词中的"呗"有网络科技新平台的意义,新的意义的语音外壳是什么?不仅语言研究者在思考,网络贴吧也讨论了"花呗"的"呗"的读音问题,说明人们潜意识里已意识到"呗"的新情况,讨论结果并不统一。生活中,笔者父母的观点,与部分网友一致,即"呗"轻读,比如词语"花呗"发音时,"花"语音长而重,"呗"变得轻短。

但对下面例句:

中国近 1.7 亿 90 后中,超过 4 500 万开通了某呗,平均每 4 个 90 后就有 1 个人在用花呗进行信用消费。

"某呗"不具备"花呗"在句子层面的意思,纯粹是一个名词,难以轻读。

"花呗"这类能形成完整句子,"呗"可以另义理解为语气词的时候,能读轻声。如果不能理解为句子,即"呗"前面的谓词性成分不能独立成词或者是体词性成分时,则失去了轻读的可能性。此外,如果是"呗"的位置没有在名词的结尾处,其后附加了其他有声调的成分,如"呗付通""乐居一呗成",也难以轻读。另外,"花呗"自身衍生出的"花小呗""呗壳""呗友""呗游圈",按汉语的音系规律,也难以读轻声。

笔者父母代表了对网络付款接触不多的人,更多的是停留在"花呗"能成句的意义层面的读音,没有接触到"花呗"的衍生词。这一新生事物,不能完全按照语气词的轻声来处理,如果按"梵呗"读"bài",意义又毫无关系。新产生的"呗"组词时的位置可前可后,也承载了一定的意义,从语言学上分析,应该具备声调。

从实际应用看,"呗"具有与"贝""背""倍"谐音的几种情况,构成了"呗"谐音的主体。如果赋予声调,去声可以优先考虑。笔者诵读与"呗"相关的报道时,读"呗"作去声,也获得了周围汉语为母语听众的认可。

对此,我们补充外围的例证。如蒋星煜(1986)[148]《谈"呗"字》一文论述"呗"做语气词,在新中国成立初期,字典没有收,或释义不贴切。事物总是发展变化,字典内容也依据语言客观事实发生改变。"呗"作为语气词的意义出现、增多,逐步被字典吸收,新增了音义,而且收入字典的内容也在不断完善。

类比虚词"的",后来"的士",借用了字形"的"后,赋予新的音,相信未来工具书很可能为"花呗"的"呗"提供新的读音,也为广大语言使用者提供读音依据和规范。

四、"X 呗"产生的原因

4.1 生理基础——人脑的理解能力

张金桥(2011)《汉语双字复合词识别中语义、词类和构词法信息的激活》一文指出,汉语双字复合词识别中最先激活语义信息,接着激活词类信息,构词法信息激活最晚。语义信息处于一种"突显"(Salience)的位,在整个词汇信息激活中占有优势。

这对研究“X呗”也有很大启发。总量上,“X呗”本身能成句的情况占优势,“呗”作为语气词,语义上产生请消费者尽情消费的含义,语气词本身也具有轻松、拉近感情的效果,无形中为商家宣传,容易被商家采纳,而大脑最先激活的信息也是语义,消费者整体认可了语义,才会考虑整个句子、语境中的词类和内部构词问题。理解了语义,我们就不会因为新的构词方式而把新词拒之门外。

4.2 社会环境——开放语言环境的刺激

邵敬敏(2008)预示:中国目前处于历史上最为开放的时期,人们的思想从来也没有像今天这样活跃和丰富。意义决定形式,新的感受、新的理念、新的行为,都必然促使新的表达法的产生。这其中,虚拟语言生活对现实语言生活的影响更加深刻。(李宇明 2012)[150]互联网消费信贷平台,这一新理念、新事物,必然涉及重新命名。“花呗”的命名突破了旧有的词类系统和组合规则,句子词汇化,语气词“呗”由虚词变为“类词缀”。“花呗”及“X呗”族词成为邵先生预言的突破旧模式的典型代表。

4.3 语言基础

4.3.1 实现过程——逆语法化、词汇化

“花呗”成词后,原有的结构和语义平衡被打破,新平衡能否达成,关键看能否重新分析。研究逆语法化如何实现,实质是探寻哪些因素的变动提供了一个表层结构可以做两种解释的重新分析。“花呗”本来是一个带有语气词“呗”的单句,阐述交际双方一方劝另一方消费,但后来支付宝挪用“花呗”代指该公司旗下的“互联网消费信贷平台”。“花呗”表层下,深层的语义相异,结构形式也有差别:一个是含有语气词的句子,一个是专有名词。借助于表层结构的掩护,变异后的用法得以暗度陈仓。

“一呗”这类“体词性词语+呗”,不能独立成词的“谓词性词语+呗”(如“译呗”),以及“车查呗”这类情况,均是“呗”作为语素构词。“X呗”通过句子实现为词、作为语素构词两种路径最终实现了词汇化。为了更深入地微观考察,我们把能找到初始命名时间的特殊情况列出来,如:

不能独立成词的谓词性语素。“焕呗”,2016年。

字面不成句,谐音后可以。“艾呗”,2018年;“番呗”,2018年。

不能成句的其他现象。“优转呗”,2017年;“乐学呗”,2018年。

与所有的“X呗”命名时间(2013—2018年)相比,我们列举的这些不能

做句子理解的形式，形成时间略靠后，是在"呗"新用法大量泛化后出现的。

4.3.2 汉语的特点为变异提供了大前提

非形态语言的汉语在通过变换同一表层结构式中的语义关系而达到表达尽可能多的语义功能方面显得尤其能为。（江蓝生 2016）[520]汉语进入句子中的词、构词的语素均不必附带形态变化，这为非常规搭配、诱发语法化或逆语法化提供了便利条件。

徐杰（2012）[117]指出汉语具有"语缀多，词缀少"的特点，认为词缀和语缀都要黏附于其他语法单位。二者的差异在于被黏附的对象性质不同：词缀总是与具体的词类相关联。语缀与短语类或句类挂钩。汉语黏附成分在词汇一级数量不足，现代汉语新产生了一批类词缀也反映了词缀不足的现象。本文的"呗"原本是典型的语缀，汉语的词缀少，形成了语缀补充为词缀（或类词缀）的跨级变化。

汉语的口语句子通常音节简短，一个谓词性音节和一个语气词"呗"就能构成一个两音节的句子，这一音节长度与汉语的词汇长度相当，为句子直接实现为词提供了外在的可能性与推动力。

五、小结——"X 呗"语言价值

新词新语是指在一定时期出现的，形式、意义、用法三方面至少有一方面是新的，用来交际的词或短语。"花呗"及其系列衍生词，形式、意义、用法全是新的，是地地道道的新词新语。

"花呗"一词打破了旧有语言构造方式，创造了新词新语构成的新模式，其一，从高一级的语法单位句子演变成词；其二，"呗"由语气词演变成构词语素，由独立的成词语素，变为"花呗"中的"类词缀"。

随着"花呗"使用的普及和"呗"系列词的衍生，《现代汉语词典》可以增加"呗"的新释义——新科技理念下的共享服务平台，电商为主，其中从事网络信贷行业的比重较大。读音上考虑赋予 bèi 这一新的读法。但另一方面，因为"花呗"类的产品、名声等不稳定，"呗"与其他同类产品或公司的名称之间存在竞争关系，如"易贷"，"呗"在语义和使用上能占有多长时间的优势有待观察。

正如钱乃荣先生（2002）[42]所述：新词语是新生活的见证，它们在词典查不到,这就是语言文字工作的滞后了。语言是群众使用中约定俗成的社会现象,不是词典规定的一成不变的教条。人们活的口语是第一性的,口语充满人类思想活跃的生机,语言随着社会发展而发展是绝对的。

参考文献

董为光(2009)汉语复合词结构分析若干问题,《语言研究》第3期。
郭　红(2012)汉语传信语气词"嘛"和"呗",《首都师范大学学报》第5期。
何飘飘(2018)51返呗升级更名"爱上街",《科技金融时报》,20-05-15。
何　颖(2018)51返呗更名爱上街——从金融蓝海游上科技彼岸,《浙江市场导报》,20-05-15。
黄春蓉,刑国立,上官鸣(2016)支付宝"花呗"信用支付的会计处理,《财会通讯》第16期。
江蓝生(2016)超常组合与语义羡余——汉语语法化诱因新探,《中国语文》第5期。
蒋星煜(1986)谈"呗"字,《辞书研究》第5期。
李小凤(2014)语气词:调节交际距离的人际手段——电视有声语言的显性特征,《现代传播》第3期。
李宇明(2012)当代中国语言生活中的问题,《中国社会科学》第9期。
李茁宁(2017)《"花呗"使用情况调研报告》,辽宁大学硕士学位论文。
刘　坚,曹广顺,吴福祥(1995)论诱发汉语词汇语法化的若干因素,《中国语文》第3期。
宁天晴(2015)江西"多多呗"等18批次婴幼儿辅食有问题,《质量探索》第4期。
钱乃荣(2002)论本世纪初流行的新词新语,《上海大学学报》第5期。
邵敬敏(2008)网络时代汉语嬗变的动态观,《语言文字应用》第3期。
佟晨菲(2018)《互联网消费金融资产证券化现状及风险分析——以蚂蚁花呗资产证券化为例》,天津商业大学硕士学位论文。
徐　杰(2012)词缀少但语缀多汉语语法特点的重新概括,《华中师范大学学报》第2期。
徐晶凝(2007)语气助词"呗"的情态解释,《语言教学与研究》第3期。
张金桥(2011)汉语双字复合词识别中语义、词类和构词法信息的激活,《心理科学》第1期。
中国社会科学院语言研究所词典编辑室(2016)《现代汉语词典》第7版,北京:商务印书馆。

(中国海洋大学　青岛　266071　liuyimeng789@126.com)

“什么”感叹句的“意外”本质及否定倾向*

——兼论“语用否定”的层级类型与制约因素

张　莹

提要　什么(what)感叹句是世界语言类型中一类特殊的格式,其本质是表达“由意外引起的强烈的情感情绪”。根据意外的迁移规律,该格式发展出表示肯定和积极情感的纯感叹用法,表示语用否定和消极情感的“否定”用法等。文章考察了汉语中9种格式的“什么”感叹句,它们都极大地倾向表示语用否定和消极情感,其原因是多方面的。首先,许多语言中表示肯定和积极情感的“什么”感叹句只接受程度的解释,即“量的意外”。而汉语“什么”感叹句只表示“质的意外”,导致其否定意义显著。其次,文章划分出7种具体的否定类型,并解释了其触发语用否定和消极情感的具体因素。统计发现,句子命题的事实性意义与话轮位置,以及是否引述前文有关。动词句一般在始发话轮位置,多表示有关行为或状况是事实,但不合理;而形容词一般在后续话轮,表示对方的判断是反事实的。更重要的是,汉语母语者多把这些格式用在反同盟的语境中,即使句中焦点成分是中性或积极的词语也是如此。因此,反同盟关系也是汉语无法达到肯定否定、积极消极对称性的重要原因。

关键词　“什么”感叹句　意外　语用否定　消极情感　质的意外　反同盟

* 本文得到国家社会科学基金后期资助项目《言语行为的逻辑——汉语语义和语用接口研究》(项目编号19FYYB032)的支持。

一、问题的提出和初步解释

1.1 世界语言类型中的"什么"感叹句

本文的研究对象是"什么教授！什么玩意儿！什么'你'啊'我'的！有什么要紧！嚷嚷什么！什么漂亮不漂亮的！",以及独用的"什么！"一类例句。我们从北京大学CCL现代汉语语料库的6 500个例句中筛选出有效例句305例,综合前人的研究,归纳为5类9种格式,如下:

Ⅰ. V+什么+O

Ⅱ. X什么,又分为:V+什么;A+什么

Ⅲ. 什么+XP,又分为:什么+短语;什么+中性/积极名词;什么+消极名词

Ⅳ. X什么X,又分为:V什么V;A什么A

Ⅴ. "什么"独用

除了最后一种,每一个格式都有一个充当感叹焦点的成分,即格式中的VO、V、A,以及"什么"后面的"短语、名词"。因此,此类句式使用的第一个条件就是,必须在语境或前文中存在一个能产生感叹的焦点性成分。

需要说明的是,除了这些格式外,汉语的"什么"疑问句本身就有兼表感叹的例句,例如"我究竟做了什么让你这么生气?!""就他能知道些什么?!",其中有的是强化疑问(究问),有的则表示反诘,从而得到否定的意义。之所以把9种格式单独讨论,是因为对世界语言来说,什么(what)类疑问代词都容易构成特殊的感叹格式(而其他疑问代词是否有特殊的感叹格式则根据不同的语言而论),具有普遍性。例如英语中的what感叹句:

(1) What a beautiful day!(多美的一天!)

(2) What a nasty day!(多糟糕的一天!) What a fool!(好一个大傻瓜!)

(3) — This is not the time.

— What! You're kidding me!(什么!你耍我啊!)

不同语言中,这一类感叹格式的范围和意义功能存在区别,从简单到复杂都有。例如:英语what一般不用来表示否定。例(4)土耳其语中,表示"什么"的疑问词,既可以表示感叹,也可以表示否定,但难以在后面加上引述成分。

(4) Sen ne-yi bil-ir-sin ki!

你-主格 什么-宾格 知道-AOR-AGR 小品词

(你知道什么！意为"你什么都不知道"。)

盛雪(2012)、毛宏燕(2007)、孙亚俊(2008)说,西班牙语 Qué、俄语的 что、维吾尔语 nemɛ 单独使用时表示惊讶的语气,而在非独用情况下,可以用于疑问、感叹、元语否定等多种情况,下面是感叹和否定的例子:

(5) Что за новость!

什么 这 新闻 (这什么破新闻啊!)

(6) nemɛ antʃɛ qistajsiz? rɛt bojitʃɛ kɛlmɛmsiz?

什么 挤 (挤什么?按次序来!)

更为重要的是,还可以后接引述成分,表达元语否定功能:

(7) — Vamos, díganos cómo ocurrieron las cosas.

(你把事情怎么发生的给我们讲讲。)

— ¿Qué cómo ocurrieron?

什么 如何 发生 (什么"怎么发生"的?)

(8) Что прикажете-с? спросил он почтительно.

("您要什么?"他恭敬地问。)

Как что? Чаю.

什么 什么 (什么"什么"?茶!)

(9) — baliniŋ midʒɛzi joq, 3-4 kyn boldi. (孩子已经"不舒服"三四天了。)

— nemɛ middʒezi bolmajtti? birɛr qizʁa køjyp qalʁan gɛp!

什么 不舒服 (什么不舒服!他是害相思病!)

注意,在俄语中,如果引述成分恰好就是疑问代词 что,则要使用 Как 来连接,如例(8)所示。如果是其他成分,就可以直接用"что + X"的结构。

所以,从语言类型学的角度看,这类句式称为"否定句式"或"消极评价句式"都是不合适的。英语中 what 感叹句有时表达消极情感,有时表达积极情感;有时表达否定,这些需要靠语境以及命题的性质来决定。俄语例(5)表示消极情感,而例(10)表示语用否定,例(11)表示积极情感[1],却

① 在俄语文化中,眼睛是美好的事物,归入积极意义,所以这一句子需要理解成"漂亮的眼睛"。

没有语用否定:(例(10)、例(11)引自毛宏燕 2006)

(10) Что вы, это семнадцатого.
什么 (什么呀,是 17 号。)

(11) Что за глаза!
什么 这 眼睛[这什么眼睛啊!(指眼睛漂亮,意为“多漂亮的眼睛”。)]

综上,对不同语言的 what 感叹句进行研究,可以得出一个共同的性质:它们都表示由“意外”引起的感叹,称为“言者指向感叹”(speaker-oriented exclamation)。陈振宇、杜克华(2015)解释:言者指向的感叹是说话者遭受某种外部信息(意外信息)而引起的惊讶、反感、愤怒、痛苦或赞叹、幸福等感情或情绪。Hengeveld 和 Olbertz(2012)认为,意外和感叹表达的都是令人瞩目的内容,不过感叹是言语行为概念,而意外属于情态范围。Michaelis(2001)[1039]把感叹完全看成表达说话者的惊讶(surprise),即对情景的情感回应(the speaker's affective response to a situation),并伴随着积极的或消极的情感。这要求此类什么(what)句式必须有一个先在的触发情景来允准它们的使用,这些情景可分为三种类型:

1) 已经发生的事件或行为作为触发感叹的情景。包括已经存在的事物或场景,也包括说话人确定会发生的事件或行为。

2) 他人已经言说的话语,话语中的某一内容作为触发感叹的外部信息。

3) 已经发生的言语活动,这一活动本身或其中某一要素作为触发感叹的内容。包括参与言语活动的对方态度,也可能触发感叹。

1.2 否定和消极倾向性

汉语研究中,都把这类“什么”称为“表示否定”,而不是从感叹句入手。王力(1943/2014)[255]提出有一种“什么”用于否定语或反诘语力,表示坚决的否认或强烈的辩驳。丁声树等(1961)[162-167]、赵元任(1979/2011)[666-667]、吕叔湘(1980/1999)[484-485]都提到了这一用法,并且例句和类型也渐渐总结完善,如李一平(1996)。

关于其“否定意义”的成因,邵敬敏、赵秀凤(1989)认为“怀疑因素”加强起到了关键作用。樊莉(2012)指出感叹环境对语用迁移的影响。这些论述都比较模糊。袁毓林、刘彬(2016)更为明确地指出:“否定对象在意义上往往具有‘反通常性’的特点,而这种‘反通常性’正好是‘什么’句表示否定意义的内在原因。”他们认为,不管是“不相信某种正面和积极的可能性”,还是“相信某种负面和消极的可能性”,都是表示否定意义的,最终使得“什么”句涌现出否定意义,否定某种事物(性状、行为、观点、观点等)的合理性。

如果只考察汉语“什么”感叹句,则袁毓林、刘彬(2016)的理论能解释绝大多数的例句。但是,如果从世界语言类型学的角度看,就发现这一解释存在不足之处:尽管所有语言的什么(what)感叹句都具有非常规性,但并不一定是“疑善信恶”,也有的是肯定好的事物,表达积极感叹,如例(1)、例(11)。并不是所有语言像汉语一样语用否定和消极情感占绝对优势。因此,我们认为,非常规性与疑善信恶并不是该类什么(what)感叹句的本质。

陈振宇、杜克华(2015)提出“意外三角”理论,认为“意外”作为触发范畴起到桥梁作用,实现了疑问、否定、感叹之间的语用迁移。陈振宇(2017)[528]进一步把有关规则修改为:

A. 疑问+[特征]意外+[特征]积极/非消极→纯感叹(或者说是阻止导向语用否定)

B. 疑问(默认)+[特征]意外→[主]语用否定+[次]说话者指向感叹

以上规则可以证明什么感叹句的语用否定和消极倾向超过纯感叹这一事实,因为前者是默认的,后者必须要一些特殊的语义因素来得到允准。前面例(1)就是因为有显性的积极词汇 beautiful 而只能是纯粹的积极感叹,例(2)有消极意义的 nasty 表示语用否定和消极感叹。其他大多数例子既无显性的积极词汇,也无显性的消极词汇,却都倾向于理解为语用否定和消极情感功能。

虽然上述规则表明否定与肯定、积极与消极的选择与句中词汇的意义有关系,但是仍然有两个问题需要探讨:1)汉语中,为什么即使是积极的事物,也会出现语用否定和消极的倾向?例如“什么英雄”“你高兴什么”,表示“算不上英雄”“不应该高兴”。2)汉语中“什么感叹句”为什么极大地倾向表示否定和消极感叹?下文试图解答这两个问题。

1.3 “什么”独用与“质与量”的意外

我们考察了一系列语言的“什么”疑问代词,发现它们大都有独用的例子,有的用原形,有的独用时形式上稍有变化[如例(12)中维吾尔语例子]。这些独用的例子有一个共同点,多用于表示消极情感。英语的例子见前文

例(3),俄语的例子见例(10):

(12) 维吾尔语:(引自孙亚俊 2012)

— aŋlisam uniŋ maaʃi nahajiti juqiri ikɛn. (我听说他的工资很高。)

— nɛdikini, aranla 800 jyɛn.

什么 (什么呀,才 800 元。)

西班牙语:(引自盛雪 2013)

¿Qué! ¿Todavía estás aquí!

什么 (什么!你还在这儿!)

我们由此认为,汉语"什么"感叹句受到独用用法的影响很大。姜炜、石毓智(2008)指出,"什么"否定标记的用法来自询问目的的"做什么"。但语料考察表明,最早的"什么"例子是来自《祖堂集》单用的"作摩"(意为"做什么"),分为两种:一种用法是有人打招呼,询问是有什么事,如例(13):

(13) 师良久,侍郎罔措,登时三平造侍者在背后敲禅床,师乃回视云:"作摩?"对曰:"先以定动,然后智拔。"

南泉行五六步,师召云:"长老。"南泉回头云:"作摩?"师云:"莫道是末。"

另一种用法便是遇上了令人吃惊的情况,表达消极的感叹,如例(14)a的僧人哭;或者听到了对方的令人生疑的话,如例(14)b。这是汉语"什么"感叹句表示语用否定和消极情感的源头:

(14) a. 有僧人哭入法堂,师云:"作摩,作摩?"僧对曰:"父母俱丧,请师择日。"

b. 僧问西堂:"有问有答则不同,不问不答时如何?"答曰:"怕烂却那。""作摩?"①师闻举云:"从来疑这个老汉。"

其次,陈振宇、张莹(2018)根据 Jessica(2011),将意外性感叹区分为两类。"量"的意外只接受程度的解释(degree interpretations),即事实远远超过了预期的程度,如 What delicious desserts John bakes! 指约翰考

① 某些版本为:僧问西堂:"有问有答则不同,不问不答时如何?"答曰:"怕烂却那,作摩?"此时无法解释回答语中为什么会有一个"作摩"。所以本文按照北京大学 CCL 现代汉语语料库的断句分析。

出的甜点的美味程度超出了预期(极为美味)。另一类"质"的意外是一个事物的出现或不出现令说话者意外,如 Wow, John bakes delicious desserts! 根据常理或已有经验,说话者的预期是约翰考不出美味的甜点(说话者的期待是命题 P,现实情况是¬ P),Jessica 称为"句子感叹"(sentence exclamation)。

汉语与英语"什么"感叹句的一个重要区别在于:英语多是表达主观大量意义的"量的感叹"。分析例句,英语 what 感叹句中表示积极情感的例子,基本都是量的意外(表示主观大量)。与之对比,汉语"什么"句只能是质的感叹。例(15)只有当表示 John 吃的辣椒比一般辣椒都辣,表示 Tori 去的地方比想象的都多时,才表示感叹。但在汉语中,"什么辣椒啊!"根据说话者的主观立场可以有两个解读:当他希望吃辣椒时,这句话是说吃的根本算不上辣椒(不够辣),还可以表示这不是我想要的那种辣椒。当说话者本来不想吃辣椒时,这句话可以表示居然有辣椒,太辣了的意思。不论哪一种,都是质的意外。

(15) a. What peppers John ate!

b. The places Tori visited!

上文关于"独用""质的意外"的解释是否定意义和消极情感的影响因素,但并不充分。功能主义认为,决定特定语言现象的往往不是某一个特定的维度,而是多个维度交织在一起共同起作用的结果。下面我们来详尽调查"什么"感叹句在实际使用中的某些特征。

二、对汉语"什么"感叹句的使用调查

2.1 以往关于"否定"的讨论

已有对什么句"否定"的分类和意义功能研究有多个视角。

2.1.1 早期的学者根据例句列举了多种否定功能

邵敬敏、赵秀凤(1989)把汉语"什么"的"非疑问用法"分为两类:一类"否定性'什么'",认为"表示说话者对所议对象持一种否定态度""具体语境中还可以表示反驳、贬斥、禁止、劝阻、讽刺等意思";另一类"独用性'什么'",或者"表示惊讶、出乎意料的意思",或者"表示对对方话语的一种否定,往往带有不满、贬斥的含义";二者功能并不一致。

李书同(2002)指出,“用‘什么’进行否定时,‘否定’的涵义并不单一。……有表白、有拒绝、有制止……如果考虑主体(用‘什么’进行否定的人)、对象(否定了谁的话与什么话)、角度(理性的或者情感的、态度的、语义的或者语气的等),那么,‘否定’一语在口语中的涵义是复杂的。……尽管在语言理论上我们还没有搞清这些问题,但在口语交际中,人们用‘什么’等词语自然地达到了上述目的”。他提出了一个重要的问题:“否定”可不可以进一步分类?

2.1.2 后来一些学者试图用一个统一的语义功能来概括

“合理性否定”说:姜炜、石毓智(2008)更为明确地提出,“‘什么’的否定功能和使用条件为:它是通过对已经成为现实的状况的存在目的的否定,来达到对该状况发生的必要性的否定,并否定其继续存在的合理性”。袁毓林、刘彬(2016)也说,“疑问代词‘什么’表示否定意义主要表示说话人对当下话语或其所涉及的某种事物、行为或话语的合理性持一种否定的态度,即认为它们不具有合理性”。

“引述性否定”说:袁毓林、刘彬(2016)还认为,“‘什么’句否定的往往是‘引述性’的内容,因而是一种元语言否定”。刘彬、袁毓林(2019)指出,“‘什么’句的否定并不一定都是引述性否定。比如,‘你神气什么?’并没有否定‘引述性’内容,因而不能说它是一种引述性否定”。他提倡多个层面的否定。

2.1.3 越来越多的学者主张用一个多层的语义语用解释来概括“什么”的否定意义功能

李宇凤(2010)说,“反问回应现实行为、状态和表示现实行状的引发语,即否定这一现实行为或状态,属行域否定,表示‘不应该做 X’。反问回应某种个人认识或社会观念,即否定这一认识或观念,属知域否定,表示‘不应该认为 X’。反问回应某种说法,即否定这一说法,属言域否定,表示‘不应该说 X’”。

刘彬、袁毓林(2019)说,“如果‘什么’否定的是某种措辞方式,语义解释为‘不要说……’,那么为言域否定;如果‘什么’否定的是某种认识或是否定性评价态度,语义解释为‘不该(认为)……’,那么为知域否定;如果‘什么’否定的是某种事实或内容,语义解释为‘不(是)……’,那么为行域否定”。

2.2 本文对"语用否定"的分类

本文根据陈振宇(2017)[527①]的分类,将"什么"感叹句的否定意义细分为三层七类。三层的划分与刘彬、袁毓林(2019)的"三域理论"基本对应,进步之处在于,我们细化了每一个域包含的什么句格式和否定类型。如下:

第一层否定属于陈振宇(2017)所说的"否认命题X为真"一类,包括2.2.1、2.2.2和2.2.3类。

2.2.1 命题事实性否定

否定原因是命题的反事实性。该类格式通常是后续话轮的引述类型,听说双方意见不一致。例如:

(16) 陆掌珠:哪里像妖精。白白净净甜甜脸,穿着像女排运动员,又精神又朴素大方。

陆武丽:你老土吧?什么朴素!她那都是美国的名牌服装!

"什么朴素"在交际中的后续话轮位置,说话人引述了对方提到的"朴素"。陆武丽认为陆掌珠的观点"朴素"是反事实的,因为"她那都是美国的名牌服装"。

2.2.2 相关社会属性否定

否定原因是属性"不合格",其关涉对象的社会属性没有达到说话人的期望和要求。该类型多是始发话轮位置的非引述类,因为有关属性没有达到说话人的预期,表达了消极情感。

(17) 我早就对这期封面有意见,什么红歌星?是真凭嗓子好么!

说话人认为她所得的头衔"红歌星"并不是凭自己的实力,所以名不副实。包括"什么教授!什么英雄!"等都是这一类。

2.2.3 动力条件否定

特别指明了命题在动力或条件方面的不足,否定了命题实现的可能性。行为是未然的,在说话人看来不可能成为事实。

---

① "语用否定"往往有多个层次多个维度,a.命题否定层次,是针对X这一言语内容的。包括:a1.否认命题X为真;a2.承认命题X为真,但否认命题X的合理性两类。b.元语否定层次,是针对对方说X的言语行为的。包括:b1.否认对方说话的某个方面特点,如针对对方的发音;b2.否认对方说X这话的合理性两类。c.人际层次,是针对对方(或其他某人)的。包括:c1.表示反对对方的态度;c2.对对方进行谴责(不一定需要理由)两类。且从a到c语用否定逐步极性化。

(18) 甲:走,看电影去。乙:饭都要吃不上了,看什么电影。

乙太忙连吃饭都顾不上,不可能有时间“看电影”。“看电影”虽然是未然的,但是在说话人主观认识里是反事实的,即不可能实现。

第二层属于陈振宇(2017)所定义的“承认命题X为真,但否认命题X的合理性”一类。包括2.2.4、2.2.5和2.2.6三类。

2.2.4 情理道义否定

特别强调行为在道德法规和社会习俗方面的违反。行为一旦发生并违反社会群体公认的规范的行事标准,必然不合理。因此,说话人表示反对。例如:

(19) 张巨打了他一巴掌说:“你小孩子赌什么?”

“小孩子赌博”违反社会法规,对赌博者“小孩子”产生消极影响。表达了说话人的气愤之情。

2.2.5 行为合理性否定

强调行为对说话人的消极影响。本类型多是始发句位置的非引述类,命题表示的行为具有事实性且对说话人消极,因此,表达了说话人的消极情感。需要说明:虽然都是基于行为的“不恰当”,但“情理道义否定”是违反了已达成共识的法规或社会习俗,强调行为对“行为实施者”的消极影响,而“行为合理性否定”强调对“说话人”的消极影响。

(20) 夏顺开急得叫起来:“你别这样儿,你干嘛这样儿呵?你这不是折磨人么?”
慧芳跑去窥视了一下,把门关了:“你嚷什么嚷什么?我妈在外边竖着耳朵呢?”

2.2.6 消极事物的合理性否定

刘彬、袁毓林(2019)说,“‘什么+NP’中存在带有贬义、消极意义的名词性成分,此时的‘什么’句可以看成一种冗余性的强调否定”。我们不同意其关于“冗余否定”的观点,认为它可以归入“承认命题X为真,但否认命题X的合理性”这一类,也就是说,表现为“破电脑、臭脾气”是事实,但是这一事实不合情理,如例(21):“我们一般不会用一台破损的电脑工作”,“对待别人应该客气一些”。

(21) 老子要骂人奥!什么破电脑啊!
什么臭脾气,这么没耐性!

与第一层否定不同，该类命题表示的行为"赌博""嚷""破电脑"是事实，作为预设前提不可被否定。否定意义是从说话人角度推导出来的道义否定"不应该""不能""不合理"。从言语行为理论来说，这属于间接的言语否定。

第三层属于陈振宇(2017)所说的"元语否定层次"一类，包括2.2.7和2.2.8类：

2.2.7 话语措辞得体性否定

否定的是"话语表达方式"本身，说话人认为对方话语在交际语境中不得体。比如，词语使用方面或是发音方面，参见例(22)；或是否定对方说X这一话语的合理性，参见例(23)。

(22) 什么叫"你"最后一次见他，"咱们"最后一次见他。

(23) 你这根本就不符合逻辑嘛！什么逻辑不逻辑的，能听明白就行了。

2.2.8 对对方态度的否定

如例(24)，圆圆认为爷爷不聪明，净说惹人的话，但是她并没有否定爷爷所说的话内容是对的。

(24) 傅老：不奇怪，他们那茬儿啊，都是被耽误了。你是赶不上了好时候儿了。现在要文凭了。

圆圆：什么呀，您可真不着四六儿。您二位可别见怪，我爷爷岁数大了，耳朵眼睛都不算太灵了。

2.2.7和2.2.8类话语措辞类否定一定都是引述类的，在对方做出一番言论之后，说话人对其话语进行评价，本类格式处在后续句位置且说话人根本不关注命题内容的真与假。实际语料中，对对方说话的得体性否定，往往也包含对对方态度的否定，所以在语料调查中，将两者合并。

2.3 调查数据的分布

表1 各类"什么"格式的特征以及否定类型分布(数值为百分比)

编号	小类	V什么(82)	A什么(15)	V什么V(12)	A什么A(3)	什么+短语(40)	什么+中性/积极名词(36)	什么+消极名词(6)	独用(8)	V+什么+O(103)
1	始发句	75.6	20.0	75.0	0	0	26.7	100	0	74.8
	后续句	24.4	80.0	25.0	100	100	73.3	0	100	25.2

（续表）

编号	小类	V 什么(82)	A 什么(15)	V 什么 V(12)	A 什么 A(3)	什么+短语(40)	什么+中性/积极名词(36)	什么+消极名词(6)	独用(8)	V+什么+O(103)
2	引述	4.9	80.0	25.0	100	100	66.7	0	0	22.3
	非引述	95.1	20.0	75.0	0	0	33.3	100	100	77.7
3	事实	78.0	20.0	75.0	0	0	0	100	0	53.4
	反事实	8.5	80.0	0	100	15.0	52.8	0	0	15.6
	无事实	13.5	0	25.0	0	85.0	47.2	0	100	31.0
4	正同盟	25.6	0	0	0	17.5	0	0	0	11.7
	反同盟	74.4	100	100	100	72.5	88.9	100	100	81.6
	无同盟	0	0	0	0	10.0	11.1	0	0	6.7
5	消极情感	76.8	100	100	100	77.5	88.9	100	100	88.3
	中性情感	23.2	0	0	0	22.5	11.1	0	0	11.7
6	对说话人积极/消极	0/61.0	0/93.3	0/75.0	0					5.8/39.8
	对听者积极/消极	4.9/26.8	0							1.9/40.0
	对第三方积极/消极	0	0/6.7							7.8/0
否定类型	命题事实性否定	8.5	80.0	0	100	15.0	27.8	0	0	15.5
	相关社会属性否定	0	0	0	0	0	58.3	0	0	0
	动力条件否定	0	0	0		0	0	0	12.5	6.8
	情理道义否定	35.4	0	0	0	0	0	0	25.0	41.7
	行为合理性否定	56.1	20.0	75.0	0	0	0	0	0	31.1
	措辞得体性否定	0	0	25.0	0	85.0	13.9	0	62.5	4.9
	消极事物合理性否定	0	0	0	0	0	0	100	0	0

下文先定量描写各种"什么"格式的使用倾向。

2.3.1 V什么

该格式否定行为合理性的比例是56.1%。该格式的V多是单音节的不及物动词。主体实施了不合理的行为"嚷、吵、哭、怪……"等,对处于同一语境中的言者产生消极影响。双方构成相互对立的关系,表达了言者的消极情感。由于主体这一行为已经实施,所以命题具有事实性,但说话者希望对方停止这一行为(推导出"禁止"的言外行为)。如例(25):

(25) 一个下人满面惊慌,跌跌撞撞地跑了进来,"门口来了三个很厉害的神仙!"柳如风正在气头上,一脚就踢翻来人:"乱叫什么,好好说。"

情理道义否定占比35.4%,如例(26)a,"闹"这一行为对孩子不利,对行为实施者的父母也产生消极影响。例(26)b则不同,"哭"的行为对行为实施者自己消极,少平出于对哥哥的关心安慰他不要哭泣。

(26) a. 孩子都这样了,还闹什么呢?

b. 少平慌忙起来给少安冲了一杯茶水,端到他面前,劝慰说:"哥,不要哭。男子汉,哭什么哩!咱们一家人现在不都好好的?"(路遥《平凡的世界》)

此外,该格式还有8.5%是命题事实性否定,是引述性的应答语,处在后续句话轮位置。如例(27)中,妻子认为修平正在担心,修平对此观点进行了否认,表示"自己不担心"。

(27) 妻子突然大笑起来:"原来你在担心!"

修平赶紧摇摇头:"担心什么!担心我啊?怎么可能……"

2.3.2 A什么

该格式否定命题的比例是80%,处在后续话轮位置且是引述性的。言者对对方话语中的焦点成分引述,并否定其内容的事实性。

(28) 小桂:爷爷,这菜是不是太多了?傅老:多什么?四菜一汤,符合中央标准嘛。

小桂提醒"菜太多",傅老认为"四菜一汤是中央标准",所以对方观点不符合事实。这种提醒将双方置于相互对立的关系中,表达了言者不满的情绪。

该格式还有20%是否定行为合理性。需要注意,语料中形容词处在始发话轮位置非引述类的情况很少。“牛逼”“谦虚”“骄傲”等形容较特别,它与“大、小、多、少”等性质形容词不同,实际上是描述了行为或心理情绪上的一种状态。因此可以直接评价外部的某种表现。

(29) ——我还不信了。这么好的地方愣没咱们什么事。到底谁是国家的主人?我调兵平了这地方。

——你丫牛逼什么呀?你最多也就把你原来手下的那班报兵调来,总共三人。你要真横,你还不如坐这儿原来倒电子表,那也比你调一个军来管用。

2.3.3 V什么V

该格式在语料中例句虽然不多,但作者觉得能产性还是很高的,使用相当的自由。否定行为的合理性占75%,句子多是处在始发句位置的非引述类。对方的不合理行为具有事实性且对言者造成消极影响,表达一种极为强烈的消极情绪,双方相互对立。如例(30):

(30) 一个啪啪把门敲,就听里边回应说:“敲什么敲?你等我系上这拉锁。”

还有25%是否定话语措辞的得体性,处在后续话轮位置且是引述类。同样,言者不否认动词表示的行为活动,而是认为对方的表达方式不恰当。如例(31),古人帝王出行叫“移驾”,所以皇帝扮演者乙认为甲的话语不合适。

(31) 甲(喊):皇上藏书阁走起。

乙:走什么走,得叫“移驾”!

2.3.4 A什么A

格式是处在后续句位置的引述类,言者否定了命题的事实性。

(32) 和平:哎哟赶紧赶紧,趁热吃个新鲜。傅老:新鲜什么新鲜,都吃了一整天了。

和平说“吃的东西很新鲜”,但是傅老认为已经吃了一天并不新鲜。这一不赞同的态度表明了两者的对立,言者的情绪是消极的。这一类例句很少,且只有这一种用法。

2.3.5 什么+短语

该格式的主要特征在于它的引述性,短语部分就是引述前面的话语或话语的一部分。在否定类型上,命题事实性否定占比15%。言者认为对方话语表达的命题是反事实的。

(33) 和平:没事儿,戒了酒就好了。燕红:什么好了,我爸心脏病犯啦!

和平认为"戒了酒身体就会变好"是事实,可燕红觉得父亲心脏病犯了,不是戒酒就可以解决问题,因此和平的观点与事实不符。

更为重要的是,本类型85%是话语措辞得体性否定。言者针对的是话语和言说活动本身,与话语命题的事实性、可能性、道德问题等都无关,实际上命题都是事实,只不过是表述有问题。

(34) 小桂:(边收拾)大姐吃完了么。和平:哎哎放下,什么叫吃完了吧?那叫进完了吧。吃饭叫进膳,懂么?以后也得教你。

(35) 志国:你的妈?我妈又活过来了?和平:什么你的妈呀,李大妈,(小声)咱们家新来的保姆。

例(34)是用词方面,和平认为吃饭应该叫"进膳"所以,吃完饭应该问"进完了吗"。例(35)是听力上的错误,志国把"李大妈"错听成"你的妈"。

因为仍然是在纠正对方,所以本类型也是以相互对立关系和消极情感为主。

2.3.6 什么+中性/积极名词

该格式有三种否定类型,当名词指称某种社会身份、职业时,否定对象是对象具备的社会属性,占比58.3%。例(36)中"什么"格式并没有否定对方的医生职业,而是说其表现没有达到一位合格医生的要求。

(36) "你们这病我们看不了,赶紧走吧。""什么医生啊!"

该格式还有27.8%是命题事实性否定,处在后续话轮位置且是引述性的。与社会属性类否定不同,一般的事物名词,比如"明年、网球、旗人、夫妻、于小姐",具体指称时间、事物、人物。语境中对方由于某些原因产生误解,言者在知晓事实的情况下否定了观点的事实性,如例(37):

(37) 黄省三:"(朝着李石清)经理,潘经理,您行行好!"

李石清:(愣了一下)什么经理,你疯啦!

此外,13.9%是话语措辞得体性否定。言者认为对方话语中的用词不恰当。例如,句中对方将"家庭矛盾里的打闹"戏谑地说成"政变"。

(38) 牛:干嘛呢?加班儿啊?不回去,是不是家里又政变了?

余:咳,老陈不在,我不得多盯着点儿啊。什么政变,你真会扯。

2.3.7 什么+消极名词

该格式句法上突出的特征是具有显性的消极词汇,并承认这一消极性质是事实。袁毓林、刘彬(2016)说,“说话人不相信这些积极、正面或者中性的事物所具有的某方面的良好性质或状态,转而相信当下用NP所指的事物具有负面、消极或偏离中性的性质状态。这正是跟‘乐观原则’相悖的‘疑善信恶’原则在发挥作用。”消极名词的中心语或是与人相关的品质,如例(39)a。或者是非人的事物,表达言者对事物的消极评价,如例(39)b。如果对象是人,则一定表明言者和对象的相互对立关系,传达了不满、咒骂等情绪。

(39) a. 就拿我来说,我根本就没有想去批评奥运会开幕式,可是一听说有人禁止批评,我就气不打一处来!什么鸟东西,不能批评?

b. 什么破戏,总不如蒋绣金的李天保吊孝好听。

2.3.8 “什么”独用

“什么”单独使用表达言者的强意外,否定意义是语境中在强意外触发下推导出来的。

(40) 傅老:下次注点意就行了。志新:什么?下次?您还想着下次呢?这次我都过不去了!

(41) 志国:(站起,面带笑容)“你已经被宣布为不受欢迎的人,并限期离境,顺致最崇高的敬意”

傅老:什么!你对他还有崇高的敬意?

例(40)傅老说的话“下次”及例(41)对方向“他”致以崇高的敬意,实在令人惊讶,同时也是说明这是不应该的,从而否定了对方的态度。

2.3.9 V+什么+O

该格式中“什么”位于动宾结构的词或词组之间,VO是主体的行为或状态。这是所有格式中最复杂的一种,有各种各样的语义功能,并且例句也最多。

其中,情理道义否定的比例占41.7%,言者认为某一行为或状态对实施主体产生了消极影响,从道义情理上强调行为的不合理,如例(42)因为“不是你媳妇”所以“着急”没道理。

(42) 余:你着什么急呀!又不是你媳妇。

其次,否定行为合理性的比例占31.3%。言者受到外部行为VO影响,

行为具有事实性且对言者消极,因此,听说双方相互对立,表达言者的消极情感,并要求对方停止这一行为,如:

(43) 莫:哎,我说你这怎么说话呢?啊,我告诉你,我儿子那是少先队的中队副。

牛:哼!

莫:你跟我发什么火?

命题事实性否定占比15.5%,"什么"格式句在话轮的后续位置且是引述类。如例(44),言者认为对方命题反映的内容是反事实的,"因为钱是上帝的,我没有生气"。

(44) "您可别生气,大叔。不是我喝掉的,是那些赶大车的喝掉的。我敢对上帝起誓,这是真话!""我生什么气呢?钱是上帝的。"

该格式中,动力条件否定和话语措辞得体性否定的比例分别是6.8%和4.9%。如例(45)无法实现积极的行为"启蒙"。例(46)"告别"和"送瘟神"指向同一行为,只是由于听说双方与第三方的立场不同,对该行为的定义不同。

(45) 今天中国的知识分子说到启蒙就垂头丧气,我们今天还启什么蒙?

(46) 和平:真是,您得跟人告别……傅老:告什么别?我这是去送瘟神,顺便去捞他一把……

三、制约语用否定和消极情感倾向的语用因素

在前文表1中,我们一共考察了6种因素,分别用编号1—6来标注。并详尽考查了各类格式中语用否定和消极情感的分布数据,以便找到关键性的影响因素。

3.1 话轮位置、引述性与命题事实性

刘彬、袁毓林(2019)提出了否定意义中"不是"与"不该"的区别,前者相当于本文的"命题事实性否定""相关社会属性否定",而后者相当于本文的"情理道义否定""行为合理性否定""消极事物的合理性否定"。刘彬、袁毓林并没有解释这种区别是如何形成的。我们发现,始发句和后续句、引述与非引述是该区别最重要的因素之一。

语料显示,"始发"位置的"什么"句是言者看到外界某种行为或状况后

做出的主动反应,有的情况下,行为者或状况的主体并非有意针对说话人。触发言者的原因,是因为对方无意识或者在不了解状况的情况下,对言者或相关参与者造成了消极影响,从而使得行为或状况在言者看来具有不合理性。但是,由于这些行为或状况已经发生,是事实,所以不能否定其真值,只能否定合理性。

(47) a. 客:还有我哪!你们看我值多少钱?
余:起什么哄啊?!中国人倒霉就倒霉在起哄上,去,一边儿待着去。

b. "骗人!虚伪!自私鬼!我上当受骗了,骗人,真卑鄙啊!""哎哟,生什么气呀?要竞赛就堂堂正正地赛好了。"

"后续"位置的"什么句"是言者在某种观点触发下,表达与之相反的观点和立场,其语用原则是"我对你错",因为观点对立,对方的错误观点引起说话人的强烈情感。

(48) a. 吴碧波:那末,我们要叫起来,岂不是占了便宜?阎五奶奶:占什么便宜,本来她就是小妹妹呀。

b. 和平:真是,不是说姑奶也是一穷人呐,您跟这穷人较什么劲呢。傅老:她穷什么?她一点都不穷,动不动就跟我说她那个花园洋房,那儿谁没有啊……

"引述类型"有引述和非引述两类。所谓"引述",是指言者重复使用始发话轮中已经出现过的成分,如例(49)。语料显示,始发句位置的"什么"格式都是非引述的,后续句位置的"什么"格式有引述和非引述两种类型。"引述"成分可以是词,可以是词组,也可以是对方的一整句话,有时引述成分被加以改造,一般是对举性的。比如"什么燕红燕绿""什么乾隆爷爷乾隆奶奶"。

(49) a. 刘:刚才我可听他说又要打咱们名义搞什么演出。假何:什么演出啊,义演。

b. 慧芳逗得哈哈笑个不停,道:"你现在也会开玩笑了。""什么叫现在也会?"

除了"话轮位置""引述位置"与事实性的相关性,数据表明,动词和形容词的区别与始发句和后续句极为相关。

3.1.1 数据显示,"V什么、V什么V、V+什么+O"格式中的V大部分都是表示某种行为,都处在始发话轮位置,命题具有事实性特征,只能否定合理性,如“你哭什么!”“哭”是正在发生的行为,这里是说哭是不对的。例(25)、例(26)、例(30)、例(42)、例(43)、例(47)都是如此。当然,这并不是百分之一百的,有一些例外:动词也有少量表示引述的后续句位置的例子,如例(44)中,“生气”是对方对说话人状态的判断,因此说话者是否定其事实性。

3.1.2 数据显示,“A 什么、A 什么 A”格式大部分处在后续话轮位置,应答语多是引述性的,即 A 是对方做出的个人判断,说话者因为否定命题,使之具有反事实特征,如“——这是红花。——红什么!颜色那么浅!”,说话者认为对方的判断“红”是假的。例(28)、例(32)都是如此。

“什么+短语”百分之一百用于引述,如例(33)、例(34)以及例(35)。“什么+中性/积极名词”也大多是用于引述,所以都绝大偏向反事实意义,如例(36)、例(37)。

但是,“什么+消极名词”全都是始发句,也就是说是已经存在的外在事物,虽然它们不好,但都具有事实意义,否定的是它们存在的合理性,如例(39)。

3.2 消极情感、反同盟以及对主体的价值

从表 1 看,表示消极情感的例子在每种格式都有出现,且占绝对优势。封闭语料中,“X 什么 X”(包括“V 什么 V”和“A 什么 A”)、“V 什么”、“什么+消极名词”和“什么”独用,消极情感是 100%。根据表 1 数据反映,“反同盟——消极情感”呈现正向相关。

这里“同盟性”概念强调交际中言者对自我和他人所构建的社会关系的态度。陈振宇、叶婧婷(2014)认为,同盟关系是说话者站在哪一边、谁的立场上的问题。可以归纳为同意、支持、亲密、共同担责等多个维度的表现。基于语言系统的复杂性,孙佳莹、陈振宇(2020)重新用“社会群”的概念定义同盟性,“指的是在社会中群的构造与群内成员、群间关系的反映”。群关系一定基于特定的社会活动,失去了这一前提群会解散或转移。群关系代表了群内成员的相同利益、信念或某些属性。

“什么”感叹句都表达了说话人的强情感,但是汉语却绝大多数倾向消极感叹,这与使用中的反同盟语境直接相关。前面我们分析例子时,凡是提及“观点不一致”“双方相互对立”,就是指这种反同盟关系,事实表明它们都

会产生消极情感。

同时,回应前文的问题,英语里如果句中出现显性的积极词汇,句子表达积极感叹。但汉语“什么英雄”“你高兴什么啊”即使存在积极的词汇意义,也是表达消极情感。我们认为,原因正是汉语的反同盟语境,如例句“什么医生啊”,是因为医生看不了病造成会话双方的矛盾对立关系。再如例(50),用在双方对立的场景中,由此导出消极情感:

(50) a. “就是,要狠狠批评,什么作风?”

b. 幸亏最后一刻我们扳平了,要不我看你赛后还不把米卢吃了,什么素质!实在有损央视的形象。

最后,我们认为,影响汉语“什么”感叹句情感倾向的另一因素是句子里事件主体的人称性质,见表2:

表2 事件主体的人称对于消极情感实现的概率

对说者积极	消极情感	0.5
对说者消极	消极情感	0.5
对听者积极	消极情感	1.0
对听者消极	消极情感	0.666 667
对第三方积极	消极情感	0.5
对第三方消极积极	消极情感	1.0

其基本规律说明,当说话者自己是事件的主体时,不论这事本身是消极还是积极的,说话者对有关事件的情感倾向各占大约一半;当事件主体是听者或第三方时,则很容易产生消极情感,有的概率甚至达到1.0。

那么,何时会产生中性情感?例如:

(51) “您老真有福气,有这么好的一双儿女。”“什么福不福的,健康就是福。”

对方是在恭维夸奖说话者,“有福气”的主体是说话人,并且“有福气”是积极评价,所以这里说话者实际上是感到高兴的,假意否定一下(实际上是完全接受了),以表达谦虚的态度,这里没有任何消极情绪。因为与典型的“积极情感”不同,我们称为“中性情感”。

这种表现也可以扩大到与说话者同盟的主体，如例(52)中对方夸奖的是说话者的丈夫，默认为同盟者，因此说话者也是感到高兴的，假意否定一下，表示谦虚：

(52) ——你们家那位真优秀，年纪轻轻都是大教授了！

——什么教授，反正都是挣口饭吃。

如果是对说话者不好的事，而说话者加以否定，这时表示"自己没有遭遇不好的事"，这时句子也会排斥消极情感，如例(53)：

(53) 甲：非常抱歉，麻烦你们了！

乙：麻烦什么啊，就是添双碗筷的事儿。

这种表现也可以扩大到与说话者同盟的主体，如下面的"咱俩"，因为否定了消极的"争执"，促使事件向好的一面转化，所以也不表达消极情感。如例(54)：

(54) 许逊直起腰说，"咱俩争个什么，又不是你我的事弄得跟审讯反审讯似的。"

下面是第二人称主体和第三方事件主体，这时言者与听者或第三方多形成对立，这种反同盟关系使得消极情感比例极大地提高：

(55) 吴建新就生气了，晚上他开着车来找我们出去吃饭，吴建新便指着他骂：你牛逼什么呀你！你丫不就是个开车的样子么？

(56) 许世友得知这一消息后，大为震怒，大声吼道：就要打仗了，还度什么蜜月！

给我立即通知空军，马上查找她的下落，限她 3 天之内赶回部队……

仅仅在特殊的情况下，会出现一些没有消极情感的例子。如例(57)的"计较"是一种不好的品质，但说话者让对方不必计较，表明我是站在你一边的，而不是和那些"俗人"在一起，句中在情感上就无消极意义，而是表达了说话者对听话者的关怀和安慰。

(57) 小白人："哥们儿你真行，有您这碗酒垫底，这些年我受到的委屈我都不计较了。"

冯小刚："跟那些俗人计较什么！"

综上所述，我们认为，汉语"什么"感叹句之所以有如此强烈的语用否定和消极情感倾向，是因为它占绝对优势地用于反同盟的语境之中。汉语的

"什么"甚至已经开始规约化,即在默认时已经带有说话者即将对某方表示反同盟性的语用色彩。这一点尤其表现在"什么——啊!"这种具有强化的韵律特征的独用形式中,专门用来表达对对方的不满,或对对方发起反驳,如例(24)。

四、结 语

本文从语言类型学的视角出发,阐释了什么(what)感叹句是一种普遍存在的特殊感叹句,它的本质是"意外触发的强烈情感情绪"。在意外触发后,发展出表示纯粹的积极感叹和表示消极情感的语用否定两条语用迁移路径。

但是,为什么汉语"什么"感叹句会有非常强的语用否定和消极情感倾向?显然,仅仅从"意外"或者"疑善信恶"等原则出发,都不能做充分解释。因为这些普遍的认知原则只适用于汉语,而不能解释其他语言。因此,本文结合汉语具体情况进行说明。首先,汉语"什么"感叹句只表示质的意外,不表示量的意外,而其他语言中积极或肯定的什么(what)感叹句主要是表示量的意外。然后,我们对汉语"什么"感叹句的语料做了量化分析后,发现各种"什么"格式倾向性不一样,其中有几个重要因素起决定作用:始发句和后续句、动词和形容词的分布解释了何时表示的事件是事实但不合理,何时表示的事件命题是反事实的情况。

进一步考察发现,汉语语用否定和消极情感倾向的最根本的原因,是因为汉语母语者把这些句式用在反同盟的语境中,表示言者与对方或第三方的反同盟关系。即使句中焦点是中性或积极名词,因为这种双方的对立关系,依然不能表达积极情感和肯定语义。我们还从事件主体的人称来论证了这种关系的存在。综上,除了"什么"感叹句只表示"质的意外"之外,反同盟这一条大概是解释汉语无法达到肯否定、积极消极均衡性的重要原因。

参考文献

陈振宇,叶婧婷(2014)从"领属"到"立场"——汉语中以人称代词所有者的直接组合结构,《语言科学》第13卷第3期。
陈振宇,杜克华(2015)意外范畴:关于感叹、疑问、否定之间的语用迁移的研究,《当代修辞学》第5期。
陈振宇(2017)《汉语的指称与命题：语法中的语义学原理》,上海：上海人民出版社。
陈振宇,张 莹(2018)再论感叹的定义与性质//中国语文杂志社编,《语法研究与探索》第十九辑,北京：商务印书馆。
丁声树等(1961)《现代汉语语法讲话》,北京：商务印书馆。
樊 莉(2012)疑问代词"什么"在现代汉语感叹句中的否定用法,《湖北社会科学》第8期。
姜 炜,石毓智(2008)什么的否定功用,《语言科学》第3期。
李书同(2002)由"什么"一词的否定作用引发的思考,《郴州师范高等专科学校学报》第3期。
李一平(1996)"什么"表示否定和贬斥的用法,《河南大学学报》第5期。
李宇凤(2010)反问的回应类型与否定意义,《中国语文》第2期。
刘 彬,袁毓林(2019)反问句中"什么"的否定类型与否定意义——从"行、知、言"三域理论看//北京大学汉语语言学研究中心《语言学论丛》编委会编,《语言学论丛》第五十九辑,北京：商务印书馆。
吕叔湘主编(1999)《现代汉语八百词(增订版)》,北京：商务印书馆。
毛宏燕(2007)《汉语"什么"与俄语"что"的对比研究》,吉林大学硕士学位论文。
孙佳莹,陈振宇(2020)"同盟"范畴研究成果与问题//复旦大学汉语言文字学科《语言研究集刊》编委会编,《语言研究集刊》第二十六辑,上海：上海辞书出版社。
孙亚俊(2008)《汉维语疑问代词"什么"与"nemɛ"的对比研究》,新疆大学博士学位论文。
孙亚俊(2012)"什么"的疑问用法在维吾尔语中的对应表达,《语言与翻译》第4期。
邵敬敏,赵秀凤(1989)"什么"非疑问用法研究,《语言教学与研究》第1期。
盛 雪(2012)《汉西"什么"与"qué"的对比分析及其在翻译中的应用》,上海外国语大学硕士学位论文。
王 力(1943/1985)《中国现代语法》,北京：商务印书馆。
袁毓林,刘 彬(2016)"什么"句否定意义的形成与识解机制,《世界汉语教学》第3期。
赵元任(1979/2011)《A Grammar of Spoken Chinese》,北京：商务印书馆。
Hengeveld K, Olbertz H. (2012) Didn't You Know? Mirativity does Exist! *Linguistic Typology* 16: 477-503.
Michaelis L. (2001) Exclamative Constructions. *Language Typology and Language Universals*: 1038-1049.
Rett J. (2011) Exclamatives, Degrees and Speech Acts. *Linguistics and Philosophy* 34: 411-422.

(复旦大学中文系 上海 200433 18110110071@fudan.edu.cn)

反复构式"N 来 N 去"的互动倾向*

吴春相　史又今

提要　根据参与主体和表义类型的区别，反复构式"N 来 N 去"可分为单一主体反复和多主体交互反复两类，其中交互反复类"N 来 N 去"体现出构式的互动倾向。单一主体反复类的组构成分"N"可为位移主体、位移工具、行为客体或言谈内容；多主体交互反复类的组构成分"N"可为通信工具、交互客体或互动内容。构式由主谓结构"N 来"和"N 去"对举凝固而成，构式化过程受到"来、去"虚化的推动，"来、去"由位移动词逐步虚化为反复标记，其语义发生了由[+位移][+方向]到[−位移][+方向]再到[−位移][−方向]的演变过程。"N 来 N 去"的演化过程受到构式互动的多重压制作用，包括构式对构件的压制，和构件之间的压制作用。此外，交互反复义"N 来 N 去"的使用需接受"多主体参与"的制约。"N 来 N 去"构式仍处于语法化进程中，其使用仍需接受语境限制。受到主观化表达的推动，高度语法化的"N 来 N 去"在适宜语境中表现出负面评价的语用倾向。

关键词　N 来 N 去　构式化　交互义　多重互动　负面评价

一、引　　言

"X 来 X 去"为现代汉语中的反复义构式，关于此类构式的研究，前期主要集中在"X"为动词的情况上，如"走来走去、说来说去"等。吕叔湘

* 基金项目：国家社科基金重大项目"对外汉语教学语法大纲研制和教学参考语法书系"（项目编号 17ZDA307）。非常感谢审稿专家在修改过程中提出的宝贵意见，内容不妥之处概由作者负责。

(1980)、李晋霞(2002)、曾传禄(2008)等学者对"V 来 V 去"的语义类型、句法功能、语篇特征、语法化历程等方面均进行了详尽的分析。随着研究的深入,对构式内部语义类型的区分也更加细致,如杉村博文(2006)观察到"V 来 V 去"由表示空间位移向表示方式或内容的多样性、时间的推移等方向的扩张;周红(2017)进一步分析了"X 来 X 去"由动作域向时间域的演变过程;刘云峰和石锓(2020)对"V 来 V 去"的反复义与交互义进行了分析等。

除动词外,其他成分与"来、去"组构的现象也逐渐进入观察视野,周宁(2008)、周红(2017)均观察到名词等成分进入构式的现象,如"雁来雁去、飞机来飞机去"等。但是我们发现,并非所有名词都可以进入"N 来 N 去"构式,如"门、书"等不能形成" *门来门去"" *书来书去"等形式。并且,由名词组配的"N 来 N 去"构式,内部情况也有所不同。例如:

(1) 粮站上,车来车去,人来人往。(《人民日报》1970-01-30)

(2) 我是多识相的人,现在楼都不敢下了,省得你们小夫妻在自己家里还要那么不便当,眼色来眼色去,手捏捏,肩膀掐掐。我是能避开就避开的。(严歌苓《陆犯焉识》)①

例(1)中,"车"为"来、去"的主体,是一类单一的成员,随"来、去"的动作发生位移,"车来车去"是单一主体参与的单纯反复。而例(2)中,"眼色"的主体是"小夫妻"两个人,通过"使眼色"的行为进行互动,"眼色来眼色去"是多主体间的交互反复,"N 来 N 去"表交互义。关于动词性"V 来 V 去"表交互义的现象,目前已有多位学者进行了研究,如 Meichun Liu(2000)、张秀芳(2014)、刘云峰和石锓(2020)等,这些研究对"V 来 V 去"表交互义的来源和条件都进行了较为深入的探索。关于"N 来 N 去"表交互义的现象,周宁(2008)、周晓君(2014)也有所提及,但对其组构成分尚未进行较明确的分类,对其表交互反复义的条件概括也较为模糊,我们认为这些问题仍有研究空间。根据 Goldberg(2006)[5]的定义,任何语言格式,只要其形式或功能的某些方面不能从其组成部分或其他已经存在的构式中得到完全预测,就应该被看作是一个构式。因此,本文将"N 来 N 去"视为由构件"N"和构

① 本文用例引自北京语言大学 BCC 语料库、北京大学 CCL 现代汉语语料库及部分网络语料,网络语料主要来自新浪微博,包含部分新兴用法,其中错别字及标点使用不规范处略有修改。例句全部注明出处。

式框架"……来……去"组成的构式,在构式语法的理论基础上,明确"N来N去"表单纯反复义和交互反复义的条件,探讨构式形成动因和机制,并对其语用特点进行分析。

二、单一主体参与的单纯反复

前人研究对单一主体参与的单纯反复义"N来N去"观察较多,总结出"N"为主体或工具,可视为广义上的施事(周宁 2008)。但通过对语料的观察发现,在单一主体反复类"N来N去"中,"N"除位移主体和运动工具外,还可以是行为客体或言谈内容,且其论元角色也不限于施事。当不同名词进入构式时,结构的紧密度存在由松散到凝固的趋势,构式表现出由对举主谓结构向固化构式的演化过程。

2.1 单一主体反复类"N来N去"的成分分析

2.1.1 "N"为位移主体

已有研究中被关注较多的是"N"为位移主体的"N来N去",这一类名词均具有较高的自主能动性,充当"来、去"的主语,主要分为以下三类。

第一类是有生名词"人、雁、燕、鸟"等,这类名词是由多个成员形成的范畴,范畴内成员具有象似性,可视为单一类别的主体,形成"人来人去、燕来燕去"等结构。例如:

(3) 过道上,房间内,人来人去,热闹非凡。(《人民日报》1993-02)

(4) 无人喝彩。有一片霜红的叶子,兀自高高地站在枝头,看雁来雁去,云卷云舒。(《人民日报》1996-11)

这一类名词均具有较高的生命度,因而具有较强的能动性,能够发生自主位移。"人、雁"与"来、去"分别形成主谓结构"N来"和"N去"。主谓结构具有较强的陈述性,其句法自足性较强,可独立使用。"N来N去"由两个主谓结构对举而来,其内部组合仍较为松散,是构式产生的初级阶段。其中有生名词的使用较为限定,除"人"之外多限定于"燕"和"雁"及其上位词"鸟"。这同人们对自然世界的认知有关,大雁等鸟类属于候鸟,秋天由北方迁徙至南方,春天由南方迁徙至北方,其运动方向相反、运动规律性较强且易于观察,与"来、去"表相反方向运动的语义相适应。不具有这些特点的有生名词则不能形成"N来N去",如运动方向随意且无规律性的"狗、兔"等不能与“……来……去”组配。

第二类为自然事物名词，如“风、云、雨、星、潮、水”等。例如：

（5）紫薇就这样默默的站着，动也不动。一任云来云往，风来风去，花飞花落……（琼瑶《还珠格格》）

（6）粗粗算来，到维哥的两天里，这周而复始的雨来雨去起码已在10次以上。（《人民日报》1992－05－29）

与有生名词的限制相同，表示自然现象的无生名词，其运动也具有一定的变化性和规律性，与“……来……去”语义相适应。与之相反，不能发生变化移动的“山、海”等则不能与“……来……去”组配。与有生名词相比，自然事物名词的指称性则较弱，具有低生命度、低凸显度，在认知识解中容易被识解为背景性信息。因此在作为主语使用时，自然事物名词的独立性较弱，“风来、风去、雨来、雨去”不具有句法自足性，不可单独使用，而是需要在“风来风去、雨来雨去”的对举结构中凸显其语义，构式的凝固性也随之增强。

第三类为表交通工具的名词，且主要为“车、船”。例如：

（7）在湖北首倡“空勤式”服务，使它魅力日增、美名远扬；随着车来车去、人来人往，它也把文明之花播撒在荆楚大地。（《人民日报》1996－11－22）

（8）河滩上有许多野鸭、塘鹅，船来船去，全然不惊。（《人民日报》1985－11－24）

“车、船”自身并不具有能动性，但是因为“车、船”的使用频率较高，分别为使用最多的陆地交通工具和水路交通工具，因此在认知识解时，会将“车、船”与“驾驶车、船的人”识解为一个整体，从而将人类的能动性转移到人类驾驶的交通工具上，将其视为具有自主能动性的物体，由此作为运动的主体。

2.1.2 “N”为运动工具

如前文所述，当“车、船”等作位移主体时，交通工具与驾驶员被识解为一个整体，从而强调这个整体的自主能动性。而当人与交通工具分离开来，分别被识解为不同的部分时，“车、船”的工具义则得以凸显。这两种情况的表面形式可以是相同的，但深层结构却是不同的。试比较以下两句：

（9）厂院里、敞棚下，人来人往，车来车去，沸沸扬扬地吵成一片。（张平《抉择》）

(10) 所里的党政领导上下班都不接送,而正副主任技师们却车来车去,外出开会也有车接送,节省了他们的宝贵时间。(《人民日报》1984－07－11)

前一句中的"车"为"……来……去"的主语,同驾驶员一起,被识解为具有能动性的主体。而后一句中,"车"与搭乘这一交通工具的"正副主任技师"分离开来,"正副主任技师"作为位移的主体,与"……来……去"的语义发生了融合(incorporation)。在这一类"N来N去"中,"……来……去"的位移语义隐含了位移主体,作为交通工具的"车"从主体中分离出来,"N"的方式义得以凸显,即通过"坐车"的方式来实现主体"来、去"的运动。

受到类推作用,"飞机、火车"等常用交通工具也可形成"N来N去"结构。例如:

(11) 经济实力不凡的男老板李正秋说:"我现在做生意飞机来飞机去,以前出门只能带块塑料布,在火车上睡地板。"(《人民日报》1996－05－10)

(12) 团里为了节省开支,但凡有可能,都是火车来火车去。(《人民日报》2000－07－07)

这一类"N来N去"中,"N"均为交通工具,强调通过"坐飞机、坐火车"等方式进行位移,从而与其他交通方式进行区分,如例(11)中强调"现在坐飞机"与"以前坐火车"的区别,使"N"的语义得以凸显。

2.1.3 "N"为行为客体

除了行为主体和运动工具之外,"N"还可以是部分行为客体。这些客体均为动作行为所关涉的事物,且动作行为需要有一定的互动性,除行为主体外还隐含有接收者,由主体向接收者施加"N"所代表的行为,"N"可视为连接两者的工具。例如:

(13) 他们吃得那么少,服务员白眼来白眼去,话也很难听。(严歌苓《陆犯焉识》)

(14) 这种"人治"大于"法治"的观念,使得转变作风抓落实的各项措施难以贯彻始终,结果还是措施来措施去。(《福建日报》1992－05－02)

"(翻)白眼、(实施)措施"具有行为主体和行为的接收者,如例(13)中,"翻白眼"的发出者为"服务员",接收者为"他们",通过反复向"他们"实施"翻白眼"的行为,实现主体和接收者之间的连接,从而凸显其中连接的方式。在“N来N去”中,“白眼、措施”等可视为广义的工具,即由动词所确定的动作或状态作为某种因素而牵涉到的无生命的力量或客体(袁毓林 2007)。这类“N”是连接主体和接收者的工具,主体发出的行为通过“N”的行为对接收者施加影响,“N”在事件中是不可或缺的,处于关键地位,因而得以凸显。反之,“扫地、看书”等行为,由行为主体直接作用于“地、书”,中间无连接方式,故无法凸显方式,也不能形成“*地来地去”“*书来书去”等表达形式;只能使用“扫来扫去”“看来看去”等形式,凸显动作的反复。

2.1.4 “N”为言谈内容

“N来N去”中能产性最强的一类,是在言谈话语中出现的“N来N去”,其中“N”为言谈的内容,多为称谓语和抽象名词,如“姐姐、哥哥、阿姨、概念、原则、正义”等。例如:

(15) 我真的还蛮喜欢小诗的,活泼开朗,长得也漂亮,阿姨来阿姨去的。(“新浪微博”2019-04-19)

(16) 他记得传闻中东仙是个正义感很强烈的人,虽然不至于天天跟更木一样把战斗放在嘴上,但是也是一个一开口就正义来正义去的,在市丸心里一直被认定为超无趣的家伙。(UN《静灵庭的阴谋之秋》)

称谓语是由一方发出的对另一方的称呼,“呼叫称谓”的行为必然涉及两个论元结构,如(15)中“小诗”为发出者,“我”为接收者,“叫阿姨”的行为实现了“小诗”与“我”之间的连接,由此完成由信息传递的过程,“阿姨来阿姨去”是对连接方式“阿姨”的凸显。例(16)中,“说正义”的发出者是“东仙”,听话人是“市丸”,通过言谈内容实现两者的连接,“正义来正义去”是“说‘正义’”的行为反复发生。“阿姨来阿姨去、正义来正义去”等是对“阿姨、正义”等言谈内容的凸显。

2.2 构式形成的动因:“……来……去”语义的虚化

构式的形成受到“……来……去”语义虚化的推动,“……来……去”的语义经历了由趋向动词到趋向补语再到反复标记的变化,[1]在此过程中,

---

① 关于“来、去”的语义演变,参看梁银峰(2004)、梁银峰(2005)、龙国富(2005)、刘云峰,石锓(2020)。

“……来……去”的位移义和方向义逐步虚化,演变为表反复义的语法标记,“N来N去”经历了由对举主谓结构凝固为固化构式的过程。“N来N去”构式由构件“N”和构式框架“……来……去”组配而成,构件的进入会受到框架成分“……来……去”的语义限制。在“……来……去”语义虚化的不同阶段,对“N”的语义要求也随之发生演变。

在构式形成的初始阶段,“来、去”为趋向动词,分别表示“由远及近的位移”和“由近及远的位移”,具有[+位移][+方向]的语义特征。与之组配的“N”需要具有[+能动性],作为运动的主体,进行“……来……去”所表示的位移运动。“N”与“……来……去”形成的“N来N去”为主谓结构,具有较强的陈述性,“N来”与“N去”之间的结合较为松散,可分别独立使用。通过主谓结构的对举使用,初步形成“N来N去”结构,并由此浮现出“反复”义。在这一类“N来N去”中,对位移事件的描述涉及起点、路径和终点,事件框架较为完整。且由于“……来……去”的连用,使得两个处所点既是运动的起点,又是运动的终点,其运动路径具有[+双向][+反向]的特征。因此对主体的要求更为限定,其运动需要具有较为规律的往返特征,如“燕来燕去”表示“燕子在南北方之间反复进行往返运动”等。

随着“来、去”语义的虚化,其[+位移]义也开始弱化,对位移事件的起点和终点限定减弱,观察的重点不在于位移事件的完成过程,而是侧重于对“路径”的观察和描写。齐沪扬(1998)[159]指出,一个完整的空间位置的表述通常要具备三个条件,即源点、位移轨迹、终点;只有源点、终点概念的位移是不完备的,但是只有位移轨迹的句子却是完备的。也就是说,在“N来N去”所表示的事件中,“路径”的凸显度要大于起点和终点的凸显度。与之相应地,“路径”中所伴随的“方式”义得到凸显。在主谓结构的阶段,“N来N去”是对主体及其运动的陈述,对运动的方式、采用的工具等并无过多涉及,是较为简单的运动事件。而随着工具元素的加入,事件的方式等方面开始变得更为具象。在“N”为运动工具类的“N来N去”中,运动的主体与“来、去”融合,“N”的方式义得以凸显,构式的陈述性减弱,描述性增强。周红(2017)认为,“来/去”的往返位移性使得对叠框架“X来X去”具有特有的修辞效果,凸显了方式特征,可通过“X”位移的方向或所关涉的内容体现出来。即在“车来车去、火车来火车去”等形式中,“坐车、坐火车”等方式义得以凸显。这一类“N来N去”的构式化程度较之前有所提高,“N来”和“N

去"单独使用时语义或可被理解,但句法上接受度不高,构式的凝固性已经较强。

高度语法化的"来、去"具有[-位移][-方向]的语义特征,因此行为客体类和言谈内容类名词也可进入"N 来 N 去"构式。且由于位移义的虚化,"N 来 N 去"所关涉的两个端点也不再限于位移事件中的两个处所点,而可以转喻为事件的双方。Liu(2000)[124]指出,"来、去"编码的指示路径为构式从空间域到非空间域的功能延伸提供了概念基础。在这一类"N 来 N 去"中,事件关涉的两个端点不再为两个处所点,而是交际中的两个不同主体。且这两个主体之间并非直接联系的,而是通过"N"所表示的事体进行联系,即原有的"起点—路径—终点"的运动事件,通过隐喻和转喻的作用类推为"发出者—动作/言谈内容—接收者"的交际事件。如在言谈内容为称谓语的事件中,称呼动词是三价动词,由它们构成的动核结构中至少有施事(称呼者)、与事(称呼对象)、受事(名称)三个动元。(陈昌来 1998)也就是说,称呼事件中的施事和与事通过受事进行连接,而"N 来 N 去"是对其连接方式"N"的凸显。这一类"N 来 N 去"构式已经凝固,"N 来"和"N 去"在单独使用时难以被识解,需要依赖"来、去"的对举使用,构式化程度较之前两类都更高,"N 来 N 去"为不可拆解的固化构式。

2.3 构式互动的多重压制机制

"N 来 N 去"中的"N"并不限定于"来、去"的施事,实际上除了位移主体类名词外,其他各类名词均为 VP 短语的宾语,如"(坐)飞机、(翻)白眼、(叫)阿姨"等。这些名词在进入"N 来 N 去"构式时,受到了构式互动的多重压制作用,既受到了构式对构件的压制作用,又受到了构件对构件的压制作用。构件压制是"来/去"的语义对"N"语义的限制,前文中已论证,此处主要讨论构式对"N"的压制机制。

VP 由"V + N"两部分组成,如"坐 + 飞机、翻 + 白眼、叫 + 阿姨"等,显然"VP 来 VP 去"的形式不符合语言的经济性原则。如想表达"反复坐飞机"等语义时,可以使用"一直坐飞机、经常坐飞机"等表述,这些表述形式都更具经济性,即用较简洁的形式表达较多的语义。因此,在经济原则的制约下,构式需要对 VP 进行压制,在保留原有语义的情况下,令其表达形式更为简洁。压制过程如图 1 所示:

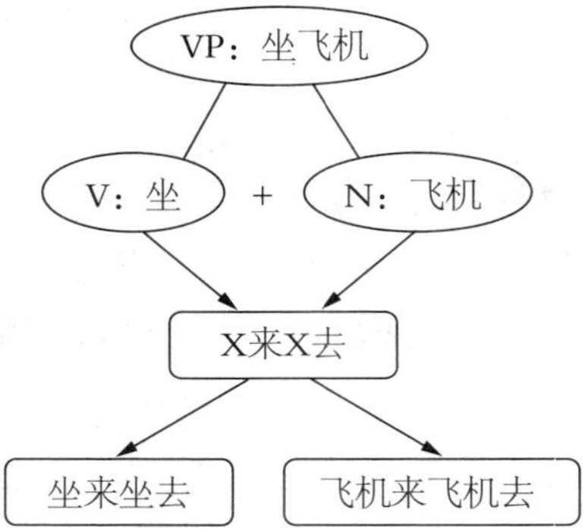

图 1 "X 来 X 去"对 VP 的压制

由 VP 的成分"V"和"N"分别形成的"V 来 V 去"和"N 来 N 去"都是可接受的,但其表义侧重点不同,"N 来 N 去"所表达的反复,是对"VP"所表示的"事体"的凸显。根据王寅(2005)提出"事件域认知模型"(Event-domain Cognitive Model),一个基本事件域(EVENT)主要包括两大核心要素:行为(Action)和事体(Being)。在 VP 中,内部成分可进一步拆分为"V + N"两部分,"V + N"组成了事件域中的一个具体事件。其中,"V"是事件的行为,"N"是事件的事体,这两部分均可承担 VP 的语义进入"X 来 X 去"构式。选取"V"或"N"进入构式,所凸显的侧面也是不同的,"V 来 V 去"是对动作行为的强调,而"N 来 N 去"是对事体的凸显。另一个重要的原因是,在"坐"和"飞机"这两个成分中,"飞机"比"坐"具有更高的可别度,是结构的对比焦点。能够与"飞机"搭配的动词较少,其中融合程度最高的就是"坐",通过"飞机来飞机去"可以很自然地补出"坐飞机来坐飞机去"的语义,更符合经济原则。

三、多主体参与的交互反复

由多主体参与的"N 来 N 去"表交互反复义,其中两个主体互为施与关系。首先需明确,"交互"的概念是什么。刘云峰、石锓(2018)指出,"交互"是"同为施受",即事件的参与者同时充当彼此的施事和受事两种语义角色的语言现象。并进一步指出,"V 来 V 去"表交互义的条件为参与者间同为施受或具有相互依存的抽象逻辑关系(刘云峰,石锓 2020)。我们认为,除了互为施受关系外，主体间还可以互为施与关系，即互相充当彼此的施事和与事两种语义角色。主体之间的互动并非直接作用于对方，而是通过作为受事的客体进行连接，实现施事和与事之间的互动。

3.1 交互反复义“N 来 N 去”的成分分析

3.1.1 “N”为通信工具

前文曾分析过“N”为交通工具的情况，受到类推作用，充当通信工具的名词也可形成“电话来电话去、文件来文件去”等形式。例如：

（17）要是在过去，几个设计院公文来公文去打官司，光扩大初步设计就得再拖半年一年才能做出来。(《人民日报》1959－06－06)

（18）江苏省粮油食品进出口分公司和江苏省外运公司的头头，在一座大楼里办公，却电话来电话去地互相推诿扯皮，致使运往香港的两船土豆一千五百九十多吨霉烂变质。(《人民日报》1984－05－11)

通信工具类“N 来 N 去”需要多个主体的参与，如“公文来公文去”涉及“几个设计院”的多个主体，在这些主体之间通过“发公文”的方式来打官司，在互相发公文的过程中实现了主体间的交流互动，“公文来公文去”则是对互动的方式“发公文”的凸显。同理，“电话来电话去”也是“江苏省粮油食品进出口分公司”和“江苏省外运公司”通过“打电话”的方式实现的互动，凸显其方式“打电话”。

由交通工具到通信工具的类推，是基于隐喻和转喻作用进行的。如图 2 所示：

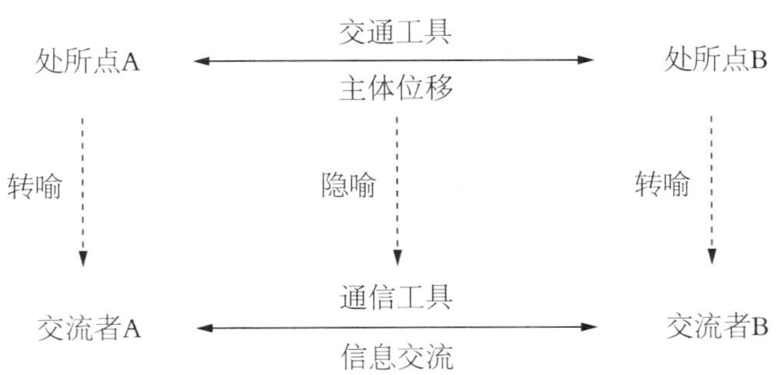

图 2　交通工具到通信工具的类推示意图

在“N”为交通工具的“N 来 N 去”中，位移运动涉及两个处所点 A、B，位移主体通过搭乘交通工具实现在 A、B 之间的反复位移。而在“N”为通讯工具的“N来N去”中,涉及通讯的交流者A、B,信息通过通信工具实现在A、B之间的交流,从而使A、B进行交互活动。同时,由交通工具到通信工具的变化,对参与双方的生命度和智能等级的要求变高,使无生的处所点A、B转喻为有生的交流者A、B。

3.1.2 “N”为交互客体

“N”可以是多个主体之间交互行为所涉及的客体,主体间通过对客体的施加和接收,形成互为施与的关系。例如:

(19) 这个简单的游戏不仅增添办公室里神秘的圣诞气氛,而且更省去了同事间“礼来礼去”的烦恼。(《人民日报海外版》2003-01-06)

(20) 气氛相当好,酒来酒去,话来话去,大家发财,皆大欢喜。(《都市快讯》2003-08-01)

例(19)中,“礼”即“送礼物”行为所关涉的客体,这一行为要求至少两个主体的参与,通过“同事间”的提示可以看出,“礼来礼去”的参与者为多个主体。在此过程中,一为施事,即“送出礼物的人”;一为与事,即“接收礼物的人”;受事则体现为连接两个主体的方式,即“礼物”,通过“送礼物”的行为实现了两个主体之间的互动,使其互为施与关系。例(20)中,“大家”也提示了“(喝)酒、(说)话”的行为有多个主体参与,在这些主体之间通过“相互敬酒、碰杯、相互交谈”等行为实现互动,“酒、话”为连接两个主体的工具。若是单一主体发出的“喝酒、说话”等动作,便无法表示交互义,只能采用“喝来喝去、说来说去”等表动作反复的表达方式。

3.1.3 “N”为互动内容

交互反复义“N来N去”中的“N”还可以为互动内容,即多个主体之间的言谈内容。同单纯反复义“N来N去”类似,这一类言谈内容也多为称谓语和抽象名词。例如:

(21) 台湾方面,许多人开玩笑说我你“同性恋”,我们这样心肝来心肝去,倒真的有一点弄假成真的呢!(李敖《快意恩仇录》)

(22) 一次,二人又在一起喝酒,相互倾诉着烦闷与不满,牢骚来牢骚去,后来竟扯到了带兵的事上。(李文澄《努尔哈赤》)

与单纯反复不同,在交互反复类“N来N去”中,“N”为交际双方发出的共同内容。如例(21)中,“心肝”既是“我”对“你”的称谓,也是“你”对“我”的称谓,在“我们”之间通过互相称呼完成互动。例(22)中,两人相互“倾诉牢骚”，也分别为“说牢骚”的发出者和接收者，通过“说牢骚”的行为实现两个主体之间的互动。

3.2 交互反复义构式形成的动因：行为主体的变化

交互反复义“N 来 N 去”形成的动因之一也是“来、去”虚化的推动，这一点与单纯反复义“N 来 N 去”相同，故不赘述。与单纯反复义不同的是，交互反复义构式形成的另一动因是行为主体的变化，即交互反复中需要多个主体的参与。

单纯反复和交互反复的区别体现在行为主体的不同上，在单纯反复义“N 来 N 去”中，运动的主体为一个成员或一类成员，可看作一个整体。例如：

(23) 有的人一味热衷于迎来送往，结识“上层人物”，即便下基层，也是车来车去，不是找主任，就是找书记，满足于听听汇报，看看材料。(《人民日报》1991－12－27)

(24) 我跟我前座男生也不熟，为什么天天跟我姐来姐去的？我压根就不想和人说话，求求你不要喊我姐也求你不要再把头转过来对我说话。(“新浪微博”2020－10－02)

例(23)中“有的人”可以是一个人或一类人，因具有相同的特征，可将他们视作一个整体，动作的主体是单一的，即这些人通过“坐车”的方式“来去”。例(24)中，“姐来姐去”的行为也具有单向性，“叫姐姐”的行为发出者为“前座男生”，接收者为“我”，这一方向是不可逆的。

而在交互反复义“N 来 N 去”中，动作由两个以上的主体参与，动作方向具有双向性。交互结构的主语必须是非单数的指称(Dixon 2012；刘云峰，石镘 2018)，在交互反复义的“N 来 N 去”中，双方均为动作的发出者，即施事主语，也同为动作的与事宾语，受事“N”则是连接二者的路径。例如：

(25) 和某小妞微信来微信去的几个钟头，大半夜很愉悦呀！真心希望所有我们揪心的，渴望的，等待的都开结硕果。然后几年几十年后微信来微信去就是止不住的豪放笑，而不是今天的郁闷纠结皮笑肉不笑。(“新浪微博”2011－10－01)

(26) 你们两个唷！兄弟来兄弟去的。我就知道，怪兽哥你的祝福是不会迟到的。(“新浪微博”2011－12－07)

在例(25)中,交互活动的两个主体为“我”和“某小妞”,这两个主体既为动作的发出者,也为动作的接收者,“(聊)微信”是连接两个主体的方式。在例(26)中,主体为“你们两个”,这两个主体互相称呼对方为“兄弟”,互为施事主语和与事宾语,行为具有双向性。交互活动中的参与者不可视作共同进行某项活动的整体,而是两个独立的个体,在双方的参与下完成事件的互动,“N来N去”的交互具有双向性。

在交互反复义的“N来N去”中,事件两端的参与者在语法和语义上占据同等的地位,既为事件的发出者,又为事件的接收者。但“N来N去”的特殊之处在于,事件中的两个主体并非直接连接,而是通过“N”进行连接的,这一点可在与交互义“V来V去”的比较中看出来。在交互义“V来V去”如“推来推去、打来打去”中,主体双方互为施受关系,在事件中既是“推、打”的施事主语,也是“推、打”的受事宾语,即动作直接作用的对象。而在“N来N去”中,互动双方仍可为事件的施事主语,但因为“N”本身就是动作直接作用的对象,即受事宾语,在这种情况下,互动主体便不可能再成为动作的受事宾语,只能为与事宾语,即动作、行为的非主动的参与者。(袁毓林 2002)在此类事件中,交际双方互为施与关系,通过受事“N”进行连接。由于“N”是连接施事和与事的关键成分,其方式义得以凸显,由受事宾语形成“N来N去”的形式,凸显交互事件中两个主体间连接和交互的方式,其凸显机制将在下一节进行分析。

3.3 注意力视窗的开启

前文曾提及,在“N来N去”所表示的事件中,“路径”的凸显度要大于起点和终点的凸显度。在此基础上,高度构式化的“N来N去”中,作为“连接方式”的“N”凸显度也大于参与事件的主体。杨德峰(2012)、张娟(2013)指出,反复具有突出动作过程的意味,不仅关注动作本身的持续,也关注与动作相关的事物,如动作主体、对象、结果、工具、材料等。由于“N”具有连接两个端点的功能,且在路径中表现出事体的方式,所以“N”的注意力视窗被开启。在语言中,我们可以通过明显提及连贯指称场景的某一部分而将注意力焦点赋予该部分,同时通过省略的方式将该场景的其余部分置于注意力的后台位置,这里所涉及的认知过程便是注意力视窗开启。(邓宇 2014)以例(25)中的“微信来微信去”为例,其注意力视窗开启过程如图3所示:

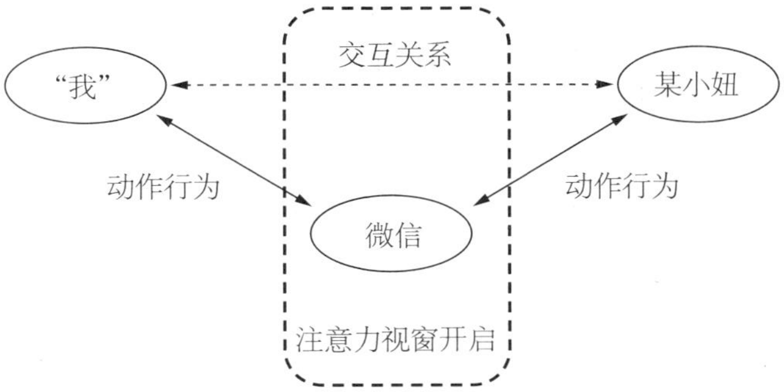

图 3　交互反复的注意力视窗开启图示

视窗开启的连贯指称场景称为事件框架(event frame),被赋予注意力焦点的部分开启了视窗(windowed),而被排除在外、置于注意力后台的部分则关闭了视窗(gapped)。(Talmy 1996,2000[257];邓宇 2014)在“微信来微信去”的事件中,“我”和“某小妞”通过“发微信”的行为实现互动,这一行为具有双向性,“我”和“某小妞”互为施事和与事,“微信”是连接二者的路径,是互动过程中不可或缺的重要联结点,因而被凸显。在“发微信互动”这一事件框架中,路径中“微信”的注意力视窗被开启,“我”和“某小妞”的视窗被关闭。也就是说,“N 来 N 去”凸显的是交互过程和交互客体,这与“凸显路径”的规律是协调一致的。此外,在交互反复义“N 来 N 去”中,“N”的进入也受到了构式互动的多重压制作用,其压制机制与单纯反复义相同,故此处不赘述。

四、“N 来 N 去”的语用表现

4.1　语篇中的照应现象

“N 来 N 去”仍处于语法化进程中,其表达仍需受到语境的限制。尤其是凝固性较高的“N 来 N 去”,如行为类、言谈类等,由于构式化程度高,语义不透明,难以通过组构形式直接推出构式语义,因此在使用时,语篇中多存在“N”的照应关系。一种情况是“N”具有照应词,根据照应的方向可分为前照应(forward anaphora,或 anaphora,又称前指)和后照应(backward anaphora,或 cataphora,又称后指)。(杨朝军 2002)前照应如例(16)的“正义来正义去”与前文中“正义感”的照应关系,后照应如下文例(32)中“法律来法律去”与后文“法律意识”的照应关系。照应关系可以存在于词际、小句、句际、语段甚至是超语段之间,关系中的先行词和照应词可以是词、短语、小句、语段、文化背景等(杨朝军 2002),并且前行词和照应词的形式不必完全相同。在没有明确照应词的情况下,提示性语境也可以起到照应作用。例如:

(27) 看了一眼水浒传的电视,满耳哥哥来哥哥去,满目各种男人手牵手跑来跑去,宋江大叫:慢着,我与兄弟同去。(北京语言大学BCC语料库微博语料)

(28) 今天,我们讲第九课。老师往黑板上大大地书写下标题。就把书翻到78页,接着就开始理论来理论去了。(郁秀《花季雨季》)

在例(27)中,语篇中虽没有与“哥哥”同形的照应词,但后文中出现了“我与兄弟同去”这一表达形式,且通过“宋江大叫”的语境表现出“呼叫”的动态,“哥哥、兄弟”体现出“叫哥哥、叫兄弟”的语义。此外,通过电视剧“水浒传”的提示性语境,可以使读者激活与之相关的文化背景,从而补全剧中人物关系及人物间的称呼,即以“兄弟”相称。在例(28)中,虽然没有直接“理论”的照应词,但通过“讲第九课”的提示性语境,可以看出交际场景为“讲课”,通过这一场景可补充出“讲课时由老师输出信息、学生接收信息”等情景,从而帮助读者将“理论来理论去”识解为“讲理论”。“N来N去”的使用受到语篇限制,脱离语境是难以理解的,我们认为“N来N去”仍在演化进程中,若想独立于语境使用,需经过较长时期的高频使用才能实现。

4.2 负面评价的语用倾向

“N来N去”的负面评价倾向来源于超预期表达和反预期表达的连用,首先使用复叠式“N来N去”增加动作量,提高观察者的预期,形成超预期表达;再通过后文中的反预期表达,造成观察者的心理落差,从而产生了负面评价的倾向。李宇明(2000)[355]指出,“V来V去”具有增加动作量的功能。由“VP来VP去”压制而成的“N来N去”中,“N”所代表的“VP”的动作量也得到了增加。如“新潮来新潮去”的动作量要大于“说新潮”的动作量,“姐来姐去”的动作量要大于“叫姐姐”的动作量等。例如:

(29) 什么?这话也出来了!闹了半天,你新潮来新潮去,骨子里还有这么多封建积垢。(王朔《一半是火焰一半是海水》)

(30) 光有一般号召,原则来原则去,是不行的。“振兴中华”,不做实际事情,怎么振兴?(《人民日报》1981-10-01)

例(29)中的"新潮"为"说'新潮'","新潮来新潮去"表示"说'新潮'"的行为反复发生,其动作量加大。动作量的加大会带来超预期量的信息,齐沪扬和胡建峰(2006)指出,实际量超过预期信息量的叫作超预期信息量(以下简称"超预期量")。在话语产生前,预期是中性的,即观察者会认为一个人"说'新潮'"的次数是有限的,偶尔会说几次,但次数不会很多。而在句中,首先使用"新潮来新潮去"增大了动作量,使"说'新潮'"的动作多次发生,动作量超出观察者的预期。在人们的认知中,更多的量应该带来更好的结果,超出预期的量也应该带来比预期更好的结果。也就是说,观察者会认为常说"新潮"的人应该具有更新潮的特点,其思想和行为方式都应比其他人更加新颖和开放。但实际上,后半句所传达的信息却是"骨子里还有这么多封建积垢",提供了负预期量信息,即与预期信息方向不一致的信息(齐沪扬,胡建峰 2006),违反了观察者的预期。这一新信息明显低于观察者之前的预期,从而带来了负面评价的立场。同理,在例(30)中,观察者认为在发出多次"原则"的号召后,应辅以相应的实际行为来响应这些号召,从而达到"振兴中华"的目标。但实际上,对方仅仅是发出号召,反复说"原则",却并未采取实际行动,从而使观察者产生了负面评价。

实际上,"N来N去"负面评价的规约化程度仍较低,其评价性解读依赖其句法分布,并且对其所处的会话序列高度依赖。(方梅 2017)由于"N来N去"在句法上不自足,难以独立成句,多位于句首或小句句首,与其后续小句共同完成超预期和反预期表达,如例(29)和例(30)。在初始状态,观察者对事件的预期是中性的,既没有超越预期,也没有违反预期。而在进行信息表达的过程中,先通过小句句首的"N来N去"进行增量表达,从而提高了观察者的预期,使其对结果产生了超预期的判断,认为更多的动作量会带来更好的结果;而后续小句的新信息却违反了预期信息的方向,从而使反预期的表达效果更强烈,负面语义更凸显。除了句首序列外,在语篇也常使用"不、别、只是"等含有否定语义的成分来明确表达负面评价语义。例如:

(31) 有空多看看专业资料,提升一下自己的专业素养,别光跟我这儿姐来姐去的,我是春子阿姨。(北京语言大学BCC语料库微博语料)

(32) 毕竟是山里的小学教师,虽然口口声声法律来法律去,也只是一个法律意识,并不懂法律内容,甚至连公检法三个部门也区分不明白,就告到了公安局。(张宇《疼痛与抚摸》)

例(33)中通过"别"表达劝阻义,表示对"姐来姐去"的不认可和制止。例(34)也通过"只是法律意识""不懂法律内容"等表述,来表示对"法律来法律去"的负面评价;即在说话者的认知中,"口口声声法律来法律去"的人,应该对法律较为了解,可以在适当的时候举出适用的法条,却发现对方仅是有法律意识,而并不了解法律内容,于是对"法律来法律去"产生了质疑和不认可的态度。实际上,负面立场的表达是受到语言主观化表达推动的,主观化指词语由表述客观事态变为表达说话人的主观心态,包括说话人的视角、认识、情感等。(沈家煊 2004)语法化程度越高,越倾向于主观化表达。因此,当"N"为位移主体或交通工具时,语法化程度较低,倾向于客观陈述,用以描述"人、车"等运动的过程。而当"N 来 N 去"语法化程度较高时,则更倾向于使用主观化的表达,如在"N"为言谈内容的"N 来 N 去"中,通常需要观察者对言谈事件的反复状态进行概括和评价,在此过程中就体现出说话人主观评价的倾向。

需要说明的是,虽然高度语法化的"N 来 N 去"体现出观察者的主观性,但观察者的身份却可能有所不同。如例(31)中,存在"我"和另一个主体 A,A 一直对"我"称呼"姐",在这一事件中,"我"也是事件的主体;在多次接收这一称呼之后,"我"对 A 的行为进行概括和评价,即事件中主体 B 对主体 A 的评价。而例(32)中,观察者却是隐藏在语篇中的第三旁观者 C,主体"A"为"小学老师",主体 B 并未在语篇中体现,由 A 向 B 反复发出"说法律"的行为,多次反复后,隐藏的观察者 C 对此做出反馈评价,在这一事件中,共有 A、B、C 三者的参与。这两种评价机制如图 4 所示:

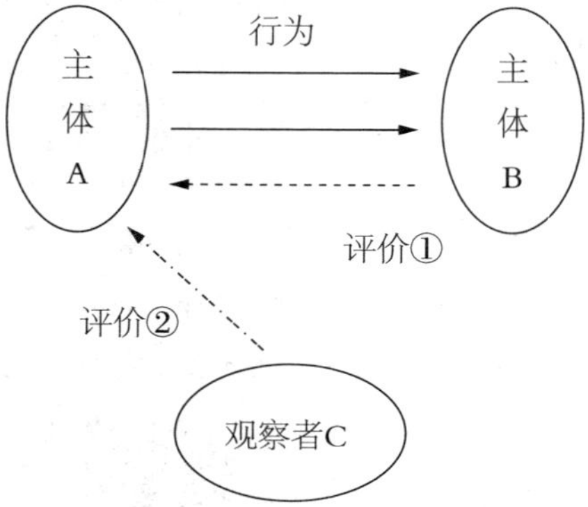

图 4 "N 来 N 去"的评价机制

可以看出，评价义“N来N去”存在两种机制。第一种由主体A、B参与，在话语行为的第一个阶段，由主体A反复多次向B输出重复信息“N”，这一阶段中A为话语行为的发出者，B为话语行为的接收者；多次接收后，进入第二个阶段，B对“N”进行总结概括，并使用“N来N去”的形式对A的行为进行评价。第二种评价机制中，第一阶段与上一种相同；而第二阶段中，不是由主体B对A进行评价，而是由隐藏的观察者C对A进行评价。虽然评价的机制不同，但此过程均体现出“N来N去”的负面评价倾向。

五、结　　论

本文根据表义不同，将反复构式“N来N去”分为单一主体反复和多主体交互反复两类。单一主体反复类的组构成分“N”可为位移主体、位移工具、行为客体或言谈内容；多主体交互反复类的组构成分“N”可为通信工具、交互客体或互动内容。“N来N去”由主谓结构“N来”和“N去”对举凝固而来，在构式形成的初始阶段，“N”为位移主体，“N来”和“N去”的组合较为松散，构式凝固性弱。不论是单一主体的单纯反复，还是多主体的交互反复，“N来N去”的构式化过程均受到“来、去”虚化的推动，“来、去”由位移动词逐步虚化为反复标记，其语义发生了由[+位移][+方向]到[-位移][+方向]再到[-位移][-方向]的演变过程。与此相应，组构成分也进行了扩展，在此过程中构式的凝固性逐步增强，语义也逐渐固化，在表事件反复的同时凸显“N”的方式义。除此之外，交互反复义的使用需接受“多主体参与”的制约，即在交互反复义的“N来N去”中，至少存在两个主体，这两个主体互为施与关系，通过受事“N”进行连接。“N来N去”的演化过程受到构式互动的多重压制作用，既包括构式对构件的压制，又包括构件之间的压制作用；在交互反复义“N来N去”中，“N”的凸显还涉及注意力视窗开启机制。

“N来N去”仍处在语法化进程中，其使用仍需接受语境限制。由于构式语义的不透明性，构式化程度较高的“N来N去”表义时常需要语篇中的照应，通过前指、后指或提示性语境来帮助语义的识解。此外，受到主观化表达的推动，高度语法化的“N来N去”在适宜语境中表现出负面评价的语用倾向。

参考文献

陈昌来(1998)论语义结构中的与事,《语文研究》第2期。
邓　宇(2014)注意力视窗开启在路径事件框架中的现实化——来自现代汉语连动式的证据,《外语教学》第2期。
方　梅(2017)负面评价表达的规约化,《中国语文》第2期。
李晋霞(2002)"V来V去"格式及其语法化,《语言研究》第2期。
李宇明(2000)《汉语量范畴研究》,武汉:华中师范大学出版社。
梁银峰(2004)汉语事态助词"来"的产生时代及其来源,《中国语文》第4期。
梁银峰(2005)汉语动相补语"来""去"的形成过程,《语言科学》第6期。
龙国富(2005)从中古佛经看事态助词"来"及其语法化,《语言科学》第1期。
刘云峰,石　锓(2018)汉语交互关系的判定标准及典型性分析,《语言研究》第1期。
刘云峰,石　锓(2020)构式"V来V去"的来源、承继及类型学意义,《新疆大学学报》第2期。
刘志生(2004)近代汉语中的"V来V去"格式考察,《古汉语研究》第4期。
吕叔湘(1980)《现代汉语八百词》,北京:商务印书馆。
齐沪扬(1998)《现代汉语空间问题研究》,上海:学林出版社。
齐沪扬,胡建锋(2006)试论负预期量信息标记格式"X是X",《世界汉语教学》第2期。
杉村博文(2006)三种谓词性重复格式的句法、语义分析,《东方语言学》第1期。
沈家煊(2004)语用原则、语用推理和语义演变,《外语教学与研究》第4期。
施春宏(2012)从构式压制看语法和修辞的互动关系,《当代修辞学》第1期。
王　寅(2005)事件域认知模型及其解释力,《现代外语》第1期。
杨朝军(2002)照应关系的篇章功能研究,《福建外语》第4期。
杨德峰(2012)再议"V来V去"及与之相关的格式——基于语料库的研究,《世界汉语教学》第2期。
袁毓林(2002)论元角色的层级关系和语义特征,《世界汉语教学》第3期。
袁毓林(2007)语义角色的精细等级及其在信息处理中的应用,《中文信息学报》第4期。
曾传禄(2008)也谈"V来V去"格式及其语法化,《语言教学与研究》第6期。
张　娟(2013)《现代汉语持续反复义格式研究》,北京大学博士学位论文。
张秀芳(2014)"V来V去"构式多义性的认知理据,《天津外国语大学学报》第5期。
周　红(2017)对叠框架"X来X去"的语法化和修辞化,《当代修辞学》第1期。
周　宁(2008)《类固定短语"X来X去"格式考察》,上海师范大学硕士学位论文。
周晓君(2014)《汉语相互结构研究》,浙江大学博士学位论文。
Baker M. (1988) *Incorporation: A Theory of Grammatical Function Changing*. Chicago: The University of Chicago Press.

Dixon R M W. (2012) *Basic Linguistic Theory (Vol. 3)*. New York: Oxford University Press.

Evans N. (2008) *Reciprocal Constructions: Towards a Structural Typology*, *Reciprocals and Reflexives: Crosslinguistic and Theoretical Explorations*. Berlin: Mouton de Gruyter.

Goldberg A E. (1995) *Constructions: A Construction Approach to Argument Structure*, Chicago and London: University of Chicago Press.

Goldberg A E. (2006) *Constructions at Work: The Nature of Generalization in Language*, New York: Oxford University Press.

Li C N, Thompson S A. (1981) *Mandarin Chinese: A Functional Reference Grammar*, Berkele: University of California Press.

Meichun Liu. (2000) *Reciprocal Marking with Deictic Verbs "Come" and "Go" in Mandarin*, *Reciprocals Form and Functions*. Amsterdam: John Benjamins Publishing Company.

Talmy L. (1996) *The Windowing of Attention in Language*, *Grammatical Constructions: Their Form and Meaning*. Oxford: Oxford University Press.

Talmy L. (2000) *Toward a Cognitive Semantics (Vol. I): Concept Structuring Systems*. Cambridge: MIT Press.

（吴春相　上海外国语大学国际文化交流学院　上海　200083　shdwchx@126.com；
史又今　上海外国语大学国际文化交流学院　上海　200083　shi_youjin@163.com）

论范围副词"都"的产生

——虚拟性视角下的重新阐释

卢勇军

提要 "真实运动–虚拟运动"的对立是动词"都$_0$"与副词"都$_1$"的根本差异。对大量历时材料的分析和统计发现:"np + 都$_1$ + VP"结构中,早期 np 一般为指单一实体的名词性成分,np 的历时发展趋势为:指单一实体的名词性成分 > 指复数实体的集体名词、类指名词、代词 > 并列的名词性成分。谓语核心 V 的基本发展趋势是:1)变化动词 > 状态动词(np 指单一实体);2)变化动词 > 状态动词 > 动作动词(np 指复数实体)。"都$_1$"的语法化过程和早期 np 的特征都可以从虚拟性得到解释。

关键词 "都" 语法化 虚拟运动 虚拟变化 过程结构

一、引　　言

范围副词"都$_1$"的演变研究主要涉及三个方面:路径、动因和机制、判断标准。"都$_1$"的演变路径有"动源"和"副源"两种观点。"动源"观认为动词"都$_0$"演变为"都$_1$",如太田辰夫(1987)[264]、李宗江(1998)、蒋静(2003)、张谊生(2004)等。"副源"观认为总括主/宾语的"都$_1$"源于总括谓语的副词"都",如柳士镇(1992)[223-225]、吴福祥(1996)[140-144]、葛佳才(2005)[193]、杨荣祥(2005)等,但作为源头的"副词'都'"其实包括文献中常认为表"程度"和"强调否定"两类不同性质的"都"。

动因和机制研究方面持"动源"观者讨论较多,李宗江(1988)以缅甸语、朝鲜语等为例从语言共性的角度,提出范围副词的产生以动词的"语义为条件"(即"聚集"义);张谊生(2004)的讨论偏重句法,认为"都$_1$"是高频的状中式紧邻结构"都$_0$ + V"中"都$_0$"词义泛化的结果。"副源"观者较少直接讨论演变的动因、机制，但从其表述来看从总括谓语到总括主/宾语是类推过程。

“都$_1$”的判断多倚重语义及现代汉语的语感，缺少客观标准使不同学者对东汉相关材料中“都”为动词还是副词有争论（见杨荣祥 2005；谷峰 2015）。从所总括的名词性成分（np）数的角度看，杨伯峻、何乐士（2001）[311]、杨荣祥（2005）坚持复数 np 为“都$_1$”的产生标准，张谊生（2005）、柳士镇（1992）[223-225]则将 np 为单数的情况也包括在内。

以已有研究为基础，本文认同“动源”观，但认为对“都$_0$”与“都$_1$”的根本对立为何、np 数的性质、np 与 V 的互动、演变的动因和机制的讨论还有待深入。本文拟从真实与虚拟的对立讨论“都$_0$”“都$_1$”的差别，从 np 的语义数和 V 的句法性质分别进行考察，结合陈振宇、刘承峰（2006）、刘承峰（2007）的“语用复数”观点对 V 的选择限制进行解释，最后从虚拟性视角讨论“都$_1$”的浮现。本文的范围副词“都$_1$”不含“共”义的“都”；区分与“都$_0$”相关的两类实体，1）论元实体，即做出“都$_0$”所表征“聚集”运动的实体，在结构上是“都$_0$”的必有论元 np① 的指称；2）结果实体，即“聚集”运动的结果，为“都$_0$”的非必有论元 NP 的指称。

二、“都$_0$”表征的真实运动

真实运动是与 Langacker（1999，2016）的虚拟运动（fictive motion）相对的概念，为实体在动态场景（现实空间或更抽象空间）中的运动；虚拟运动是人将原本静态的实体动态识解为进行了想象中的运动（具体讨论见本文第五部分）。表征真实运动是“都$_0$”的充要条件。

2.1 作独立谓语的“都$_0$”的真实运动

据《说文·邑部》：“有先君之旧庙曰都”和《穀梁传·僖公十五年》：“民所聚曰都”的解释，“都”的本义应为有宗庙或人聚集的城邑。名词“都”引申为“都$_0$”的观点被普遍接受（如柳士镇 1992[223]；向熹 2010[401]等），认知上可

① “都$_0$”有不及物的自主动词用法，也有及物的使动用法，按照 Payne（1997）的标注方法其结构应分别记为“S + V”和“A + V + P”，np 仅指其中的 S、P。这里的“必有/非必有论元”是句法概念，“论元/结果实体”是指该论元指称的概念在特定空间中的对应实体。

解释为以动作“聚集”发生的处所转喻该动作。“$都_0$”表征真实运动,如下例:

(1) 淮海维扬州,彭蠡既**都**,阳鸟所居。(《史记·夏本纪》)

(2) 吾闻京师人所**都**,……(李贽《焚书》)

例(1)中“$都_0$”按司马贞《史记索隐》的观点为“水的汇聚”,“水流汇合形成彭蠡”。例(2)所字结构中的“$都_0$”为“人的聚集”,“人聚集为人群”。NP“彭蠡”“人群”是离散的 np“水”“人”“聚集”运动的结果,np 经一定的路径发生了物理位移,此二例“$都_0$”表征真实运动。

在言语层面 np、NP 的状态不同,例(1)的 NP“彭蠡”是显性、明晰的(transparent),np 是隐性、晦暗的(oblique);例(2)则 np“人”是明晰的,NP 是晦暗的。

2.2 “$都_0$+V”结构中“$都_0$”的真实运动

“$都_0$”与其他动词毗邻构成“$都_0$+V”结构最早可见于先秦。有的学者认为先秦时的这类“都”虽保留了动词义,但已是进入状语位置的“非典型副词”(张谊生 2004 等),如例(4)、例(5)。有的观点认为汉代这些毗邻分布的“都”已演变为成熟的“$都_1$”(杨树达 2007[49]等),如例(6)、例(7)。虽成熟的“$都_1$”东汉已出现,但下几例的“都”应分析为表征真实运动的动词:

(3) 卑也者,道之室,王者之器也,而水以为**都居**。(《管子·水地》)

(4) 国城曰都,都者,国君所居,人所**都会**也。(《释名·释州国》)

(5) 方进知之,候伺常大**都授**时,遣门下诸生至常所问大义疑难,因记其说。(《汉书·翟方进传》)

(6) 吉既破车师,……,遂并护车师以西北道,故号**都护**。(《汉书·郑吉传》)

例(3)、例(4)中的“都+V”应为并列而非状中结构,其中“都”皆为“$都_0$”。例(3)中的“都”按郭沫若等(1956)观点“《禹贡》‘大野既猪’……《夏本纪》并作‘都’。水停曰猪,言水以卑下为渟居之所也”,是以运动过程“水聚集”转喻结果“渟”。另据《说文·几部》“凥,处也”,可知“都+居”为同义并列。例(4)中的“都+会”也为同义并列结构,“会”在《说文·会部》《广雅·释诂三》中分别释为“合”“聚”。例(5)、例(6)中的“都+V”为偏正结构,其中的“都”为“$都_0$”而非“$都_1$”。例(5)中的“都授”,颜师古注:“都授,谓总集诸生大讲论。”“都”是动词,义为“使诸生聚集”。安作璋、熊铁基(1984)[290]认为例(6)中“‘都’者,都总南、北二道也(针对原来仅护南道而言)”即在固化为名词前短语的“都+护”中“都”为动词,义为“将二道合并作为监护区”。

以上四例“都”皆为“都$_0$”,表征的是真实运动。np“水”“人”“诸生”“二道”为各原离散分布的实体,经过“聚集”运动发生了位移才构成一个整体。例(6)中“二道”比“诸生”的运动所发生的空间更抽象,但仍是真实运动,因为在该抽象空间中离散的“南道”“北道”的合并真实发生了。这4例中np是明晰的,NP是晦暗的。

例(5)、例(6)中的“都$_0$+V”从句法结构来看既可分析为连动也可分析为偏正,但从语义上看以事件“都$_0$”为核心的充当的是事件“V”的背景知识,其中连动关系极易重新分析为偏正关系。因此,本文将这类“都$_0$+V”分析为偏正结构,认为这是“都$_0$”语法化为“都$_1$”的句法条件。

2.3 NP晦暗与np的两指可能

例(1)—例(6)中论元实体np发生了真实运动,只是例(1)的结果实体NP是明晰的,而例(2)—例(6)的NP是晦暗的。NP是离散实体np($np_1+np_2+\cdots\cdots+np_n$)“聚集”的结果,当其晦暗时可理解为由“$np_1+np_2+\cdots\cdots+np_n$”构成的整体,通过范畴化“$np_1+np_2+\cdots\cdots+np_n$”可用上位范畴np指称。即句法层面上的必有论元np在语义理解上既可指“都$_0$”的论元实体又可指结果实体,区别在于np指论元实体时为复数实体,当np指结果实体时为单数实体。np指论元还是结果实体,体现了观察视点(perspective point)的不同(参考Talmy 2000[68];束定芳 2008[129-130]),如“学生聚集在一起”,按次第扫描“学生”是复数实体,被识解为“学生一一聚集”的运动过程;按总括扫描“学生”整个被处理为单数实体,上述运动过程被识解为最终的结果状态“学生作为整体聚集在一起”。

对例(2)—例(6)所表征的情景进行次第扫描和总括扫描,np分别指论元实体和结果实体。理论上np的两指解读也适用例(1)这样NP明晰的情况,如“彭蠡”也可用“水”来指称,只是NP明晰的句子压制了np指结果实体的解读。按NP表层形式的不同“都$_0$”的真实运动可以描述如例(7):

(7) a. NP明晰:$np_1+np_2+\cdots\cdots+np_n \xrightarrow{都_0} NP$($np \neq NP$①)

① (7)a、b中“$np \neq NP$”“$np=NP$”分别指“np一般不解读为结果实体”“np解读为结果实体”。

b. NP 晦暗: $np_1 + np_2 + \cdots\cdots + np_n \xrightarrow{\text{都}_0} np(np = NP)$

当 NP 晦暗 np 有两指解读时“都”仍是动词,因为指结果实体的 np 仍是真实运动的结果。如例(8)和例(9)中的“都”常被误作“都$_1$”:

(8) 置平准于京师,**都受**天下委输。(《汉书·食货志下》)

(9) 儒不能**都**晓古今,欲各别说其经;经事义类,乃以不知为贵也。(《论衡·谢短》)

例(8)中的“委输”可指分散在“天下”的物资(论元实体),经过“聚集”到达“京师”作为“平准”;也可指在“京师”的来自“天下”的物资这个整体(结果实体),是“聚集”的结果。例(9)中的并列结构“古今”指“古事和今事”,也具有两种解读,“古”“今”的“聚集”运动发生在一个更抽象的空间。这 2 例常认为是“都$_1$”的较早用例(如武振玉 2001;杨树达 2007[49];向熹 2010[401]等),但从真实与虚拟运动对立的角度来看,只要结果实体是离散的论元实体经位移构成的,“都”就是动词。两种解读下“委输”“古今”都涉及实体从离散到连续分布的位移运动,因此“都”为动词。

随着语言的发展,当 np 只能指结果实体且不能理解为经真实运动构成时,“聚集”表征的是虚拟运动。静态实体 np 只能理解为经虚拟运动构成,并获得“np 作为整体可分为多个部分”的解读,这是“都$_1$”经过重新分析获得副词意义的前提。

以往研究认为“都$_0$”在 np 指论元实体的语境中演变为“都$_1$”观点似乎也能成立,但考虑到“都$_0$”的 np 是离散的复数实体,而早期“都$_1$”的 np 主要是语义上的单数实体,二者存在矛盾。

三、“都$_1$”的产生及句中 np 的特征和历时发展

“都$_0$”句中的 np 存在两指解读,而“np + 都$_1$ + VP”中的 np 为静态实体,只能识解为经虚拟运动构成。早期的 np 以指单一实体的名词性成分为主,其类型发生着历时变化。

3.1 “都$_1$”的产生

“都$_1$”至迟在东汉已出现“已是共识”(康振栋 2009),讨论最多的是例(9)、例(10)两例,本文已从真实运动的角度将例(9)的“都”判断为

“都$_0$”。对于例(10),或认为“都”总括做主语的并列名词(李宗江 1998;武振玉 2001;杨伯峻、何乐士 2001[311];张谊生 2004;向熹 2010[401]等);或认为“都”是总括谓语程度的“完全”义副词,主语的并列名词是“并提①”操作的结果(杨荣祥 1998)。本文认同杨文并提的观点,但所谓的“完全”义副词界定不清晰,兼有范围副词和语气副词的特征。本文认为例(10)是中土文献中“都$_1$”最早的用例,两个“np + 都 + VP”经并提为一个小句,其中 np 为指静态单一实体的名词②,可理解为由多个部分经虚拟运动构成:

(10) 然则凤皇、骐驎**都**与鸟兽同一类,体色诡耳,安得异种?(《论衡·讲瑞》)

若仅从所在小句来看“都”的确可分析为总括并列名词,但结合前文,这种分析则不可行。前文是在分别叙述“凤皇”与“鸟”、“骐驎”与“兽”的关系:

鲁人得戴角之獐,谓之骐驎,亦或时生於獐,非有骐驎之类……。凤皇亦或时生于鹄鹊,毛奇羽殊……安得与众鸟殊种类也?有若曰:“骐驎之于走兽,凤皇之于飞鸟,……,类也。”

对照前文“凤皇、骐驎都与鸟兽同一类”应作“凤皇”“骐驎”分别与“飞鸟”“走兽”属同类,而非“凤皇、骐驎”与“鸟兽”属同类。后续句“体色诡耳”中“体色”与之相同,分别对应骐驎为“戴角之獐”、凤皇“毛奇羽殊”,这也说明“并提”说的可信。

例(10)涉及同一范畴内不同成员间象似性的判断,从原型范畴的研究(参吴为善 2011[33-35])来看,“凤皇”与“飞鸟”、“骐驎”与“走兽”都分别具有一定数量“鸟”和“兽”范畴的原型属性,因此属于同一范畴,因“凤皇”“骐驎”还分别具有“色”“体”上的特有属性而区别于一般的“飞鸟”“走兽”。因此“凤皇、骐驎、飞鸟、走兽”可看作以名词转喻其所包含的属性(attributes)集合[参考 Sperber & Wilson(2008)对隐喻和转喻的讨论]。作为属性集合的 np“凤皇”“骐驎”是静态实体,可识解为由不同属性经虚拟运动聚集而成的结果实体,但属性物理位移从未发生。与该例属性判断相似的如例(11):

(11) 又有“壶橘”,形色**都**是甘(柑),但皮厚气臭,味亦不劣。(《齐民要术》卷 10)

---

① 杨文认为并提是古汉语中常见的修辞方式。

② 例(10)的“凤皇”“骐驎”是作为属性集合的例示,是单数名词,不同于类指用法。

并列结构“形色”是“壶橘”与“甘”的共同属性，是判断成立的基础。与例(10)以名词“凤皇”“骐驎”转指属性不同的是，“形色”是并列结构指称属性。从单数名词到并列结构也是“$都_1$”句历时发展的结果。

此外，在东汉晚期较口语化的科技文献《伤寒论》《金匮要略》中有6例“$都_1$”的使用，其中5例np皆为指单一实体的个体、物质名词，如：

(12) 阳明中风，脉弦浮大，而短气，腹**都**满，胁下及心痛，久按之，气不通，……(《伤寒论·上编》)

(13) 一服觉身痹，半日许，再服，三服**都**尽，其人如冒状，勿怪，……(《金匮要略·痉湿暍病脉证治第二》)

(14) 师曰：妇人有漏下者，有半产后因续下血**都**不绝者，……(《金匮要略·妇人妊娠病脉证并治第二十》)

以上3例中，“腹”为个体名词；“三服”是与“一服、再服”对应的“第三次服用”，np为物质名词“第三次所服之药”；“血”也为物质名词。

例(10)和例(12)至例(14)的np都是静态单一实体，例(10)、例(12)中个体名词的各组成部分是异质的，“凤皇、骐驎”的各属性和“腹”的各部分间相区别；而例(13)、例(14)的物质名词内部是同质的，“药”“血”的组成部分间无区别。

3.2 早期np的特征及np的历时发展

“$都_0$”演变为“$都_1$”后动词性(带论元、表征真实运动)消失，“$都_1$”受语义滞留(persistence)影响激活虚拟运动。即np原本为静态实体，被解读为经历了虚拟变化，识解为由各部分经虚拟的“聚集”运动构成的动态实体，虚拟的“聚集”是语言使用者心理上的想象运动。从虚拟性角度来看原型性的np同时具有以下特征：

(15) A. np所表征的实体在认知上作为整体可分解为多个组成部分(满足np为结果实体)；

B. np所分解出的多个组成部分从未在物理空间①上离散分布(满足np不经过真实运动构成)。

典型地满足以上两条特征的np是指单一实体的个体名词、专有名词，一

① 也可以指从物理空间获得隐喻的目的空间，如时间及其他更抽象的空间。如例(11)的“凤皇、骐驎”是属性空间上的连续分布。

方面单一实体是由各异质的部分构成的结果实体；另一方面单一实体的各必有组成部分是连续分布的，不能再分析为经历了“$都_0$”表征的真实运动。

比例（10）、例（12）的个体名词、例（16）的专有名词典型性稍弱的是例（13）、例（14）的物质名词，及例（17）、例（18）的抽象名词和名词化的小句。

（16）北方**都**定之后，操率三十万众来向荆州……（《三国志》卷64）

（17）欲下病者，服二丸，长将息，百日**都**好，差。（《肘后备急方》卷4）

（18）众生蠢蠢，**都**缘幻居，声响俱空，国土亦如。（《六度集经》卷4）

例（16）的“北方”为指称单一静态实体的专有名词，“北方”由徐州、豫州、凉州等十二州构成，为固定的空间地理概念，不能在物理空间上真实运动。通过虚拟变化识解，“北方”被解读为由十二州通过虚拟运动“聚集”构成的动态实体。后两例的“病”“众生蠢蠢”分别为抽象名词、名词化小句，也指单一静态实体，同时满足（15）A、（15）B 两条特征，但这两类与物质名词一样内部不能或很难分出异质化的组成部分。

伴随“$都_1$”的使用 np 逐渐泛化（generalization），东汉后逐渐增多的指复数实体的集体名词、类指用法的名词、代词、数量结构、并列结构开始偏离（15）A、（15）B 两条特征。如下例的“财贿”为集体名词，可理解为由所有财物组合而成，成员间的“聚集”是抽象的、元语言的①，而不是物理空间上的连续分布：

（19）财贿**都**尽，身行采宝，去家百余里。（《六度集经》卷1）

np 出现了指复数实体的类指名词、代词，二者在虚拟性特征上的体现也不同，如下两例：

（20）若山越**都**除，便欲大构于蜀。（《三国志》卷57）

（21）长者见已，恶而不食，便一切**都**弃。（《百喻经·尝庵婆罗果喻》）

《汉语大词典》将“山越”释为“对南方山区少数民族的通称”，即例（20）中“山越”为类指/通指（generic）成分。按 Langacker（2016）的观点“山越”是未入场（grounding）的类型概念，通过类型明示（type specification）区分出一类实体，是从一类实体概念中抽取的共性。即“山越”所指的一类复数实体构成了类型这个整体，只是该类型的复数实体间无所谓连续分布。例（21）的

① “元语言的”是指“由所有财物组合起来构成的整体”被概念化为集体名词“财贿”发生在元语言层面。

np 为表统指的代词“一切”,指代“所有被尝过的庵婆罗果”。被统指的复数实体只是在语篇和认知上被临时作为一个整体来看待,且“一切”不要求被作为整体指代的复数实体呈连续分布。

np 为并列结构的名词性成分,这与现代汉语中常见的类型相同。其中有些并列的名词性成分之后还有复指的统指代词,这说明 np 可能存在从指复数实体的代词到并列的名词性成分的发展,这类同位结构是其中间状态,如:

(22) 芽茎枝叶一切**都**失。(《百喻经·田夫思王女喻》)

(23) 太子车马衣裘、身宝杂物,**都**尽无余。(《六度集经》卷2)

例(23)的 np 为并列结构“车马衣裘、身宝杂物”,几个实体在空间中是离散分布的,不构成一个整体。例(22)的 np 为同位短语,空间离散的“芽、茎、枝、叶”不构成整体,但复指的代词“一切”在语篇上赋予其整体性,该例所示的情况可视为从例(21)到例(23)的中间状态。

综上讨论,以(15)A、(15)B 两条特征为参数,将 np 在该特征上的表现分为“强(++)、弱(+)、无(-)”,np 越具有这些特征其原型性就越强。由此可得到 np 原型性强弱的连续统:指单一实体的名词性成分 > 集体名词 > 指复数实体的类指名词和代词 > 并列名词性成分,各类 np 在两条特征强弱上的具体表现见表1:

表1　各类 np 在两条虚拟性特征上的强弱度

np 的特征 / np 的类型	作为整体可分解为多个部分	多个部分非离散分布	例句
指单一实体的名词性成分	++	++/+①	(10)、(12)—(18)
集体名词	++	+	(19)
指复数实体类指名词和代词	+	-	(20)、(21)
并列名词性成分	-	-	(23)

① 例(10)中“凤皇、骐驎”等指单一实体的单数名词,其属性间的连续性分布相较于例(16)的“12 州”间的连续分布是很抽象的,因此将其这一特征记为“弱(+)”。例(19)指整体的集体名词“财贿”也是如此。

如表 1 所示 np 的连续统反映了其历时发展方向：指单一实体的名词性成分 > 指复数实体的集体名词、类指名词、代词 > 并列的名词性成分，本文从东汉至元 6 个时代的 3 类（佛教、世俗、史籍）33 部文献中检索到“$都_1$”用例 414 条，将 np 按类进行了分析和统计，结果支持该发展方向（详见附表 1）。

3 类语料的口语化程度不同，从高到低为：佛教 > 世俗 > 史籍。“$都_1$”的扩张是从口语化程度高到书面语程度高的材料，体现为 np 在不同语体中从单一实体到复数实体的发展速度不同：

第一，世俗文献中，南北朝及之前 np 指单一实体的名词性成分的用例占绝大多数，到宋元时期 np 指复数实体的用例开始远超指单一实体的用例（统计见附表 1）。佛教文献口语化程度高，np 比世俗文献早很多就以指复数实体为主，这可从 np 指单一和复数实体用例比探知：魏晋《六度集经》为 8 ∶ 29，南北朝《杂宝藏经》和《百喻经》分别为 2 ∶ 14 和 3 ∶ 14。

第二，早期佛教文献中 np 为指复数实体的并列结构的用例也远少于集体名词、类指名词和代词、数量结构，直到唐、宋时期前者的用例才开始多于后者，前、后者之比分别为：《六度集经》为 3 ∶ 26，《杂宝藏经》和《百喻经》分别为 4 ∶ 10、2 ∶ 12，唐五代的《六祖坛经》《神会语录》《祖堂集》为 7 ∶ 4，宋代的《五灯会元》为 15 ∶ 4。

第三，史籍文献书面语程度高，唐五代时 np 指复数实体的比例高于单一实体，但“$都_1$”整体使用比例极低（尤其在唐之前），如表 2 所示：

表 2　各时代史籍文献中“$都_1$”用例情况

时代	文献	np 指单一实体	np 指复数实体
魏晋	《三国志》（65 卷）	1	1
南北朝	《后汉书》（120 卷）	0	0
唐	《隋书》（85 卷）	1	2
五代	《旧唐书》（200 卷）	7	18

综上，本文认为“$都_1$”至迟在东汉的口语中就已经产生，东汉中后期才少量进入口语程度较低的世俗文献；因魏晋、南北朝时世俗、史籍中 np 以指单一实体为主，本文认为“$都_1$”产生于原型性最高的这类 np（统计见附表 1）；之后 np 在不同语体中先后从指单一实体为主发展为以指复数实体为主。

四、V 的类型特征及早期 V 的选择限制

“np + 都$_1$ + VP”中 V① 的类型处于历时变化中,早期以表变化、状态的 Ve、Va、Vb 和性质形容词为主。早期 np 以单一实体为主是虚拟解读的要求,它与 V 的搭配对 V 也有一定的选择限制,这可以从“语用复数”概念得到解释。

4.1 早期 V 的特征及其历时发展

郭锐(1993)从动词内部过程的三要素(起点、终点、续段)入手,按 6 条标准将动词分为 10 个不同的过程结构类,构成了一个以“动作(Vc4)”为中心、“状态(Va)”和“变化(Ve)”为两个端点的过程结构连续统:

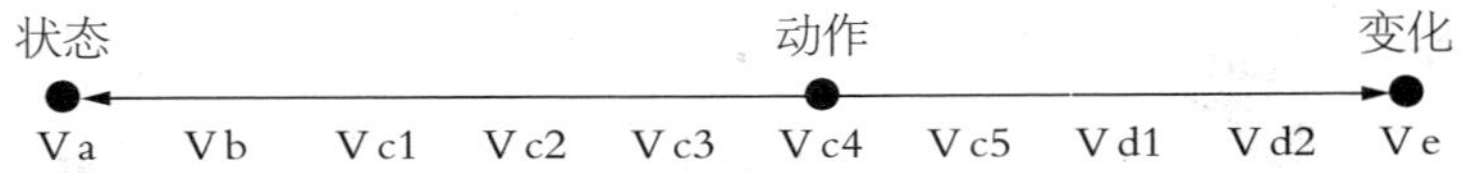

图 1　过程结构连续统和典型类

按郭文标准本文分析了所收集的 414 条语料,将其归为 5 大类②:状态动词(A、Va、Vb)、变化动词(Ve)、完结动词(Vd1、Vd2)、弱动作动词(Vc1、Vc2、Vc3)、强动作动词(Vc4、Vc5)。各类用例如下:

(24) a. 欲下病者,服二丸,长将息,百日都**好**。(《肘后备急方》卷 4)

　　b. 二俱不实,都**是**假名。(《祖堂集》卷 3)

(25) 须臾,钱凤入,屏人论事,都**忘**右军在帐中,……(《世说新语·假谲》)

(26) 如彼偷金,事情都**现**,……(《百喻经·估客偷金喻》)

(27) 有一鹦鹉,父母都**盲**,……(《杂宝藏经·鹦鹉子供养盲父母缘》)

---

① 语料中“都$_1$”的谓语核心其实除了动词外之外还有形容词,为行文方便本文以 V 来指谓语核心。

② 郭文的标准涉及体标记和时间类准宾语/补语,所以本文是对句中 V 在现代汉语中的相应形式进行分析。对于在现代汉语中已不独立使用或不存在该意象的 V,本文选择以现代汉语中包括该语素的词、最接近该概念义的词作为分类对象。“动词的过程结构实际上反映了事件类型”(郭锐 1993),因此这套系统也应该适用古汉语。同时因为研究目的的不同,在统计结果的呈现上,本文按郭文对过程结构类间的亲疏关系的相关表述将 10 类归并为 5 大类:状态动词 Va、Vb,完结动词 Vd1、Vd2,变化动词 Ve,弱动作动词 Vc1—Vc3,强动作动词 Vc4、Vc5;但有的“都$_1$”的 V 为性质形容词 A,表示事物的属性;有的极少数是名词性谓语,我们将其处理为隐含状态动词,这两类都与状态动词归为一类。

（28）猎师以网，都复杀之。（《世说新语·五百白雁听法生天缘》）

以上诸例的V“是、忘、(出)现、盲(瞎)、杀”在郭锐(1993)中分别为典型的Va、Ve、Vd1、Vc2、Vc5，分属上列5大类。例(24)a的谓语为形容词“好”，本文将其归入状态动词大类。

如表3、表4所示V总体的发展趋势是：非动作动词(变化动词>状态动词)>动作动词。若按np指单一或复数实体分为两大类，二者V早期的类别基本一致，只是后期出现了差别：

np指单一实体时，V在南北朝及之前以变化动词为主，在唐五代及之后以状态动词为主，即：变化动词>状态动词。统计如表3所示：

表3　各时代np指单一实体时句中V的过程结构类型统计

时代	A、Va、Vb	Ve	Vd1、Vd2	Vc1—Vc3	Vc4、Vc5
东汉	2	**4**	0	0	0
魏晋	4	**9**	6	0	1
南北朝	1	**8**	1	0	0
唐五代	**25**	5	2	0	2
宋	**12**	7	0	1	4
元	**17**	2	1	0	4

np指复数实体时，V在南北朝及之前以变化动词为主，在唐五代和宋代以状态动词为主，在元代则以强动作动词为主，即：变化动词>状态动词>强动作动词。统计如表4所示：

表4　各时代np指复数实体时句中V的过程结构类型统计

时代	A、Va、Vb	Ve	Vd1、Vd2	Vc1—Vc3	Vc4、Vc5
东汉	0	**1**	0	0	0
魏晋	3	**15**	8	1	4
南北朝	5	**13**	8	1	6
唐五代	**19**	15	6	2	14
宋	**48**	9	3	15	15
元	23	5	4	8	**34**

需说明的是"都$_1$"对特定类型 V 的偏好并非受汉语动词自身的分布差异影响。据郭锐(1993)对现代汉语动词过程结构类型的统计结果,表 3、表 4 中的 5 大类的比例分别为 6.2%、11.7%、3%、20.2%、58.6%,其中占比最高的是动作动词,尤其是 Vc4、Vc5。

4.2 对早期 V 的选择限制及"语用复数"的解释

对 V 的选择限制包括两方面:1)早期 V 较少为动作动词;2)并非所有变化动词、状态动词和完结动词都可以作为早期 V,比如"死"与例(25)"忘"都为变化动词,但后者可与指单一实体的 np 搭配而前者不行。这可以从"语用复数"得到解释。

陈振宇、刘承峰(2006),刘承峰(2007)认为"都$_1$"句表征复数事件要求 np 为语用复数。语用数不同于语义/句法数,涉及事件和临界量,"若实体集 X 参与事件 E,离散事件 E 确定事件的最小动量;参与最小动量的事件的实体为临界量;X 大于临界量时为语用复数"(陈振宇,刘承峰 2006)。也就是说"np + 都$_1$ + VP"中即使原型 np 是语义/句法单数,仍满足大于临界量的要求,不能使原型 np 为语用复数的 V 则不被选择。

当动作动词进入 V 时,临界量要求为具有自主意识的实体,指单一实体的原型 np 等于临界量,np 无法获得复数解读,因此动作动词不能与原型 np 搭配(除非 np 作为受事):

(29) a. 国史记过,公臣切磋,处座终日,**身都痛**。(《六度集经》卷 8)

b. *……,**身都打**。

(30) **一个馒头都吃了**。

例(29)的"痛"为形容词,该事件成立的临界量为极小量,即再小的"身体部位"都可以参与事件"痛",单一实体"身"大于临界量为语用复数。若换成动作动词"打"则句子不成立,因为"打"要求的临界量为"具有自主意识的人",单一实体"身"不能获得语用复数理解。例(30)的单一实体作为前置的受事,在句中能满足语用复数的要求。

并非所有变化动词、状态动词和完结动词都可以作为早期 V,也是因其不能使原型 np 满足语用复数要求。下例的"忘、死"都为变化动词:

(25) 都**忘右军在帐中**,……(《世说新语·假谲》)

(31) a. *一个人都**死**了。

b. 人都**死**了。

“右军在帐中”与“一个人”在语义上都为单数，但“忘”的临界量小于“一件事”，因为存在“忘了一点/部分”与“忘了全部”的对立，前者满足语用复数；“死”的临界量是“有生物整体”，“一个人”为语用单数，句子不合格。例(31)b的“人”为类指，大于临界量，句子成立。

五、虚拟性对“都$_1$”语法化过程的解释

虚拟性(fictivity)与概念整合、隐喻等一样是语言建构和识解所必须的想象能力(Talmy 1996;Langacker 1999,2016)，语言使用者能通过虚拟性建立起真实与非真实情景之间的心理通路，使概念化和识解超越真实的具身经验。虚拟性的典型体现是虚拟运动(fictive motion)、虚拟变化(fictive change)和虚拟互动(黄蓓 2012)，与“都$_0$”>“都$_1$”演变过程相关的是前两者。

虚拟运动指把发端于对真实动态场景的识解转移到静态场景的识解中(Talmy 1996,2000;Langacker 1999,2005,2016[528-529])，即对静态场景做动态识解，其本质是一种心理模拟现象。真实运动中主体(figure)在力的作用下通过运动沿着路径(path)实现了物理位移，而虚拟运动中主体可能是具体实体、想象的实体或注意焦点，一个随时间流逝而无位移的场景被表达为主体沿着一个想象路径运动。虚拟变化是将静态实体或构造表征为某种变化，其中实体变化是指静态实体被识解为由虚拟运动引起的变化。(Talmy 2000[134-135];Langacker 2016[530-531];黄蓓 2012)

虚拟运动和抽象空间的运动虽都与人的想象能力有关但有本质区别。虚拟运动是对静态实体或构造的动态识解，实体或构造本质上是静止的、不随时间发生位移变化；抽象空间的运动源于现实空间的隐喻，因此抽象空间中运动的实体与现实空间中一致，是动态的、随时间发生位移的。如例(6)、例(7)的“都授”和“都护”，前者是现实空间里“诸生”的聚集，后者是更抽象空间中“南北二道”的合并，二者都是随时间发生位移的真实运动。

“都$_0$”表征真实运动“聚集”，分散的复数论元实体np通过该运动经“四周到中心”的路径发生了位移。“都$_0$”语法化为“都$_1$”后动词性消失只激活虚拟运动。“np+都$_1$+VP”中“都$_1$”激活虚拟运动“聚集”，静态实体np被识解为发生了虚拟变化，是由虚拟运动构成的结果。虚拟变化解读要求原

型 np 同时满足(15)A、(15)B,如例(16)的专有名词"北方":

(16) **北方**都定之后,……

A. np 为结果实体:北方由 12 州构成

B. np 不经真实运动构成:12 州在地理上连接构成北方,无真实运动

上例从"$都_0$"带复数必有论元实体与"$都_1$"不处置论元的对比出发,阐释了原型 np 为单一实体时如何触发虚拟变化解读,这不表示"$都_1$"句中 np 指复数实体不能获得这种解读,从泛化的角度来看所有类型 np 的虚拟变化解读都源于原型 np。当"np + 都 + VP"中 np 只能做虚拟变化解读时,重新分析就发生了,范围副词"$都_1$"开始出现在汉语中。

六、结　　论

在大量历时材料的基础上,本文将"$都_0$"与"$都_1$"区别归于"真实运动-虚拟运动"的对立,从这一点可以有效区分"都"的动词用法与早期的副词用法。虚拟变化解读要求 np 满足"为结果实体""不经真实运动构成"两条特征,由此可以得到 np 原型性高低的连续统:指单一实体的名词性成分 > 集体名词 > 指复数实体的类指名词和代词 > 并列名词性成分。

通过对 414 条不同语体历时语料的分析和统计,我们发现 np 的历时发展趋势:指单一实体的名词性成分 > 指复数实体的集体名词、类指名词、代词 > 并列的名词性成分,这与 np 的原型性高低连续统一致。根据 np 历时发展趋势在佛教、世俗、史籍文献中扩展速度的差异,可以看到"$都_1$"从口语逐渐进入书面语。按郭锐(1993)对历时材料中 V 的过程结构的分析和统计,我们发现 V 的基本发展趋势是:1)变化动词 > 状态动词(np 指单一实体);2)变化动词 > 状态动词 > 动作动词(np 指复数实体)。最后本文用虚拟运动和虚拟变化对"$都_1$"的发展过程、np 早期以指单一实体为主的特征进行了解释,并以语用复数解释了早期 V 的选择限制。

参考文献

安作璋,熊铁基(1984)《秦汉官制史稿》,济南:齐鲁出版社。
陈振宇,刘承峰(2006)"不是……就/便是……"与"语用数",《世界汉语教学》第 4 期。

葛佳才(2005)《东汉副词系统研究》,长沙：岳麓书社。
谷　峰(2015)“都”在东汉有没有语气副词的用法?《中国语文》第3期。
郭沫若,闻一多,许维通(1956)《管子集校》,北京：科学出版社。
郭　锐(1993)汉语动词的过程结构,《中国语文》第6期。
汉语大词典编辑委员会,汉语大词典编纂处编(1995)《汉语大词典》,上海：汉语大词典出版社,上海辞书出版社。
黄　蓓(2012)认知语言学中的虚拟性反思,《天津外国语大学学报》第1期。
江蓝生(1988)《魏晋南北朝小说词语汇释》,北京：语文出版社。
蒋　静(2003)“都”总括全量手段的演变及其分类,《汉语学习》第4期。
康振栋(2009)中古汉语否定词前的“都”——兼与张谊生先生商榷,《西南交通大学学报》第2期。
李宗江(1998)汉语总括副词的来源和演变//四川大学汉语史研究所编,《汉语史研究集刊》第六辑.成都：巴蜀书社。
刘承峰(2007)《现代汉语“语用数”范畴初探》,复旦大学博士学位论文。
柳士镇(1992)《魏晋南北朝历史语法》,南京：南京大学出版社。
束定芳(2008)《认知语义学》,上海：上海外语教育出版社。
太田辰夫(1987)《中国语历史文法》,蒋绍愚,许昌华译,北京：北京大学出版社。
吴福祥(1996)《敦煌变文语法研究》,长沙：岳麓书社。
吴为善(2011)《认知语言学与汉语研究》,上海：复旦大学出版社。
武振玉(2001)副词“都”的产生和发展,《社会科学战线》第5期。
向　熹(2010)《简明汉语史(修订本)》,北京：商务印书馆。
徐烈炯(2014)“都”是全称量词吗?《中国语文》第6期。
杨伯峻,何乐士(2001)《古汉语语法及其发展(修订本)》,北京：语文出版社。
杨荣祥(1998)总括副词“都”的历史演变//北京大学中文系编,《北大中文研究(创刊号)》,北京：北京大学出版社。
杨荣祥(2005)《近代汉语副词研究》,北京：商务印书馆。
杨树达(2007)《词诠》,上海：上海古籍出版社。
袁毓林(2012)《汉语句子的焦点结构和语义理解》,北京：商务印书馆。
张谊生(2004)副词“都”的语法化及主观化——兼论“都”的表达功用和内部分类,《徐州师范大学学报》第1期。
张谊生(2005)副词“都”的语法化与主观化——兼论“都”的表达功用和内部分类,《徐州师范大学学报》第1期。
Langacker R. (1999) Virtual Reality, *Studies in the Linguistic Science* 2.
Langacker R. (2005) Dynamic, Ficitivity, and Scanning: The Imaginative Basis of Logic and

Linguistic Meaning. // Pecher D, Zwaan R. (eds.) *Grounding Cognition: The Role of Perception and Action in Memmory, Language and Thinking*, Cambridge: Cambridge University Press.

Langacker R. (2016)《认知语法导论(下卷)》,黄蓓译,北京:商务印书馆:12-21,524-535。

Payne T E. (1997) *Describing Morphosyntax: A Guide for Field Linguist*. Cambridge: Cambridge University Press.

Sperber D, Wilson D. (2008) A Deflationary Account of Metaphors. // Gibbs Jr, Raymond W. (eds.) *The Cambridge Handbook of Metaphor and Thought*, London: Cambridge University Press.

Talmy L. (1996) Fictive Motion in Language and "Ception". // Bloom P. *et al.* (eds.) *Language and Space*, Cambridge: MIT Press.

Talmy L. (2000) *Toward a Cognitive Semantics: Typology and Process* (*Vol. II*), Cambridge: MIT Press.

附表 1　各时代佛教、世俗、史籍 3 类文献中 np 的分类统计表

时代/文献及类型			单一实体				复数实体	
			普通个体名词、专有名词	名词化的事件	抽象名词	物质名词	类指名词、集体名词、代词、数量结构	并列结构
东汉	世俗	《论衡》	1					
		《伤寒论》、《金匮要略》	1			4		
魏晋	史籍	《三国志》	1				1	
	世俗	《抱朴子》(内、外篇)、《肘后备急方》、《列子》	4		3	4	1	1
	佛教	《六度集经》	3	1	1	3	26	3
南北朝	史籍	《后汉书》						
	世俗	《世说新语》(笔记小说)	1	1	3	1	1	
		《齐民要术》、《水经注》、《颜氏家训》(科技、子书)						4
	佛教	《杂宝藏经》、《百喻经》	1		1	3	22	6
唐五代	史籍	《隋书》(唐)	1				1	1
		《旧唐书》(五代)			6	1	12	6
	世俗	《敦煌变文集新书》(杂集)	1	20			16	6
		《游仙窟》、《朝野佥载》、《封氏见闻记》、《酉阳杂俎》(笔记小说)	1			1	3	
	佛教	《六祖坛经》、《神会语录》、《祖堂集》			4		4	7
宋	世俗	《大唐三藏取经诗话》(话本)	5				2	
		《梦溪笔谈》(笔记)			2			2
		《朱子语类》(卷 1—卷 4、卷 14,子书)	3	3	3	3	41	30
	佛教	《五灯会元》		4	6		4	15
元	世俗	《大宋宣和遗事》、《张协状元》(话本、南戏)					5	4
		《全元杂剧》关汉卿(杂剧)	8	9	2	5	46	18

(复旦大学中文系　上海　200433　lu_yongjun12@163.com)

述宾黏合结构和述宾倒序结构的语义差异*

——兼谈指称、轻重、松紧在汉语的相互作用

应学凤

提要 述宾黏合结构和述宾倒序结构的语义差异很大，述宾黏合结构是动词性结构，而述宾倒序结构重新分析为名词性的定中结构。前者是陈述性的，后者具有指称性，这是述宾倒序结构能比较自由充当修饰成分构成动宾倒置复合词的主要原因。述宾倒序结构的动词跟"N 的 V"结构的动词类似，丧失了一些动词的特性，弱化了动作性，凸显了指称性，具有"泛时空"特性。句法上，黏合式只能以黏合式为成分；语义上，复合词内部修饰语宜为类指性的。从松紧和轻重角度看，述宾倒序结构跟整个动宾倒置复合词和谐一致，述宾倒序结构能直接做定语构成动宾倒置复合词，是指称性、轻重、松紧等共同作用的结果。

关键词 黏合结构 指称性 轻重 松紧 动宾倒置复合词

一、引　　言

黏合结构和组合结构是朱德熙(1982)提出的一对概念，这两种结构的句法表现有诸多差异，形成对立。朱德熙(1982)[112-113、125-126、148-149]先后讨论了述宾、述补和定名等三类结构的黏合式和组合式之分，认为黏合结构和组合结构在形式和功能上有较大不同。吕叔湘(1979)也关注到了类似的结构，

* 本文在写作过程中得到陆丙甫先生的指点，匿名审稿人也提出了重要的修改建议，在此一并致谢，尚存问题由笔者负责。

他分析了有无“的”“地”的定中结构的差异，认为没有“的”“地”的定中结构是一种介于复合词和短语之间的结构，他称之为“短语词”。

黏合结构和组合结构不但意义对立，形式上也有明显差异，黏合结构和组合结构的研究具有重要的意义。陆俭明（1993）[1]也认为“根据结构的构成成分的不同将句法结构分为粘合式和组合式”是值得注意的理论和观点。

朱德熙（1982）[112-113]把述语是单独的动词（不带补语和后缀），宾语是单独的名词（不带定语）的述宾结构称作黏合式，凡是不符合上述条件的述宾结构称作组合式。如例（1）：

（1）黏合式　　组合式
吃饭　　吃完饭
买票　　买了票
说话　　说着话
上课　　上点课
打人　　打他
提问题　　提个问题

朱德熙（1982）[112-113]认为述宾黏合结构和组合结构有个重要的语法差异：述宾黏合结构往往可以直接（不带“的”）做定语，述宾组合结构必须加上“的”字体词化以后才能做定语。比较例（2）中的结构：

（2）造船技术——造大船的技术
上课教员——上过课的教员
挂号同志——挂了号的同志
救济难民问题——救济难民的问题
看电视时候——看完电视的时候
招收研究生办法——招收这批研究生的办法

然而，很多述宾黏合结构不能直接做定语构成动宾饰名复合词。除了1+1式述宾黏合结构可以直接做定语外，其他述宾黏合结构一般要动宾倒序后才可以直接做定语①，已有不少文献对这类现象进行了讨论［详见应学凤（2015）介绍］，如例（3）：

---

① 有一些述宾黏合结构也可以直接做定语，如：贩卖毒品犯、拐卖儿童罪，但绝对数量不多，能产性不强。

(3) *粉碎纸张机——纸张粉碎机

*修理汽车工——汽车修理工

这说明述宾倒序结构和述宾黏合结构的性质也有很大的差异。

二、述宾黏合结构与述宾倒序结构的分布差异

述宾黏合结构和述宾倒序结构在能否充当主宾语能力上也有差异。述宾黏合结构做宾语时,一般也需要换序。如:

(4) *打击走私文物——打击文物走私

*促进统一祖国——促进祖国统一

“*打击走私文物”等之所以不成立,是因为动词“打击”的及物要求没有得到满足。“打击”是体宾动词,后面需要紧接体词性成分,而“走私文物”是个具有明显述谓性的述宾黏合结构,因而不合法。而“打击文物走私”能成立,就是因为“文物走私”满足了“打击”的及物要求。据此可知,“文物走私”是个具有指称性的结构。

相比之下,VO式述宾黏合结构具有较强陈述性、述谓性,动宾换序后的OV式具有较强的指称性,述谓性弱化了。在北京大学CCL现代汉语语料库中,作为述宾黏合结构“走私文物”没有直接充当主语的例子①,都必须要求动词和宾语换序后的“文物走私”才能单独做主语,如:

(5) 文物走私已发展为海、陆、空立体作战。

(6) 文物走私是根绝不了的,但是我们一定要从国家的立场……

(7) 一个个文物走私出境案的破获表明,疯狂的文物走私遇到了来自海关全方位的堵截。

(8) “枣庄案件”并不孤立,近年来文物走私已向集团化、专业化、技术化方向发展。

石定栩(2003)也认为OV结构是名词性的,OV结构可以受“的”字结构的修饰,可以带有数量成分或指示成分,如:

---

① 北京大学CCL现代汉语语料库中也有不少定中结构的“走私文物”做主语的情况,但没有述宾结构的“走私文物”的例子,这进一步说明了具有述谓性的谓词性述宾黏合结构不宜做主语。

(9) 新来的工人不懂由电脑控制的设备修理。

(10) 市长非常关心明天的两次污水处理。

(11) 新来的工人不懂这种设备修理。

OV 结构和 VO 结构在宾语位置上的差异,如:

(12) 市长非常熟悉污水处理。

(13) *市长非常熟悉处理污水。

(14) 新来的工人不懂设备修理。

(15) *新来的工人不懂修理设备。①

但并不是说 VO 式结构都不能充当宾语,这要看动词的要求,下面的动词就要求宾语不能是 OV 式结构,如:

(16) 新来的工人想修理设备。

(17) *新来的工人想设备修理。

(18) 市政府打算处理污水。

(19) *市政府打算污水处理。

董秀芳(2006)指出:"OV 结构不能出现在'打算'等不能带名词性宾语的动词后,而 VO 结构不能出现在'熟悉'等主要带名词性宾语的动词后。"也就是说,述宾黏合结构直接做动词"打算""想"的宾语,不能说明 VO 式结构具有指称性,反而进一步证明了述宾黏合结构的陈述性语义。聂仁发、高也婷(2018)也认为述宾黏合结构用作陈述,是动词性的;述宾倒序结构用作指称,是名词性的。

三、述宾倒序结构的指称性语义特征

VO 式述宾黏合结构与倒序 OV 式结构上述分布差异,是由两者的语义差异导致的。那么述宾倒序结构指称义是怎么来的呢?

3.1 "这本书的出版"结构与述宾倒序 OV 式结构

VO 式述宾黏合结构是谓词性结构,陈述性、述谓性强些。那倒序 OV 式结构是什么结构呢? 理论上,这种结构有可能是主谓结构,也有可能是定中

① 改为"如何修理设备"就可以:新来的工人不懂如何修理设备。因为"懂"的宾语可以是体词性的,也可以是非现实谓词性的。

结构。但根据这种结构能直接做定语和可以转换为VO式黏合结构的特点判断,它不大可能是主谓结构,因为主谓结构不能直接做定语。倒序OV式结构跟定中黏合结构相似,尤其是跟"图书出版""教材改编"这样的以动词为中心语的名词性结构很类似。倒序OV式结构的宾语和动词之间一般可以加上"的",如:

(20) 改编教材——教材改编——教材的改编

(21) 修理汽车——汽车修理——汽车的修理

(22) 救济难民——难民救济——难民的救济

(23) 招收研究生——研究生招收——研究生的招收

(24) 粉碎纸张——? 纸张粉碎——纸张的粉碎

"教材改编""汽车修理"和"教材的改编""汽车的修改"都是定中结构,"教材的改编""汽车的修理"是名词性的偏正结构,"教材改编""汽车修理"也是名词性的偏正结构。这里的"改编""修理"动词的动作性不强,不是典型的动词。"难民救济""研究生招收"单说接受度不如"教材改编""汽车修理"等,不过这种结构意念上是名词性的偏正结构,只是由于动词"救济""招收"动作性比较强,因而"N双+V双"就不容易被识解为偏正结构,需要加上形式标记"的",如:"研究生的招收""难民的救济"。"? 纸张粉碎"单说不大能接受,不能识解为定中结构,因为"粉碎"是典型的动词,动作性强,有及物的要求,但意念上这个结构又是名词性的表达,因而就不合法。如果加上凸显偏正结构的"的","纸张的粉碎"马上就合法了。

李晋霞(2002)讨论了影响动词构成定中"V双+N双"的四种典型性因素,具体表现为以下四个等级序列:及物动词>不及物动词、变化动词>不变化动词、[—变化,+有界]动词>[—变化,—有界]动词、[+强动作性]动词>[+弱动作性]动词。

她认为动词越典型,"V双+N双"就越有可能构成述宾式,越不典型,越有可能构成定中式,也就是说不及物动词、不变化动词、[—变化,—有界]动词、[+弱动作性]动词最容易构成定中结构。

同样,在动词为双音节的述宾倒序OV结构中,是否被识解为定中结构,也跟动词的典型性有关,越是不典型的动词,越有可能识解为偏正结构。

上述结构跟"图书的出版"等结构具有相关性,如:

(25) 出版图书——图书出版——图书的出版

而“图书的出版”和“这本书的出版”都是以动词为中心的名词性的偏正结构。也就是说“图书出版”“教材改编”“汽车修理”“难民救济”“研究生招收”等都可以识解为以动词为中心的定中黏合结构。邢福义(1994)曾指出:“当它(笔者注:即名词性 OV 结构)独立使用的时候,特别是在用来作为书名、文章名等的时候,有向偏正结构偏转的倾向,在整体功能上相当接近于名词性短语。”

前人认为定中黏合结构跟单个的名词或复合词的语法功能类似,并认为这类结构是具有指称性、称谓性的语法语义(朱德熙 1982[148-149];陈琼瓒 1955;范继淹 1958;吕叔湘 1979;陆丙甫 2015[39];应学凤 2014)。述宾倒序结构可以重新分析为定中黏合结构,所以述宾倒序 OV 式结构具有指称性。

3.2 述宾倒序 OV 式结构中动词与“N 的 V”中的动词

一般只有动词是双音节的述宾黏合结构才可以倒序为 OV 式结构①,[1+2]式述宾黏合结构不能倒序为 OV 式结构。这可能跟双音节动词的特性有关。张国宪(1989)指出:“从共时的角度看,大多数 V 双兼有名词的某些特点,是一种动/名双功能词,从历时的角度考察则可以认为 V 双正处于向名词一段漂移的过程中。”

詹卫东(1998)指出:“NP 的 VP”跟名词一样,具有指称性。“一般名词的所指是‘事物’,而这个格式的所指是‘事件’。”“有的动词‘动作性’较弱,‘事件性’较强”,这类动词易被“NP+的+VP”格式接纳。王冬梅(2002)“运用及物性理论考察了‘N 的 V’结构,认为动词越是具有高及物性特征,越不易出现在该结构中。所以‘N 的 V’中的 V 动词性较弱。”也就是说充当偏正结构中心语的动词是不典型的动词。只有动作性不强,及物性不高的不典型的动词才能作为偏正结构的中心语,或者说,在特殊的语境下某些动作性较强的动词作为偏正结构的中心语后,随着使用的扩散和类推的作用,使得一些动词的语义发生变化。沈家煊(2009)也指出:“以‘这本书的出版’为例,动词‘出版’做主宾语是有标记组配,或者说这个动词在主宾语的位置上丧失了一部分动词的特性,带上了一部分名词的特性。”

---

① 少数[1+1]述宾黏合结构看似也可以倒序为 OV 式结构,如:客运站、肉食动物等,但这类结构可能是先后 OV 复合词(聂仁发,高也婷 2018),然后由 OV 直接作定语构成 OVN 的。

也就是说"N 的 V"结构中的 V,大家都认为其"丧失了一部分动词的特性,带上了一部分名词的特性",跟做谓语的动词不一样,不是典型的动词。对于这个事实,目前有三种处理方案:一是认为这里的动词已经名物化,都变成名词了,这是名物化的观点;二是认为这里的动词已经去范畴化了,其中部分已经转类,变成名动词了,这还是基于名动分立的观点;三是认为动词本身也是名词,这里的动词没有必要名物化就可以构成指称语,这是名动包含的观点。

对于名物化的观点,一般认为是不可取的。沈家煊(2007)评价说:"说'出版'已经由动词变为名词,这种'名词化'说法最大的问题是违背'简约原则',即不要增加不必要的步骤和名目。"但名物化观点也有合理的成分,就是指出了这类动词具有名词的部分特点。

袁毓林(2010a)则认为"N 的 V"结构中 V 已经去范畴化了。他认为:"翻译印欧语中的动性名词形式,造成汉语动词的去范畴化:动词被迫处于名词性短语的中心语的位置,其中一部分通过转类派生出名词形式。""由于硬译外语中的动性名词,使得转类这种构词手段大行其道。其中,有些转类造成的名词用法固定下来了,得到了充分的范畴化,成为朱德熙先生所谓的'名动词';有些还只是一种临时性的偶发行为,多半是为了翻译外语的动性名词,不得已而为之,即还停留在对动词的去范畴化过程之中。"

袁毓林(2010b)进一步指出:"图书和出版"并没有违背句法上的"并列条件"(并列的成分必须在句法上同类),因为"出版"这类书面语色彩很浓的双音词是朱德熙先生定义的"名动词",也就是可以做动词"有"和虚化动词"进行、予以、作"的宾语、不能受副词修饰的双音动词。"出版"在"出版这些图书"中表现出动词性的一面,在"图书和出版"中表现出名词性的一面。

沈家煊(2007,2009)提出名动包容模式,认为汉语的名词构成为指称语,动词构成为陈述语,同时还可以构成指称语,指出"N 的 V"结构在语用范畴上符合向心结构理论。沈家煊(2012b)认为:"名动包含"型语言,名词和动词也有区别,但是区别不像"名动分立"型语言那么重要,因为动词性词语都具有指称性。

周韧(2012)认为"这本书的出版"不仅在语用范畴上符合向心结构理论,也在句法范畴上符合向心结构理论。他通过讨论名词和动词在主宾语和谓语等句法位置上实现组合变化的能力,认为汉语名词的句法特征就是“[+N, -V]”,而动词的句法特征就是“[+N, +V]”。

陆俭明(2003)指出:“作为某一类词里的某个具体的词,它当然会具有它所属词类的各种语法功能,但当它进入某个具体的语法位置后,我们没有理由再要求它具有它所属词类的所有语法功能。”也就是说,没有理由要求一个词的词类特性在具体的句法位置上全部实现。因而,假如动词的特征可以描述为[+N, +V]的话,那么在作为名词性偏正结构“N 的 V”“NV”的中心语时,它的[+N]特征得到凸显,在谓语位置[+V]特征得到凸显。

因此,我们认为假如汉语的名词构成指称语,动词构成陈述语,同时还可以构成指称语是事实的话,那么动词作为谓语时,构成陈述语是凸显的,作为定中结构“N 的 V”“NV”的中心语时,构成指称语是凸显的。

述宾黏合结构和述宾倒序结构性质不同,语义有明显差异。述宾黏合结构中的动词具有陈述性、述谓性,述宾倒序结构中的动词具有指称性。述宾倒序 OV 结构中的 V 就是朱德熙(1982[60-61],1985[24-26])所谓的名动词,就是英语中的复杂事件名词(陆丙甫 2012),是名词性的。述宾倒序 OV 结构可以作为考察名动词内部成员的名词性强弱的框架。限于本文主题,我们将另文展开。

3.3　述宾倒序 OV 式结构中动词的泛时空化特性

关于述宾倒序 OV 式结构(包括“NP 的 VP”句式)是欧化句式,常用语书面语的特点,很多人有过论述。(吕叔湘 1957[87];王力 1954[338];朱德熙 1983;邢福义 1994)

冯胜利(2010)、冯胜利和闫玲(2013)进一步区分了述宾黏合结构和述宾倒序结构的“正式”度的高低:

零级正式度　编教材

一级正式度　编写/改编教材

二级正式度　教材编写/改编　教材的编写/改编

三级正式度　对教材进行改编

冯胜利(2010)认为“V单 + N双”的述宾结构是零度正式度,“V双 + N双”的述宾结构稍微正式些,如果把“V双 + N双”述宾结构的宾语和动词换序,是更加正式的格式。冯胜利和闫玲(2013)把动宾直接“倒序”的称作“倒序——正式格”,如“教材编写”,动宾借助“的”倒序的,如“教材的编写”称作“倒序式——泛时空化”正式体,两者都是正式语体常用的手段。经过“倒序”,“动词的动作都失掉了它的个性和具体性的内容,成为抽象的概念,”动词“泛时空化”了。王洪君(2001)也认为受事前置的“管道维修”更适宜表达与具体说话时间无关的、类似英语加-ing式动名词的那种弱动态概念。

这里的“泛时空化”跟袁毓林(2010a)所指的“N的V”的动词去范畴化类似,都是指这里的动词是不典型的动词。

王永娜(2012)利用书面正式语体具有“泛时空化”特征解释了“和”字动词性并列结构(如“图书和出版”)这类结构具有书面正式语体功能的原因。王永娜发现,在这类并列结构中,动词都是双音节的。而一般认为双音节动词具有名词特性。另外,她还证明了这里的动词失去了一些动词的句法特点,比如不能重叠,不宜分别携带“得”字状态补语动量补语、趋向补语、结果补语等补语性成分,并认为这里的双音节动词名词性得到凸显。

由此我们可以得出结论,“教材(的)改编”“图书(的)出版”等“N(的)V”结构中的动词也不能再带“体貌成分”,不能再带补语、宾语,动词的[+V]特征弱化了,[+N]特征得到凸显。属于正式体“教材编写”的动词的“泛时空化”,就是指该动词[+N]特征得到凸显,指称性得到凸显。

述宾黏合VO结构和相关倒序OV式结构在主宾语和定语位置上分布的不对称的原因,归根结底在于述宾倒序OV结构的指称性与述宾黏合VO结构的陈述性的语义差异。述宾倒序OV结构指称性语义源于该结构已经重新分析为名词性定中黏合结构,整个结构是名词性的,因而整体具有指称性语义特征。此外,述宾倒序OV结构中的动词是非典型的动词,具有名词性;述宾倒序OV结构中的动词构成为指称语。述宾倒序OV结构不管是从整体上看,还是从它的组成部分看,都具有指称义,不具有陈述义。

四、指称性、轻重、松紧与动宾倒置复合词

述宾黏合结构和述宾倒序结构的分布差异反映了两者的语义差异。述宾黏合结构和述宾倒序结构分布差异的原因是两者的指称性差异,前者是陈述性的,后者是指称性的。

倒序OV式结构跟“图书出版”“教材改编”等具有同构性,是名词性定中黏合结构,因而指称性很强,述谓性很弱。倒序OV式结构的动词与“N

(的)V”和“这本书的出版”中的动词一样,动词[+V]特征弱化了,[+N]特征得到凸显。理论上,动词可以构成为陈述语,也可以构成为指称语,但在倒序 OV 式结构中,动词构成为指称语是凸显的。动词的陈述性弱化,指称性得到凸显,则有助于增强倒序 OV 式结构整体的指称性。董秀芳(2014)指出:“双音 V + 双音 O”和“双音 O + 双音 V”形式则是由于在动词双音化之后其名词性增强的背景下存在着不同的重新分析为定中结构的可能,从而产生了指称性上的差别,因此当其进入复合词时,指称性较强的“双音 O + 双音 V”形式就会胜出。

指称性和陈述性语义差异是述宾黏合结构和述宾倒序结构是否能直接做定语构成动宾倒置复合词的主要原因。

Haspelmath 和 Andrea(2010)在第九章“词和短语”中提出,短语区别于复合词的地方在于它们允许指称依赖性成分(注:复合词内一般只允许出现类指/通指性成分,不允许带特指等所谓“指称依赖性”特征)并且在音系、形态和句法上表现出较低的黏聚性。

何元建(2004)指出“VO 者”和“OV 者”在语义上有差别,前者可以表示特指,后者表示泛指。周韧(2006)认为这两者的语义分别是定指和类指。何元建举例说明:“当我们听见有人说‘操作计算机者是我们的台长’这句话时,说话人可能正在用手指着一位‘计算机操作者’给前来参观的人介绍情况。这时候如果说成‘计算机操作者是我们的台长’,就觉得有点儿不对。”我们认为,“VO 者”的特指义主要来自其修饰成分“VO”是表示特指的,而“OV 者”的类指义来自名词性“OV”结构。“VO”是述宾黏合结构,“OV”的“O”已经重新分析为修饰语,是定中黏合结构,前者具有特指义。

“VO”和“OV”义差异不但跟后置的“V”凸显了指称性的语义有关①,还跟“O”的语义有关。“O”居于动词前还是动词后,意义也不同。匿名审稿人提醒笔者:对 OV 名词化机制的一个重要解释是,在这一操作过程中,动词失去了它的论元结构,它的主宾语论元不再在原来的句法位置上,而被去句

---

① 匿名审稿人指出:动词也有类指功能,如“抽烟有害健康”中的“抽烟”,“登高可以望远,与人争辩可以找出自己的不足”,其中的谓词部分都是类指,指一类事件,而不是个别的特定事件。感谢审稿人的指正。关于动词指称性的研究,陈振宇(2017)的《汉语的指称与命题》有系统的阐述。

化,称为领属语,如英语“the enemy's destruction of the city”那样,汉语“纸张粉碎”可以写为“纸张的粉碎”就是这种论元领属关系化的表现。领属者是“纸张”,被领有者是事件“粉碎”,由于这里的“纸张”是类指,即指各种纸张,或者很多很多的纸张,而不是指特定的某些纸张,所以整个结构“纸张(的)粉碎”才是类指的。①

一般情况下,动宾饰名复合词比较排斥“VO”修饰语,“VO”和“OV”的语义差异是两者能否直接作定语构成动宾饰名复合词的主要原因。

从句法结构看,动宾饰名复合词是定中结构。它是由述宾黏合结构或述宾倒序结构直接做定语构成的定中黏合结构。(应学凤 2014)朱德熙(1982)[149]指出:“(定中)黏合式只能以黏合式为成分”,“不能以组合式为成分”。然而,述宾黏合结构内部成分复杂,语义与一般的黏合结构差别很大,只有双音节的述宾黏合结构才是真正的黏合结构,其他音节的述宾黏合结构性质跟组合结构更接近。(应学凤 2013)因而从定中黏合结构生成的句法要求看,述宾倒序结构(本质上是定中黏合结构)才能比较自由充当动宾倒置复合词(也是定中黏合结构)的修饰语。

汉语中名词性复合词可以在形式上比较长,而动词性复合词在形式上比较受限,音节数目一般不能超过两个音节。(董秀芳 2004)因而2+2式的述宾黏合结构从性质上看,是短语,不是复合词。根据“词汇完整性假说”(Lexical Integrity Hypothesis):禁止句法规则应用于词的内部。词本位假设(strong lexicalist hypothesis)也认为词的组成规则与短语不同。(Lapointe 1980;Selkirk 1982;Di Sciullo and Williams 1987)述宾黏合结构是短语结构,所以一般不能直接充当复合词的修饰语,只有倒序后才可以比较自由地充当动宾饰名复合词的修饰语。

跨语言考察发现,动宾复合词主要有两种语序:OVN和NVO。在OV为语序的语言中,动宾复合词都是OVN形式,如日语、韩语和蒙古语等;是VO

① 感谢匿名审稿人修改建议。匿名审稿人也提醒笔者注意:如果这里的“O”如果是个别指称的,那么整个“OV”也是个别指称的。如某地有一个“天王洞”这是个别的事物,因此“天王洞考察计划”就可以是指某一次或多次对天王的特定的考察活动。笔者认为“OV”虽然可以表示特指,但“VO”不能表示类指,两者是扭曲的对应,“OV”同时可以表示类指和特指。但如果需要区分,在最小对比组中,“VO”和“OV”确实有特指和类指的差异。

语言且定语基本前置的,动宾复合词倒序是常态,如英语、德语等;是 VO 语言且定语后置的,动宾复合词的语序是 NVO 形式。(周韧 2006)下文只引用英语和德语的例子:

(26) 英语: vegetable-cutting knife　　language acquisition device
蔬菜　切　刀　　语言　获得　装置
"切菜刀"　　"语言获得装置"

(27) 德语: atomwaffen-sperr-vertrag　　Strassen-bau-Plan
原子武器　禁止　条约　　街道　修建　计划
"原子武器禁止条约"　　"街道修建计划"

汉语是 VO 语言,且定语前置,所以汉语的动宾复合词动词和宾语倒序是符合世界语言共性的,无标记的。

从轻重节奏角度看,重轻节奏模式是否一致很重要。只有修饰成分和整个结构的轻重模式是一致的,和谐的,才是强势的结构。根据辅重原则和宾重原则(Lu & Duanmu 2002),述宾倒序结构如果被重新分析为定中结构,那么就是重轻模式,而述宾倒序结构直接做定语构成的动宾倒置复合词即是一个定中结构,也是重轻模式,节奏一直和谐。述宾黏合结构是轻重模式,跟整个动宾倒置复合词的重轻模式不一致,不和谐。

述宾黏合结构倒序后才能直接做定语,同时是松紧和谐的表现。主谓、述宾、述补、偏正四种结构的从松到紧的松紧度等级为(柯航 2007):

主谓 > 述宾 > 述补 > 偏正

述宾黏合结构是松的结构,而动宾倒置复合词是一个定中结构,是个紧的结构,为了松紧一致,述宾黏合结构需要倒序,重新分析为定中结构性质的述宾倒序结构才能直接做定语构成动宾倒置复合词。

述宾结构倒序后构成的述宾倒序结构实质是定中结构,定中结构更加紧凑,"词语传递、便于打包"的重要方式之一。(沈家煊,柯航 2014)例如:

(28) 粉碎纸张→纸张粉碎机
培养人才→人才培养方案
讲习语言学→语言学讲习暑期班

同样音节数条件下,动词比名词"轻"。古人把动词也看作虚词,"虚"者,轻也。(沈家煊 2012a)按照跨范畴可别度,也是名词比动词可别度高,可别度越高,越重。(陆丙甫 2005)"粉碎纸张"是"轻-重",结合松散,而

"纸张粉碎"中的"粉碎"有名词性,本质上属于"名-名"结合。这样就有三个松紧等级:"重-轻",结合最紧;"重-重",居中;"轻-重",结合最松。从松紧角度看,松散结构不宜进入结合紧密的复合词,即"黏合"结构。

由此可见,述宾倒序结构能直接做定语构成动宾倒置复合词,是指称性、重轻模式、紧的节奏等共同作用的结果。在述宾倒序结构上,指称性语义特征、轻重韵律、松紧节奏呈现高度正相关性。动宾倒置复合词的例外,其修饰成分和整个结构在指称性、轻重、松紧方面不一致。

参考文献

陈琼瓒(1955)修饰语与名词之间的"的"字的研究,《中国语文》第10期。
陈振宇(2017)《汉语的指称与命题》,上海:上海人民出版社。
董秀芳(2004)《汉语的词库与词法》,北京:北京大学出版社。
董秀芳(2006)汉语定中式复合词的内部构成及限制,《现代中国语研究》第8期。
董秀芳(2014)2+1式三音节复合词构成中的一些问题,《汉语学习》第6期。
范继淹(1958)形名组合间"的"字的语法作用,《中国语文》第5期。
冯胜利(2010)论语体的机制及其语法属性,《中国语文》第5期。
冯胜利,闫 玲(2013)语体语法与教材编写,*Journal of Chinese Language Teachers Association* 第48卷第1期。
何元建(2004)回环理论与汉语构词法,《当代语言学》第6期。
柯 航(2007)《现代汉语单双音节搭配研究》,中国社会科学院博士学位论文。
李晋霞(2002)《现代汉语定中"V双+N双"结构研究》,中国社会科学院博士学位论文。
陆丙甫(2005)语序优势的认知解释:论可别度对语序的普遍影响(上),《当代语言学》第1期。
陆丙甫(2012)汉英主要"事件名词"语义特征,《当代语言学》第1期。
陆丙甫(2015)《核心推导语法(第二版)》,上海:上海教育出版社。
陆俭明(1993)《八十年代中国语法研究》,北京:商务印书馆。
陆俭明(2003)对"NP+的+VP"结构的重新认识,《中国语文》第5期。
吕叔湘(1957)《中国文法要略》,北京:商务印书馆。
吕叔湘(1979)《汉语语法分析问题》,北京:商务印书馆。
聂仁发,高也婷(2018)动词还是名词?——受动复合词的词类问题,《语言研究》第4期。
沈家煊(2007)汉语里的名词和动,《汉藏语学报》第1期。
沈家煊(2009)我看汉语的词类,《语言科学》第1期。

沈家煊(2012a)论“虚实象似”原理——韵律和语法之间的扭曲对应,CASLAR(Chinese as a Second Language and Research)1(1). Berlin: de Gruyter: 89-103.

沈家煊(2012b)“零句”和“流水句”——为赵元任先生诞辰120周年而作,《中国语文》第5期。

沈家煊,柯 航(2014)汉语的节奏是松紧控制轻重//北京大学汉语语言学研究中心《语言学论丛》编委会编,《语言学论丛》第五十辑,北京:商务印书馆。

石定栩(2003)动词的名词化和名物化,中国语文杂志社编,《语法研究与探索》第十二辑,北京:商务印书馆。

王冬梅(2002)“N的V”结构中V的性质,《语言教学与研究》第4期。

王洪君(2001)音节单双、音域展敛(重音)与语法结构类型和成分次序,《当代语言学》第4期。

王 力(1954)《中国语法理论》,北京:中华书局。

王永娜(2012)书面语体“和”字动词性并列结构的构成机制,《世界汉语教学》第2期。

邢福义(1994)NVN造名结构及其NV/VN简省形式,《语言研究》第2期。

应学凤(2013)《现代汉语黏合结构韵律与句法互动的语义语用制约》,浙江大学博士学位论文。

应学凤(2014)现代汉语偏正黏合结构研究综论,《励耘语言学刊》第2期。

应学凤(2015)动宾倒置复合词研究述评,《汉语学习》第2期。

袁毓林(2010a)汉语和英语在语法范畴的实现关系上的平行性——也谈汉语里名词/动词与指称/陈述、主语与话题、句子与话段,《汉藏语学报》第4期。

袁毓林(2010b)汉语不能承受的翻译之轻——从去范畴化角度看汉语动词和名词的关系,北京大学汉语语言学研究中心《语言学论丛》编委会编,《语言学论丛》第四十一辑,北京:商务印书馆。

詹卫东(1998)关于“NP+的+VP”偏正结构,《汉语学习》第2期。

张国宪(1989)“动+名”结构中单双音节动作动词功能差异初探,《中国语文》第3期。

周 韧(2006)共性和个性下的汉语动宾饰名复合词研究,《中国语文》第4期。

周 韧(2012)“N的V”结构就是“N的N”结构,《中国语文》第5期。

朱德熙(1982)《语法讲义》,北京:商务印书馆。

朱德熙(1983)自指与转指:汉语名词化标记“的、者、之、所”的语法功能与语义功能,《方言》第1期。

朱德熙(1985)《语法答问》,北京:商务印书馆。

Di Sciullo A-M, Williams E. (1987) *On the Definition of Word*. Cambridege. Mass: MIT Press.

Haspelmath M, Andrea D S. (2010) *Understanding Morphology (2nd ed)*. London; New York: Oxford University Press Inc.

Lapoite S G. (1980) *A Theory of Grammatical Agreement*. Doctoral Dissertation, University of Massachusettes, Amherst.

Lu Bingfu, San D. (2002) Rhythm and Syntax in Chinese: A Case Study, *Journal of Chinese Language Teachers Association* 37(2): 123-136.

Selkirk E O. (1982) *The Syntax of Words*. *Cambridge*. Mass: MIT Press.

(浙江外国语学院中国语言文化学院　杭州　310023　yingxf@163.com)

用在人称代词后地点指示词的功能考察*

殷志平

提要　地点指示词用在人称代词后产生处所意义，由于人称代词与地点指示词所指空间范围关系的不同，“人称代词 + 地点指示词”处所结构具有外域参照、内部参照和重合参照等参照关系，在句法上相应表现为黏合式定中结构、组合式定中结构和同位结构。“人称代词 + 地点指示词”可转指处所附着物、机构、人和抽象事物。地点指示词用在现实句 VP 之前表示动作行为在“当下-现场”发生，是一种主动示人行为，强调说话人的态度和情感，表现出感叹性。用在表示非现实和状态意义的 VP 之前时，地点指示词充当语用成分，强调动词形容词描写的行为属性是人称代词所指对象具有的，隐含对比性。

关键词　地点指示词　处所化　参照关系　转指　当下-现场　语用成分

一、引　言

对地点指示词“这里、那里、这儿、那儿、这边、那边”等用在人称代词、名词后面这一语言现象学界已经有很多讨论，主要观点有三：一是认为这种用法的地点指示词具有处所化功能；二是认为用在人称代词、名词后动词前的地点指示词产生了表示体意义的虚化用法；三是认为用在作为话题的人称代词、名词后面表示“方”——动作的参与方。这些观点对深化认识地点指

* 匿名审稿人对本文提出了建设性修改意见，谨表诚挚谢意。文中错误当由作者自负。

示词的功能很有启发意义。然而学界没有讨论为什么用在人称代词、名词后面的地点指示词具有处所化功能,对地点指示词表示体的虚化用法目前还存在分歧,而表动作参与方的观点也还存在不足。分歧和不足激起了我们对这一现象进行深入讨论的兴趣。由于地点指示词常常出现在人称代词和指人名词后面,而指人名词后附地点指示词的性质与第三人称代词后附地点指示词基本相同,本文把讨论的范围主要限定在"人称代词+地点指示词"的范围。出现在表位移方向的"来""去"和表到达位移终点后的动作动词后的地点指示词表示位移的终点,为地点指示词的常规用法,本文也不做具体讨论。本文语料均出自北京大学CCL现代汉语语料库。

二、文献综述

关于地点指示词用在人称代词后产生处所意义的讨论主要有两种观点,一是附着地点指示词的非处所词变成处所词了,如吕叔湘(1984)[587]《现代汉语八百词》认为,"这里""那里"均可以直接放在人称代词或名词后面,使非处所词成为处所词,储泽祥(1997)[99]也认为,"这里""那里"的主要功能是使体词方所化,而不是起指代作用。另一种观点是"指人名词+人称代词"组合表达处所意义,如赵元任(1979)[280]指出,"这儿""那儿"加在原非处所词之后构成处所词;刘探宙(2016)认为,地点指示词成分有改变性质的作用,使指实体的名词短语变成"名词+地点词"整体上指位置。刘文进一步认为地点指示词与非处所名词组合后可构成黏合式定中结构、组合式定中结构和同位结构等三种结构。在黏合式定中结构中,本来指实体的名词由于地点指示成分的黏附产生位置信息,变成了某个位置的实体记号;组合式地点指示短语中,地点指示词就是名词的某个具体部位,名词只是说话人提供给听话人的参照物,不是语义中心;同位结构中名词的处所义是句子或结构间接赋予的。地点指示词附着在人称代词后面产生处所意义的用法可以叫作地点指示词的处所化。那么到底是人称代词本身变成了处所词还是"人称代词+地点指示词"组合具有处所意义?为什么同样的"人称代词+地点指示词"可以表现出不同的黏合式定中结构、组合式定中结构和同位结构?这些问题值得进一步考察。此外,"人称代词+地点指示词"在处所化之上产生了事物化,即"人称代词+处所词"转指事物、机构和人,目前学界还未对这种用法开展充分讨论。

较早注意到地点指示词体功能的是朱德熙（1982）[87,184-185]，他指出，“（在）这儿”“（在）那儿”用在动词前既可以理解为表示空间概念，也可理解为表示动作或行为的持续状态，在理解为后一种意义的情况下，“在这儿”“在那儿”不实指处所，“可以略去不说”。张伯江、方梅（1996）[182-183]认为北京话里“这儿”“那儿”衍生出了表时态的用法，“这儿”表示进行，“那儿”表示某种状态在时间上的持续，并进一步认为这种用法的“这/那儿”不再用作指示，而变为一个表示时态意义的成分。但刘探宙（2016）[68-69]认为“这/那儿”“成为时态成分这一语法化阶段并未实现”。他的理由是：第一，地点指示义并未完全消失；第二，很多包含“在”和“正（在）”表进行时的句子，不能用“那儿”替换；第三，当“这/那儿”和“正”连用时，有很多情况下略去“正”句子就不通了；第四，如果认为“这/那儿”是时态成分，“为什么在同一个位置上会出现两个表达进行时态的功能成分”？因此，刘文认为这种用法的地点指示词的功能是指明存在。刘文进一步认为地点指示词表时间意义时带有强烈的主观情绪特征，对于具体的主观语用义，刘文并未具体探讨，只是分析例句中的“那儿”，认为用“那儿”意在拉大与对方的距离。地点指示词具有时间特征，这是事实，但地点指示词用在动词前的意义到底是什么，似需进一步讨论。

地点指示词表参与方的“方”这一观点是主要是刘探宙（2016）提出的。他认为这是一种虚化用法，即指示词用在话题后以地点转喻动作行为的参与方，大致相当于书面语色彩较浓的“方”。储泽祥（1997）[136]提出过类似观点，认为“这边”“那边”附在人称代词或表人名词之后可以引申表示某人所处的境况或控制范围，有时意义很虚，只起指示方向的作用。我们认为用“方”概括地点指示词的功能还值得商榷，一是仅仅用“方”概括并没有揭示地点指示词的本质意义，因为作为谓词论元，地点指示词前面的人称代词本身就表达动作参与方的意义；二是很多用在话题后的地点指示词不能用“方”替换。

针对这些问题，本文试图对地点指示词用在人称代词后的处所化功能、“人称代词＋地点指示词”的事物化功能、用在现实句VP前和非现实句VP前地点指示词的功能进行逐项讨论，以深化对地点指示词意义和功能的认识。

三、地点指示词的处所化功能

3.1 相关概念

对于地点指示词用在非处所义人称代词后面产生处所义的理解涉及两个问题：一是人称代词在“人称代词+地点指示词”组合中的表达功能；二是在表达处所意义过程中人称代词与地点指示词之间的参照关系。我们知道，人称代词的主要功能是用于指称，凸显外延，也就是用词语表示参与者承担的“角色”。(Levinson 1983)然而作为参与者的人兼有生物属性和社会属性(成军，文旭 2009；储泽祥，刘琪 2012)，生物属性包括高生命度、身体、感知等，社会属性包括品行、性格、名誉、思维等。储泽祥、刘琪(2012)把“人”表示生物属性时所指称的对象叫作“生物人”，“人”表示社会属性时所指称的对象叫作“社会人”。与“生物人”观点类似，金宝荣(2011)指出，从躯体自我角度讲，先验自我可以将我的身体把握为纯粹的物质性客体，与其他的物质性东西一样，躯体占据一定的时间和空间，具有一定的物理性特征。因此，我们不妨从“生物人”概念中延伸出“物质人”的概念，用来指称物质性客体的人。

与处所化讨论相关的空间范畴涉及形状系统和参照关系。对于前者，齐沪扬(1998)将物体所占有的空间范围形状区分为“点、线、面、体”。点不考虑空间范围在长、宽、高三个维度上的特征，线只考虑空间范围在长度上的特征而不考虑其在宽度和高度上的特征，面只考虑空间范围在长度和宽度上的特征而不考虑其在高度上的特征，体考虑空间范围在长、宽、高三个维度上的特征。参照关系，即地点指示词指称的处所范围和作为参照物的名词所指事物占据的处所范围之间的关系，一般认为存在三种关系：一是地点指示词指称的处所范围比参照点范围大，也就是方位参照处在参照点之外，此为外域参照；二是地点指示词指称的处所范围比参照点范围小，也就是方位参照处在参照点之内，此为内部参照；三是地点指示词指称的处所范围与参照点所处范围相同，此为重合参照。(方经民 1999)由于人称代词在话语中基于物质人认知呈现的点、线、面、体的不同特征，以及“人称代词+地点指示词”组合中地点指示词指称的处所范围和人称代词所指对象占据的处所范围之间的不同关系，造就了“人称代词+地点指示词”的不同句法特征和语义功能。

3.2 “人称代词+地点指示词”的处所化特征

处所化(localization)是指借助一个参照词语来指称一个未名处所的句法操作。(王光全,柳英绿 2008)人称代词进行处所化操作,主要借助表地点的参照词语,也可利用“从、朝、向”等介词。人称代词经处所化操作构成的处所结构大致可以分为三种,一是外域参照的位置结构,二是内部参照的位置结构,三是重合参照的位置结构。

3.2.1 外域参照的位置结构

在“人称代词+地点指示词”组合中,地点指示词所指区域处在人称代词所指物质人所处范围之外。例如:

(1) 病人说:“纯粹胡说八道!你这里天气不错,并不等于全世界在今天都是好天气。”

(2) 芮小丹说:“还记得那个丁先生吗?过年了,我到他那儿去了一趟。”

根据3.1小节讨论,语言事件中,人本身可以作为认知客体,人称代词可以“物质人”身份参与空间关系表达,上述两例中,由于地点指示词需要依据参照点确定所指事物位置,“你”“他”被认知为一个占有空间区域的物质客体,充当“这里”“那儿”的参照点,并表现为面的特征,“这里”“那儿”分别指称离“你”所在位置较近的处所和靠近“他”所在位置的处所。从空间范围上看,这些句子中的地点指示词所指的空间范围比人称代词所指的空间范围大,也就是说,地点指示词的辖域处在参照点人称代词的范围之外,人称代词与地点指示词的参照关系是外域参照。因为是外域参照,“你”不能领有“这里”,属于“指称性称名”(designative term, Chao 1956),而指称性称名不可带“的”(陆丙甫 2003),因而可解释刘探宙(2016)黏合式定中结构的人称代词与地点指示词之间不能插入“的”原因。

3.2.2 内部参照的位置结构

在“人称代词+地点指示词”组合中,地点指示词所指区域处在人称代词所指物质人所处范围之内。例如:

(3) 小英果然停住哭声,似乎是怕吃不了饭。她委委屈屈的说:“他打我!”

“谁?”小坡问,心中很替小英难过。

“张秃子!打我这儿!”小英的手在空中随便指了一指。

(4) 一天上体育课,小金老师教我们传球,他把球老是传到我的小肚子上,还过来摸摸问:“你这里藏着一个啥玩意? 硬邦邦的?”

(5) 我只想象把刀子捅开这里,把心挖出来,叫你瞧瞧是怎样的! 也拿刀子捅开你那里,把心挖出来,叫大家瞧瞧是怎样的! 我亲手杀了你,也比叫国民党杀了你好!

例(3)中的“我”作为“这儿”的参照点,空间范围表现为面的特征,指整个躯体空间,“这儿”属于“我”躯体空间的一部分,也就是说,“这儿”的辖域处在参照点“我”的范围之内,“我”与“这儿”的参照关系是内部参照。例(4)和例(5)的“你”的空间范围都表现为体的特征,分别指肚子和胸膛,“这里”指肚子内部空间,“那里”指胸膛内部空间,两例的人称代词和地点指示词也是内部参照关系。从空间范围意义上讲,上述三例中的人称代词与地点指示词所指空间具有领属关系,领属结构倾向于是一个“描写性短语”(descriptive phrase, Chao 1956),因此两者之间可添加基本功能为描写的“的”而使领属关系得到显化(陆丙甫 2003),这可解释刘探宙(2016)组合式“人称代词+地点指示词”的“定”“中”之间可以插入“的”的原因。

3.2.3 重合参照的位置结构

在“人称代词+地点指示词”组合中,地点指示词所指区域与人称代词所指物质人所在区域范围相同。例如:

(6) 沈振新抓起电话话筒,熟悉的清亮的带着幽默色调的声音,响荡在他的耳朵里:“南线二十多万敌人,决心要来赶热闹呀! 离我这里还有六十里。”

(7) 当某一方阐明他的观点时,他的能量场有相应的动作,似乎采取一种削弱对方的策略,去吸吮对方的能量。而对方作辩驳时,能量又朝他那边流动。

例(6)、例(7)中动词“离”、介词“朝”表示方向和距离,要求其管辖的名词性成分表示某个位置点,以作为距离的始点或方向的参考点,也就是说,要求“人称代词+地点指示词”表达点的空间意义。因此,人称代词被识解为一个占有空间位置点的物质客体,空间范围表现为点的特征,并作为地点指示词的参照;由于参照物的空间范围是点,地点指示词指示的空间范围也是点,因此,地点指示词与人称代词两者所辖空间区域重合,构成同指关系。

重合参照结构可延伸表示起讫序列中的位置点，例如：

（8）他截住薛纪徽的车，苦苦地向他求援："我截到你这儿，已经是 19 辆了，要么根本不停，要么停下听两耳朵就冲我摆手……大哥，我可全仗着您了！"

刘探宙（2016）认识到这些例句中人称代词与地点指示词之间构成同位关系，但没有解释构成同位关系的内在理据。因为没看到指示词所辖空间区域与人称代词所指区域重合是这类处所化结构构成同位组合的理据，刘探宙（2016）把例（9）中的"我这里"看作同位结构：

（9）小平同志跟我交代说："我这里没有多少事，不需要医生。"（刘文例句）

例（9）中虽然可适用同位项删除法，但由人称代词单独构成的句子与地点词单独构成的句子意义上并不等值（"我没有多少事"表领属，"这里没有多少事"表存在），"我"占据的空间范围与"这里"所指空间范围并不相同，因此"我这里"是定中短语。

下面将本节讨论归纳为表 1。

表 1　"人称代词 + 地点指示词"处所结构的空间范畴特征和句法特征

空间形状	参照关系	人称代词指称空间	地点词指称空间	前后件所指空间范围关系	句法特征
面	外域参照	物质人所在位置	离参照点较近处所	前件比后件所指空间范围小	黏合式定中结构
面、体	内部参照	物质空间躯体空间	指躯体的一部分	前件比后件所指空间范围大	组合式定中结构
点	重合参照	物质人所在位置	回指参照点	前件与后件所指空间范围重合	同位结构

四、"人称代词 + 地点指示词"的事物化

"人称代词 + 地点指示词"在处所化基础上产生了转指用法，即指称与人称代词为参照点的较近较远处所相关的人和事物，在地点指示词后添加"的 + 相关词语（表示转指的人或事物）"可验证这种转指关系。"人称代词 + 地点指示词"的事物化大致有转指处所附着物、转指人、转指机构和转指抽象事物等 4 种。

4.1 转指处所附着物

此类“人称代词+地点指示词”为外域参照位置结构,人称代词凭借地点指示词得以处所化,处所再转指在处所上的附着物。指称处所附着物的“人称代词+地点指示词”可充当主语、宾语等,例如:

(10) 傅知府道:“借他这里谈谈也好。”

(11) 再关老子,就放一把火把你们这里烧成灰!

例(10)“他这里”做动词“借”的宾语,转指“他这里的房间”,例(11)“你们这里”做“把”的宾语,转指“你们这里的建筑”,“房间”“建筑物”分别是存在于“他这里”和“你们这里”所指处所的附着物。

4.2 转指人

这种情况下人称代词通常是单数,地点指示词回指人称代词,两者构成重合参照结构,可通过同位项删除法测试,在句子中主要充当宾语。例如:

(12) 从今后,先从我这里做起,任何大牌、小牌都不兴摸,彻底戒赌!你们说呢?

(13) 如果别人要借,得经过你们批准,而你们批准的时候,要报告我这里。

(14) 但由于我这个儿子毕竟是八十年代出生的孩子中的第一个男孩,所以,陈云听到消息后说:“李梅立了一功,给我这里恢复‘名誉’了。”

例(12)—例(14)中的“我这里”均指称说话人自身,分别充当介词“从”、动词“报告”和介词“给”的宾语。

语料库中发现“人称代词+地点指示词”转指复数意义的人的例子:

(15) ……用白手套抽打他的脸骂道“胆小鬼,我这里都是伤痕累累的士兵,没有像你这样的蠢货”,说着一下子给他推出了帐篷。

例(15)中的“人称代词+地点指示词”不能通过同位项删除法测试,应按外域参照结构解读,将转指的事物理解为在“我这里”的附着物——一些士兵。

4.3 转指机构

“人称代词+地点指示词”组合为外域参照的处所结构时,可转指与处所相关的机构,充当句子的主语、宾语等。例如:

(16) 你们那里叫什么村?

(17) 几年前,当荣事达集团搞内部承包时,总经理陈荣珍就对维修服务部门负责人说:“你这里不搞承包,用户100%满意就是指标,要不惜血本。”

(18) 为进一步了解情况,记者分别与名列组委会成员的有关单位核实了情况:农业部乡镇企业司办公室负责人回答:我们没有参加这项活动;农垦司工业处一位处长称:农业部参加此类活动一般都通过我们这里。

例(16)“你们那里”转指“你们那里的村子”,充当主语。例(17)的“你这里”转指受话人所在的部门,充当主语,例(18)“我们这里”转指说话人所在的部门,充当宾语。例(18)的“我们这里”似乎也可解读为重合参照的同位结构,但需进行两次转指的认知操作:“我们”转指部门+“这里”转指部门,认知过程比解读为外域参照复杂。

4.4 转指抽象事物

“人称代词+地点指示词”组合整体为外域参照的处所结构时,可转指与处所相关的“情况、状态”等抽象事物,“人称代词+地点指示词”组合充当话题,充当述题的主要有主谓短语、复句形式等。先看述题为主谓短语的情况:

(19) 比如我们这里吧,这几年变化真大,变化的原因,说一千道一万,靠党的好政策。

(20) 黄秋生:最后两个人打,几个人打,打完之后,我说,哎,导演,我们这里,我们的戏应该怎么样?

例(19)“我们这里”转指“(我们这里)的情况”,例(20)“我们这里”转指“(我们这里)的话”。再看述题为复句形式的情况。

(21) 主席说:“我那里要说事情多,有时也真的多,有时也没有多少事情。”

(22) 杨太太(笑了两声)大嫂,别这么说呀!说真的,你这里若是死路,我们未必不会另想法子。

例(21)中的“我那里”转指“(我那里)的情况”,例(22)的“你这里”转指“(你这里)的话”,这两例的述题都是假设复句。

五、地点指示词指示现场性动作行为

地点指示词既可用在现实句中的动词前,也可用在非现实句中的动词前,两者表现出不一样的特征。本节讨论用在现实句动词前地点指示词的性质和功能。

5.1 句法特征

用在现实句动词前地点指示词的句法功能是修饰动词,为谓语一部分,“人称代词+地点指示词”为跨层结构。下面讨论近指和远指的分布、VP以及“地点指示词+VP”小句的语篇分布等三个方面的特征。

5.1.1 分布特征

主要有两个方面,一是地点指示词用在现实句的动词前,一般不与第二人称代词组合构成“你/你们+这/那里+VP”,下文会在表达功能上对这项分布限制进行解释。二是近指的地点指示词可用于第一和第三人称代词,而远指不能用于第一人称代词,因为会造成指示中心混乱。

5.1.2 VP的特征

充当VP的主要是表示现场动作行为的动词,包括施为动词、身体动作动词、公共活动动词和言说动词等。

1. 施为动词。例如:

(23) 贾凤魁走上台前,朝那五鞠了一躬,笑嘻嘻不紧不慢地说了声:“经理,我们这儿谢谢您哪!”

(24) 韩楚风思考了许久,终于开口了,说:“是花瓶还是红颜知己,得称称斤两才知道。礼数不周的地方,我这儿向你道歉了。”

(25) 白花蛇:大哥,您真有一套!得了,我认错儿,我这儿给您请安了!赶到十点半,我来接她!大哥,可不许变卦呀!

“谢谢”“道歉”“请安”都是言语施为动词,表示的动作是说话人当着受话人的面进行的。

2. 身体动作动词。身体动作动词表示的动作是说话人通过肢体动作且在说话现场当着受话人施行的。例如:

(26) 老人哆嗦着下了台阶,心急而身体慢的跪下去:“历代的祖宗有德呀!老祖宗们,我这儿磕头了!”他向西磕了三个头。

3. 公共活动动词。这类动词表示公众聚集在一起共同参与一项活动,一般用包括式的复数第一人称代词做主语,动词陈述的活动在说听双方所在的现场举行。例如:

(27) 同志们:今天,我们这里召开“93全国百强集贸市场”新闻发布会。这次会议我们邀请了首都新闻单位的朋友和国务院有关部门参加。

4. 言说动词。言说动词表示的言说行为都是当着受话人施行的。这类句子中的 VP 除了原始性言说动词“说”“讲”“介绍”等外,还有隐喻性言说动词“提到”“看”等,句子中的人称代词主要是第一人称。

(28) 这个半导体激光器呢,有很多种,我这里只介绍两种。这个叫作 FP 型的……

(29) 但我们这里且不忙讲它的利弊,先看看伴着科举制而发生的其他官人方法。

(30) 前面说过,词是语言中能够独立运用的符号,我们这里先来看看词这一级的运转情况。

(31) 我们这里要特别提到科斯的名字。他对现代厂商理论的贡献早已有口皆碑。

5. VP 表示在交际双方可视空间中进行的动作行为,一般也是一种现场动作行为。例如:

(32) 李:你先来,你先来。

牛:诶,蕾丝,你的工作还没干完呢?我这儿正等着看稿儿呢。

(33) 巡警:老总们,我这儿正查户口呢,这儿还没开张!

例(32)“等着”和例(33)的“查户口”都在交际参与者的可视空间中进行。

5.1.3 语篇特征

主要特征是“地点指示词 + VP”小句只能在前景句中存在。说话人使用指示词时,通常认为指示的内容是受话人不知晓的新信息,因此地点指示词指示的事件一般出现在前景句中,如果出现在背景句中,事件就成为旧信息而无需直指了。刘探宙(2016)所举包含“在”而不能用“那儿”替换的例句就是因为“在”指明的事件不是新信息:

(34) a. 整个山像一场在燃烧的大火。(刘文例句)

b. *整个山像一场那儿燃烧的大火。

5.2 语义特征

Rybarczyk(2015)把外指用法(exophoric use)的指示词看做典型的指示语,认为典型指示语用于指向“此时此地”(here-and-now)场景中的事物。张新华(2007)认为“指示词被发送者用于在情境的当时当地直接指出对象”。这意味着典型指示语在指示事物存在于交际现场的同时也指示了其存在于交际当下。Anderson 和 Keenan(1985)[298] 发现,帕马尼荣根语系(Pama-Nyungan)中曼堪语(Wik-Munkan)的指示词同时被用作指示位置和指示时间,如 inman 表示"就是这里-现在"。考察语言事实发现,现代汉语的地点指示词用在表示现实情境的 VP 前时,指向此时此地的一个事件,表示动作行为正在"交际当下-交际现场"发生。上面 5.1.2 节分析的 VP 意义的现场性特征以及 5.1.3 节分析的"地点指示词 + VP"小句只在前景句中存在,也都印证了地点指示词指示事件的"当下-现场"特征。

对于地点指示词指示事件的"当下-现场"特征,有两个方面需要进一步解释,一是地点指示词不仅可以指示言谈现场发生的事件,而且可以指示谈话所述故事中发生的事件,也就是说,在说话时刻前发生的动作行为也可用地点指示词指示。例如:

(35) 这王爷直纳闷儿:"哎,怎么这驴拴着没有主儿哇?"一说没有主儿,有人搭碴儿啦。这花墙里头哇坐一个老头子,五十来岁,穿着蓝裤子,光着脚丫子,上身一个白小褂儿,戴着托肩,这两只脚丫子穿两只夹鼻鞋,实纳鞋帮。说话特别,他那儿正喝茶哪:"没主儿啊?没主儿可不行,你要一拉就有主儿啦。"王爷一瞧,这人一定是赶驴的。

(36) 这相面的厉害,他说两句话让谁也走不了,就仿佛用一尺多长大钉子把你的脚钉在地下,他多会儿钱挣够了数儿,你多会儿走!他这儿正在说着,有一位要动……"嘿,众位,今天哪,你别瞧人不多呀,哈哈,齐全!内中还有一位特别,因为什么?他心里有难说的事情……"

这两例都是相声片段,例(35)"他喝茶"和例(36)"他说着"的行为都发生在相声演员说话之前,然而都用地点指示词指示,给受众呈现出来的"喝茶"和"说着"行为好像就在说话"当下-现场"发生,如何解释这一现象?我们认为这是一种叙事视角的转移(shift of the narrative perspective),即从话语情境(the utterance situation)到叙述情境(the narrated situation)的转移,通过叙述视角转移,说话人假装叙事事件实际上就发生在叙述者和观众面前(Himmelmann 1994)。叙事视角的转移实际上是指示中心(the deictic center)的转移,就是从当前话语情境中的说话者转移到叙事情景中的说话者。从修辞角度讲,这是用现在式替换过去式的时态转换(enallage of time),

目的是造成一种动作行为就在说话当下发生的现场感,增加话语的感染力。上两例都是相声话语,相声是一种表演艺术,往往把过去发生的事件用表演形式现场呈现给观众,让观众有亲临其境的感受,时态转换是现场表演手法之一。

二是近指和远指在意义上存在一些差异。根据 Kirsner(1979),近指指示词为高指示性指称(High deixis),远指指示词为低指示性指称(low deixis)。高指示性指称中,说话人要听话人关注指称对象,因为听话人未能把指称对象从其他可能的对象中区分开来,或者需要聚焦于指称对象;而对于低指示性指示(low deixis),话语当下无需听话人对指示对象予以特别的关注或者只需对指称对象予以较少的关注。因此,用在现实句中动词前的近指和远指指示词虽然都表示"当下-现场"义,但用高指示性的近指比用低指示性的远指更显紧迫感,指示的事件更接近说话当下,这也是地点指示词空间意义差异在时间意义差异上的隐喻。试比较:

(37) a. 甲:在汽车旁边有做买卖的,有一个卖豆腐脑儿的,你看这个人有二十来岁,穿着蓝布裤褂,蓝布围裙,捂着耳朵,张着嘴,哧合哧合的——

乙:他那儿吆喝哪!(乙说完就跑了,甲没打着乙)

甲:你怎么跑了?

乙:不跑又打上了。

b. ……他这儿吆喝哪!(乙说完就跑了,甲没打着乙)

两句话中"说着"的行为都在当下发生,但例(37)b"吆喝"的行为比例(37)a更接近说话当下。

指示时空的"当下-现场"与贯通时空意义的"存在"(刘探宙 2016)有相同的地方,但前者指明了时空的具体位置,后者表明时空存在的量意义,但我们认为时空量似没有准确揭示动词前地点指示词的意义。

5.3 地点指示词表示动作行为的语用特征

5.3.1 地点指示词指示事件是说话人的一种主动示人行为

Rybarczyk(2015)指出,典型的指示语是一种指示手势的"口头翻译",基于这种指示功能,地点指示词指示事件就是把事件指示给受话人看,目的是将受话人的注意力引向该事件。为配合主动示人行为,说话人在上下文还用呼语和"看""瞧"之类词语邀请受话人关注地点指示词指示的事

件。例如:

(38) 这个人不知道怎么回事呀,跟他一对脸,他眼睛快:“你这个痦子可不好哇,一辈子老有亏空,你挣多少钱也不够花的,全是这个痦子的坏处。你瞧,我这儿写着哪,这个痦子长这儿是不是破财?给你小镜子,你照一照。”

(39) 于是老婆麦三长叫一声:“好呀,海湾战争比我还重要,这日子没法过了。我告诉你姓墨的——门在那儿!”

墨非说:“等海湾战争完了行不行,我这儿忙着你又不是看不见。”

例(38)、例(39)分别用“你瞧”和“你又不是看不见”邀请受话人关注由“这儿”指示的示人行为。

主动示人行为在认知方式和指示的事件内容方面表现出相应的特征。

首先,事件的指示必须以说话人为指示中心做出“自观”(方经民 1999),因为此时说话人作为当事者可以对事件做出指示;而如果用第三人称,说话人以旁观者的立场和角度观察事件,此时指示中心与事件现场分离,说话人不能指示事件和主动示人。比较:

(40) 两个女兵长得都很漂亮,其中的一位不光是长得漂亮,嗓子也好得出奇。我走近她时,她正在唱《白毛女》插曲。我的魂儿一下子被她的歌声勾走了。

(41) 3 月 28 日,记者在乌鲁木齐一家餐馆偶遇朱香兰,她正在洗刷碗筷,忙得满头大汗。

这两例中“正在”表明存在“她唱《白毛女》”和“她洗刷碗筷”的事件,前一例的“正在”可用“那儿”替换而不改变句子的基本意义,因为句子采用第一人称的自观视角,句中“我走近她时”也表明指示中心已经从说话现场转移到故事现场;后一例的“正在”则不能用“那儿”替换,因为句子使用第三人称,采用旁观的观察点,指示中心与事件现场分离。这进一步表明,用“存在”(刘探宙 2016)概括动词前地点指示词的意义不能揭示地点指示词指示事件的主动示人特征。

其次,在事件内容上,地点指示词通常不指示行为主体为受话人的事件,因为地点指示词指示事件是说话人主动指示给受话人的,通常无需把受话人自身的事件指示给受话人。这解释了 5.1.1 小节提到的一项分布限制:地点指示词用在现实句动词前,一般不用于第二人称代词。

5.3.2 地点指示词强调说话人的态度和情感，表现出感叹性

根据 Diessel(1999)，指示词可用作指示情感接近、同情和共享信念的情感指示(emotional deixis)。地点指示词指示事件时，随语境变化表现出不同的态度和情感，在语气上表现出感叹性。

第一，强调地点指示词所指事件的紧迫性。地点指示词修饰动词表示动作行为在当下现场发生，而 VP 表示动作在现场进行，两相叠加产生紧迫性意义。例如：

(42) 资希圣让人搀扶着，跌跌撞撞来到南边的厂里，他想找几个健全人回来救人，可一个健全人一听就火了："我这儿正救人呢！人都快死啦！"

例(42)中说话人用"这儿"强调自己救人的紧迫性，下文的"人都快死啦"进一步诠释了这种紧迫性，上文的"一听就火了"则显示说话人说"我这儿正救人呢"时带有强烈的感情，句末的感叹号进一步表现了感叹语气。

第二，强调地点指示词所指事件的重要性。说话人用地点指示词指引受话人对当下发生的事件予以关注，隐含了地点指示词所指事件有比较重要的意义，这种意义在下面语境中可以得到解读：事件主体正施行某一动作行为时被他人要求从事另一动作行为，为拒绝从事另一动作行为提供理由，说话人用地点指示词强调其当下从事的动作行为更加重要，例如：

(43) "副主任，哎？"保安队打量了天赐一下，笑了。"走，回家去！""我这儿服务呢！"天赐还不肯走。

例(43)中天赐用"这儿"强调自己进行"服务"的重要性，以此拒绝保安队长提出的回家去的要求，还含有对对方要自己回家去的不满情绪。

刘探宙(2016)认为用"那儿"意在拉大与对方的距离，这只看到了地点指示词空间上的特征，根据本文的观点，地点指示词指示事件具有"当下-现场"特征，既有空间上的近距离，也有时间上的近距离，两者重合带来了紧迫性和重要性的语用特征。

六、地点指示词充当语用成分

6.1 用在非现实句 VP 前地点指示词的功能

"人称代词+地点指示词"用在表示非现实和状态意义的 VP——包括动词短语、形容词等——之前的时候，VP 表示时间上没有变化的、恒定性的

行为、属性,且空间属性也较淡化,这样地点指示词不表时间意义,也不表地点意义,已经失去命题意义,可略去不说,因此已成为一个表达说话人对 VP 表达命题的态度的语用成分。此时,地点指示词前的人称代词相当于一个话题成分。作为语用成分,地点指示词指引听话人,使他或她的注意力集中在人称代词所指对象身上,强调动词形容词描写的行为属性是人称代词所指对象具有的。同时,根据 Diessel(1999),外指的指示代词涉及距离尺度上的指示对比,地点指示词在引导非现实意义 VP 时隐含对比意义:该行为属性是人称代词所指对象具有的,而不是其他人所具有的。例如:

(44) 事情要人来做,你提倡放权,他那里收权,你有什么办法?

(45) 我贴心贴肺地补贴家,你倒好!还在这里有闲钱抽烟!我这里吃糠咽菜,你那里烧钱!你到底有没有良心啊!

例(44)删除"那里"不改变句子的基本意义,使用"那里"增强其引导的"收权"与上一句"放权"间的对比意义。例(45)中的"这里""那里"形成显性对比,但两者都不是实指"我吃糠咽菜"和"你烧钱"的处所,两个指示词都可以略去不说而不改变句子意义,因此其功能主要是语用上的。

有时用在非现实的 VP 前的地点指示词似乎有处所意义,例如:

(46) 按照县委工作的安排,崔炎寿又去了大队新开的花椒岭林场,大队派了十几个人跟着他学果树管理。这次,他这里一干就是 10 年,把一个不毛之地的荒山,变成了一个郁郁葱葱的花果山。

例(46)似乎可以理解为"他在这里一干就是 10 年",但原句的"这里"强调"一干就是 10 年"的行为属于他不属于其他人,添加"在"后,"这里"的语义重点变成强调"他""一干就是十年"行为发生在"这里"。

6.1.1 地点指示词引导形容词短语

句子中的形容词短语一般表示人的属性,可直接陈述句首的人称代词,说话人使用语义上冗余的地点指示词的目的是指引听话人/读者关注随后的形容词描写的属性不是其他人而是人称代词所指对象具有的,并有否定听话人的预设的隐含意义。例如:

(47) 我这里很忙,没有时间跟你啰嗦,你赶快回去吧。

(48) "但是莱斯利·奥克肖特爵士怎么办?""他那里好办。他将会看到我最严重的情况,我会想办法的。"

例(47)中说话人用"这里"强调自己这边很忙,含有听话人认为自己不忙的预设。例(48)“他那里”针对听话人问话“但是莱斯利·奥克肖特爵士怎么办?”的预设“莱斯利·奥克肖特爵士可能不太好办”,强调他——莱斯利·奥克肖特爵士那方面好办。

6.1.2 地点指示词引导动词短语

地点指示词引导的虽是动词短语,但表示没有变化的、恒定的状态,无需表达“时-空”意义的成分。主要有两种情形,一是动词短语表示动作完成后的状态,如例(49)、例(50);二是句子为不表现实情形的疑问句、否定句等,如例(51)、例(52)。

(49) 水库建成后,我们这里修了灌区,种了水稻,成了鱼米乡,外县人还来咱村参观呢!

(50) 第三天,蒋介石请他们吃饭。蒋介石说:“你们前方办了很多训练班,办得很好,我这里也办了一个,请你们去看看。”

(51) 高夫人见红娘子不在场,向闯王问道:“李公子和红娘子的喜事,你这里都准备好了?”

(52) 想你之所以进去都是我的错,哪晓得我这里一门心思要对你好点,你那里一点都不感激我,我对你好,真不如养条狗算了。

例(49)中的“这里”强调成了鱼米之乡的不是其他地方而是说话人自己所在的村子,有一种自豪的感觉。例(50)中“这里”强调“也办了一个(培训班)”的是“我”这方面,与“你们那里办了很多培训班”形成对比。例(51)中高夫人向闯王问关于李公子和红娘子喜事的准备情况,用“你这里”而不是“你”,强调自己关注的是闯王这边的准备情况,而不是其他人其他地方的准备情况。例(52)中的“那里”强调一点不感激的是“你”而不是其他人。

刘探宙(2016)认为本节讨论的地点指示词“像个对比焦点信息的标记成分”,并进一步认为这种用法表达的意思是“(NP)这/那一方面”,大致相当于“方”。我们认为,用“方”概括本节讨论的地点指示词的意义有一定的根据,但缺乏很强的解释力,如例(52)不能说成“你方一点都不感激我”。用“方”概括还是基于地点指示词的空间意义,仍停留在命题意义层面,而用在非现实情境 VP 前的地点指示词主要表达命题态度,即使是在对举语境中显现的对比意义,表达的也还是两个命题间的关系意义。

6.2 人称代词与地点指示词指称距离错位搭配及其语用功能

在空间指示行为中,远与近是以说话者/叙述者为中心,“这里”为近,

"那里"为远。用在非现实句 VP 前地点指示词与人称代词存在一些错位搭配情形:当第一人称代词(包括单数和复数,下同)和第二人称代词与"那里"组合时,指示距离上产生逻辑矛盾。

6.2.1 第一人称代词+那里

第一人称代词与"那里"组合时,形成了两个信息空间,一个是说话人当下所处的空间,即主体自我空间;另一个是通过远指词"那里"指称的与说话人当下所在处所有空间距离的主体存在的另一个空间。逻辑上"我"说话时所处的地方就是"这里","我"与"那里"组合是矛盾的,因此,"我那里"中的"那里"不表物理空间距离,而表心理空间距离。说话人心理上把自己分成两个人,一个是此地的自己,是主体自我,另一个是在彼地的自己,是客体自我。说话人把客体自我分离出来当成受话人看待,使那部分自我成为受注意的客体,从而呈现客观性特征。例如:

(53) 跟我走,去美国。我那里现在一切都稳定了,你可以干你爱干的事情,读书也可以,在家里呆着也可以。

(54) 我们那里可不像现在有些年轻姑娘,就想傍大款、追星什么的,掉进钱眼里爬不出来。

例(53)中的"我那里"指在美国生活的"我",说话人把在美国的自我当作陈述客体从当下的自我中分离了出来;例(54)说话人说话时所在之处与自己日常所处存在距离,用"我们那里……"指向自己日常生活所处的环境。

6.2.2 第二人称代词+那里

会话过程中,第二人称所指人物与说话人之间共处一个当下空间,说话人用"那里"与第二人称代词组合,构建了与一个当下空间存在距离的受话人行为空间,从而拉大与受话人之间的概念距离,传递相对客观化的意义。例如:

(55) 你那里老是古人老是"大款"傍靓女老是刀砍不入猛壮士,与他有什么相干?

七、结论和讨论

地点指示词用在非处所义人称代词后面产生了处所义,由于人称代词指称空间、地点指示词指称空间以及两者所指空间范围关系的不同,构成了外域参照、内部参照和重合参照等参照关系，在句法上也相应表现为黏合式定中结构、组合式定中结构和同位结构。外域参照处所结构可转指处所附着物、机构和抽象事物，重合参照处所结构可转指人。当地点指示词用在现实句 VP 之前时，地点指示词指示动作行为发生在“当下-现场”，是一种主动示人行为，强调地点指示词所指事件的紧迫性和重要性。“地点指示词 + 人称代词”用在表示非现实和状态意义的 VP 之前时，已经成为一个引导语篇的语用成分，强调动词形容词描写的行为属性是人称代词所指对象具有的，隐含对比性。此外，人称代词与地点指示词指称距离错位搭配造成主体自我与客体自我分离和听说双方当下空间和受话人心理空间的分离，造成客观化的效果。“人称代词 + 地点指示词”的功能可归纳为表 2。

表 2 “人称代词 + 地点词”的功能

语义功能		主要句法功能		参照关系
处所化	处所	主语 宾语	黏合式定中结构	外域参照
	躯体一部分		组合式定中结构	内部参照
	位置点		同位结构	重合参照
转指事物	处所附着物	主语、宾语		外域参照
	人	宾语		重合参照
	机构	主语、宾语		外域参照
	抽象事物	话题		外域参照
地点词表动作行为 发生在当下和现场		人称代词做主语， 地点词做状语		跨层结构
地点词失去命题意义， 表达语用功能		人称代词充当话题， 地点词为语用成分		句法成分 + 语用成分

本文的讨论可为关于地点指示词的一些分歧和没有得到较好解释的问题提供一些思路。第一，到底是人称代词本身变成了处所词还是“人称代词 + 地点指示词”组合具有处所意义？根据本文分析，当“人称代词 + 地点指示词”构成外域参照结构时，“人称代词 + 地点指示词”整体构成了处所结构，当“人称代词 + 地点指示词”构成内部参照结构和重合参照结构时，人称代词本身被识解为具有空间意义的词语：在内部参照结构中，人称代词的空

间范围表现为面的特征;在重合参照结构中,人称代词的空间范围表现为点的特征。第二,为什么同样的"人称代词 + 地点指示词"可以表现出黏合式定中结构、组合是定中结构和同位结构?我们的分析表明,当"人称代词 + 地点指示词"组合中前件所指空间范围比后件小时,即构成黏合式定中结构;当"人称代词 + 地点指示词"组合中前件所指空间范围比后件大时,即构成组合式定中结构;当"人称代词 + 地点指示词"组合中前件与后件所指空间范围重合时,即构成同位结构。第三,地点指示词用在现实句 VP 前表达的意义是什么?本文的讨论表明,地点指示词用在动词前具有"时-空"指示意义,指示 VP 表示的动作行为在当下和现场发生,用"指明存在"概括地点指示词的意义没有揭示当下现场的时空意义特征,也没有揭示这种用法显示的说话人的态度和感情色彩。第四,用动作行为的参与方概括用非现实句 VP 前地点指示词的功能是否恰当?本文认为,用参与方概括有一定的根据,但仍停留在命题意义层面,用在非现实情境 VP 前的地点指示词主要表达命题态度,强调动词形容词描写的行为属性及状态是人称代词所指对象具有的,隐含对比意义:该行为属性不是其他人所具有的。

参考文献

成 军,文 旭(2009)词项的概念指向性——陈述与指称的语义理据,《外语教学与研究》第6期。

储泽祥(1997)《现代汉语方所系统研究》,武汉:华中师范大学出版社。

储泽祥,刘 琪(2012)"我人还在这儿呢"——限定性同指关系、指称意图与语言形式的选择,《语言科学》第5期。

方经民(1999)汉语空间方位参照的认知结构,《世界汉语教学》第4期。

刘探宙(2016)汉语地点指示成分在句法结构中的表现,《世界汉语教学》第1期。

陆丙甫(2003)"的"的基本功能和派生功能——从描写性到区别性再到指称性,《世界汉语教学》第1期。

吕叔湘主编(1984)《现代汉语八百词》,北京:商务印书馆。

金宝荣(2011)《汉语指示语及其篇章衔接功能研究》,复旦大学博士学位论文。

齐沪扬(1998)《现代汉语空间问题研究》,上海:学林出版社。

王光全,柳英绿(2008)汉语处所化的机制及其在教学中的应用,《世界汉语教学》第1期。

张伯江,方 梅(1996)《汉语功能语法研究》,南昌:江西教育出版社。

张新华(2007)《汉语语篇句的指示结构研究》,上海：学林出版社。

赵元任(1979)《汉语口语语法》,吕叔湘译,北京：商务印书馆。

朱德熙(1982)《语法讲义》,北京：商务印书馆。

Anderson S R, Keenan E L. (1985) "Deixis." // *Shopen T. (ed.) Language Typology and Syntactic Description (Vols. 3)*. Cambridge: Cambridge University Press: 259-308.

Chao Y. (1956) Chinese Term of Address, *Language 32*.

Diessel H. (1999) *Demonstratives: Form, Function, and Grammaticalization*. Amsterdam: John Benjamins Publishing Company.

Himmelmann N P. (1994) *Demonstratives in Narrative Discourse: A Taxonomy of Universal uses*. Paper Presented at the Symposium on Anaphora.

Kirsner R S. (1979) Deixis in Discourse: An Exploratory Quantitative Study of the Modern Dutch Demonstrative Adjectives. // Givon T. (ed.) *Discourse and Syntax. Syntax and Semantics (Vol. 12)*. Amsterdam: John Benjamins Company.

Levinson S C. (1983) *Pragmatics*. London: Cambridge University Press.

Rybarczyk M. (2015) *Demonstratives and Possessives with Attitude: An Intersubjectively-oriented Empirical Study*. Amsterdam: John Benjamins Publishing Company.

Tao H. (1999) The Grammar of Demonstratives in Mandarin Conversational Discourse: A Case Study. *Journal of Chinese Linguistics* 27(1): 69-103.

(上海殷殷商务咨询有限公司　上海　200030　yin-zhiping@hotmail.com)

轻动词的类型与涉用范畴的归属*

熊仲儒　邵士洋

提要　轻动词从格和标记计算的角度看，没有必要划分下位类型。但从引进论元的角度看，可以根据事件语义为轻动词划分为四种类型，如：致使范畴、达成范畴、活动范畴与状态范畴。为了凸显非核心论元，人们往往会引进涉用范畴，这种涉用范畴可以出现在完成句式、达成句式、活动句式与状态句式中，可归结为相应的事件义轻动词。四类事件义的轻动词都可以引进核心论元与非核心论元，这也使得非核心论元跟核心论元在句法行为上相同。

关键词　轻动词　涉用范畴　事件意义　非核心论元　非常规宾语

论元结构问题是语法的核心问题之一，它决定了谓词可以跟什么样的成分共现。起初，人们把论元结构当作谓词（动词）的词汇属性，但随着研究的深入和语料的发掘，慢慢地认识到论元的非选择性，遂提出功能范畴选择论元的假设，如 Chomsky（1995）让轻动词引进外部论元，Pylkkänen（2008）让涉用范畴（Appl）引进内部非核心论元，这种非核心论元在国内常称为旁格成分，Borer（2005）与 Ramchand（2008）等则让功能范畴引进所有的论元。国内采用生成语法研究汉语论元结构的学者也大体接受这些假设和主张。为了说明论元的题元角色或论元间的语义关系，学者们还经常赋予轻动词以

---

* 本研究得到北京市社会科学基金项目“汉语左边界的制图分析”（项目编号 19YYB014）、北京语言大学 2019 年度重大基础研究专项项目“现代汉语语法典型案例库建设与汉语制图分析”（项目编号 19ZDJ01）与国家社科基金重大项目“基于汉语特征的多元语法理论探索（多卷本）”（项目编号 20&ZD297）、“大数据背景下人工智能及其逻辑的哲学反思”（项目编号 19ZDA041）的资助。

语义标记,如将“吃大碗”中引进工具的轻动词标记为 $Appl_{Ins}$ 或 Use 等,将“吃食堂”中引进处所的轻动词标记为 $Appl_{Loc}$ 或 At 等。针对这种处理,李劲荣(2019)提了一个很好的问题:到底有多少轻动词,是否每个旁格成分都由相应的轻动词引进。在生成语法内部,轻动词的数量和类型也亟需探讨,如:Kratzer(1996)引进1个轻动词,即语态范畴;Pylkkänen(2008)引进7个轻动词,如涉用范畴、语态范畴与致使范畴等;Ramchand(2008)引进3个轻动词,如激发范畴(init)、过程范畴(proc)与结果范畴(res)等;蔡维天(2017)引进多个轻动词,包括内轻动词与外轻动词等;Bowers(2010)引进的轻动词更多,如Ag、Th、Aff等。涉用范畴内部还有各种分类,内轻动词与外轻动词也还有子类。本文将根据事件语义,探讨轻动词的分类,并尝试将引进非核心论元的涉用范畴纳入事件语义的分类,也将通过语料揭示非核心论元的句法行为与核心论元的句法行为基本相同。

一、从句法的角度看轻动词的类型

本节将从标记计算和格核查的两个方面论证轻动词可以作为一个独立的词类,平行于轻名词和轻形容词等,从这个角度看,无需为轻动词设置下位类型。这类似于传统词类系统中的动词、名词与形容词,在句法计算上也不需要细分。至于及物动词与不及物动词、非作格动词与非受格动词等分类系统,那是推导的结果,对句法计算的作用并不大①。

1.1 标记计算

论元有核心论元与非核心论元之分,如“吃西瓜”中的“西瓜”是“吃”的核心论元,“吃食堂、吃父母、吃情调”中的“食堂、父母、情调”是“吃”的非核心论元。在生成语法中,可以为“吃食堂、吃父母、吃情调”这些带有非核心论元的动词短语指派如下结构:

(1) a. [$_{vP}$[张三][$_{v'}$[$_v$][$_{vP}$[食堂][$_{v'}$[$_v$][$_{VP}$[$_V$吃]]]]]]

① 在句法投射的时候,只需要动词就可以了,不需要细分到及物动词或不及物动词,如只有VP,而没有 V_tP 或 V_iP。非作格动词与非受格动词是推导的结果,如唯一的论元充当外部论元的动词是非作格动词,唯一的论元充当内部论元的动词是非受格动词。Borer(2005)用功能范畴推导非作格动词与非受格动词。

b. [$_{vP}$[张三][$_{v'}$[$_{v}$][$_{vP}$[父母][$_{v'}$[$_{v}$][$_{VP}$[$_{V}$吃]]]]]]

c. [$_{vP}$[张三][$_{v'}$[$_{v}$][$_{vP}$[情调][$_{v'}$[$_{v}$][$_{VP}$[$_{V}$吃]]]]]]

在例(1)中,有两个轻动词v,高位的轻动词为动词选择施事“张三”,低位的轻动词为动词选择处所论元“食堂”①、来源论元“父母”与环境论元“情调”。按照这种标法,在词库中只要有一个轻动词v就可以了,用它就可以为动词选择施事、处所、来源、环境等论元成分。但如果为了强调例(1)中的“张三”为核心论元,“食堂”“父母”“情调”为非核心论元,我们就需要将例(1)中的两个位置的轻动词进行区分。例如:

(2) a. [$_{VoiceP}$[张三][$_{Voice'}$[$_{Voice}$][$_{ApplP}$[食堂][$_{Appl'}$[$_{Appl}$][$_{VP}$[$_{V}$吃]]]]]]

b. [$_{VoiceP}$[张三][$_{Voice'}$[$_{Voice}$][$_{ApplP}$[父母][$_{Appl'}$[$_{Appl}$][$_{VP}$[$_{V}$吃]]]]]]

c. [$_{VoiceP}$[张三][$_{Voice'}$[$_{Voice}$][$_{ApplP}$[情调][$_{Appl'}$[$_{Appl}$][$_{VP}$[$_{V}$吃]]]]]]

例(2)用不同的范畴标记例(1)中的轻动词v,即让Voice引进核心论元,Appl引进非核心论元,这种处理可参见Pylkkänen(2008)。同理,如果要区分“食堂、父母、情调”的语义角色,还可以细分Appl。

用Voice与Appl这种标记,并没有句法学意义,它只是告诉读者在其指示语位置的成分为核心论元还是非核心论元。在Chomsky的系列论著中并没有做类似的区分,因为在句法学中,我们还得把Voice与Appl等还原为轻动词v。假如例(2)中的V向Appl核心移位,则所得结构为例(3):

(3) {Appl, V}

根据Chomsky(2013,2015),例(3)是无办法进行标记计算(labeling algorithm)的,因为V与Appl都满足最小搜索(minimal search)。为此,

---

① “食堂”在“吃食堂”中是不是处所论元,在本文中并不特别重要。本文先按普通常识假定它由Appl引进,最后将取消Appl,而认为它是由活动范畴Do引进的。不管是在Do系统中还是在Appl系统中,“食堂”在“吃”的事件中所充当的角色,都由说话人的百科知识决定。在Do系统,“食堂”甚至还可以是受事角色;而在Appl系统中,“食堂”是非核心论元,不能充当受事。“食堂”能否推理出受事来,依赖于说话人的百科知识与词汇信息和构式意义等。我们曾注意到王占华(2000)的研究,他说史有为(1997)认为“吃食堂”中的“食堂”是方式宾语,但他认为“食堂”既不是处所宾语,也不是方式宾语,而是受事宾语的转喻形式。审稿人也认为:把“吃食堂”中的“食堂”视为“处所论元”实际上是很值得商榷的,正如前人研究指出过的,“吃食堂”并不等于“在食堂吃”:一方面,把自备食物带到食堂去吃,并不能称之为“吃食堂”;另一方面,把食堂的食物带到别的地方去吃,却也不妨称其为“吃食堂”。

Chomsky(2013,2015)建议将“吃”这样的传统实词处理为没有词类标记的词根(root),记作R。例(3)可以改写为例(4):

(4) {Appl, R}

通过最小搜索,例(4)的范畴标记由Appl决定。但Appl并非传统语法中的范畴标记,也就是说例(4)到底是动词还是别的词类并不清晰,所以还需要将Appl还原为功能范畴v,如:

(5) {v, R}

这个时候,“吃”这一词根在与v融合以后,通过最小搜索可以得到标记v,v将“吃”确定为动词。所以,从标记计算的角度看,词库中只有一个轻动词v,无需下位类型。与此相平行的,还有轻名词、轻形容词等,它们作为定类成分为所构造的词指派范畴。(Chomsky 2013)

1.2 格的核查

轻动词有不同的特征,引进外部论元的轻动词具有完整的phi-特征集(即具备性、数、人称三种特征),引进其他论元的轻动词具有不完整的phi-特征集(即取其中的一个或两个特征),如:

(6) a. 敌人沉了轮船

b. T...[$_{vP}$[敌人][$_{v'}$[$_{v}$][$_{\surd P}$[√沉][轮船]]]]

(7) a. 轮船沉了

b. T...[$_{vP}$[$_{v}$][$_{\surd P}$[√沉][轮船]]]

在例(6)、例(7)中,我们将“沉”标记为词根“√沉”,它需要成词,所以要跟某一功能语素融合,成词后需要定类。例(6)中的v在这里起了三个作用,一是让词根“√沉”成词,二是将成词后的“沉”确定为动词,三是为“轮船”的格特征定值。在例(6)中,v引进了外部论元,所以其phi-特征集完整,能够核查内部论元“轮船”的格特征,并为其定值,如为宾格。在例(7)中,v没有引进外部论元,所以其phi-特征集不完整,不能核查内部论元“轮船”的格特征;最后“轮船”只能跟时制范畴T建立核查关系,并由T核查其格特征,最后定为主格。

词汇范畴也可以指派固有格。Chomsky(2000)认为动词可以指派固有格,Ott(2015)进一步指出介词可以指派固有格。这使得在单一协约操作的语言可以出现三个论元,单一协约操作就是一个完整的探针(Probe)只跟一个完整的目标(Goal)进行协约操作。如:

(8) a. Pat sprayed paint on the wall.

b. * Pat sprayed paint the wall.

(9) T...[$_{vP}$[Pat][$_{v'}$[$_{v}$][$_{vP}$[paint][$_{v'}$[$_{v}$][$_{\sqrt{}P}$[the wall][√spray]]]]]]

例(9)中的探针分别是T与v,T为Pat核查格特征,高位的v为paint核查格特征;低位的v因为phi-特征集不完整,不是完整的探针,所以不能为the wall核查格特征。词根"√spray"要核心移位到高位v,不能留在跟the wall毗邻的位置,所以the wall需要借助介词on指派固有格,这就是例(8)a与例(8)b的对立原因。汉语也是如此,如:

(10) a. 弟弟喷了一些油漆在墙上

b. *弟弟喷了一些油漆墙上

(11) T...[$_{vP}$[弟弟][$_{v'}$[$_{v}$][$_{vP}$[一些油漆][$_{v'}$[$_{v}$][$_{\sqrt{}P}$[墙上][√喷]]]]]]

例(10)a与例(10)b呈现出有无介词的对立,这是因为"墙上"需要格的缘故,低位的轻动词因phi-特征集不完整,无法核查格特征,所以需要借助介词"在"指派固有格。

双及物结构中也有三个论元,其中两个论元分别由T与高位的phi-特征集完整的轻动词核查格特征,另一论元只能借助其他方式获得格,如:

(12) a. 张三送了一本书给李四

b. 张三送了李四一本书

c. 张三把那本书送了李四

d. T...[$_{vP}$[张三][$_{v'}$[$_{v}$][$_{vP}$[一本书][$_{v'}$[$_{v}$][$_{\sqrt{}P}$[李四][√送]]]]]]

假如双及物动词通过合并的基本结构如例(12)d所示,则"张三"由T核查,"一本书"由高位的v核查,"李四"只能得到固有格。确实如此,"李四"在例(12)a中由介词"给"指派固有格,在例(12)b、例12(c)中由毗邻的动词"送"指派固有格。

从格的核查来看,也没有必要对轻动词进行下位分类。能不能核查格,关键在于它的phi-特征集完整与否。轻动词的格核查能力也反映了论元数目的有限性。

二、从语义的角度看轻动词的类型

轻动词,从纯句法的角度,是无需分类的,但轻动词有语义是毋庸置疑的。在格的核查理论中,Chomsky(1995)本来选择的是 Agr 系统,后来因为它没有语义贡献,就放弃 Agr 系统而启用 T-v 系统,并指出 v-VP 构型能表达外部论元的致使性或实施性。所以,学者们会从语义的角度为轻动词分类,并带上语义的烙印。Vendler(1967)从事件的角度将动词分成状态(state)、活动(activity)、达成(achievement)与完成(accomplishment)。Dowty(1979)[123-124]用活动 DO 与致使 CAUSE 等语义原子对这些动词的事件情状进行刻画。如:

(13) a. 状态(state):$\pi_n(a_1,\cdots,a_n)$

b. 活动(activity):$DO(a_1,[\pi_n(a_1,\cdots,a_n)])$

c. 达成(achievement):$BECOME[\pi_n(a_1,\cdots,a_n)]$

d. 完成(accomplishment):

$[[DO(a_1,[\pi_n(a_1,\cdots,a_n)])]CAUSE[BECOME[\pi_n(a_1,\cdots,a_n)]]]$

Rappaport Hovav 和 Levin (1998)[108]也采用类似的方式定义事件图景,她们称之为事件结构模板,如:

(14) a. 活动:$[x\ ACT_{\langle \mathit{MANNER}\rangle}]$

b. 状态:$[x\langle \mathit{STATE}\rangle]$

c. 达成:$[BECOME[x\langle \mathit{STATE}\rangle]]$

d. 完成:$[x\ CAUSE[BECOME[y\langle \mathit{STATE}\rangle]]]$

e. 完成:$[[x\ ACT_{\langle \mathit{MANNER}\rangle}]CAUSE[BECOME[y\langle \mathit{STATE}\rangle]]]$

差别在于完成事件的语义表达式,Dowty 将 CAUSE 的第一个论元表达为活动,Rappaport Hovav 和 Levin 则认为个体与活动都可以作 CAUSE 的第一个论元。"〈〉"中的斜体部分为词根常量,做下标的词根常量为谓词的修饰语,非下标的词根常量为论元。所以,人们会选择致使范畴(标记作 Caus)、达成范畴(标记作 Bec)、活动范畴(标记作 Do)、状态范畴(标记作 Be)来刻画轻动词。(Huang 1997,2006;熊仲儒 2004;邓思颖 2010)

致使范畴与达成范畴表达完成情状,达成范畴表达达成情状,活动范畴表达活动情状,状态范畴表达状态情状。比如说:

(15) a. 李四哭得手帕都湿了

b. [$_{VP1}$[李四][$_{V1'}$[$_{V'}$[$_{V1}$哭][$_{de[CAUSE]}$-得]]][$_{VP2}$[手帕][$_{V2'}$[$_{V2[BECOME]}$][$_{VP3}$[~~手帕~~][$_{V3'}$都湿了]]]]]]]

(16) a. 李四笑得肚子都疼了

b. [$_{VP1}$[李四][$_{V1'}$[$_{V'}$[$_{V1}$笑][$_{de[BECOME]}$-得]][$_{VP2}$[~~李四~~][$_{V2'}$肚子都疼了]]]]]]

例(15)、例(16)是 Huang(2006)根据事件模板指派的结构,请对照例(14),"哭"与"笑"都是方式(manner)。例(15)中有两个轻动词,分别是致使范畴与达成范畴,表达的是完成情状;例(16)中只有一个轻动词,即达成范畴,表达的是达成情状。

熊仲儒(2004)认为致使范畴与达成范畴在汉语中可以分别语音实现为"把"与"-得"。如果将动词仍然表达为词根,则例(14)a 与例(15)a 可以分别指派如下结构:

(17) a. T…[$_{CausP}$[李四][$_{Caus'}$[$_{Caus}$][$_{BecP}$[手帕$_1$][$_{Bec'}$[$_{Bec}$-得][$_{\surd P}$[$_{CP}$ Pro$_1$都湿了][√哭]]]]]]

b. T…[$_{BecP}$[李四$_1$][$_{Bec'}$[$_{Bec}$-得][$_{\surd P}$[$_{CP}$ Pro$_1$肚子都疼了][√笑]]]]

在例(17)a 中,致使范畴引进外部论元"李四",为 phi-特征集完整的探针,可以为"手帕"核查格特征。在例(17)b 中,达成范畴没有引进外部论元,为 phi-特征集不完整的探针,它所引进的论元"李四"由 T 核查格特征。例(17)a 中的 Caus 没有语音实现时,会吸引核心移位,得到"李四哭得手帕都湿了";如果 Caus 实现为"把",则得到"李四把手帕哭得都湿了"。

毋庸讳言,致使范畴像所有其他的范畴一样,有好的样本,也有差的样本。致使范畴的好样本可以用"把"实现,也可以诠释为"致使";像名词一样,好的名词样本有"名词"的语法行为,也可以诠释为"事物"。例(17)a 中的致使范畴,就是个好的样本,它不仅可以实现为"把",也可以诠释为"致使",如:

(18) a. 张三把手帕哭得都湿了

b. [张三哭]致使[达成[手帕〈湿的状态〉]](“张三致使手帕达成湿的状态”)

例(18)b 采用的是例(13)d、例(14)e 的模式,内含"致使"义,也有"达成"义。

致使范畴的差样本可以诠释为"致使",却不能实现为"把";或者可以实现为"把",却不好诠释为"致使"。例如:

(19) a. 张三送了李四一本书

b. [张三]致使[达成[李四领有一本书的状态]]

c. *张三把李四送了一本书

d. T...[$_{CausP}$[张三][$_{Caus'}$[$_{Caus}$][$_{HavP}$[ ][$_{Hav'}$[$_{Hav}$][$_{BecP}$[一本书][$_{Bec'}$[$_{Bec}$][$_{\sqrt{}P}$[李四][√送]]]]]]]]]

(20) a. 张三把钱看得很重

b. *[张三]致使[钱达到很重要的状态]

c. T...[$_{CausP}$[张三][$_{Caus'}$[$_{Caus}$把][$_{BecP}$[钱][$_{Bec'}$[$_{Bec}$-得][$_{\sqrt{}P}$[很重][√看]]]]]]]]

例(19)可以用致使进行诠释,如"x CAUSE[y HAVE z]",但它没有把字句,可能是因为紧邻致使范畴 Caus 的不是役事(Causee),而是接受者(Recipient);另外,也跟格有关系,役事"一本书"由 Caus 核查格特征,"李四"由"送"指派固有格,并伴随着"送"移位而移位到 HavP 的指示语位置,"李四"是因格而移位,所以 Caus 位置也不会实现为"把",如例(19)d。例(20)c 中的 Caus 可以实现为"把",但不好诠释为"致使"。朱佳蕾、花东帆(2018)针对例(20)这样的例子认为:"致使轻动词的分析不够全面,有些把字句不表达致使或处置的意义。"这不是把字句不表示致使义,而是致使范畴有好的样本与差的样本的缘故。例(20)虽然不能诠释为李四致使钱变得更重要,但还是可以迂曲地诠释为"张三的某些观念致使钱在其心目中达成很重要的状态"。这就像其他范畴一样,如果我们把语义上表示事物和形式上表现为"名词"看作名词的好样本,则 destruction 这样的动源名词就算不上名词的好样本,因为它在语义上并不表示事物。判断一个范畴的语义,我们根据的是好的样本,然后由好的样本覆盖差的样本。

完成情状和活动情状不同,其主要区别在于有无自然的终点。Sun(1996)认为,比起相应的动宾句来,把字句的语法意义表达的更是活动的具体完结(physical completion of an action),有极高的"及物性"(transitivity at its highest degree),其中受事"受完全影响"(total affectedness),例如:

(21) a. 他喝了汤了,可是没喝完。

b. *他把汤喝了,可是没喝完。

"他喝了汤了",汤不一定已经喝完,"他把汤喝了"要理解为汤已经喝完。这实际上跟所扩展的轻动词有关,如:

(22) a. T...[$_{AspP}$[$_{Asp}$-了][$_{DoP}$[张三][$_{Do'}$[$_{Do}$][$_{\sqrt{}P}$[汤][√喝]]]]]]

b. T...[$_{\text{CausP}}$[张三][$_{\text{Caus'}}$[$_{\text{Caus}}$把][$_{\text{AspP}}$[$_{\text{Asp}}$-了][$_{\text{BecP}}$[汤][$_{\text{Bec'}}$[$_{\text{Bec}}$]
[$_{\surd\text{P}}$[$_{\text{vP}}$了][√喝]]]]]]]]]

例(22)a 中的“喝”受活动范畴 Do 扩展,词尾“了”为时体范畴;受活动范畴扩展,表示活动,没有自然的终点,如例(21)a。例(22)b 中的“喝”受达成范畴 Bec 与致使范畴 Caus 扩展,词尾“了”为动相补语;受达成范畴扩展,表示达成,有自然的终点,如例(21)b。

状态范畴,用在状态句式中,“张三喜欢小说”中的“喜欢”就可以假定受状态范畴的扩展;蔡维天(2017)认为“他担心小孩儿”与“他对小孩儿担心”中的“担心”也受状态范畴的扩展。

从事件语义的角度,是可以将轻动词分成致使范畴、达成范畴、活动范畴与状态范畴的,在汉语中也有一定的表现,如致使范畴可以实现为“把”、达成范畴可以实现为“-得”等。轻动词的事件义分类,可以用特征的方式标记,也可以直接标记为范畴,后一种标记方式要标注它属于轻动词。

三、涉用范畴的归属

3.1 活动句式中的涉用范畴

从事件意义的角度看,轻动词的分类大致可以穷尽。Pylkkänen(2008)将引进论元的轻动词分成三类,如 Cause、Voice 与 Appl。Cause 与 Appl 又被分成三类。所以,总共有七类轻动词。Voice 引进的是外部论元,相当于上文的 Do、Caus 与一部分 Be 的作用。

Pylkkänen(2008)的 Cause 跟本文的处理不同,她将 Cause 的语义表达为“λP. λe. (∃e') P(e') & CAUSE(e, e')”,意思是说 Cause 引进的是事件论元 e 和相应的谓词 P,不引进事件参与者,因为她的 Voice 可以引进施事、致事等外部论元。如:

(23) John melted the ice.

a. [$_{\text{VoiceP}}$[John][$_{\text{Voice'}}$[$_{\text{Voice}}$][$_{\text{CauseP}}$[$_{\text{Cause}}$][$_{\text{VP}}$[melted][the ice]]]]]]

b. [$_{\text{VoiceP}}$[John][$_{\text{Voice'}}$[$_{\text{Voice}}$][$_{\text{VP}}$[melted][the ice]]]]

例(23)是 Pylkkänen(2008)指派的结构,例(23)a 表示 John 是施事,例(23)b表示 John 是致事,例(23)a 中的 Cause 引进事件论元和事件间的致使关系。熊仲儒(2004)让致使范畴引进致事,这种致事可以是有意愿的致事,也可以是无意愿的致事,像 John,不管他是有意愿地致使冰融化还是无意愿地致使冰融化,都可以由 Caus(e)引进。

涉用范畴 Appl,实际上是将那些本由介词引进的附加语当作论元引进,这种论元也被称为非核心论元(non-core argument)①。根据语义角色,涉用范畴可细分为引进益事的 Appl_{Ben}、引进工具的 $\text{Appl}_{\text{Instr}}$ 与引进处所的 Appl_{Loc} 等。比如说“吃食堂”,如果“食堂”是处所论元,则可以指派如下结构:

(24) [$_{\text{DoP}}$[张三][$_{\text{Do'}}$[$_{\text{Do}}$][$_{\text{ApplP}}$[食堂][$_{\text{Appl'}}$[Appl_{Loc}][$_{\text{VP}}$[$_{\text{V}}$吃]]]]]]

(25) [$_{\text{ApplP}}$[张三][$_{\text{Appl'}}$[Appl_{Loc}][$_{\sqrt{\text{P}}}$[食堂][√吃]]]]

例(24)区分核心论元与非核心论元,施事由 Do 引入,处所等由 Appl 引入。例(25)并不区分核心论元与非核心论元,施事与处所都由 Appl 引入,其中的 Appl_{Loc} 表示存在关系,所以也可直接用 At 标注,表示“张三”与“食堂”之间有“在”的关系,即“张三在食堂”。熊仲儒(2004)与蔡维天(2009)等都采用例(25)这样的图示。Cheng 和 Sybesma(2015)与蔡维天(2017)等都主张采用例(24)。蔡维天(2017)采纳例(24)的理由,就是为了区分核心论元与非核心论元。

就汉语本身而言,区分核心论元与非核心论元,意义并不大。从我们的角度看,就是活动句式中的非核心论元与核心论元都是由活动范畴 Do 所选择。活动句式中的涉用范畴实际上就是活动范畴,换言之,活动范畴既可以选择核心论元,也可以选择非核心论元。例如:

(26) a. 张三吃晚餐

b. [$_{\text{DoP}}$[张三][$_{\text{Do'}}$[$_{\text{Do}}$][$_{\sqrt{\text{P}}}$[晚餐][√吃]]]]

(27) a. 张三吃食堂

b. [$_{\text{DoP}}$[张三][$_{\text{Do'}}$[$_{\text{Do}}$][$_{\sqrt{\text{P}}}$[食堂][√吃]]]]

例(26)与例(27)中的“吃”都受活动范畴 Do 扩展,在例(26)中选择核心论元,在例(27)中选择非核心论元。就事件而言,“吃食堂”表达的是活动,没

① “他吃饭”中的“他”和“饭”是核心论元,“他吃食堂”中的“他”是核心论元,“食堂”是非核心论元,“食堂”也可以作为附加语引进,如“他在食堂吃(饭)”。需要注意的是,“他吃食堂”与“他在食堂吃饭”在生成语法中没有转换关系,各自独立生成。非核心论元不仅存在于汉语,也存在于其他语言,包括英语,如“John melted *me* some ice.”中的“me”也是非核心论元。

有自然的终点,如:

(28) a. 张三吃了一个星期的食堂

b. *张三在一个星期内吃了食堂

c. *张三花了一个星期才吃了食堂

(29) a. *张三吃光了一个星期的面粉

b. 张三在一个星期内吃光了面粉

c. 张三花了一个星期才吃光面粉

例(28)和例(29)的对比表明“吃食堂”是活动句式,其中必有活动范畴,如例(27)b。例(24)也表明“吃食堂”等是活动句式。要证明例(27)b合适还是例(24)a合适,还需要其他的测试方法,如分布法。例(26)、例(27)中的“晚餐”与“食堂”如果是由不同的轻动词引进,则可能会共现;如果是由相同的轻动词引进,则会相互排斥,不能共现。例如:

(30) a. *我吃晚餐食堂

b. *我吃食堂晚餐

例(30)表明活动句式中的核心论元与非核心论元相互排斥。

这些核心论元与非核心论元,Barrie和Li(2015)从常规宾语(canonical object)与非常规宾语(non-canonical object)刻画过它们的相同点。但如果将引进非核心论元的轻动词跟引进核心论元的轻动词看作不同的轻动词,如分别是涉用范畴与活动范畴,就需要一些额外的机制以限制核心论元与非核心论元的共现。如:

(31) a. *张三吃食堂晚餐

b. [$_{DoP}$[张三][$_{Do'}$[$_{Do}$][$_{ApplP}$[食堂][$_{Appl'}$[$_{Appl}$][$_{\surd P}$[晚餐][√吃]]]]]]

例(31)这样的构型,可以用格理论进行限制,即其中“晚餐”在“吃”移位之后得不到格。但Pylkkänen(2008)提到有的语言允许涉用范畴选择的论元跟动词选择的论元共现,即内部非核心论元与内部核心论元共现。比如说:

(32)	Katonga	ya-kwaant-i-dde	Mukasa	ensawo.
	Katonga	3sg. past-hold-appl-past	Mukasa	bag

‘Katonga held the bag for Mukasa.’

例(32)是卢干达语,Mukasa是益事,Pylkkänen(2008)建议由高位涉用范畴引进,如:

（33） T... [$_{VoiceP}$[Katonga][$_{Voice'}$[$_{Voice}$]][$_{ApplP}$[Mukasa][$_{Appl'}$[$_{Appl}$][$_{VP}$[$_{V}$ hold][bag]]]]]]①

例（33）跟例（31）b 相同，理论上，例（32）和例（31）a 在语法性上也应该相同，即要么都合法，要么都不合法。但两者如果有不同的结构，则是另外一回事，如例（31）中的“吃”只受 Do 扩展，“晚餐”和“食堂”就会相互排斥。

活动范畴像其他功能范畴一样，都可以从事件图景中为动词选择论元。李劲荣（2019）认为，在“吃”所指示的事件图景中，轻动词或功能范畴可以选择处所做宾语，但并不是事件中的任何处所成分都可以被选择做宾语。他的例证如下：

（34） a. 他在家里吃饭

b. *他吃家里

理论上，“食堂”能够被选作非核心论元，“家里”也应该可以被选作非核心论元，除非后者得不到合适的解读。实际上，李劲荣也指出：“如果有特殊表达需要，也能做宾语，比如‘你吃食堂，我吃家里’，因为对比而成为了焦点。”换言之，“家里”也是可以充当“吃”的处所论元的。如：

（35） a. 你现在倒是年轻，和朋友耍得嗨，吃家里住家里，舍不得离开安乐窝，你说，妈老汉老了怎么办？（《重庆晨报》2013－07－21《大龄单身女谈婚姻观》）

b. 眼下越来越多的年轻人虽然已近而立之年，却不婚、不育、不立业。他们住家里、吃家里，薪水用来满足自己吃喝玩乐，到了适婚年龄还不愿独立门户。（《北京晨报》2014－03－18《单身寄生族》）

例（35）是胡勇（2016）的例子，其中的“家里”大概算不上对比焦点，因为它没有对比项，“吃”“住”也不是为了构成对比，而仅是列举。焦点可能不是最重要的理由，因为宾语位置的成分本身就是信息焦点（information

① “ensawo”是宾格，“Mukasa”是与格，按照 1.2 小节，前者由 v＊指派，后者由动词或介词指派，相应地，需要指派如下结构：

T... [$_{v*P}$[Katonga][$_{v*'}$[v＊][$_{vP}$[ensawo][$_{v'}$[v][$_{VP}$[Mukasa][$_{V}$ kwaant]]]]]]

“Mukasa”要获得与格，所以它会伴随着动词移到 v＊之后，该位置按 Baker（1997）的设置应该是 AspP 的指示语位置。至于 v＊与 v 分别用什么样的标记，需要考察句子的事件语义。

focus)。李劲荣强调对比焦点在非核心论元句中的作用,从句法计算的角度看,可能反客为主了。首先得是"住"和"家里"能合并或者说能组合,否则对比焦点也无法发挥作用。按制图理论,对比焦点所对应的范畴在 CP 层,它在论元层之上,不会管论元层是如何合并的。

李劲荣(2019)等认为"吃家里""吃厨房/教室/路边/房间"等的接受度很低,这种判断应该是符合实际的。"吃食堂"的接受度高,而"吃厨房"的接受度很低,这不是选择性的问题,理论上,活动范畴 Do 既可以选择"食堂",也可以选择"厨房"。至于"吃厨房"最后被淘汰,那就是语言之外的因素在起作用。Ramchand(2008)[14]也探讨过英语的相关现象,他认为可能是真实世界决定表达式的适切性及详尽的推理模式(the real world determines felicity and detailed inferential patterns)。Barrie 和 Li(2015)也将语言表达式的解释归结为世界知识(world knowledge)与语用(pragmatics)。按照这种模式,如果听话人由"吃厨房"推理不出"在厨房吃"或别的合适意义,则"吃厨房"就会被淘汰。"吃家里"在孤立的语境中或许不能推理出"在家里吃",但在提供上下文语境之后就比较容易推理出来,如跟"住家里"并置之后。在跨语言中,"吃食堂"的组合也不一定能被广泛接受,这也跟使用该语言的人能否推理出合适的语义有关。

3.2 动作性与个体性

对于非核心论元,很多学者认为它的句法行为具有特异性(任鹰 2000;孙天琦 2009;孙天琦,李亚非 2010;胡勇 2016;李劲荣 2019),其表现如下:

第一,与之共现的动词动作性减弱,后边不能出现体标记,如:

(36) a. 他在食堂吃了/着饭

b. *他吃了/着食堂

第二,论元名词的个体性消失,如不能受名量词修饰,不能被提取等,如:

(37) a. *他吃一个食堂

b. 他吃一次食堂

(38) a. *他吃的是食堂

b. 他吃的是西瓜

动词的动作性没有减弱。在活动句式中,核心论元与非核心论元都是活动范畴所选择。所以,非核心论元进入句式,跟核心论元进入句式,没有

本质上的差异,不会影响到动词的动作性。以下是我们从北京大学 CCL 现代汉语语料库中找到的例句:

(39) a. 我毕业三年,吃了三年食堂,挣得不多,没有积蓄。

b. 你瞧,你也知道说不过去是不?住着破房子,吃着大食堂,干着义务保姆——特种兵嗳!

c. 他参加工作 7 年从没进舞厅、从没吃过饭店。

从例(39)来看,“吃食堂”中的“吃”对体标记并不排斥。时体范畴是对动词的扩展,它不会对动词论元的语义角色敏感,可以参看 Pylkkänen(2008)所引语料及其标注。

非核心论元的个体性并没有消失。核心论元与非核心论元的范畴相同,都是名词性的,可以包含名量词。例如:

(40) a. 只要冠先生决定了请客,他就也决定了吃什么与吃哪个饭馆。

b. 到快吃饭的时候,他约他们去吃个小馆,他们恰巧因有堂会不能相陪。

c. 吴健雄在中大求学时代,并不太参与娱乐活动,对她最为爱护的叔父吴琢之,假日经常会开车来接她和同学出去逛逛,或吃个小馆子,吴健雄有时会一起出游,多时她会推辞不去,假日留在学校念书。

d. 表弟倒好,也没别的嗜好,就是吃个小馆子。

e. 不过,胡小姐偶尔请他看个戏或吃个馆子,他也并个推辞。

f. 有一次村干部一天吃了 8 家酒店。

例(40)是从北京大学 CCL 现代汉语语料库中搜索的语料。由这些语料来看,处所论元可以跟名量词共现,能“吃 8 家酒店”,自然也能“吃八个食堂”。

在生成语法中,一般认为论元由 DP 充当,包括 D 在内的功能范畴尽管在汉语里通常不实现,但并不妨碍它的实现。非核心论元中不仅可以出现名量词,还能出现以“的”为标记的定语,例如:

(41) a. 戴维 10 岁来中国,中文讲得很流利,他在中国人中间长大,吃中国人的食堂,通过学校的国家考试进入大学课堂。

b. 放假后上班第一天,终于可以吃楼下洋气的食堂了,味道还是不错的。

c. 来五河工作的领导干部,不住宾馆、招待所,住在自己的办公室里,吃自办的小食堂。

(42) a. 谈一辈子的初恋,吃一辈子的食堂,没有忧伤。

b. 孩子跟着我吃了2天的食堂,胃口超好,在她看来跟吃饭店差不多。

例(41)、例(42)是北京语言大学BCC语料库中搜索的语料,例(41)a中的定语是领属性成分,例(41)b中的直接定语是形容词,例(41)c中的定语是动词性成分。例(42)中的定语是数量短语。

非核心论元与核心论元并没有什么不同,也可以被提取。既可以话题化,如例(43),也可以关系化,如例(44):

(43) a. 这支笔,我知道还没有人写过。

b. 那家公司,我知道他做过。

c. 七点到九点,我知道还没有人愿意做。

(44) a. 我知道都还没有人写过的这支笔。

b. 我知道他做过的那家公司。

c. 我知道没有人愿意做的那段时间。

在关系化之后,作为中心语的非核心论元也可以被删略,如:

(45) a. 他吃的(餐厅)都是豪华餐厅。

b. 这把刀就是他切的(刀)。

c. 他写的(纸)就是这种纸。

这里的"餐厅""刀""纸"等都是非核心论元。朱德熙(1983)指出:"'VP的'结构所表示的转指意义的范围很广。它可以指动作的施事,也可以指受事、与事、工具等等。"陆俭明(1983)也指出"VP的"结构可以转指工具。这都表明工具这样的事件参与者可以成为论元。除了工具之外,其他的非核心论元也可以被提取,并且在名词短语的中心语位置可以被删除,如例(45)a中的"餐厅"就是处所论元,再如:

(46) a. 工作组睡的是办公桌,吃的是和民工同一个食堂。

b. 吃的是职工食堂,不吃小灶。

从朱德熙(1978,1983)的观点看,例(46)很重要,它表明处所类的成分可以成为论元。

3.3 其他句式中的涉用范畴

除了活动句式中会出现非核心论元,其他各种句式中也会出现非核心论元,学者们也会试图用涉用范畴进行引进。比如说状态句式,蔡维天(2009)原来只用一个涉用范畴,蔡维天(2017)则既引进了涉用范畴(内轻动词),也引进了状态范畴(外轻动词),他认为这样可以区分核心论元与非核心论元。如:

(47) a. 他对小孩儿担心

b. 他担心小孩

(48) a. [$_{vP}$[他][$_{v'}$[$_{v}$BE][$_{vP}$[小孩儿][$_{v'}$[TO][$_{VP}$[$_{V}$担心]]]]]]

b. [$_{BeP}$[他][$_{Be'}$[$_{Be}$][$_{VP}$[小孩儿][$_{V}$担心]]]]

例(48)a是蔡维天(2017)为例(47)指派的结构,既有状态范畴BE,也有涉用范畴TO,当TO没有语音实现的时候,可推导出例(47)b;当涉用范畴TO实现为“对”的时候,可推导出例(48)a。我们指派的结构是例(48)b,由状态范畴引进“他”与“小孩”,Be能够引进外部论元,说明它的phi-特征集完整,能够为“小孩”的格特征定值。“对”不是状态范畴Be的语音实现,否则不好解释“对”和“小孩儿”的整体移位,如:

(49) a. 他对小孩儿很担心

b. 对小孩儿,他很担心

根据熊仲儒(2010)对评价性“V-起来”句的研究,其中状态范畴也可以引进各种角色的论元,如:

(50) a. 这狗叫起来好像饿狼一样。

b. 这本书念起来很容易。

c. 这支笔写起来很顺手。

d. 粤语唱起来很有感觉。

例(50)a、例(50)b中的“这狗”“这本书”是核心论元,分别是动词的施事与受事;例(50)c、例(50)d中的“这支笔”“粤语”是非核心论元,分别是动词的工具与方式,没有必要假定这些非核心论元由涉用范畴引进。

完成句式中也会出现非核心论元,其中的致事可以是施事、受事、工具、时间等各种参与者角色,例如:

(51) a. 张三把衣服洗干净了。

b. 衣服把张三洗累了。

c. 斧头把大树砍倒了。

d. 春节把孩子玩野了。

例(51)a、例(51)b中的“张三”与“衣服”是核心论元,分别是动词的施事与受事;例(51)c、例(51)d中的“斧头”“春节”是非核心论元,分别是动词的工具与时间,也没有必要假定这些非核心论元由涉用范畴引进。例(51)中的施事、受事、工具、时间等各种参与者角色都是由致使范畴所引进,并被指派了一个统一的角色——致事,例(51)a中的致事是有意愿的致事,例(51)b—例(51)d中的致事是无意愿的致事。

在完成句式中,达成范畴也会选择非核心论元充当役事,这样的役事也不要求光杆形式。例如:

(52) a. 以后我会让你吃遍上海的饭店,玩遍所有地方的,这算是对你的犒赏,行吗?

b. 有的四五个人的办公室,一年欠饭钱两万多元,镇上硬是被吃垮了6个饭馆。

c. 他们到处滋事生非,吃倒了不少饭店。

例(52)中的处所论元充当的是役事,它们并不是光杆的,可以是“上海的饭店”,也可以是“6个饭馆”,还可以是“不少饭店”。这里的“上海的饭店”与“6个饭馆”都是非核心论元,是由达成范畴Bec所选择,没有必要认为它们是由涉用范畴Appl所选择。

双宾句,从事件来说,也属于完成句式,其间接宾语,Marantz(1993)曾采用涉用范畴Appl引进,因为它可以有相应的介词短语形式,后来,Pylkkänen(2008)在其理论中采用低位涉用范畴引进。这个涉用范畴也可归为达成范畴,如:

(53) a. 周瑜送了黄盖一筐草莓

b. T... [$_{CausP}$[周瑜][$_{Caus'}$[$_{Caus}$][$_{BecP}$[一筐草莓][$_{Bec'}$[$_{Bec}$][$_{\surd P}$[黄盖][√送]]]]]]

例(53)是说“周瑜致使一筐草莓达成在黄盖那儿的状态”,“周瑜”由T核查,“一筐草莓”由Caus核查,“黄盖”只能由动词指派固有格。这意味着在BecP之上增加一个功能核心即可,在“送”核心移位到Caus之后,“黄盖”也移到新增功能核心的指示语位置。Baker(1997)认为新增的功能核心为时体范畴(Asp),熊仲儒(2004)假定它为领有范畴(Poss)。

在达成句式中,这些非核心论元也可以成为“受事主语句”的主语或进一步成为把字句中“把”后的成分,例如:

(54) a. 饭馆吃垮了。

b. 他们把这六个饭馆都吃垮了。

(55) a. 饭店吃倒了。

b. 他们把不少饭店都吃倒了。

例(54)、例(55)中的“饭馆”“饭店”都是非核心论元,它们是由达成范畴 Bec 所引进,无需假定它们由涉用范畴引进。

李劲荣(2019)曾用不能做受事句的主语与不能做“把”字句的宾语,来证明“旁格成分虽然做了宾语,但并不受到影响,因而不是典型的宾语”。如:

(56) a. 吃食堂　*把食堂吃了

b. 吃米饭　把米饭吃了

对照例(54)、例(55),就可以发现非核心论元可以充当受事主语的主语与把字句的宾语。非核心论元能不能做受事主语句的主语,能不能做“把”字句的宾语,在于它在句法上有没有被达成范畴所选择,在语义上有没有达成某种变化。“把食堂吃了”不说,是因为它没有受 Bec 扩展,或者受了 Bec 扩展但没有实现其结果论元;“把米饭吃了”能说,是因为它受了 Bec 扩展且实现了结果论元。在“把饭吃了”中,“了”是动相补语,为结果论元,表示“消除”,可替换为“掉”;在“把食堂吃了”中,“了”不是动相补语,为时体范畴,如果调换为“掉”等,不符合原义,即缺乏结果论元。如:

(57) a. *把食堂吃掉了

b. 把米饭吃掉了

“把食堂吃了”加了补语之后就合法了,如“把食堂吃垮了”。

状态范畴、致使范畴与达成范畴像活动范畴一样,既可以引进核心论元,又可以引进非核心论元。理论上,没有必要引进涉用范畴,除非是为了人为地区分核心论元与非核心论元,但非核心论元内部还有着不同的语义角色,如果还要区分语义角色,则还需要对涉用范畴做进一步的细分,但这样做会陷入细节的纠缠。

四、结　　语

轻动词的引进主要是为了解决格与论元问题,近期也跟标记计算相关。

从格和标记计算来讲,轻动词没有必要进行下位区分,所以在 Chomsky 的系列论著中并没有对轻动词进行下位区分。目前为轻动词分类的最大动因,主要来自论元的研究。首先是外部论元的引进,Kratzer(1996)为此引进了轻动词 Voice;因为她采用外部论元非动词真正论元的观念,所以就没有对 Voice 进行下位分类。Pylkkänen(2008)采用了 Kratzer(1996)的看法,并在此基础上引进轻动词 Appl,尽管对 Appl 做了一些区分,但大致上是列举性的。Bowers(2010)对轻动词的分类更细致,如有引进施事的 Ag,引进客体的 Th,引进遭受者的 Aff 等,但对 Aff 还是采用统而论之的态度,因为这是没有办法深入下去的。汉语学界,基本上采纳 Huang(1997)的看法,即用事件语义对轻动词进行分类。为了凸显非核心论元的语义角色,也会引进涉用范畴 Appl,并标记相应的语义标记,如 $Appl_{Ben}$、$Appl_{Instr}$与 $Appl_{Loc}$等,或直接用 For、With、At 等,这是列举性的,没有办法穷尽。从分类来讲,涉用范畴和致使范畴、达成范畴、活动范畴、状态范畴是不同的,前者关注的是论元的非核心性,后者关注的是事件的情状类型。活动情状中有非核心论元,完成情状中也有非核心论元,所以本文主张将涉用范畴归结为事件义的功能范畴,如将活动句式中的涉用范畴归为活动范畴,将致使句式中的涉用范畴归为致使范畴或达成范畴等。这种处理应该具有普遍性。当然,在研究时为凸显论元间的语义关系或论元的语义角色,做些细化的标记是可行的①。一个成分,只要它被选作论元,其语法行为就会跟其他的论元大同小异。对非核心论元的考察不妨借助语料库,在语料库中我们会发现非核心论元没有失去其个体性,跟它共现的动词也没有失去动作性。

① 同一个动词可以受不同的轻动词扩展,如"装"受活动范畴扩展,可得到"他在装空调";受状态范畴(存现范畴)的扩展,可得到"墙上装了一台空调";受达成范畴与致使范畴的扩展,可得到"他把墙上装了一台空调"。同一个句子中的动词有可能受不同的轻动词扩展,如"墙上装了一台空调",它有存现关系,也有达成关系,在受存现范畴扩展时为存现关系,在受达成范畴扩展时为达成关系。类似的句子却有可能只受一种轻动词的扩展,比如说"台上坐着主席团",它只有存现关系,说明它只受存现范畴的扩展,让它为"坐"选择处所与客体论元。在强调存现关系时,可将状态范畴直接标记为存现范畴,存现范畴可看作状态范畴的下位范畴。像"一锅饭吃了十个人""一条凳子坐了两个人"这样的供用句,还可以设置供动范畴与使用范畴,可参见熊仲儒(2020)。下位分类可以更为精细。

参考文献

蔡维天(2009)汉语无定名词组的分布及其在语言类型学上的定位问题//北京大学语言研究中心《语言学论丛》编委会编,《语言学论丛》第三十九辑,北京:商务印书馆:302-327。

蔡维天(2017)及物化、施用结构与轻动词分析,《现代中国语研究》第19期。

邓思颖(2010)《形式汉语句法学》,上海:上海教育出版社。

胡　勇(2016)"吃食堂"的认知功能分析,《世界汉语教学》第3期。

李劲荣(2019)汉语旁格宾语的实现机制及其语法后果:以"吃食堂"为例,《语言教学与研究》第6期。

陆俭明(1983)"的"字结构和"所"字结构//中国语文杂志社编,《语法研究与探索》第一辑,北京:北京大学出版社。

任　鹰(2000)"吃食堂"与语法转喻,《中国社会科学院研究生院学报》第3期。

史有为(1997)处所宾语初步考察//大河内康宪编,《大河内康宪教授退官纪念中国语学论文集》,东京:东方书店。

孙天琦(2009)谈汉语中旁格成分作宾语现象,《汉语学习》第3期。

孙天琦,李亚非(2010)汉语非核心论元允准结构初探,《中国语文》第1期。

王占华(2000)"吃食堂"的认知考察,《语言教学与研究》第2期。

熊仲儒(2004)《现代汉语中的致使句式》,合肥:安徽大学出版社。

熊仲儒(2011)评价性"V起来"句的句法语义分析//中国语文杂志社编,《语法研究与探索》第十五辑,北京:商务印书馆。

熊仲儒(2020)生成语法中轻动词的引进,《世界汉语教学》第4期。

朱德熙(1978)"的"字结构和判断句,《中国语文》第1、2期。

朱德熙(1983)自指和转指:汉语名词化标记"的、者、所、之"的语法功能和语义功能,《方言》第1期。

朱佳蕾,花东帆(2018)被动主动句——认识把字句句法语义的新视角,《语言教学与研究》第1期。

Baker M C. (1997) Thematic Roles and Syntactic Structure. // Haegeman L. (ed.) *The Elements of Grammar*, Dordrecht, Netherlands: Kluwer: 73-137.

Barrie M, Audrey L. (2015) Analysis versus synthesis: Objects. // Li A, Simpson A, Tsai D. (eds.) *Chinese Syntax in a Cross-linguistic Perspective*, New York: Oxford University Press.

Borer H. (2005) *Structuring Sense*. Oxford: Oxford University Press.

Bowers J. (2010) *Arguments as Relations*. Cambridge, Mass: MIT Press.

Cheng L L-S, Sybesma R. (2015) Transitive Psych-predicates. // Li A, Simpson A, Tsai D.

(eds.) *Chinese Syntax in a Cross-linguistic Perspective*, New York: Oxford University Press: 207-228.

Chomsky N. (1995) *The Minimalist Program*. Cambridge, MA: MIT Press.

Chomsky N. (2000) Minimalist Inquiries: the Framework. // Martin R. *et al.* (ed.) *Step by Step: Essays on Minimalist Syntax in Honor of Howard Lasnik*. Cambridge, Mass: MIT Press.

Chomsky N. (2001) Derivation by Phase. // Kenstowicz M. (ed.) *Ken Hale: A Life in Language*, Cambridge, Mass: MIT Press: 1-52.

Chomsky N. (2013) Problems of Projection. *Lingua* 130: 33-49.

Chomsky N. (2015) Problems of Projection: Extensions. // Domenico E D, Hamann C, Matteini S. (eds.) *Structures, Strategies and Beyond*. Amsterdam: John Benjamins Publishing Company: 1-16.

Dowty D R. (1979) *Word Meaning and Montague Grammar*. Dordrecht: Reidel.

Huang C-T J. (1997) On Lexical Structure and Syntactic Projection, *Chinese Language and Linguistics* 3.

Huang C-T J. (2006) Resultatives and Unaccusatives: A Parametric View. *Bulletin of the Chinese Linguistic Society of Japan* 253: 1-43.

Kratzer A. (1996) Severing the External Argument from Its Verb. // Rooryck J, Zaring L. (eds.) *Phrase Structure and the Lexicon*. Dordrecht, Netherlands: Kluwer Academic Publishers: 109-137.

Marantz A. (1993) Implications of Asymmetries in Double Object Constructions. // Mchombo S A. (ed.) *Theoretical Aspects of Bantu Grammar*. Stanford, CA: CSLI Publications: 113-150.

Ott D. (2015) Symmetric Merge and Local Instability: Evidence from Split Topics. *Syntax* 18: 157-200.

Pylkkänen L. (2008) *Introducing Arguments*. MIT, Cambridge, MA.: MIT Press.

Ramchand G. (2008) *Verb Meaning and the Lexicon: A First-phase Syntax*. Cambridge: Cambridge University Press.

Rappaport Hovav M, Levin B. (1998) Building Verb Meanings. // Butt M, Geuder W. (eds.) *The Projection of Arguments: Lexical and Compositional Factors*. Stanford, CA: Center for the Study of Language and Information Publications: 97-134.

Sun Chaofen. (1996) *Word-order Change and Grammaticalization in the History of Chinese*. Stanford, CA: Stanford University Press.

Vendler Z. (1967) Linguistics in Philosophy. Ithaca, NY: Cornell University Press.

(熊仲儒　北京语言大学语言学系　北京　100083　zhongruxiong163@163.com;
邵士洋　北京语言大学外国语学部英语学院　北京　100083　ssystone@163.com)

频率副词“时不时”的生成机制与动因*

——兼论频率副词“时时”“不时”的来源

叶建军　武远佳

提要　频率副词“时时”早在西汉时期由频率副词“时”重叠而成，“不时”大概在宋元时期由跨层结构“不时”词汇化而来。频率副词“时不时”可能始见于民国时期，并不是在频率副词“时时”中间插入否定副词“不”而成的，也不是由“X 不 X”三字格类推而来的。频率副词“时不时”的生成机制是糅合。从表层来看，“时不时”是由语义相近的频率副词“时时”与“不时”糅合而成的。从深层来看，“时不时”是在句式“S 时时 VP”与“S 不时 VP”糅合过程中生成的。频率副词“时不时”的生成动因是凸显言者的主观性。

关键词　“时不时”　“时时”　“不时”　频率副词　糅合　主观性

一、引　　言

《现代汉语词典》第 7 版（以下简称《现汉》）对“时不时”的释义是：“〈方〉副时常。”“时不时”为频率副词，表示某一行为或情况经常性发生。“时不时”见于东北官话、中原官话、西南官话、湘语、粤语、闽语等方言区（许宝华、宫田一郎 1999），分布地域极为广泛。我们搜索北京大学 CCL 现代汉语语料库，也找到了 912 例频率副词“时不时”。例如：

（1）保姆一走，每月省下一百多元钱，扣除孩子的入托费，还剩五六十，经济上也显得宽裕了，老婆也舍得吃了，时不时买根香肠，有时还买只烧鸡。（刘震云《一地鸡毛》）

---

*　本研究为教育部人文社会科学研究规划基金项目“基于语料库的近代汉语成分羡余句式研究”（项目编号 19YJA740073）成果之一。

(2) 薇薇倘不是有王琦瑶时不时地敲打,不知要疯成什么样子了。(王安忆《长恨歌》)

(3) 本人也像亿万富翁般神气活现,东奔西跑,指手划脚,在家里过着衣来伸手、饭来张口的问心无愧的日子,还时不时忍不住冲我们这些赋闲的主儿哨一炮。(王朔《空中小姐》)

(4) 三天里清风街刮北风,风不大却旋转,街巷里时不时搅得烂草树叶腾起一股,谁碰着谁就害头疼。(贾平凹《秦腔》)

(5) 满山的高粱、谷子被晚风吹得"沙沙"响,时不时传来一阵响亮的驴叫。(史铁生《我的遥远的清平湾》)

我们无意讨论"时不时"是不是一个地道的方言词,我们感兴趣的是,"时不时"是怎样形成的。

在现代汉语中,还有与"时不时"在意义上相近、在形式上含共同语素"时"的频率副词"时时""不时"。《现汉》对"时时"的释义是"常常",《现汉》对"不时"的释义是"时时;经常不断地"。学界主要从现代汉语层面对这三个频率副词进行了讨论,如邹海清(2008)分析了"时时""不时""时不时"在语义和句法功能上的差异,邹海艳(2018)从语义、语法、语用三个平面比较分析了"时时""不时""时不时"在共时平面上的异同,卜婷婷、李思旭(2019)分析了"时不时"的句法特征及语体分布情况。

频率副词"时不时"的来源是怎样的呢?迄今尚未有人对此进行深入、细致的探讨。我们拟立足于汉语史,探究频率副词"时不时"的生成机制与生成动因,并探究与之相关的"时时"和"不时"的来源。

二、"时不时"是不是插入或类推的结果?

从形式上看,频率副词"时不时"似乎是频率副词"时时"中间插入否定副词"不"形成的。吕叔湘(1985)认为,"'不'插在重叠的词或重叠式的词中间,没有否定的作用",如"动不动、时不时、偏不偏"。若果真如此,那么重叠式"时时"中间为什么会"插入"一个否定副词"不"呢?插入否定副词形成的"时不时"的意思又为什么没有变成否定的呢?"不"为什么又成了一个羡余否定呢?这恐怕是"插入说"难以解释的。

江蓝生(2008)则猜测,"'时不时'虽然用同义词'时时'与'不时'的叠加整合解释也说得通，但更有可能跟‘偏不偏’一样，是受‘X 不 X’三字格影响类推出来的”。江蓝生（2008）并未就此展开论证。已词汇化的“X 不 X”三字格只有“动不动、时不时、偏不偏”等极少数几个，那么“时不时”是不是受“X 不 X”三字格副词“动不动、偏不偏”等影响类推出来的呢？如果是这样，那么“时不时”为什么会受“X 不 X”三字格“动不动、偏不偏”等影响而发生类推？类推的条件是什么？类推为什么不具有普遍性，而局限于极少数几个？“X 不 X”三字格副词“动不动、偏不偏”又是怎样形成的呢？这些问题都不得而知。

从共时层面来看，已词汇化的“时不时”“动不动”“偏不偏”都属于“X 不 X”三字格，表层形式相同，但是根据我们的初步考察，三者可能有不同的来源，“时不时”不是由“X 不 X”三字格副词“偏不偏”或“动不动”类推而来的。

其一，我们检索了大量的古代汉语和现代汉语语料，均未搜检到副词“偏不偏”用例，《汉语大词典》《汉语方言大词典》《近代汉语词典》《现代汉语八百词》《现汉》等工具书也未收录，其可能是现代个别方言用法。而副词“时不时”最迟出现于民国时期，所以先出现的“时不时”不可能是由后出现的“偏不偏”类推而来的。如果说二者有可能存在类推关系，那也只能是“偏不偏”由“时不时”类推而来。

其二，根据结构与意义的相关性来看，“时不时”也不可能是由“动不动”类推而来的。众所周知，类推（analogy）是语言演变的一种重要机制。我们认为，类推是基于语言结构之间的某些类似性或相似性，对某个改变语言结构的规则进行推广，扩大其使用范围，比照某个语言结构的新形式而改变另一个语言结构的表层形式。类推总是有原形式和基于原形式的新形式，二者的意义一般是有密切关系的。如果说“时不时”是由“动不动”类推而来的，那么发生类推的原形式是什么呢？如果“时不时”是类推而来的，我们可以说新形式“时不时”的原形式是重叠式“时时”，因为二者语义相近；但是我们却不能说“动不动”的原形式是“动动”，因为“动动”与“动不动”语义相去甚远。《现汉》对“动不动”的释义是：“副 表示很容易产生某种行动或情况（多指不希望发生的），常跟‘就’连用。”但是“动动”是动词重叠式，表示动量轻微或尝试义，并不表示频率，与副词“动不动”的意义几乎没有联系，“动不动”不可能是由“动动”演变而来的，所以“时不时”不可能是由“动不动”类推而来的。

至于"动不动"的来源,目前尚缺乏深入的研究。朱军(2012)简要梳理了"动不动"在汉语史上的用法,认为频率副词"动不动"的产生、用法与频度副词"动""动辄"以及语体环境都有密切的关系。我们猜测,"动不动"应该是在意义为"(S)动也VP,不动也VP"的句式"(S)动不动VP"中词汇化而成的。"(S)动不动VP"最早可能出现于南宋时期。例如:

(6) 问:"微,是微妙难体;危,是危动难安否?"曰:"不止是危动难安。大凡狗人欲,自是危险。其心忽然在此,忽然在彼,又忽然在四方万里之外。《庄子》所谓'其热焦火,其寒凝冰'。凡苟免者,皆幸也。动不动便是堕坑落堑,危孰甚焉!"(《朱子语类》卷78)

(7) 伊川曰:"只为而今士大夫道得个'乞'字惯,却动不动又是乞也。"(《朱子语类》卷97)

"(S)动不动VP"最初表示在任何情况下都会产生VP,用夸张的手法表示很容易产生某种行动或情况(多指不希望发生的)。"动不动"在VP前逐步词汇化了,规约化了。当然,这只是猜测,尚有待进一步论证。

三、频率副词"时时"与"不时"的来源

我们认为,频率副词"时不时"的来源与频率副词"时时""不时"有密切联系,要弄清楚"时不时"的来源,有必要先弄清楚"时时"与"不时"的来源。

3.1 频率副词"时时"的来源

《说文解字·日部》:"时,四时也。从日寺声。""时"的本义为"节令、季节",在句中常做主语或宾语。由于"时"在先秦经常用于谓词性成分前充当状语,语义开始泛化,由时间名词语法化为时间副词。时间副词"时"有多种意思,在下例中是"按时、及时"义:

(8) 子曰:"学而时习之,不亦说乎?有朋自远方来,不亦乐乎?人不知而不愠,不亦君子乎?"(《论语·学而》)

(9) 秋水时至,百川灌河。泾流之大,两涘渚崖之间,不辩牛马。(《庄子·秋水》)

下例中时间副词"时"用于反义对举,间隔使用,表示两种相反情况交替发生,意思是"间或、有时、时而"。

(10) 众人之为礼也,以尊他人也,故时劝时衰。(《韩非子·解老》)

(11) 五味三材,九沸九变,火为之纪。时疾时徐,灭腥去臊除膻,必以其胜,无失其理。(《吕氏春秋·本味》)

下例中时间副词"时"意思是"时常",表示某种行为或情况经常发生。我们可以将这样的时间副词称为频率副词。

(12) 吕禄信郦寄,时与出游猎。(《史记·吕太后本纪》)

(13) 且缓急,人之所时有也。(《史记·游侠列传》)

汉语词汇双音化是一大趋势,单音节词可以通过与其他语素组合或自身重叠的方式扩展为双音节词,单音节时间副词"时"也出现了双音化的趋势。由于有不同的义项,"时"作为构词语素便形成了不同的双音词。"时常"义频率副词"时"如果重叠,便构成了频率副词"时时",意思是"常常"。

"常常"义频率副词"时时"最早可能见于《史记》。换言之,频率副词"时时"最早可能在西汉已形成。下面是两汉时期用例:

(14) 而初郡时时小反,杀吏,汉发南方吏卒往诛之,间岁万余人,费皆仰给大农。(《史记·平准书》)

(15) 秦王年少,太后时时窃私通吕不韦。(《史记·吕不韦列传》)

(16) 后闻沛公将兵略地陈留郊,沛公麾下骑士适郦生里中子也,沛公时时问邑中贤士豪俊。(《史记·郦生陆贾列传》)

(17) 竦居贫,无宾客,时时好事者从之质疑问事,论道经书而已。(《汉书·游侠传》)

(18) 初,高祖微时,常避事,时时与宾客过其丘嫂食。(《汉书·楚元王传》)

上例中的"时时"均表"常常"义,指某种行为或情况经常发生。这一用法的"时时"与单音节频率副词"时"语义相近,均具有[+重复性]、[+间隔时间短]、[+频率高]等语义特征,但"时时"更有强调意味,具有[+言者主观性]这一语义特征。如例(14)中的"时时小反",表示小规模反叛的情况反复不断,间隔时间短,频繁发生,言者主观上强调频率高。

近代汉语中频率副词"时时"已广泛使用。例如:

(19) 崔别闻一香气,似非烟炉及珠翠所有者。心异之,时时四顾,终不谕香气。(《太平广记》卷237引《卢氏杂说》)

(20) 乃于廊壁书一偈云:"身是菩提树,心如明镜台。时时勤拂拭,莫遣有尘埃。"(《五灯会元》卷1)

(21) 白面猿时时献果,将怪石敲响木鱼;黄斑鹿日日衔花,向宝殿供养金佛。(《水浒传》)

(22) 任君用自被阉割之后,杨太尉见了便带笑容,越加待得他殷勤,索性时时引他到内室中,与妻妾杂坐宴饮耍笑。(《二刻拍案惊奇》卷34)

(23) 老子道:"修道人首戒情字,你能修真,即如在我身边一般,何必时时相见!"(《八仙得道》)

(24) 近日所见的这几个三等仆妇,吃穿用度,已是不凡了,何况今至其家。因此步步留心,时时在意,不肯轻易多说一句话,多行一步路,惟恐被人耻笑了他去。(《红楼梦》)

3.2 频率副词"不时"的来源

"不时"在先秦就已出现,其不是词,而是一个句法结构,即由否定副词"不"修饰动词"时"构成的状中结构。"不时"可表达多种意思。例如:

(25) 夫日月之有蚀,风雨之不时,怪星之党见,是无世而不常有之。(《荀子·天论》)

(26) 孟春行夏令,则风雨不时,草木早槁,国乃有恐。(《吕氏春秋·孟春纪》)

(27) 董叔曰:"天道多在西北,南师不时,必无功。"(《春秋左氏传·襄公十八年》)

(28) 凡出入不时,衣服不中,圈属群徒,不顺于常者,闾有司见之,复无时。(《管子·立政》)

以上各例中的"不时"都是状中结构,在句中做谓语。例(25)、例(26)中的"不时"表示"不符合时节",例(27)中的"不时"表示"不顺应天时",例(28)中的"不时"指"不遵守时间"。这些例句中的"时"均有明确实在的动词义,"不时"充当句子的谓语,因而不可能词汇化为副词。

下例中的"不时"处于动词"筑"前,这一句法位置为"不时"的词汇化提供了句法条件。不过这里的"时"是"及时"义。

(29) 郑人有一子,将宦,谓其家曰:"必筑坏墙,是不善人将窃。"其巷人亦云。不时筑,而人果窃之。(《韩非子·说林下》)

魏晋南北朝时期,"不及时"义的"不时"用于VP前的情况增多,但VP较为简单,往往是单音节动词。例如:

(30) 问佗,佗曰:"其母怀躯,阳气内养,乳中虚冷,儿得母寒,故令不时愈。"(《三国志·魏书·华佗传》)

(31) 恂曰:"颍川以陛下远征,故奸猾起叛,未知陛下还,恐不时降;陛下自临,颍川贼必即降。"(《三国志·蜀书·谯周传》)

(32) 呼中书舍人顾嘏,嘏震惧不时出,既至,问曰:"欲共见废,何不蚤启。"(《宋书·二凶列传》)

(33) 大檀问其故,眷曰:"受斤负罪天子,逃刑在此。不时执送,是以来取。"(《魏书·长孙肥尉古真列传》)

例(30)—例(33)中的"不时"为跨层结构,后接 VP,"不时 VP"的结构层次应该是:[不+(时+VP)]。由于韵律词"不时"经常出现于 VP 前,即处于状语位置,在较高用频推动下,"不时 VP"就有了重新分析的可能性,结构层次可以重新分析为:[(不+时)+VP]。韵律词"不时"便有了凝固为副词的强烈倾向。不过这里的"不时"即便词汇化,意思也是"不及时、不按时"的意思,似乎与我们所讨论的"经常"义频率副词"不时"关联不大。但是如果"不时"的语义发生了变化,具有[+频率高]等语义特征,那么就有演变为一个频率副词的可能性。

宋元以后,"不时"用于 VP 前的情况大量出现,且 VP 成分变得复杂,"不时"的语义已发生了变化。例如:

(34) 李克用乃居数日,收拾溃军,李嗣源共李嗣昭不时带敢死士偷劫氏叔琮、朱友宁军营,屡得胜捷。(《新编五代史平话·唐史平话》卷上)

(35) 此寺古刹近于东海岸边,常有龙王水卒不时来此游玩。(李好古《沙门岛张生煮海》第一折,《全元曲》)

(36) 某麾下番兵浩大,猛将英雄,马肥人壮,不时在边抢虏,今屯军在延州,将各处进贡邀截下。(无名氏《阀阅舞射柳蕤丸记》第一折,《全元曲》)

(37) 却说毌丘俭在项城,不时差人去乐嘉城哨探,只恐有兵来。(《三国演义》)

(38) 又唐时有刺史白乐天筑一条路,南至翠屏山,北至西霞岭,唤做白公堤,不时被山水冲倒,不只一番,用官钱修理。(《警世通言》卷28)

例(34)—例(38)中的"不时"均位于较为复杂的 VP 前,即处于状语这一句法位置上。由于高频使用,"不"与"时"的句法分界已消失,黏合度不断增强,可以认为跨层结构“不时”在宋元时期已凝固为副词了。“不时”不仅在句法上凝固了,而且在语义上也发生了变化。“不时”不再表示“不及时、不按时”,但是其语义演变与此义有关。“不及时、不按时”表示某种行为或情况发生的时间不确定,虽然未如期发生,但是还会发生。行为或情况到底何时发生,具体时间是模糊的、不确定的,不过有一点是清晰的,这个时间在预期的时间点之外:或在这个预期的时间点之前,或在这个预期的时间点之后,因而行为或情况的发生是不定期的、不可控的、客观存在的,还有可能反复多次发生。所以“不时”开始具有[+重复性]、[+间隔时间短]、[+频率高]、[-言者主观性]等语义特征。在转喻机制作用下,“不”和“时”句法分界消失,语义发生融合、变化,大概在宋元时期韵律词“不时”已词汇化为一个“经常”义频率副词。上例中的“不时”都可理解为“经常”义频率副词。如例(35)“常有龙王水卒不时来此游玩”,其中的“不时”与频率副词“常”因语义和谐而共现,很显然是“时常”义。

“经常”义频率副词“不时”在明清时期已广泛使用,有时可与同义频率副词“常”连用,或与同义频率副词“时常”等对举。例如:

(39) 军人引到中军帐前,两个和尚跪下告道:“小僧是曾头市上东边法华寺里监寺僧人,今被曾家五虎不时常来本寺作践啰唣,索要金银财帛,无所不为。……”(《水浒传》)

(40) 春梅不时常出来书院中,和他闲坐说话。(《金瓶梅词话》)

(41) 洛阳与京师却不甚远,不时常有音信往来,不必细说。(《初刻拍案惊奇》卷20)

(42) 遂托相伴贾珍为名,亦在寺中住宿,又时常借着替贾珍料理家务,不时至宁府中来勾搭二姐。(《红楼梦》)

例(39)—例(41)中的“不时”与“常”连用,强调某一情况发生的频率高,“不时”的“经常”义得以强化。例(42)中的“不时”与“时常”对举,二者互相映衬,“不时”的“经常”义得以凸显。

四、频率副词“时不时”的生成机制与动因

4.1 频率副词“时不时”的生成机制

“时常”义频率副词“时不时”出现较晚,大概到了民国时期才有用例。

例如：

（43）这个亲戚姓王，是母亲的中表兄弟，他同情她们母子的遭遇，便时不时地周济她们一点。（《古今情海·吾宁有死不受辱》）

（44）那德妃是个有心计的，私下里与武宗身边的小内侍张旺勾搭，时不时的给些银两、首饰，托他在武宗面前多说些好话，尽把那武宗抢到西宫来睡。（《武宗逸史》）

（45）郊外时不时传来几声野狗的吠声，巡更的更夫，打着灯笼，睁着迷迷糊糊的眼睛，敲着梆子走过去，几条黑影从刘府中蹿出来，一会儿便消失在夜幕中。（《武宗逸史》）

（46）果然，三爷把各种兵器全部买齐，又安上大锅，准备大灶，一天到晚炖牛肉烙大饼不闲着，谁练饿了随便就吃，还时不时地对三奶奶说：“你给我拿一百两银子。”（《雍正剑侠图》）

例（43）—例（46）中的“时不时”均位于 VP 前做状语，均是典型的频率副词，表示某种行为或情况经常性地发生。例（43）“便时不时地周济她们一点”，表示王姓亲戚经常周济她们母子（朱家母女）一点；例（44）“时不时的给些银两、首饰”，表示德妃经常给武宗身边的小内侍张旺银两、首饰。二例中的“时不时”均是“经常”的意思。例（45）、例（46）中的“时不时”亦然。

我们认为，频率副词“时不时”的生成机制是糅合，是由“常常、经常”义频率副词“时时”与“不时”糅合而成的。这一生成过程可以表示为：

“时时”＋“不时”→“时不时”

“糅合可以分为词法层面的词语糅合和句法层面的句式糅合等。所谓词语糅合，特指两个语义相同或相近的词语 A 与 B 通过删略重叠成分合并成一个新的词语 C 的过程或现象。”（叶建军 2016）从表层来看，频率副词“时不时”可看作词语糅合的结果，即由两个语义相近的频率副词“时时”和“不时”通过删略重复成分“时”糅合而成的。

无论是词语糅合还是句式糅合，首先都要遵循语义相近原则，即源词语或源句式 A 与 B 的语义必须相同或相近；其次，都要遵循时代先后原则，即语义相同或相近的源词语或源句式 A 与 B 必须先于糅合词语或糅合句式 C 而存在，或者与糅合词语或糅合句式 C 同时存在；最后，都要遵循成分蕴含原则，即糅合词语或糅合句式 C 必须蕴含源词语或源句式 A 与 B 的主要成分，甚至是全部成分。（叶建军 2016）“常常、经常”义的“时时”与“不时”糅合成“时不时”,完全遵循词语糅合的三个基本原则。

首先,频率副词“时时”与“不时”语义相近,遵循词语糅合的语义相近原则。“时时”是由表“时常”义的单音副词“时”通过自身重叠而来的,用重叠式强调某种行为或情况经常性发生,如前所述,其具有[+重复性]、[+间隔时间短]、[+频率高]、[+言者主观性]等语义特征。而“不时”则是用否定式客观地表示某种行为或情况经常性发生,如前所述,其具有[+重复性]、[+间隔时间短]、[+频率高]等语义特征,但不具有[+言者主观性]这一语义特征。也就是说,“时时”与“不时”语义相近。如例(35)“常有龙王水卒不时来此游玩”,若替换成“常有龙王水卒时时来此游玩”,句式命题义未变,只是增添了言者对“龙王水卒来此游玩”这一事件高频发生的主观强调意味。

其次,“时时”与“不时”糅合生成“时不时”遵循词语糅合的时代先后原则。如前所述,频率副词“时时”早在西汉时就已出现,频率副词“不时”在宋元时期也已形成,且二者在近代汉语中均有大量用例,而“时不时”直至民国时期才开始出现。也就是说,“时时”与“不时”的始见时代均早于“时不时”,二者发生糅合遵循词语糅合的时代先后原则。

最后,“时时”与“不时”糅合生成“时不时”,也遵循词语糅合的成分蕴含原则。“时不时”既蕴含了“时时”的所有成分,又蕴含了“不时”的所有成分。

综上所述,从词语糅合的三个基本原则来看,“时不时”的生成机制应是糅合,其是由表“常常、经常”义的重叠式频率副词“时时”与否定式频率副词“不时”糅合而成的。

但是如果从深层来看,“时时”与“不时”糅合成“时不时”,是在句式“S时时VP”与“S不时VP”糅合过程中实现的。换言之,句式“S时时VP”与“S不时VP”糅合成“S时不时VP”过程中生成了频率副词“时不时”。因此,“时不时”的生成过程表达式可以进一步修正为:

“S 时时 VP”+“S 不时 VP”→“S 时不时 VP”

需要指出的是,在理论上频率副词“时不时”也有可能是由表“时常、经常”义的单音节频率副词“时”与双音节频率副词“不时”糅合而来,但是事实上这种可能性微乎其微。在汉语词汇双音化的趋势下,单音节频率副词“时”使用频率越来越低,尤其是在“时不时”开始出现的民国时期,难觅踪迹,因而很难想象在民国时期一个几乎不出现的频率副词“时”会与频率副词“不时”糅合生成“时不时”。相反,在民国时期频率副词“时时”和“不时”用频较高,“时时”“不时”与“时不时”甚至可以在同一部文献中共现。如在《古今情海》中,“时时”有11例,“不时”有9例,“时不时”有1例,三者同现。其中“时不时”用例见例(43),“时时”“不时”各举一例如例(47)、例(48):

(47) 新娇本是一时名妓,颇有积蓄,听说秀良一时半晌还回不来,便托付心腹之人早晚给他送些食物,并时时去探视。(《古今情海·新娇》)

(48) 这天夜里,月色如昼,荷香满身。不时还能听见湖水里有大鱼跳跃的声响,以及岸边宿鸟的飞鸣声。(《古今情海·卫劳华》)

在民国时期频率副词“时时”“不时”与“时不时”经常出现,尤其是“时时”与“不时”使用频率极高。因而从使用频率来看,“时不时”当是由频率副词“时时”与“不时”糅合而成的,而不是由频率副词“时”与“不时”糅合生成的。

4.2 频率副词“时不时”的生成动因

我们认为,频率副词“时时”与“不时”糅合生成频率副词“时不时”的动因是凸显言者的主观性。如前所述,“时时”与“不时”在语义上相近,都是表示某一行为或情况经常发生,频率相对较高,二者都具有[+重复性]、[+间隔时间短]、[+频率高]等相同的语义特征,但是“时时”还具有[+言者主观性],而“不时”不具有[+言者主观性]。频率高是一个模糊量,不表现为一个具体数值,可以被言者看作一个主观大量。否定式“不时”侧重于从否定的一面客观地表示行为或情况不间断,而重叠式“时时”带有言者鲜明的主观性,侧重于表达言者对频率高的主观感受或态度,言者将表示频率高的“时时”看作主观大量。言者使用重叠式“时时”,主观上强调经常反复发生的行为或情况间隔时间极短,频率极高。正是因为“时时”具有言者鲜明的主观性,所以如果这种言者主观性进一步增强,那么其语义甚至可以接近“时刻”,具有时间上的周遍性。例如:

(49) 又一人笑道:“真个这是天仙总枢所在。自从有禾有地以来,什么盗贼坏人,哪一处都瞧得见一二个,可就是这个地方,这些事情,是罚咒不信发现的。”说着,大家又都赞叹颂扬了一会儿。那守园老神不觉把胡子一抹,咧开一张大口,笑道:“说什么话?处处有君子,时时有小人。偌大瑶池就没个不规矩的小人么?何况这地方是万仙领袖所在。……”(《八仙得道》)

例(49)中“处处有君子,时时有小人”互文,意思是“处处、时时有君子,处处、时时有小人”。重叠式“时时”与“处处”对举,“处处”指空间上具有周遍性,“时时”则指时间上具有周遍性。这里的“时时”已与“时刻”“时时刻刻”“每时每刻”的意思接近。这里的“时时”理解为“时常”当然是可以的,但是如果联系上文的“处处”,理解为“时刻”“时时刻刻”“每时每刻”则更为准确。例中“时时”凸显了言者守园老神的主观性,即守园老神嘲讽对方,反对对方的看法,主观上强烈认为“君子”“小人”时时刻刻或每时每刻都存在,从未间断。

正是由于“时时”具有[+言者主观性],并不断加强,在夸张的认知心理作用下,“时时”的[+时间间隔短]这一语义特征在言者看来可以忽略不计,相反[+频率高]得到了强化,乃至[+重复性]、[+时间间隔短]、[+离散性]等语义特征模糊,所以“时时”具有[-离散性]、[+持续性]、[+每时每刻]等语义特征。由此可见,频率副词“时时”与“不时”不同的是,具有言者强烈的主观倾向性,强调了[+频率高]。下面例中的“时时”与“处处”对举,体现了言者强烈的主观性,同样可以理解为“时时刻刻”“每时每刻”。

(50) 太平处处皆生意,衰乱时时尽杀机。我正算人人算我,战场能得几人归?(《喻世明言》卷21)

(51) 元春入室,更衣毕复出,上舆进园。只见园中香烟缭绕,花彩缤纷,处处灯光相映,时时细乐声喧,说不尽这太平气像,富贵风流。(《红楼梦》)

(52) 秋谷听了慢慢的笑道:“天下的事情总不出一个理字。只要处处关心,时时留意,没有考察不来的事儿。你们诸位都是不肯遇事留心,所以就未免见理不明,料事不透。……”(《九尾龟》)

例(53)中“时时”与“刻刻”对举,很显然,二者同义,表示“每时每刻”。“时时”同样体现了言者强烈的主观性。

(53) 铁拐先生摇头道:“这是定数,无可转回。如不信,问你师父。当他初授此职之前,我是怎么告诉他的?至于你接任师父之事,也不是我可以作得主的，乃是奉了道教祖师之命而来。你只要时时记得今日师父获罪之状，刻刻不忘，勉作好人，这就对得住你师父了。……”(《八仙得道》)

如果言者想侧重从客观事实出发，客观陈述某一行为或情况发生的频率高，可以从记忆库中提取否定式频率副词“不时”；如果言者想侧重从主观感受出发，主观上强调某一行为或情况发生的频率极高，就会从记忆库中提取重叠式频率副词“时时”；如果言者一开始想从客观实际出发，客观地陈述某一行为或情况发生的频率高，紧接着又想从主观感受出发，从主观上强调这一频率极高，那么言者大脑中就会先后浮现“不时”与“时时”，二者进而叠加、糅合。由于语言的经济原则的驱动，“时时”与“不时”就通过删略重复成分“时”(这是汉语的一种噬同现象)，糅合生成新的频率副词“时不时”。当然，如前所述，这种词语糅合是在句式“S时时VP”与“S不时VP”糅合过程中实现的。

五、结　　论

频率副词“时时”在西汉时期由频率副词“时”重叠而成，“不时”大概在宋元时期由跨层结构“不时”词汇化而来。频率副词“时不时”最早可能见于民国时期，并不是在频率副词“时时”中间插入否定副词“不”而成的，也不是由“X不X”三字格类推而来的。从糅合的语义相近原则、时代先后原则与成分蕴含原则来看，频率副词“时不时”的生成机制应是糅合。从表层来看，频率副词“时不时”可看作词语糅合的结果，即由语义相近的重叠式频率副词“时时”与否定式频率副词“不时”通过删略重复成分“时”糅合而成的。从深层来看，频率副词“时不时”是在句式“S时时VP”与“S不时VP”糅合过程中生成的。

凸显言者的主观性是频率副词“时不时”的生成动因。否定式“不时”侧重于从否定的一面客观地表示行为或情况发生的频率高，而重叠式“时时”带有言者鲜明的主观性，侧重于表达言者对行为或情况发生的频率高的主观感受或态度，言者主观上认为行为或情况发生的频率极高。如果言者在客观地陈述某一行为或情况发生的频率高的同时，又想从主观上强调行为或情况发生的频率极高，那么言者大脑中就会先后浮现“不时”与“时时”，在外在的语言形式上二者便叠加、糅合成“时不时”。当然,这种词语糅合是在句式“S 时时 VP”与“S 不时 VP”糅合过程中实现的。

参考文献

白维国(2015)《近代汉语词典》,上海:上海教育出版社。

卜婷婷,李思旭(2019)三音节频率副词“时不时”的语法分析,《绵阳师范学院学报》第6期。

江蓝生(2008)概念叠加与构式整合——肯定否定不对称的解释,《中国语文》第6期。

吕叔湘(1985)疑问·否定·肯定,《中国语文》第4期。

吕叔湘(1999)《现代汉语八百词》,北京:商务印书馆。

汉语大词典编辑委员会,汉语大词典编纂处编(2011)《汉语大词典》,上海:汉语大词典出版社,上海辞书出版社。

许宝华,宫田一郎(1999)《汉语方言大词典》,北京:中华书局。

叶建军(2013)“X 胜似 Y”的来源、“胜似”的词汇化及相关问题,《语言科学》第3期。

叶建军(2016)“果不(其)然”的形成及其演变,《中国语文》第2期。

中国社会科学院语言研究所词典编辑室编(2016)《现代汉语词典》第7版,北京:商务印书馆。

朱　军(2012)评注性副词“动不动”的用法与来源,《语言研究》第4期。

邹海清(2008)“时时”“不时”“时不时”的句法语义分析——兼谈其在频率副词系统中的地位和作用,《汉语学习》第6期。

邹海艳(2018)基于汉语国际教育的“时时”“不时”“时不时”比较研究,南京师范大学硕士学位论文。

(温州大学人文学院　浙江　325035　yejj0556@126.com)

古汉语气象事件编码类型的共时分布与历时演变*

任　荷　董思聪

提要　文章考察了四类十九种气象事件在古汉语中的编码形式，发现它们基本都可归入谓词类型、论元类型或“论元-半通用谓词”类型。各类气象事件的本体特征决定了它们可能以何种编码类型为主导。汉语母语者对于某些气象的特有认识则会对非主导类型的出现及特定类型的具体实现形式造成影响。从上古到中古，汉语气象事件的编码从“以谓词类型为主导”变为“以论元类型为主导”，转变的动因来自汉语历史上从综合到分析、从隐含到呈现的演变趋势。文章认为，前人提出的关于演变方向的假说之所以不符合汉语的语言事实，正是因为未考虑特定语言系统的结构特点对该现象的制约。

关键词　古汉语　气象表达　编码类型　事件类型　历时演变　从综合到分析

一、引　言

天气现象（雨、雪、风、雷等）与人类活动息息相关，是人们在日常生活中最常谈论的话题之一。值得注意的是，气象事件与常规事件有所不同。常

* 本研究得到教育部人文社会科学重点研究基地重大项目“基于上古汉语语义知识库的历史语法与词汇研究”（项目编号 18JJD740002）和国家社科基金后期资助项目（项目编号 19FYYY004）的资助。《语言研究集刊》编辑部及匿名审稿专家提出了不少宝贵的修改意见。在甲骨文例句的释读方面，复旦大学的蒋文先生提供了无私的帮助。在此一并致谢！文中错讹概由作者负责。

规事件的默认编码方式是“谓词 + 论元”式,谓词编码事件所描述的行为活动或状态变化,论元则编码事件中的参与者。可对于气象事件来说,我们不易从中找出明确的参与者——这一特殊性造成了其编码方式的灵活性(Eriksen *et al*. 2012)。针对气象表达(meteorological expressions)的类型学研究(Eriksen *et al*. 2010,2012,2015;Mettouchi and Tosco 2011;Salo 2011;等等)表明:特定语言对于不同类型的气象事件可能采用不同的编码方式;不同语言对于同类气象事件的编码方式也有差异,并可据此给语言划分类型。其中,Eriksen *et al*.(2010,2012)通过对三十余种(跨语系)语言的考察,概括出了三种主要的编码方式:谓词类型(气象事件的语义表达主要依赖谓词——“[it] rains”)、论元类型(主要依赖论元——“the rain falls”)及“论元-谓词”类型(同时依赖谓词和论元——“the rain rains”)。在此基础上,作者对事件类型与编码类型的对应关系、各语言的选择倾向性做了概括,并提出了关于编码类型历时演变方向的假说。不过,该研究的语言样本并不大,所概括的规律仍有待验证或修正,特别是关于演变方向的假说,仅仅是理论上的预测,尚未得到语言事实的检验。

Van Hoey(2018)和 Dong *et al*.(2019)针对现代汉语普通话及方言气象表达的考察显示,绝大多数气象事件都采用了“论元导向”的编码方式(如“下雨”“刮风”“打雷”“下霜”“多云”),即,论元类型在现代汉语气象表达中占绝对优势。然而,如果把目光扩展到古汉语时期,会发现情况要复杂得多:一方面,不同类型的气象事件在编码方式上有差异,同一类型(甚至同一种)事件的编码方式有时也不止一种(如“雨$_V$”和“降雨$_N$”);另一方面,不少气象事件的编码方式发生了历时变化。那么,古汉语时期各类气象事件所采用的编码方式都有哪些?事件类型与编码类型之间是否存在对应关系?其理据何在?编码方式在历史上发生了怎样的变化?变化的动因是什么?这些正是本文想要回答的问题。

本文的研究对象涵盖了所有常见于汉语表达中的气象事件,包括:雨、雪、雹、霾、风、雷、电、阴、晴(典型天气);寒、暑、燥、湿(温度、湿度);云、霞、虹、露、霜、雾①。

据初步观察,汉语气象事件编码方式的重大变化发生在“上古汉语

---

① Eriksen *et al*.(2012)的研究未包括“云、霞、虹、露、霜、雾”这几种。

早期—上古汉语中晚期”和“上古汉语中晚期—中古汉语时期”这两个阶段,因此本文的考察范围主要是上古和中古时期的语料。所选取的语料主要包括:上古汉语早期(殷商—西周)——甲骨卜辞;上古汉语中期和晚期(春秋战国—西汉)——《诗经》《左传》《论语》《国语》《墨子》《孟子》《庄子》《荀子》《韩非子》《吕氏春秋》《战国策》《周礼》《仪礼》《礼记》《史记》《淮南子》;中古汉语时期(东汉魏晋南北朝)——《论衡》《世说新语》《齐民要术》《后汉书》《三国志》《修行本起经》《百喻经》《贤愚经》等。

二、古汉语气象事件的编码类型

Eriksen *et al*. (2012)所概括的三种主要的编码类型之中,谓词类型和论元类型在古汉语气象表达中都很常见,“论元-谓词”类型则较为罕见。

2.1 谓词类型

当气象事件的语义内容主要通过句中的核心谓词来体现时,称之为“谓词类型”。在上古汉语和中古汉语时期,此类型所采用的句法形式主要有三种:A. 单独使用谓词(无主语,可带状语);B. 主语 + 谓词;C. 主语 + 使令动词 + 谓词。例如:

A 式:

(1) 戊辰卜:雨$_{V1}$? 自今三日庚雨$_{V1}$,少。[①] (《甲骨文合集》19772)

(2) 丁丑卜,争贞:不雹,帝隹(唯)其□。(《甲骨文合集》14156)

(3) 终风且暴,顾我则笑。(《诗经·邶风·终风》)

(4) 己酉卜,𠦪(告)侌(阴),其雨$_{V1}$抑? 不雨$_{V1}$,曾启。(《甲骨文合集》21022)(“启”表“天晴”)

(5) 习习谷风,以阴以雨$_{V1}$。(《诗经·邶风·谷风》)

(6) 已而会雪下,未甚寒。(《世说新语·言语》)

① 上古汉语时期的“雨”有三种用法,其一是名词,指称“降雨事件”或“雨水”,读上声;其二是表达“降雨”义的动词(经常不带论元),也读上声;其三也是动词,义为“(天上)降下(水或其他物体)”,读去声(孙玉文 2015)[583]。本文为了区分后两种动词用法,将前者记作“雨$_{V1}$”,后者记作“雨$_{V2}$”。

B 式:

(7) 秋,大熟,未获,天大雷电以风,禾尽偃,大木斯拔。(《尚书·金縢》)

(8) 是日,饮酒乐,天雨$_{V1}$。(《战国策·魏策一》)

(9) 时天大雾,汉使人往来,胡不觉。(《史记·韩信卢绾列传》)

(10) 桓曰:“天甚晴朗,祖参军如从屋漏中来。”(《世说新语·排调》)

C 式:

(11) 丙寅卜,争贞:今十一月帝令雨$_{V1}$?(《甲骨文合集》5658)

(12) 王占曰:帝隹今二月令雷,其隹丙不[令]雪。(《甲骨文合集》14129)

从我们所考察的语料来看,谓词前的主语通常是“天”或“帝”。① “天”做主语时,其意义有两种。在多数用例[主要是上古汉语晚期及中古的用例,如例(8)—例(10)]中,“天”倾向于指天气、气象或天空,其语义较为模糊,对于整个句子的语义贡献很小,更像是环境或背景成分,而不是典型的事件参与者。世界其他语言中属于谓词类型的气象表达,其主语也呈现出类似的特点。对于某些形态变化丰富的语言来说,主语的“非典型性”还会有形式表现——比如,谓词的一致关系形态(agreement morphology)只能采用无标记形式(通常是第三人称单数),不随着主语的变化而变化(Eriksen *et al*. 2015)②。在少数用例[主要是《尚书》及后代文献的仿古表达③,如例(7)]中,“天”倾向于指上天、天神、万物的主宰,具有一定的意志性,这显然与上古先民的宗教思想有关,即认为雨雪风雷等

① 表示时间或方所的成分也经常出现在气象谓词前。例如:贞:今夕雨?之夕允雨。(《甲骨文合集》12944)在汉语里,名词性成分没有格标记,也没有标记主谓一致关系的形态手段,故而对于句首的时间或方所 NP 的处理(看成主语还是状语)尚有争议。本文没有将这些成分处理为主语(是否是状语暂且不论)。以时间 NP 为例,同一个 NP 也有出现在谓词后的情况[如,丁酉卜:雨今夕?(《小屯南地甲骨》02348)],从位置来看更接近修饰语。退一步说,即使将谓词前与谓词后的例子分开来看,并且承认句首的时间 NP 在语义上具有主题的性质,该 NP 在句法上也更接近主题语(CP 层的[Spec, TopP]位置),而非主语([Spec,IP]位置)。

② Eriksen *et al*. (2015)[18]举到了一个典型例子:Kham 语的降雨事件用“主语(义为‘天’)+气象谓词(义为‘下雨)”来表达。主语可以是单数、也可以是复数,但谓词的一致标记始终是第三人称单数形式。

③ 如《论衡》中的“天大雷雨”等,基本都出现在复述历史故事的语境里。

现象是上帝意志的体现。① 更明显地反映这一思想的是“帝”（上帝、天神）做主语的用例（C式）。C式基本都出现在甲骨卜辞中，并且气象谓词前都有一个使令义动词，体现出“帝”的自主性及对整个事件的控制力——此时主语可看成典型的施事主语②。

2.2 论元类型

当气象事件的语义内容主要通过句中的论元来体现时，称之为“论元类型”。此类型在古汉语中也很常见，其句法形式主要有五种：A. “V非宾格 + **N**”；B. “**N** + V非宾格”；C. “（N：天/神等）+ V致使/及物 + **N**”；D. “V存在 + **N**”；E. “V存在 + [V非宾格（定语）+ **N**]”或“V存在 + **N** + V非宾格”。③ 例如：

A式：

（13）北边至寒，三月下**霜**，未为变也。（《论衡·变动》）

（14）明日大雨，发**雾**而寒。（《汉书·五行志》）

B式：

（15）世见适叹而**霜**下，则谓邹衍叹之致也。（《论衡·感虚》）

（16）壬卜：三日**雨**至？（《殷墟花园庄东地甲骨》256）

（17）**雷**起常与雨俱，如论之言，天怒且喜也。（《论衡·雷虚》）

C式：

（18）一夫冤而一叹，天辄下**霜**，何气之易变，时之易转也！（《论衡·感虚》）

（19）天油然作**云**，沛然下**雨**，则苗浡然兴之矣。（《孟子·梁惠王上》）

（20）乃言以赏罚感动皇天，天为**寒温**以应政治乎？（《论衡·变动》）

（21）宾贞：翌乙亥不雨，易（锡）**日**？（《甲骨文合集》914）（“易日”是“出太阳”之义④。）

---

① 刘承慧（2008）指出：《尚书》里言说“天”的语气较为肯定，表明当时的统治者将“天”视为有处置能力的主宰者；《左传》里言说“天”的语气则不太确定；《荀子》中的“天”往往指恒常运行、规律变化的天象。（此篇文献是匿审专家提供的，谨致谢意。）这说明从上古早期到中晚期，中国人对“天”的认识是有变化的，但演变的细节不易考察。

② 但主要承担气象事件的语义内容还是气象谓词（而不是主语），故而仍属于谓词类型。

③ 各式中加粗的“N”是表达气象事件语义内容的论元。

④ 参见吴其昌（2008）、黄天树（2007）。

D 式:

(22) 贞:舞,㞢(有)雨?(《甲骨文合集》5455)

(23) 己酉卜,争贞:疑唯㞢(有)霾?(《甲骨文合集》13465)

(24) 秋七月,有雹。(《三国志·吴主传》)

E 式:

(25) 八日庚戌㞢(有)各(格)云自东,□母(晦),昃亦㞢(有)出虹自北,饮于河。(《甲骨文合集》10405)

(26) 四方云雾,即有风来,吹除粪秽。(《贤愚经·善事太子入海品》)

与气象名词相组合的动词主要有两类:一类是表示“降落”“兴起”“到来”“出现”等意义的动词,包括“下、降、陨、兴、起、作、发、来、各、至、出、见(xiàn)”等,它们在句法性质上都属于非宾格动词;一类是存在动词“有”。A、B、D 各式中均只有一个动词。在 E 式中,“有”与非宾格动词共现,非宾格动词或者做气象名词的定语[例(25)],或者做谓语[构成兼语式,见例(26)]——前一种形式在甲骨卜辞中比较多见,后一种形式出现较晚,所见用例基本都是中古以后的。C 式中的动词比较特殊,可分为两小类:一类是致使动词,包括“下”“降”“作”“起”等,它们都有与之相配的、同形的非宾格动词①,此时 C 式与 A/B 式恰可构成论元结构的交替②;一类是一般性的及物动词,如“锡”和“为”。可以看出,上述动词基本都是语义较虚、较抽象的动词,气象事件的具体语义内容是由充当论元的气象名词来承担的。

2.3 “论元-谓词”类型

当气象事件的语义内容由论元和谓词共同承担,并且两者所传达的语义信息基本一致时,称之为“论元-谓词类型”。在很多语言中,此类型里做论元的气象名词与做谓语的气象谓词是同源的。比如 Erzya 语的例子:

(27) pizʲeme　　pizʲi.

rain. NOM　　to. rain. PRES. 3SG

There is rain raining.　　(Eriksen *et al*. 2012)

在古汉语中,我们并未发现同源的气象名词与气象谓词共现的用例(比如“雨雨”“雪雪”),仅找到了一个可归为“论元-谓词”类型的表达——“雨澍/澍

① 既可看成两个词项,也可看成同一个词项的两种用法(起始用法与致使用法)。

② A/B 式只凸显变化的客体,C 式不仅凸显客体,也凸显致使者(“天”)。

雨”。“澍”见于西汉及中古文献,做动词时通常表示“适时地/疾暴地降(雨)”,且要与名词“雨”共现,此时论元和谓词所表达的是同一个气象事件。例如:

(28) 昊天生五谷以养人,今五谷病旱,恐不成实,敬进清酒、膊脯,再拜请雨,雨幸大澍。(《春秋繁露》)

(29) 未及日中时,而天云晦合,须臾澍雨,一郡沾润。(《后汉书·独行列传》)

根据我们的考察,“澍”不能与其他名词搭配以表达降下其他物体。用来表达天气现象时,它也只能跟“雨”搭配,不能跟“雪”“雹”等词搭配以表达其他降水事件。因此我们认为,“澍”是一个专门表达降雨事件的气象谓词,它与气象名词“雨”所构成的组合“雨澍/澍雨”可归入“论元-谓词”类型。但由于“雨”和“澍”并不同源,且谓词“澍”的语义相对复杂,可能还包含了“适时地/疾暴地”等修饰性的语义要素①,因而“雨澍/澍雨”属于不太典型的“论元-谓词”类型。

2.4 “论元-半通用谓词”类型

Eriksen *et al*. (2010,2012)在三种主要编码类型的基础上,又为降水类事件专门分出了一个“generalized predicate”类型。此类型中的谓词比较特殊,既不是语义抽象的一般动词(论元类型中的谓词,如“下”),也不是表达具体的降水事件的谓词(谓词类型中的谓词,如动词“雪”),而是一个专门用以表达各类降水事件的谓词,本文称之为“半通用谓词”。这类谓词通常与指称具体降水事件的名词相搭配,双方共同承担气象事件的语义内容,但论元的语义贡献度高于谓词,故而本文称之为“论元-半通用谓词”类型。

上古及中古时期的文献中,有两个动词可归为“半通用谓词”——“雨$_{V2}$”和“零”。

“雨$_{V2}$”(去声)在上古传世文献中见频较高,通常与“雪”“雹”等名词组合构成述宾结构,表达降雪、降雹等典型的降水类事件(表达“降雨”则不用这种形式,直接用“雨$_{V1}$”)。它显然是由表达“降雨”义的“雨$_{V1}$”(上声)通过音变构词派生而来的。例如:

(30) 今我来思,雨$_{V2}$雪霏霏。(《诗经·小雅·采薇》)

(31) 秋,大雨$_{V2}$雹,为灾也。(《左传·僖公二十九年》)

① 感谢匿审专家提示这一点。

虽然也可找到“雨$_{V2}$”与指称其他液体或固体的名词相搭配的用例——如“雨血”“雨肉”“雨螽”[见例(32)]——但这些用例所表达的都是与“降水”相似度很高的事件,类似于比喻用法,故而常翻译为“(天上)像下雨一样降落(物体)”。该动词完全不能与抽象名词相搭配以表达与“降水”相似度不高的事件,如“降灾”“降祸”“降福”等。

(32) 秋,雨$_{V2}$螽于宋,队(坠)而死也。(《左传·文公三年》)杜预注:螽飞至宋,队地而死,若雨。

因此,无论从来源上看,还是从其所有用例的总体情况来看,“雨$_{V2}$”都是一个主要用于降水类事件的谓词,与“降”“下”等纯粹的降落义谓词有显著差异。

“零”在上古的用例主要见于《诗经》,也是用来表达降水类事件的谓词,通常与名词“雨”“露”搭配。偶见与“涕”搭配的用例,也是比喻用法。

(33) 我来自东,零雨其濛。(《诗经·豳风·东山》)

(34) 野有蔓草,零露漙兮。(《诗经·郑风·溱洧》)

(35) 念彼共人,涕零如雨。(《诗经·小雅·小明》)

在《楚辞》《吕氏春秋》《礼记》等时代较晚的上古文献中,“零”可表达草木的“凋落”。鉴于语义差异和时代差异,“凋落”义可被看成由“(雨、露等)的降落”义滋生而来的另一个义项。将《诗经》时代的“零”看作专用于降水类事件的“半通用谓词”,应当是没有问题的。

值得注意的是,Eriksen *et al*. (2010,2012)还专门指出,这类谓词都是由语义抽象的动词——通常是表降落义的位移动词——引申或派生而来的,比如芬兰语的“sataa”和土耳其语的“yağmak”。语义抽象的位移动词恰是论元类型中经常与气象名词相组合的谓词(如“rain falls”),故而该文其实是将“论元-半通用谓词”类型看作论元类型的派生类型。然而,古汉语的情况恰恰相反。“零”在产生之初(《诗经》用例)就是表降水类事件的半通用谓词,是否有更早的来源尚不清楚。① “雨$_{V2}$”则是由一个语义更为具体的动词“雨$_{V1}$(降雨义)”派生而来,后者是谓词类型中的典型谓词。因此,若从“雨”

① 《说文解字》以“霝”为“雨零”义的本字。甲骨文中与之相应的字是“”(刘钊2014)[654-655],但此字在卜辞中不作“雨零”义。甲骨文中还有一个与“霝”相近的字形——“”,胡厚宣(1980)已证明此字应释为“冰雹”的“雹”。

的情况看,可认为古汉语的"论元-半通用谓词"类型来自谓词类型,而非论元类型。

三、事件类型与编码类型的对应关系及其历时变化

3.1 气象事件的分类

本节要讨论的是各类气象事件是如何选择其编码形式的,能否找到其内在规律。无论是跨语言考察(Eriksen *et al.* 2012),还是专门针对古汉语的考察(任荷 2018),都显示气象事件自身的类型在很大程度上决定了其在编码类型选择上的倾向性。我们根据气象事件的本体特征将它们分为以下四类。

类别	成员	本体特征
甲	雨、雪、雹、霾[①]	[+过程性, +物质性]
乙	风、雷、电	[+过程性, -物质性]
丙	云、霞、虹、露、霜;(雾)	[-过程性, +物质性]
丁	晴、阴、寒、暑、燥、湿;(雾)	[-过程性, -物质性]

所谓" +/-过程性",指的是在发生某一天气现象时,是否存在一个物理上可感知的(可被看到、听到或感受到)动态过程。下雨、下雪、下雹子、下沙尘等现象的"动态"在视觉、听觉上均可被感知,其"过程性"特征十分显著。雷只能在听觉上被感知,电只能在视觉上被感知,风可在听觉上被感知,有时亦可通过视觉来间接感知(物体被风吹动)——其"过程性"特征的显著度略低于甲类。丙、丁两类现象则不涉及物理上可感知的动态过程[②],

① 本文所讨论的"霾"指古汉语中的"霾",义为"风而雨土"(大风扬尘土而下),类似于我们现在所说的"沙尘暴"。而当代语境中的"霾"指的是"空气中因悬浮着大量的烟、尘等微粒而形成的混浊现象",这是另一种天气现象(参见 Dong *et al.* 2019)。

② 对于"云"和"雾",虽然我们有时能看到它们在"运动",但这种"运动"与甲乙两类气象(雨、风、电等)的"运动"截然不同。甲乙两类所涉及的"运动"必须贯穿气象事件的始终,也可以说事件本身就是一个动态的过程。而对于"云"和"雾",人们通常所看到的只是静态的事物,只不过偶尔能捕捉到该事物的"运动"。因此,我们认为"云"和"雾"的本体特征仍是" -过程性"。

故而表征为[-过程性]。

所谓“ +/ -物质性”,指的是某一天气现象是否以可见的、有形的物质为载体。甲、丙两类显然都涉及可见的有形的物质,故记作[+物质性]。而丁类和乙类的风、雷显然不具有物质性([-物质性])。乙类的电虽然有可见的闪光,但“光”属于很不典型的物质,也不具有相对完整的形态,故而也记作[-物质性]。

“雾”的情况比较复杂。① 尽管从自然属性来看,雾与露、霜都是近地面的水汽凝结成的水滴(或冰晶),但雾与后两者之间仍有差异:其一,露和霜是附着在物体表面的,雾则是悬浮在空气中的;其二,构成雾的水滴远小于露和霜。② 因此,当我们身处雾中时,既看不到有形的水滴,也看不到雾的边界,所感受到的只是“周围白茫茫一片、能见度很低”。也就是说,此时雾在人们的认知里并不是具有完整形态的物体,而是一种整体环境,与阴、晴类似,可表征为[-物质性]。然而,当我们身处“雾区”之外、从远处看雾时,就能够看到其整体形态了,此时雾在人们的认知中与“云”更为类似(近地面的云气),可表征为[+物质性]。因此,我们将“雾”的本体特征标记为[-过程性, -/ +物质性]。

3.2 事件类型与编码类型

我们将分属四个类型的十九种气象事件在三个历史时期的编码情况列表展示如下。③

---

① Huang 和 Dong(2019)已注意到汉语中雾与露、霜在方向性的表达上存在差异。

② Dong *et al.* (2019)列出了雨、雪、雹、露、雾的单位颗粒的大小,可知“露(滴)”的平均直径为0.2毫米,而“雾(滴)”的直径仅为0.01—0.02毫米。

③ 需要注意的是,气象事件的编码类型与气象词语的词类归属之间存在对应关系,但并非严格对应,不能将两者等同起来。气象谓词通常构成谓词类型,但也有例外。比如,有的谓词可以先跟名词中心语结合,构成一个名词组,该名词组再与其他谓词组合,最终形成的结构属于论元类型,如“寒气至”。(现代汉语的“今天是晴天/阴天”也属于这类。)气象名词可构成论元类型或“论元-半通用谓词”类型。一个气象名词与一个气象谓词(两者都指谓具体的气象、且是同一种气象)组合则构成“论元-谓词”类型,比如“雨澍/澍雨”。总之,判断编码类型时所依据的是整个气象表达的结构和语义,而不是其中某个词语的词类。

表格中用圆括号标注的有三种情况:(1)某些特殊字形所表示的“词”;(2)异体字;(3)对示例做附加说明。为了区分,对于可以出现、也可以不出现的语言成分,我们用方括号标示,如“[天]雨”。

<table>
<tr><td rowspan="2">类别</td><td rowspan="2">气象事件①</td><td colspan="2">上古汉语早期</td><td colspan="2">上古汉语中期和晚期</td><td colspan="2">中古汉语时期</td></tr>
<tr><td>编码类型</td><td>示例(例句的简化)</td><td>编码类型</td><td>示例</td><td>编码类型</td><td>示例</td></tr>
<tr><td rowspan="10">甲</td><td rowspan="4">雨</td><td>**谓词**</td><td>雨$_{V1}$
帝令雨$_{V1}$</td><td>**谓词**</td><td>[天]雨$_{V1}$</td><td>**论元**</td><td>雨$_{N}$作/至/落；
天降/下/为雨$_{N}$</td></tr>
<tr><td rowspan="3">论元</td><td rowspan="3">有雨$_{N}$
雨$_{N}$至</td><td>**论元**</td><td>雨$_{N}$降/下/至/来；
天下/作/降雨$_{N}$；
有雨$_{N}$</td><td>谓词</td><td>[天]雨$_{V1}$</td></tr>
<tr><td>论元-半通用谓词</td><td>零雨$_{N}$
雨$_{N}$零</td><td rowspan="2">论元-谓词</td><td rowspan="2">澍雨$_{N}$
雨$_{N}$澍$_{V}$</td></tr>
<tr><td>论元-谓词</td><td>雨$_{N}$澍$_{V}$</td></tr>
<tr><td rowspan="2">雪</td><td>**谓词**</td><td>雪$_{V}$</td><td>**论元-半通用谓词**</td><td>雨$_{V2}$雪$_{N}$</td><td>**论元**</td><td>雪$_{N}$降/陨零/下；
有雪$_{N}$</td></tr>
<tr><td>论元-半通用谓词</td><td>雨$_{V2}$雪$_{N}$
雪$_{N}$雨$_{V2}$</td><td>论元</td><td>雪$_{N}$降</td><td>谓词</td><td>雪$_{V}$</td></tr>
<tr><td rowspan="2">雹</td><td rowspan="2">**谓词**</td><td rowspan="2">雹$_{V}$</td><td rowspan="2">**论元-半通用谓词**</td><td rowspan="2">雨$_{V2}$雹$_{N}$</td><td>**论元**</td><td>降/有雹$_{N}$</td></tr>
<tr><td>论元-半通用谓词</td><td>雨$_{V2}$雹$_{N}$</td></tr>
<tr><td rowspan="2">霾</td><td>**谓词**</td><td>霾$_{V}$</td><td rowspan="2">**谓词**</td><td rowspan="2">霾$_{V}$
(仅1例)</td><td rowspan="2">——</td><td rowspan="2">——</td></tr>
<tr><td>论元</td><td>有[作]霾$_{N}$
霾$_{N}$有作</td></tr>
<tr><td rowspan="6">乙</td><td rowspan="2">风</td><td>**谓词**</td><td>鳳(风)$_{V}$
帝令鳳(风)$_{V}$</td><td>**谓词**</td><td>[天]风$_{V}$</td><td>**论元**</td><td>有风$_{N}$[来]，风$_{N}$起；海神/天+起/为+风$_{N}$</td></tr>
<tr><td>论元</td><td>有鳳(风)$_{N}$</td><td>论元</td><td>风$_{N}$至/生/来格</td><td>谓词</td><td>天风$_{V}$</td></tr>
<tr><td rowspan="2">雷</td><td rowspan="2">**谓词**</td><td rowspan="2">雷$_{V}$
帝令雷$_{V}$</td><td>**谓词**</td><td>[天]雷$_{V}$
震$_{V}$</td><td>**论元**</td><td>雷$_{N}$起/发/动/击
起雷$_{N}$
天为雷$_{N}$</td></tr>
<tr><td>**论元**</td><td>雷$_{N}$出/发声</td><td>谓词</td><td>[天]雷$_{V}$</td></tr>
<tr><td rowspan="2">电</td><td rowspan="2">——</td><td rowspan="2">——</td><td rowspan="2">**谓词**</td><td rowspan="2">[天]电$_{V}$</td><td>**论元**</td><td>电$_{N}$发/击
有电$_{N}$</td></tr>
<tr><td>谓词</td><td>电$_{V}$</td></tr>
</table>

① 本列各个词头仅作为各类气象事件的代表，事件在实际用例中的实现形式并不限于词头所表示的词。比如词头“晴”代表“天晴”这一事件，该事件在甲骨卜辞中经常用动词“启”来表达[语义来自“开启”；见例(4)]，也可用“易(锡)日”[赐予阳光；见例(21)]来表达，用“星(晴)”的例子不多。

(续表)

类别	气象事件	上古汉语早期		上古汉语中期和晚期		中古汉语时期	
		编码类型	示例(例句的简化)	编码类型	示例	编码类型	示例
丙	云	**论元**	有各云$_N$	**论元**	[天]作/出云$_N$	**论元**	有云$_N$起
	霞	——	——	——	——	——	——
	虹	**论元**	有出虹$_N$	**论元**	虹$_N$/虹霓见	**论元**	有虹$_N$见 霓$_N$出
	露	——	——	**论元**	露$_N$降 天降露$_N$	**论元**	露$_N$降/下
				论元-半通用谓词	零露$_N$		
	霜	——	——	**论元**	霜$_N$降 陨/下霜$_N$	**论元**	[天]陨/下霜$_N$； 霜$_N$陨/降/下
						谓词	霜$_V$(孤例)
丁	晴	**谓词**	启$_V$ 星(晴)$_{V/A}$	**谓词**	星(/晴)$_{V/A}$	**谓词**	[天]晴$_A$ 天晴朗$_A$
		论元	易(锡)日				
	阴	**谓词**	侌(/雈)$_A$	**谓词**	阴$_A$/曀$_A$ 天阴$_A$	**谓词**	[天]阴$_A$
	寒	——	——	**谓词**	[天]寒$_A$	**谓词**	[天]寒$_A$ 天冷$_A$
				论元	寒$_A$气/大寒$_N$ 至/发/降 天降为寒热$_N$	论元	寒$_A$气至 天为寒温$_N$
	暑	——	——	**谓词**	暑$_A$	**谓词**	[天]暑$_A$/暖$_A$/热$_A$
				论元	天降为寒热$_N$	论元	暖$_A$气来
	燥	——	——	**谓词**	燥$_A$	——	——
	湿	——	——	——	——	**谓词**	湿$_A$
丁/丙	雾①	——	——	**谓词**	[天]雾$_V$	**谓词**	[天]雾$_V$
				论元	雾$_N$起	论元	发雾$_N$ 雾$_N$气起

① 甲骨卜辞中有“雈”字,于省吾(1979)释为“雾”。也有学者(如孙常叙1992)认为此字是“侌(阴)”的异体。黄天树(2007)采用后一种观点,其论证较为充分,宜从。甲骨卜辞中暂未发现表示“雾”的词语。

由表格可知：从泛时的角度看，同一类型的气象事件所采用的编码形式可能不止一种；即使把时间限制在特定的历史时期，同一类型的气象事件也可能对应两种或两种以上的编码类型，多数情况下会以其中一种为主导类型（少数情况下两种编码类型难分伯仲）。但事件类型与编码类型之间的对应仍然是有规律可循的，我们可做出如下概括：（1）对甲、乙两类气象事件来说，谓词类型和论元类型都是主要的编码类型，在不同的历史时期，主导类型可能不同。（2）甲和乙的区别在于，甲类的编码类型更加多样化，除了两种基础类型，还包括"论元－半通用谓词"类型和"论元－谓词"类型。（3）丙类气象事件基本都编码为论元类型（仅有《齐民要术》中"霜"的一个例句是例外）。（4）丁类气象事件通常编码为谓词类型，少数情况下可编码为不典型的论元类型——比如气象谓词先修饰某个名词构成名词组（"寒气/暖气"），然后做论元；或两个气象谓词组成并列结构并临时转为名词（"寒热/寒温"），然后做论元。

如果从事件本体特征的层面做进一步概括，可发现"＋/－过程性"和"＋/－物质性"是在不同层次上发挥作用的。先看该事件有无过程性，如果有（甲、乙），那么编码为谓词类型和论元类型的可能性都比较大，在不同时期可能有不同选择。如果没有过程性，再看有无物质性：如果有，通常编码为论元类型（丙）；如果没有，通常编码为谓词类型（丁）。

[＋过程性]的气象事件（"雨"类或"风"类）是一个物理上可感知的动态过程，这种过程的显著度、可辨识度很高，因而用专门的谓词来编码它是很自然的做法——构成谓词类型。如果该事件兼具物质性，说明该动态过程是以某种有形物质为载体的（如"雨、雪、雹"），并且该物质通常可充当该事件的区别性特征，那么就可以用专门的名词来编码这种物质，再与一个通用动词（"降、下"等）组合，就能表达整个事件——构成论元类型。还有另外一种可能：将动态过程作为一个整体来识解，编码为一个事件名词或抽象事物名词，再与"有""来""至""作"等语义更为抽象[①]的动词组合，表示该气象的出现或发生，这也能构成论元类型——因此，[－物质性]的"风"类事件也常编码为论元类型。论元类型的两种实现方式的差异在实际用例中有所体现。"雨"类既能以第一种方式来实现（将物质载体编码为名词），也能以第

① 所谓"更为抽象"，指的是比"降、下"等动词更抽象。

二种方式来实现(将整个事件编码为名词),故而实际用例中的"雨$_N$"有时指称具体事物(如"降雨""下雨"),有时指称事件(如"有雨""雨作")。"风"类只能以第二种方式实现为论元类型,故而实际用例中的气象名词只能指称事件或抽象事物(如"有风""有电""雷出")。

[-过程性]的气象事件不涉及物理上可感知的动态过程,那么只能理解为一种状态。"状态"的显著度远低于"动态过程",语言使用者不倾向于直接对其进行编码。当该事件为[+物质性]时,作为载体的是有形物质(如"云""虹")——其可辨识度远高于状态本身,因此先将该物质编码为名词,再与"有"等抽象的状态动词组合①,是最自然的做法,于是构成论元类型。当该事件为[-物质性]时,已别无选择,只能对状态本身进行编码,即编码为状态动词或形容词(如"阴"),故构成谓词类型。关于"雾",前文已论证,不同的感知方式导致它在人们的认知中既可以是[-物质性],也可以是[+物质性],因而既可构成谓词类型,也可构成论元类型。

以上讨论了气象事件的本体特征是如何决定其主要的编码类型的。然而,某些气象事件有时也会采用不同于常规的编码形式,比如"寒""暑"可编码为(不典型的)论元类型——这源于汉语母语者对于这些事件的特有认识。在古代中国人看来,天气的寒暑可能是由(上天降下的)"寒热之气"所带来的。比如,《素问·热论》王冰注曰:"寒者,冬气也。"所以会采用"寒气至""暖气来"等形式来表达。也可通过加修饰语或将两个气象谓词并列的形式,将它们临时用作名词(表"寒气/热气"),再与通用谓词组合。例如:

(36) 古者大寒降,土蛰发,水虞于是乎讲罛罶,取名鱼,登川禽,而尝之寝庙,行诸国,助宣气也。(《国语·鲁语上》)

(37) 故当若天降寒热不节,雪霜雨露不时……此天之降罚也,将以罚下人之不尚同乎天者也。(《墨子·尚同中》)

值得注意的是,上述用例与"寒/热"直接做谓语的用例相比,所适用的语境有一定差异。上述形式往往用在描述"类事件"的语境中,极少用来陈述具体事件(具体某一天天气的冷热)。当需要陈述具体事件时,通常会采用谓词类型。例如:

---

① "露"和"霜"与"降落"义动词组合的问题,下面会专门讨论。

（38）戎夷违齐如鲁，天大寒而后门，与弟子一人宿于郭外。（《吕氏春秋·长利》）

此句说戎夷这个人离开齐国前往鲁国，（到达的那天）天气很冷，却没能赶在城门关闭之前进去。此时不会采用“寒气至”“大寒降”等形式。可见“寒/暑”事件虽可编码为论元类型，但所适用的语境并不是陈述天气的典型语境，属于“不典型的”论元类型。

汉语母语者对气象事件的特有认识也会对编码类型的具体实现形式造成影响。比如，丙类事件基本都编码为论元类型。但“云”和“虹”只与“有、见、出”等存现动词组合，而“霜”和“露”只与“降、陨、下”等降落义动词组合（参见2.2节的例句）。关键在于，后两者本不涉及降落过程，为何会与降落义动词搭配？这是因为，“露”和“霜”虽不涉及可见的动态过程，但在古代中国人的认知里，它们也是自天而降的“水”，其形成过程与“雨”“雪”类似。例如：

（39）露，天之津液，下所润万物也。（《玉篇·雨部》）

（40）霜，露凝也。（《玉篇·雨部》）

（41）云雾，雨之徵也，夏则为露，冬则为霜，温则为雨，寒则为雪。（《论衡·说日》）

Dong *et al*.（2019）即指出，“露”和“霜”的形成都被看成了“降水”过程，它们与真正的降水事件（雨、雪、雹）共享一个本体节点（ontology node）“water（水）”，因而在现代汉语普通话及方言中，两类事件也往往用同一组动词（降落义）来表达。

气象事件的本体特征所反映的是“人类所共有的身体及物质经验”，汉语母语者对气象事件的特有认识则反映了“特定社会中形成的文化经验”（张敏 1998）。两者共同构成了我们的日常经验，为汉语气象事件的表达提供了认知基础。

3.3 编码类型的变化趋势及其动因

3.3.1 变化趋势

由3.2的表格可知，从甲骨文时代到中古汉语时期，甲、乙两类（“雨”类和“风”类）气象事件的编码方式经历了类似的演变：由以谓词类型为主导转变为以论元类型为主导。较为完整地呈现出这一演变轨迹的是“雨”“雪”“雹”。“雪”和“雹”的主导编码类型由谓词类型先转变为“论元-半通用谓词”类型,再转变为论元类型。“论元-半通用谓词”类型恰是谓词类型与论元类型之间的过渡类型。“雨”则由“谓词类型主导”变为“谓词类型与论元类型并重”,最后变为“论元类型主导”。到了现代汉语普通话里,甲、乙两类仍以论元类型为主导(准确地说是只有论元类型),只是所搭配的谓词发生了词汇替换(如“雷发/起雷”被“打雷”所取代)。可见其编码类型的重大变化在中古汉语时期就基本完成了。

丙、丁两类(“云/露”类和“阴/晴”类)的主导类型则没有发生变化。丙类始终是论元类型(且基本不能编码为谓词类型),丁类始终是谓词类型(偶尔编码为不典型的论元类型)。到了现代汉语时期,丙类仍然只有论元类型。丁类仍然以谓词类型为主导,且原有的“寒气/暖气至”“天降寒热”等表达消失了,但又出现了少量属于论元类型的新形式,如“今天是晴天/阴天”。

总之,各类气象事件的主导编码类型或者不变,或者由谓词类型变为论元类型。因此可以说,汉语气象事件编码类型的总体变化趋势是:从“谓词类型为主导”到“论元类型为主导”。这个总趋势在变化的细节上也有体现。比如,前面提到过论元类型里的“$雨_N$”既可指称物质(雨水),也可指称降雨事件。但它在甲骨卜辞中的用例基本都指称事件,与存在动词“有”搭配。上古汉语中期以后才出现了不少指称物质的用例,如“降雨”“下雨”“零雨”。与事件名词相比,事物名词是更典型的论元,它所构成的表达形式是更典型的论元类型。也就是说,“$雨_N$”所构成的论元类型不仅发生了地位变化(由非主导变为主导),而且发生了典型性的变化(变得更加典型)。

Eriksen *et al*. (2010)曾提出关于编码类型历时演变方向的假说,认为应该是:论元类型→(“论元-半通用谓词”类型/“论元-谓词”类型)→谓词类型。但作者并未提供语言事实方面的直接证据。[①] 根据本文的考察,汉语气象事件编码类型的演变方向与之相反,恰为此假说提供了反例。至于其他语言的情况如何,还有待学者们做专门的考察和研究。

① Eriksen 等学者的研究所涉及的语言虽然不少,但未做历时考察,故而无法为“演变方向的假说”提供直接证据。唯一一个可能的证据是:根据他们的考察,有些语言中用于降水类事件的“半通用谓词”来自语义抽象的动词(“fall”义),进而可认为这些语言的“论元-半通用谓词类型”来自“论元类型”——但这仅为演变链条的前半部分提供了证据。更何况,根据我们对汉语的考察,该演变链条的前半部分也未必成立,因为汉语的半通用谓词(“$雨_{V2}$”)恰来自谓词类型中表达具体气象的谓词(“$雨_V$”)。

3.3.2 变化动因

汉语气象事件的编码类型为何呈现出上述变化趋势？我们认为，其动因来自汉语结构类型的转变。

汉语从古至今发生了"从综合到分析"(词汇及语法方面)、"从隐含到呈现"(词汇方面)的重大转变，前辈学者对此早有阐发(王力 1941；蒋绍愚 1989；杨荣祥 2003；胡敕瑞 2005；宋亚云 2006；Xu 2006)。简单地说，就是上古汉语中用一个单音词来表达的语义内容，后来用一个复音词或一个句法结构来表达。根据本文的考察，当一个气象事件被编码为谓词类型时，实现形式经常是一个不带论元的气象谓词(如"雨$_{V1}$")，未将事件参与者从整个事件中独立出来——这是典型的综合性表达。当它被编码为论元类型或"论元-半通用谓词"类型时，则必须实现为"谓词 + 论元"的形式(如"降雨$_{N}$")——这是一个分析性的表达。因此，当主导编码类型由谓词类型转为论元类型时，气象表达的分析性就增强了。前辈学者还指出，汉语从综合到分析、从隐含到呈现的变化主要发生在上古汉语晚期至中古汉语时期(宋亚云 2006；胡敕瑞 2005)。根据本文的考察，气象事件编码类型的重大转变始于上古汉语中晚期，到中古汉语时期已基本完成——在时间上也与整体转变相符。

可见，气象事件编码类型的转变是在"汉语从上古到中古发生了从综合到分析、从隐含到呈现的变化"这个大背景之下发生的，是总体变化趋势的具体体现。这也提示我们，在特定历史时期具体选择哪种编码类型、主导类型向哪个方向变(如果要变的话)在很大程度上受制于特定语言系统的结构类型及其变化。Eriksen *et al.* (2010)的"演变方向假说"仅仅是基于两种编码类型的差异及气象事件自身的特点而做出的推理和预测(论元类型是最普遍的编码事件的形式，谓词类型则是为气象事件"定制"的形式，如果发生变化，应该是从普遍形式变为定制形式)，并未考虑具体语言系统的结构特点，因而其可靠性是值得怀疑的。

四、结　　语

古汉语气象事件的编码方式较为丰富，但在特定的历史时期，特定类型的事件往往会以某一种编码类型为主导。可能的主导编码类型取决于气象事件的本体特征——“+/-过程性”与“+/-物质性”。[+过程性]的气象事件(“雨”类和“风”类)既可能以谓词类型为主导,也可能以论元类型为主导。[-过程性]的气象事件如果为[+物质性](“云/露”类),只能以论元类型为主导;如果为[-物质性](“阴/寒”类),只能以谓词类型为主导。此外,汉语母语者对某些气象事件的特有认识会对编码类型的变异及特定类型的具体实现形式造成影响。从上古到中古,汉语气象事件的主导编码类型经历了从谓词类型到论元类型的转变。转变的动因来自汉语历史上“从综合到分析”“从隐含到呈现”的演变趋势。

参考文献

郭沫若主编,中国社会科学院历史研究所编(1978—1982)《甲骨文合集》,北京:中华书局。

胡敕瑞(2005)从隐含到呈现(上)——试论中古词汇的一个本质变化//北京大学语言研究中心《语言学论丛》编委会编,《语言学论丛》第三十一辑,北京:商务印书馆。

胡厚宣(1980)殷代的冰雹,《史学月刊》第3期。

黄天树(2007)殷墟甲骨文验辞中的气象记录//陈昭容主编,《古文字与古代史》第一辑,台湾:“中央研究院”历史语言研究所。

蒋绍愚(1989)《古汉语词汇纲要》,北京:北京大学出版社。

刘承慧(2008)返还文本意义之途——语言分析与先秦文本解读的关系//郑吉雄主编《语文、经典与东亚儒学》,台北:台湾学生书局。

刘钊主编(2014)《新甲骨文编》增订本,福州:海峡出版发行集团,福建人民出版社。

任 荷(2018)《“名词动用”与上古汉语名词和动词的语义属性》,北京大学博士学位论文。

宋亚云(2006)汉语从综合到分析的发展趋势及其原因初探//北京大学语言研究中心《语言学论丛》编委会编,《语言学论丛》第三十三辑,北京:商务印书馆。

孙常叙(1992)雈雚一字形变说//中国古文字研究会,中华书局编辑部编,《古文字研究》第十九辑,北京:中华书局。

孙玉文(2015)《汉语变调构词考辨》,北京:商务印书馆。

王 力(1941)古语的死亡残留和转生,《国文月刊》第9期。

吴其昌(2008)《殷墟书契解诂(三续)》,武汉:武汉大学出版社。

杨荣祥(2003)“大叔完聚”考释——兼论上古汉语动词“聚”的语义句法特征及其演变//北京大学语言研究中心《语言学论丛》编委会编,《语言学论丛》第二十八辑,北京:商务印书馆。

于省吾(1979)《甲骨文字释林》,北京:中华书局。

张　敏(1998)《认知语言学与汉语名词短语》,北京:中国社会科学出版社。

中国社会科学院考古研究所编(1980—1983)《小屯南地甲骨》,北京:中华书局。

中国社会科学院考古研究所编(2003)《殷墟花园庄东地甲骨》,昆明:云南人民出版社。

Dong Sicong, Yang Yike, Huang Chu-Ren, Ren He. (2020/2019) Directionality and Momentum of Water in Weather: A Morphosemantic Study of Conceptualisation Based on Hantology. // Hong Jia-Fei, Zhang Yangsen, Liu Pengyuan. (eds.) *Chinese Lexical Semantics: 20th Workshop, CLSW 2019, Revised Selected Papers*. New York: Springer.

Eriksen P, Kittilä S, Kolehmainen L. (2010) The Linguistics of Weather: Cross-linguistic Patterns of Meteorological Expressions. *Studies in Language* 34(3).

Eriksen P, Kittilä S, Kolehmainen L. (2012) Weather and Language. *Language and Linguistics Compass* 6(6).

Eriksen P, Kittilä S, Kolehmainen L. (2015) The World is Raining: Meteorological Predicates and Their Subjects in a Typological Perspective. // Helasvuo M L, Huumo T. (eds.) *Subjects in Constructions – Canonical and Non-Canonical*. Amsterdam: John Benjamins Publishing Company.

Huang Chu-Ren, Dong Sicong. (2020/2019) From Lexical Semantics to Traditional Ecological Knowledge: On Precipitation, Condensation and Suspension Expressions in Chinese. // Hong Jia-Fei, Zhang Yangsen, Liu Pengyuan. (eds.) *Chinese Lexical Semantics: 20th Workshop, CLSW 2019, Revised Selected Papers*. New York: Springer.

Mettouchi A, Tosco M. (2011) Impersonal Configurations and Theticity: The Case of Meteorological Predications in Afroasiatic. //Malchukov A, Siewierska A. (eds.) *Impersonal Constructions: A Cross-linguistic Perspective*. Amsterdam: John Benjamins Publishing Company.

Salo M. (2011) Meteorological Verbs in Uralic Languages — Are There Any Impersonal Structures to be Found. //Malchukov A, Siewierska A. (eds.) *Impersonal Constructions: A Cross-linguistic Perspective*. Amsterdam: John Benjamins Publishing Company.

Van Hoey T. (2018) Does the Thunder Roll? Mandarin Chinese Meteorological Expressions and Their Iconicity. *Cognitive Semantics* 4(2).

Xu Dan (2006) *Typological Change in Chinese Syntax*. Oxford: Oxford University Press.

(任荷　中国社会科学院语言研究所　北京　100732　renhehys@163.com;
董思聪　哈尔滨工业大学(深圳)人文与社会科学学院　深圳　518055;
北京大学—香港理工大学汉语语言学研究中心　北京　100871
dongsicong@gmail.com)

早期西人汉语教学文献的词汇语料价值*

——以《语言自迩集》对《汉语大词典》之书证补益为例

宋　桔

提要　早期域外汉语教学文献见证了17至19世纪中西语言、文化接触的历史，这些西人著述中保存的汉语词汇语料具有口语化程度高、双语资料明确、底本来源及周边文献丰富等特点，是值得进一步挖掘的近代汉语文献资料。《语言自迩集》作为19世纪中期著名的北京官话教科书被视为其中的重要代表，该文献中保存的多版本、双语、非均质的"共时资料"不仅可为清末民初这一历史阶段的近代汉语词汇研究提供可靠的参证语料和多重证据，亦可在补益缺失书证、提前首引书证年代、增补义项与词目方面为《汉语大词典》等辞书的修订提供新资料。

关键词　西人汉语教学文献　近代汉语　《语言自迩集》　汉语大词典

一、西人汉语教学文献及其语料特点

明末以降，以耶稣会士为先导的西方人从东南一隅踏进了中国，中外接触剧增，语言交流障碍成为首要问题。利玛窦（Matteo Ricci，1552—1610）、金尼阁（Nicolas Trigault，1577—1628）等来华西人借助汉语的罗马字转写开启了汉语学习之路，出现了一批手写、刊印的早期汉语学习资料。

* 本文研究得到教育部人文社会科学研究青年基金（项目编号19YJC740067）的资助。文章撰写过程中曾得到徐文堪教授、内田庆市教授等先生的点拨与帮助，谨此致以诚挚谢意。部分内容曾在"世界汉语教育史研究学会第11届年会"（北京，2019）上宣读，感谢与会专家的宝贵意见。文中若有错谬之处，均由作者负责。

1840 年鸦片战争后，时局的改变促使更多的传教士、外交官和商人来到中国。1844 年《望厦条约》签订，奉行闭关政策的清政府开始允许外国人聘请中国人教习汉语。① 贸易、宗教和政治活动对日常交流的急切需求推动了汉语学习的热潮，同时催生了又一批形态丰富的汉语学习资料。其中有列举词汇为主的口语词汇集，有分场景的对话语篇集，还有结合例句的语法书、学习型词典及融合语法、词汇、对话、语篇等内容的综合性教科书。不仅数量庞大，而且内容丰富，涉及了当时中国的南北官话、各地方言。

关于此类文献资料价值的探索多因社会政治、语言隔阂等原因而曲折推进。二十世纪三十年代，罗常培（1930）就肯定了西洋人的汉语语音描写对音韵学的贡献。然而，对此类文献中词汇语料价值的关注则始于二十世纪四五十年代日本近世汉语学界对西洋人汉语官话学习文献的研究，如太田辰夫（1950，1951）、香坂顺一（1964，1983/1997）、尾崎实（1965）等。国内研究中，随着国际汉学、汉语教育史等领域对此类文献探索的不断深入，这些文献资料亦愈加受到汉语学界的关注。从二十世纪六十年代周法高（1966）呼吁重视早期西洋人写的中国语法书，到二十一世纪近代汉语学者对西人汉语教学文献中保留语料之"准确性""可靠性""典范性"的认可，②研究成果不断涌现。

汉语史料的专题研究也开始注重此类文献。如《汉语史语料学》（高小方，蒋来娣 2005）[273]在讨论清代语料时特别提到了"教科书类"，列举了《语言自迩集》《华音启蒙谚解》《你呢贵姓》《学清》。《近代汉语词汇学》（徐时仪 2013）[67]提到"会话书"是"研究近代汉语的极好材料"，举例了《老乞大》《朴通事》《官话指南》《汉语入门》和《语言自迩集》。

① 《望厦条约》第 18 条款规定："准合众国官民延请中国各方士民人等教习各方语音，并帮办文墨事件，不论所延请者系何等样人，中国地方官民等均不得稍有阻挠、陷害等情；并准其采买中国各项书籍。"（王铁崖 1957）[54]。

② 如汪维辉（2011）[20]谈道："由于西方人对汉语的特有的敏感，加上不少传教士受过现代语言学的训练，注音一般都采用罗马字母，所以这批资料对口语的记录通常都比较准确和可靠，其价值往往超过本土资料。"徐时仪（2013）[67]提道："给母语不是汉语的人学习汉语用的教科书，因而多以当时的共同语为标准，具有一定的典范性，是研究近代汉语的极好材料。"

与此同时,关于此类资料的文献版本研究,从早期的翻译介绍,①到近期大批一手文献的影印出版,②逐步打破了国内研究与之在地域上、语言间的隔阂,进一步揭示了学界对于早期域外汉语教学文献的渴求与重视。

渴求与重视源自对其价值的认可,归纳来看,我们认为早期西人汉语教学文献的价值主要基于以下三个特点:

第一,口语化程度高。是时西人学习汉语最缺的即口语教科书,“在文言占据书面语的统治地位的时代很少有人用真正的白话来写文章”(刘坚 1990)[6],传世文献中可直接用作口语学习资料者少之又少,小说类也多是文白混杂。在本土老师的帮助下,西人编纂者以旁观者的角度客观记录时人使用的语言,从而保证了较高的口语化程度。如《官话类编》(*A Course of Mandarin Lessons*, Mateer 1892)就通过双行小字展示了南北官话间口语词汇的差异。③

第二,双语资料明确。如果说单一语言文献中某词的具体词义有时依赖于上下文,那么双语文献的优势则在于通过另一种语言的翻译、注释明确了具体的词义。当然,具体对某一词汇的理解与西人编者的汉语水平相关,但大多数此类文献都经过了中国本土老师的审读,汇集了中外人士的智慧,文本具有一定的可靠性。如《汉言无师自明》(*Chinese without a Teacher*, Giles 1872/1887)1872 年初版仅以罗马字转写读音,1887 年再版时又补充了英文翻译及对照的汉文。

---

① 例如威妥玛著、张卫东译《语言自迩集: 19 世纪中期的北京话》,北京大学出版社 2002 年(该书已于 2018 年出版了修订版,增补了大量注释);弗朗西斯科 · 瓦罗著,姚小平、马文清译《华语官话语法》,外语教学与研究出版社 2003 年;张西平《西方人早期汉语学习史调查》(上)(第三编: 文献),中国大百科全书出版社 2003 年。汪维辉编《朝鲜时代汉语教科书丛刊》,中华书局 2005 年。汪维辉编《朝鲜时代汉语教科书丛刊续编》,中华书局 2011 年。

② 2016 年,“早期北京话珍本典籍校释与研究”项目的阶段性成果“早期北京话珍稀文献集成”丛书分八个系列由北京大学出版社开始影印出版。其中域外汉语教科书文献包括《老乞大》《朴通事》《语言自迩集》《官话指南》《官话类编》《北京话语音读本》等。

③ 《官话类编》(1892)中文部分出现了两行或三行同义词并列的情况。据调查,两行时,右边是北京话,左边是南京话;三行时,左边是北京话,中间是山东话,左边是南京话。(内田庆市,冰野善宽 2016;张美兰 2018)

第三,底本丰富、来源多样。此类教学文献的资料底本主要有二：一是西人在本土老师的帮助下直接编写的语言材料;二是对中国已有文献资料的改写。前者如《官话指南》(1881/1900),其内容源自编者在北京向中国老师学习时编写的学习材料。① 后者如《汉语入门》(*Rudiments de Parler et de Style Chinois*, Wieger 1892),编者用口语改写了《今古奇观》《聊斋志异》《家宝二集》的部分篇目。此类文献中对本土文献的改写凸显了文白差异与词汇演变,从而关联了更加丰富的周边资料。

正如蒋绍愚(2005)[15]所言,“资料问题是任何语言研究都必须重视的,但近代汉语研究中这个问题尤其突出”。作为十九世纪中期一套系统的北京官话口语教科书,《语言自迩集》(*Yü-yen Tzŭ-êrh Chi*, 1867/1886/1903,以下简称《自迩集》)不仅完全具备以上三个特点,而且作为系列文献从篇幅体量上也满足专书资料研究的条件。以下,我们将以《自迩集》及其相关资料为切入点,结合近代小说语料、与《自迩集》同时代的域外词典与教科书文献,② 从补益《汉语大词典》书证的角度来例证《自迩集》,以及以其为代表的早期西人汉语教学文献,对于近代汉语词汇研究的价值。

二、《自迩集》之词汇语料应用研究

《自迩集》(1867/1886/1903)诞生于南北官话竞争的时代,主编威妥玛(Thomas Francis Wade, 1818—1895)敏锐地抓住了社会优势语言的转变,将“剔除了北京方言中土话成分的北京话”(Wade 1967)[序言: vi]确定为系列教科书的目标语。③ 该书包括三版九卷近百万字,编写于 19 世纪初,成稿在 19 世纪中,历经近 40 年的修订,倾注了十余位中西人士的辛劳。内容涵盖语

---

① 《官话指南》首版卷首有 1881 年的凡例,后有 1903 年文求堂改订本、1893 年九江书会南方官话版以及多个方言译本。其中 1900 年上海华美书局版为初版的复刻版,已经学者考证与初版内容形式一致,本文后续引例来自 1900 年版。九江书会版中以双行小字的形式列出了南北官话在某些用词上的差异,其中右行小字系初版中的北京官话,左行添加的内容系南方官话。(六角恒广 2000)[16-17];内田庆市,冰野善宽 2016)

② 本文使用的语料库主要有北京大学 CCL 现代汉语语料库、关西大学近代汉语文献数据库及晚清期刊,民国时期期刊全文数据库等,在此一并表示感谢。

③ 有关 19 世纪汉语南北官话竞争、日本明治时期的北京官话教育、威妥玛、密迪乐等西人对于南北官话的态度与处理方式可参看 Paul Sinclair(2003)、Song Ju(2020)。

音、词汇、语法诸方面,包括“音节章”“部首章”“(续)散语章”“问答十章”“谈论百篇”“践约录”“词类章”“声调章”等。书中细致描写了北京官话的发音,并通过对话、语篇串联起各类词汇和语法结构。

针对《自迩集》中汉语资料的早期应用研究始于日本。作为明治时期汉语教育转向北京官话的标志性教材,《自迩集》以及在日改编本①一直是日本近世汉语学界的研究重点之一。继尾崎实(1965)年初步整理了《自迩集》的部分语汇索引,内田庆市等(2015)又发表了完整的《自迩集》第一版中文部分词汇索引及系列研究文章。

国内对《自迩集》个案挖掘整理的起步虽略晚,但一开始便抓住了该文献的资料价值,将其誉为亟待开发的北京官话口语语料的“富矿”:

书中对北京话语音、词汇和语法方面所做的记录与分析,精确可信、丰富多彩,学术价值甚高,……堪称百多年前北京话口语的精彩实录。(张卫东 2002)[1]

已有的《自迩集》词汇语料研究主要分为两部分。一是关于该书词汇类型及特点的个案分析,如张美兰(2007,2018)强调了《自迩集》中词汇资料的口语性;党静鹏(2011)举例展现了《自迩集》词汇类型的丰富性;宋桔(2013)结合《自迩集》诸版本的文献情况总结了该书所存资料的特点为双语、多版本、非均质。二是整合利用《自迩集》等多种域外文献的系列研究,如张美兰、陈思羽(2006)对清末民初北京口语中的话题标记的比较整理;张美兰(2011)对多部域外官话文献语言特征的分类论述。

本文以全文的词汇索引及三版双语资料为基础,从补益《汉语大词典》书证的角度切入,进一步探索《自迩集》相关材料对于近代汉语词汇研究的价值。中外学界针对《自迩集》个案的相关研究为本文奠定了深厚的基础,如六角恒广(1992/1988)、张德鑫(2002)、张卫东(2002)、内田庆市(2009)、内田庆市等(2015)、宋桔(2015)等。以已有研究和我们的调查②为基础,将

---

① 指日本国内改写或仿造《自迩集》内容编撰的北京官话教科书。例如广部精的《亚细亚言语集支那官话之部》(1879—1880)、兴亚会支那语学校编的《新校语言自迩集散语之部全》(1880)、福岛安正的《自迩集平仄编四声联珠》(1886)等。(六角恒广 2000/1994,内田庆市 2010 等)

② 有关《自迩集》的文献版本与词汇语言的系统整理与分析,我们将另文详述。

应用《自迩集》词汇语料的要点总结如下：

2.1 重视版本修订与内容差异

经考察，1867 年初版《自迩集》的内容在 1886 年的第二版中有了较大的修订，1903 年版则删除了“谈论篇”“词类章”，未删节部分与第二版基本无异。经校勘可知，第二版的修订主要集中在内容新增、用词改变及英文翻译注释内容的调整等方面。如第二版将第一版“问答章”所有的 13 处“你纳”都改为“您纳”，表现了编写者对“您”的过渡形式“X 纳”语用功能的敏锐把握。这就要求我们在应用《自迩集》的词汇语料时不仅要考虑初版的用例，更需同时对照第二版的内容。

2.2 充分利用可靠、丰富的双语资料

作为一部双语文献，《自迩集》的主体分为中文文本和英文译注两部分。中文文本的可靠性主要源自出生官宦的应龙田、满人于子彬以及其他未具名的本土知识分子参与《自迩集》内容的广度及深度。① 同时，英文卷还通过直接注释、文本对译、同义词对比、语用规则说明等方式提供了“翻译”之外的珍贵信息。例如在注释“倒不错”的“倒”时，编者不仅指出这个词是北京话口语中特有的，还特别指出是否有“倒”主要关系到句子语流听起来是否流畅完整。（散语章 2.1：73）

2.3 明确不同章节的非均质性

《自迩集》“问答章”“散语章”“词类章”是由中西编写团队共同编写完成的，是对语言事实的观察与忠实记录，具有“共时资料”的特性②。第一版的“续散语章”例句短小且缺乏语境，但该章的大部分用词均纳入了第二版以传统小说《西厢记》为蓝本改编的故事里，增补的上下文为进一步的研究提供了重要的材料。“谈论篇”的底本是清代满汉合璧教科书“清文指要”系

① 我们发现威氏在序言中提到多位本土知识分子对该书的贡献，其中具名的仅两人。满人于子彬直接创编了“践约录”的初稿，但我们对其生平情况尚未明确。应龙田，字雨耕，祖籍浙江金华兰溪，因父亲移居北京，后父迁广东副将，又随之至粤，1847 年始任威氏的汉语教师。他创编了去除入声调的“北京话音节表”，完成了《自迩集》中“续散语十八章”的短语采集工作，为“谈论篇”改写了满汉合璧教科书中古旧的用词。（宋桔 2012）

② 太田辰夫（1958/1987）[374-375]从汉语史和汉语史料学的角度提出了这一概念。关于《自迩集》中“共时资料”的具体分析可参看宋桔（2013）。

列文献,[①]在《自迩集》之前,威氏还曾将这部分内容以《问答篇》为题出版。多个版本异文间的对勘,有力拓宽了研究的广度。

2.4 追溯来源,关联周边文献

威氏在正式出版《自迩集》之前曾刊印试验课本《寻津录》(1959),《自迩集》流入日本后又出现了多部改写或模仿《自迩集》内容的官话教材,这些文献中的重叠内容成了可供对勘的文献。更大范围来看,与《自迩集》相近时代的汉外词典、教科书资料也提供了分析该书词汇语料的周边依据。例如马礼逊(Robert Morrison 1782—1834)《华英字典》(*A Dictionary of the Chinese Language*, 1815—1823)、卫三畏(Samuel Wells Williams, 1812—1884)的《汉英韵府》(*A Syllabic Dictionary of the Chinese Language*, 1874)、翟理斯(Herbert Allen Giles, 1845—1935)的《华英字典》(*A Chinese English Dictionary*, 1892/1912)[②]正是当时西人学习汉语的案头必备之书。另如后继《自迩集》的北京官话教科书《官话指南》(1881)、《京话指南》(*Cours éclectique graduel et pratique de langue chinoise parlée*, 1887)、《官话类编》(1892)等,也存在与《自迩集》用词相互参照的可能。

三、《汉语大词典》与其修订版之书证

十三卷本的《汉语大词典》(以下简称《汉大》)收词达37.5万余条,以"古今兼收,源流并重"为编纂方针,着重勾画了汉语语词的历史演变过程。

受历史条件所限,初版《汉大》的"200多万条第一手资料"皆来自手工搜

---

① 《自迩集》原文中在提及书籍时曾出现"清文指要",但关于《自迩集》"谈论篇"的直接底本目前有两种意见。一是认为"谈论篇"即改写自《清文指要》(初版于1789年双峰阁刻本,另有1809年三槐堂本与1818年西安将军署本等)。(张美兰等 2013)[10-11] 二是认为"谈论篇"并非直接改写自《清文指要》,而从篇章顺序判断可能是来自由《清话百条》满语内容再编的《初学指南》(1794)或者《三合语录》(1829)(太田辰夫 1951)[22] 实际上两者的具体内容是非常相似的。我们认为威氏当时得到的满汉教科书应是《三合语录》(1829)中的一册,关于该问题我们将另文详述。以下我们先统称"谈论篇"的底本为"清文指要"系列文献。下文有关"清文指要"系列文献的资料引自张美兰等(2013)整理的《自迩集》前"清文指要"三个版本的文本。

② 《华英字典》(*A Chinese English Dictionary*)初版于1892年,1912年出版修订版,本文采用的版本是后者。

集整理的"800 多万张资料卡片"。(徐文堪 1994)[37]这 200 多万条资料对 37.5 万个义项来说,不免缺憾。《汉大》的官方修订亦一直围绕着文献资料的完善与精进。《汉语大词典·订补版》(2010)[1379]特别提出要"从出土简牍帛书,佛教典籍,历代碑刻墓志,敦煌吐鲁番文书,元、明、清通俗小说和戏曲作品中增补"语料。2018 年 12 月《汉语大词典》第二版第一册出版,修订词条内容达 80%以上。据江蓝生(2019)[2-3]介绍,第二版"拓宽了资料的使用范围,新利用了汉译佛典、出土文献、中古汉语和近代汉语四大板块的资料"。然而,我们发现西人早期汉语教学文献仍有待新一轮《汉大》编纂修订工作的关注。

2015 年出版的《近代汉语词典》(以下简称《近汉》)是最新的一套专注于唐代至清代古籍中出现的口语词的工具书,收词 5 万余条,在很多方面实现了对《汉大》已有词目、书证的修订。该书的实际的收词范围为"上限是唐初,下限为鸦片战争以前(即清代中叶)",主要利用的是如《四库全书电子文本》《国学宝典》《中国基本古籍库》等大型汉语历史文献语料库(白维国,江蓝生 2015)[序言1,5]。然而,一方面《近汉》已经注意到了明代汉语教科书《老乞大》这样的汉语教学文献,但另一方面《近汉》主观上划定的收词范围并不包括 1840 年鸦片战争以后的时代,同时其利用的语料库资源亦以传世文献为主,多未收录西人汉语著述。因此,以《自迩集》为代表的近代西人汉语口语教学文献语料也未能进入《近汉》等断代词典的书证体系。

如蒋绍愚(2019)所言,"清末民初是汉语发展的一个重要阶段,在这个时期,中国社会发生了剧烈的变化,汉语也有很大的发展变化"。我们认为以《自迩集》为代表的近代西人汉语口语教科书文献可以为这一历史阶段的近代汉语词汇研究提供可靠的参证语料和多重证据,亦能在补益缺失书证、提前首引书证年代、增补义项与词目方面为《汉大》的修订提供新的资料,以下我们将分类举例说明。

四、《自迩集》对《汉大》书证补益举例

4.1 提供缺失书证

《汉大》"第一版中无例证、只有孤证、书证不充分等约 10 万条"①。除上

① 《〈汉语大词典〉(第二版)编纂修订方案》(2013),转引自董志翘(2017)[72]。

述提到的历史条件所限外,我们还注意到根据《〈汉语大词典〉收词原则》(1981)[41],“日常用品名称、专门术语、历史名物,典章制度等词语,释义已经比较清楚具体的,一般可以不举例”。

4.1.1 《汉大》仅有义项未举书证

《汉大》中的一些词条仅有具体的义项解释,但并无书证,我们认为《自迩集》中某些双语例句可以成为这些义项的有力书证。

【打药】①

我想是停住食了、就服了一剂~~、把内里所有好啊歹的东西、都打下来了、这心里、才觉着松快些儿。

(翻译)I thought the best thing I could do would be to abstain from eating altogether, and to take a purgative. (注释)一剂~~, a dose of purging medicine. (一剂清火解毒的药,一剂泻药。)(谈论篇 1.1: 176,2.1: 196)②

《大词典》列三个义项,前二分别为“买中药”和“指旧时走江湖的医生卖的药(多指医治跌打损伤的膏药)”,三即“泻药。亦指堕胎药”,此三义皆仅有释义,未举书证。《近汉》未收此词。

管见文献中可见清代、民国小说用例,但多为“买中药”义,如《七侠五义》:“一日,方善上街给公于~~,在路上拾了一只金镯,看了看,拿至银铺内去瞧成色。”《红楼梦》:“贾蓉听毕话,方出来叫人~~去煎给秦氏吃。不知秦氏服了此药病势如何,下回分解。”

马礼逊(1815—1823)、卫三畏(1874)、翟理斯(1912)中未见该词。《自迩集》全书仅此一例,且出现在北京话方言特征较重的“谈论篇”。经追溯,“打药”所在该句早在《清文指要》(1809、1818)刻本、《三合语录》(1830)中已现,③威氏的《问答篇》(1859)中亦沿用该词,至《自迩集·谈论篇》出现了明确的英文译文和注释。此外,《京话指南》(1887)[2:195]也沿用了《自迩集》的例句,并将“打药”对译为“purge(法语,泻药)”。《增补华语跬步》(1908)[123]的“药材”一

① 以下例句中与词目一致的词用“~~”代替,《自迩集》文献举例以典型性为主要标准,一般举一例。

② 括号内为笔者汉译的注释内容,其他皆引自《自迩集》原文,著录出处为“章节名、版本、卷数、页码”。《自迩集》原文繁简混杂,引文皆转录为简体,有特殊需要则注明《自迩集》原文字体。下同。

③ 以上三种“清文指要”系列的文本参考自张美兰等(2013)年的文本对勘。

节中出现了介绍性的文字可作为该语义的书证补充:“大黄又叫川军是四川出的、顶好、是个～～。”

《自迩集》中“打药”一词用例数量虽少,但确定了该词在当时通行的情况,并较早地提供了明确为“泻药”义的双语书证。

【单数儿】

《自迩集》“词类章”中对汉语语法的分析涉及众多“术语”,①“单数儿”是其中之一:

再要提起名目里的数儿、那有单的、有总的不同、就是汉话分～～、总数儿。

(翻译)Proceeding next to the consideration of the numbers of nouns, the difference between the Singular and the Plural. (词类章 1.1: 272,2.1: 335,1.2: 112,2.2: 493)

“单数”在《汉大》列两义,一是“正的奇数”,二是“某些语言中词的本身形式所表示的单一的数量”,皆未举书证。(3.425)《近代》未收此词。

管见文献暂未见该义项用法,翟理斯(1912)[1313]“单”字下列词条“单数”的一个义项是“odd numbers(奇数)”。马礼逊(1815—1823)、卫三畏(1874)未见该词。较晚近的词汇集《新名词》(*New Terms for New Ideas*, 1915)[58]中词语“单数”的英文对译是“singular number”,与表示“plural number”的“多数”和“众数”对立,但未举书证。

《自迩集》该例句解释的是汉语如何表达英文中的单数(the Singular)和复数(the Plural)这一语法概念的,语义、用例清晰,是《大词典》义项二的有力书证。

【店东】

那掌柜的就是～～么。有是～～做掌柜的、有是～～外请别人、替他照应买卖、做掌柜的。

(翻译)Is the man-in-charge the proprietor of the inn? There is no rule; in some cases the proprietor takes charge himself, sometimes he engages a man in charge to look after the business for him. (问答章 1.1: 85,2.1: 134,1.2: 129,2.1: 240)

按:《汉大》解释为“旧时称旅店或商店的主人”,然仅有释义,未举书

① 关于《自迩集》中对汉语语法的分析及其术语体系详见宋桔(2015)。

证。《近代》未收此词。

卫三畏(1874)、翟理斯(1912)都注明“东”可表示“主人”,列词条“东家”(the master of a household)。翟理斯(1912)收词“铺东”(the proprietor of the shop)。

历代文献中可见清末、民国小说用例,如清《小五义》:“这～～姓毛,叫毛天寿,这个地名,叫毛家疃。”民国《清代宫廷艳史》:“宫里的太监,个个拿出钱来做～～。”《申报》(1905)用例:“布店伙计某甲。本月十二日。奉～～命。来厦收账。”《增补华语跬步》(1908)列举称呼时指出:“东家自己做掌柜。那叫本东本伙。……那个～～会应酬客人买卖做的很好。”

该词现代汉语已不用,“旧指商行、店主,即商店、旅馆的主人”(傅立民,贺名仑 1994)[159]。《自迩集》此例句明确比较了“掌柜”和“店东”的差异,并通过英文明确了词义。

4.1.2 《汉大》仅举自编例

限于历史原因,《大词典》中某些义项选择了自编例,不可否认,自编例“难以反映词的实际用法,其可靠性没有保证,更不能反映词语的源流演变”(曲文军 2012)[219]。

【使得/使不得】

那是我弄破的、可没有坏、收拾收拾还可以使得。那家伙弄坏了、使不得。

(翻译)I broke it, but it is not utterly spoiled; It can be mended, and (or, if it be mended) then some use can be made of it. That article is so badly injured that no use can be made of it.(散语章 2.1:46)

按:表“可以使用”的“使得”和“不能使用”的“使不得”在《汉大》皆仅有释义和自编例,分别为:“这录音机使得使不得?”“这个开关已经坏了,使不得了。”《近汉》仅收“使不得”,表示“不能使用”的义项下首引宋《朱子语类》“辛幼安亦是个人才,岂有使不得之理!”,笔者认为此例似也可做“不可以”解释。《现代汉语八百词》(1980)[495]中动词“使得”有三个义项,即“引起某种结果”“可以;能行”“可以使用”。管见历代文献用例多为前两义,表示“是否可以使用”的用例殊不多见。

与之相似,马礼逊(1815—1823)、卫三畏(1874)列举的“使得”对译皆是“It will do、It will answer(能行,可以)”。翟理斯(1912)中“使不得”出现了两个义项，其一为“It can not be used(这不能使用)”，其二为“that will never do(这绝对不行)”，但未举书证。

与《自迩集》相近时代的《官话指南》(1881)中出现了较明确为“不能使用”含义的句子：“瞧有甚么使不得的东西、该倒的该扔的、就都倒了扔了”。同时，九江书会南方官话版《官话指南》(1900)中，编者在原文“使不得”中“使”的旁边增加了双行并列的小字“用”，按该书的体例，此处说明北京官话中表示“不能使用”的是“使不得”，而南京官话中是“用不得”。

据统计，《自迩集》第一版的“使得/使不得”均表示“可以/不可以”，①而在1886年的第二版“散语章”中新增了三个明确表示“可以/不可以使用”义的例句。②

可见差不多在同一时期，英国和日本的驻北京公使馆的工作人员③都注意到了北京官话中这个词的用法。

【彼此】

这么些日子才回来、渴想渴想。～～ ～～。

(翻译)What a time you have been away! I have been longing to see you. The feeling is mutual. (注释)Lit. These many days only then return! [I have] thirstily thought [of you]. We two, we two (in the relation of reciprocity). (字面意思，过了很多日子才回来！我已经非常想念你。我们也是。)(散语章2.1：112，2.2：180)

按：《汉大》中“彼此”列三义，其一为“叠用，客套话，表示大家一样”，此义项下仅有一个自编例对话：“您老真是老当益壮，可佩！可佩！～～ ～～！您也不比我差。”《近汉》未列此义项。

马礼逊(1815—1823)、卫三畏(1874)仅列词条“彼此”，表示“你我”之义。翟理斯(1912)将叠用形式的“彼此彼此”解释为“the same to you, a

---

① 如：总而言之、酒就是乱性伤身子的毒药、任着意儿喝、万万使不得。(谈论篇1.1：177，2.1：196)

② 另两例为：那饭碗使不得、又有六个破的。(散语章 2.1：61)洗靴子温和水使不得。(散语章 2.1：66)

③ 《官话指南》的编写者曾于1878—1880年在日本驻北京公使馆担任见习翻译，《自迩集》第二版的编写者威妥玛和禧在明(Walter Caine Hillier, 1849—1927)也曾在英国驻北京公使馆工作。

conventional reply to a compliment(和你一样,是一个常见的用于恭敬的回话)”,但未举书证。稍晚于《自迩集》的教学材料中亦出现了叠用用例,如《官话指南》(1893):“啊,您就是许掌柜的,您照应点儿罢。~~ ~~。”《增补华语跬步》(1809):“久仰久仰。~~ ~~。请教贵姓?岂敢,贱姓李。”

历代文献中该词叠用,表示客套话的用例殊不多见,应属当时应答对话中的新兴用法。《自迩集》及之后教学文献中出现的用例口语性都很强,其中《自迩集》不仅提供了较早的对话语例,而且明确了语义,并通过翻译和注释强调了该词表达的“相互性”。

【本人】

那一本书、是你的、是你借来的、是我~~的。哦、是你托那姓张的给你买的么、不是、是我~~买的。

(翻译)Is that book yours, or did you borrow it? It is my own. Ha! Is this the one you commissioned Chang to buy for you, is it not? No it is one that I bought myself. (注释)myself: 我~~, and above with 的, as my own. (我本人即“myself”,上句中后面带“的”,表示是我自己拥有的。)(词类章 1.1: 266, 2.1: 330, 1.2: 117, 2.2: 500)

按:“本人”在《汉大》列两个义项,其一为“自称。指说话人自己”,仅举了一个自编例:“受到您的夸奖,~~不胜荣幸。”《近汉》未收此词。

历代文献中,“我本人”连用的形式集中于清末民初,如《三侠剑》:“胜爷面带难色,说道:‘下名帖传书,我~~实不能自去。’”《八仙得道》:“从前祖师拔宅飞升,是为什么?就是我~~,于得道之后,也曾奉祖师法旨,度脱父母,这又是为什么?”

除根据《自迩集》改编的日本汉语教科书《亚细亚言语集支那官话卷》(1879—1880),管见与《自迩集》相近时代的词典与教科书中暂未见该义项的用例或“我本人”的组合形式。

《自迩集》两版可见三例表“自称”的“本人”,更有一例将“我本人”与“我自己”对举使用。① 集中在编写者自编的“词类章”的这三例记录了较新的语言现象,保存了“我本人”组合表“自称”的早期用法。

---

① 上述引文中已有两例,另一例为“不但是我~~的责任、而且我自己各儿不办、必招上司的挑斥。”(词类章 1.1: 266, 2.1: 330)

【兴时】

刚要戴帽子、琴童说、那是老样儿的帽子、不大~~、何不换一顶时样儿的呢。

(翻译) And he was just going to put on his cap when CH'IN T'UNG observed that the cap was somewhat old-fashioned; Wouldn't it be better to exchange it for such a cap as was then the mode, he asked. (注释)兴时: in the fashion: 兴, to be in demand, to be fashionable. ("兴时"流行的,"兴"指需求高,流行。)(践约录 2.1: 257,2.2: 388)

按:《汉大》中该词列两义,其一为"指一个人走红,有名气",举例《红楼梦》;其二为"指合于时俗的风尚",仅举一个自编例"这种式样很~~"。《近汉》未收此词。

经查考,当时存在"兴时"和"时兴"这样一对表示"合于时俗的风尚"的"同素逆序同义词"①,而两者存世的书证数量则不尽相同。

《自迩集》系列中未见"时兴"的用例,但该词在清代小说中常见。例如《康熙侠义传》:"自到我家,琵琶弦子、时兴小曲,他不但不学,他还有气。"《施公案》:"西瓜脑袋,圆轱辘的不小,腮下无须;浑身穿着全是新衣,时兴的样式。"同时,"时兴"也多见于与《自迩集》时代相近的教学文献中,如《官话类篇》(1892):"人家都有新帽子、我这个帽子、又旧又不时兴。"马礼逊(1815—1823)"Fashion, present, prevailing mode of dress"(时尚的、当下的、流行的裙装式样)条下对应的中文词汇是"时兴样子"。卫三畏(1874)"兴"字条下收录词条"时兴",解释为"in the fashion"(时尚的,流行的)。

与之相反,管见文献中"兴时"的用例殊不多见,除《自迩集》系列文献中出现的相近例句外,仅见稍晚于《自迩集》的《增补华语跬步》(1908):"表链子黄金的是不大兴时了,白金的谁也喜欢带。"②可见,当时"时兴"是占有优势地位的语序。

值得注意的是,第一版"续散语章"中原来的短语是"这个不大兴。

① 同素逆序同义词是指这样一类同义词,由两个相同的词素构成,词素次序互为倒置。(曹廷玉 2000)

② 《增补华语跬步》(1908)也有"时兴"的用例:"时兴的纽襻儿,有葡萄须儿、葫芦纹儿的分别。"

(This does not do very well)"(续散语 1.1：119,1.2：153)。第二版《践约录》采纳这个短句时改"兴"为"兴时",且特别增补了注释,说明编写者对该词的用法是十分明确的。

《自迩集》的用例不仅保存了"兴时"在当时的具体用法,且通过英文翻译和注释明确了词义,可视为该义项的断代书证。

4.2 提前义项首引书证的年代

"第一个例句应尽可能选用时代最早的"(《〈汉语大词典〉编写体例》1981)[40]是《大词典》追求的目标。结合已有的《大词典》补益研究以及新进出版《近汉》等成果来看,我们认为就某些具体义项而言,《自迩集》中保存的资料在这一点上仍有价值。当然,书证溯源往往无法"毕其功于一役",我们在《自迩集》中获取的文例也很难保证是最早的用例,但若能把首引书证的年代往前推一点,也是有所裨益的。

【敢情】

敢情是个姓张的、才刚又遇见了。

(翻译)well, his name turns out to be 张, and I have just met him again.

(注释)敢情：It is extremely difficult to find an exact equivalent for this phrase in English; it is generally expressive of surprise at the realization of some fact in a manner different to expectation, though, as in the present instance, it does not seem to have a stronger force than our expression "turns out." Cf. the following: 我原想是某人,敢情是你啊, I thought it was So-and-So, but it turns out to be you instead.(敢情：很难在英语里找到一个能和这个词意义相等的短语。总体上看,这个词语可用来表达对于突然意识到某些与预期不同的事实时的惊讶情绪。)如上例所示,这个词表达的语义比英语的"turn out(转变、偏离预期)"要强一些。比较下面的表达"我原想是某人,敢情是你啊",对应的英文翻译应该是"I thought it was So-and-So, but it turns out to be you instead"。)(践约录 2.1：269,2.2：395)

按：引出"原来没有发现的情况"的"敢情"在《汉大》中举例为20世纪初的《孽海花》:"～～为了预备老佛爷万寿的事情,内务府请了去商量,说不定多早才回家呢。"

太田辰夫(1958/1987)[272]也曾指出"'敢情'这种写法直到清代还没有见到",管见清代的北京官话小说中多使用"敢则""敢是"等,如《儿女英雄传》："那瘦子走到跟前一看，道：'怎么俩呀！'弯腰再一看，他就嚷将起来，说：'敢则是师傅！你瞧，三儿也干了！这是怎么说？'"

与《自迩集》相近时代的教科书中，"敢情"的用例出现得也略晚。如《官话指南》(1900)："当铺就卖给他了、赶他拿回家去一细瞧～～是个金表、后来他拾掇好了。"《增补华语跬步》(1908)："晚上在院子里纳着凉睡着了，忽然疼的我醒了一瞧，～～是蝎子螫了手了。"

经原文对勘，我们发现《自迩集》第一版也未见该词，但第二版"践约录"中新增了三例。① 上例的注释中，编者细致地描述了"敢情"的语义与使用语境，并将它与英语短语"turn out(转变、偏离预期)"做了对比，为该词提供了较早的明确用例。

【当成】

耳朵虽然听了、并不放在心上、太皮脸了罢、把我说的苦口良言、全～～了耳傍风咯。

(翻译)I said, "that grown-up lads like you should pay so little attention to what is said to them; You treat the lecturing that I give you for your good just as if it was so much wind in your ears." (注释) Trest 当成: you 当, let it represent, make it, 成, to be, wind by the side of the ear.(当成，你"当"，意思是让它表现出，"成"即成为，耳朵旁边的风。)(谈论篇 1.1: 210,2.1: 225, 1.2: 4,2.2: 255)

按：表"看成、当做"的"当成"在《汉大》中仅举现代文例，偏晚。首引周恩来《论统一战线》："右的错误常常把敌人～～朋友。"次引柳青《铜墙铁壁》文。《近汉》未收此词。

历代文献中该义项用例殊不多见，如民国《武宗逸史》："普通人只是随随便便把梅毒～～天花、鼠疫等一类周期性为害的可怕传染病。"

《自迩集》中共计出现三例，均在"谈论篇"。② 且在《自迩集》之前的"清

---

① 另两例为：忽见河面搅乱、～～是个大刮风刮起来了。(践约录 2.1: 236)张生打开一看、上头也是一首诗、念了半天才揣摩出里头的意思来、～～莺莺很有心要合他会面。(践约录 2.1: 251)

② 另两例为：动不动儿的、就拏巧话儿讥诮我、把自己～～甚么咯。(谈论篇 1.1: 164,2.1: 185)明明儿的是谎话、那胡涂人们、～～真事、还呆头呆脑、有滋有味儿的听呢。(谈论篇 1.1: 208,2.1: 223)

文指要”系列文献中类似句子中使用的是“算个、算作、当作”等词,①并未出现“当成”。而从威氏的《问答篇》(1959)开始,则统一改作了“当成”。

管见与《自迩集》相近时代的词典与教科书亦未见该词用例。然而,《自迩集》所存“当成”用例丰富,语义明确,亦可提前该词的首证书证。

【提说】

昨儿听见一个相好的、~~阁下要请先生。(问答章 1.1:83,2.1:131)

(翻译)I heard that you wanted to engage a teacher, sir; A friend of mine mentioned it yesterday.(问答章 1.2:131,2.2:142)

按:表示“说起”的“提说”在《汉大》中仅举现代例,偏晚,首引巴金《发的故事》:“现在经他~~,我才记起来了。”次引孙犁《白洋淀纪事·村歌下篇》例。《近汉》未收此词。

历代文献中可见清末及民国用例,如《孽海花》:“小燕道:‘今早小儿到京,~~在河西务相遇,兄弟就晓得今天必到的了。’”又如《留东外史续集》:“周撰道:‘曾参谋的太太今日做寿,来的客很多,我没~~这事。’”

与《自迩集》时代相近的教科书中亦可见“提说”用例。如《官话类篇》(1892):“称姑姑的儿女、也叫哥哥兄弟、姐姐妹妹、对外人~~、姑表弟兄、姑表姐妹。”《增补华语跬步》(1908):“昨儿个我们见了,他和我~~阁下要约我。”

《自迩集》中“提说”对应英文“mention”,语义明确,提供了较早的此义项用例。

【一扑纳心】

听我的话、你们既然是念满洲书、就该~~儿的学。

(翻译)it's your business, now that you are studying Manchu, to give your whole mind to your work.(注释)扑, colloquially, of the forward movement one would make with one's arm to catch a bird, an insect, etc.; 一, undividedly, 扑, making such a forward movement, 纳心, tender your mind.(“扑”口语词,用于描写一个人前倾张开胳膊去抓鸟,“纳心”指温柔的心意。)(谈论篇 1.1:210,2.1:225,1.2:13,2.2:255)

按:“一扑纳心儿”为满语词,指“一心一意”。《汉大》中该词举例偏晚,

---

① 对勘内容参可看张美兰等(2013)[74,325-326]。

首引老舍《四世同堂》:"现在咱们好容易勾上了冠家,还不~~的跟他们打成一气?"次引高云览《小城春秋》、李成瑞《农村调查的一段回忆》。《近汉》未收此词。

《北京话语词汇释》(宋孝才 1987)[762]中该词所举书证亦为现代文《四世同堂》。作为口语较强的北京方言词,《自迩集》中的该词用例集中于"谈论篇"。对照周边文献可知,以上三例的"一扑纳心"在"清文指要"系列中原作"一扑心儿""一拿步儿""扑倒身子"①,这些词皆为同义的满语词②。可见作为音译词,该词在当时的词汇形式似未完全确定。

由《自迩集》对该词的语义注释可知,编者曾试图根据单个汉字的语义来解读这个词语,这样做对于一个满语的音译词可能并不妥当,但编者对该词整体语义的把握是正确的。《自迩集》不仅为该词组提供了较早的丰富例证,③且通过翻译和注释明确了具体的语义、用法。

4.3 增补义项和词目

我们发现《自迩集》中的一些词目或义项《汉大》未收,结合《自迩集》中英双语文献的语料及同时代的历史文献,或可补《汉大》之缺。

【套车】

这米、我量了不够五石、一个单~~就拉了。在我说、石数儿不止五石、不是二~~、怕拉不了。

(翻译)According to my estimate this rice does not amount to five piculs, and a one-horse cart will do to draw it. In my opinion there is not as little as five piculs, and I don't think that less than two beasts will draw it.(散语章 1.2: 61,1.2: 61)

是单~~、是二~~。是二~~、为走得快。(问答章 1.1: 104,2.1: 151)

那车是单套、是二套。老爷要快、必得二套的、现在的雨水大、道儿不好走、三套的也可以。(问答章 1.1: 84)

按:《自迩集》中出现了"单套车"(一头牲口拉的车)、"二套车"(两头

---

① 对勘内容参可看张美兰等(2013)[44,70,74]。

② 释义参见宋孝才(1987)[762],张华克(2005)[209]。

③ 其他用例如:居家过日子、是~~儿的勤俭、父母跟前又孝顺。(谈论篇 1.1: 199,2.1: 216) 有事不攀人、不论甚么差使、~~的办、勇往向前行了去。(谈论篇 1.1: 204,2.1: 220)

牲口拉的车)和“三套车”(三头牲口拉的车)及它们的简略形式“单套”“二套”“三套”,且都集中于共时编写的“散语章”“问答章”。

清末民初小说中可见该义项用例,如《康熙侠义传》:“日讨下令来,他派家人白祥押行李车四辆,白顺管粮饷车,自己带二~~三辆、驮轿一乘。”《雍正剑侠图》:“人们闪出一条路来,一辆花轮轳单~~,外首车辕上坐着一位三十多岁的少妇,长得很俊,满脸着急之色。”

管见与《自迩集》相近时代的教学文献中,《正音撮要》(1846)[53]的词汇表中已有列举“三大套,三只牲口拉的”“四大套”。《京话指南》(1887)[83]:“老爷是要单~~、是要二~~。”《初学官话攻课》(1898)[42]:“在我说这么些个不止五石,不是二~~怕拉不了罢。”后两者的句子与《自迩集》用例非常接近。

《汉大》《近汉》中“套车”仅表动词义,指“把车套套在拉车的牲口身上,准备开始赶车”。① 我们认为可补充表示“用几匹马拉的车”的名词义项。

【白开水】

小沙弥端上茶来、法聪说、嗐、这茶忒淡了、彷佛~~似的。

(翻译)The tea was served by a young shabi, when FA TS'UNG exclaimed, "This tea is too pale in colour; it's just like so much hot water." (践约录 2.1: 275, 2.2: 365)

按:“白开水”是现代汉语口语中的常用语。《自迩集》提供了较早的用例及时人的语义翻译“hot water”。

与之相关的词语是“开水”,该词在清代小说中用例丰富,《汉大》首引《红楼梦》。卫三畏(1874)[308]中的“开水”注释为“bubbling, boiling hot water”(冒泡的,煮沸的水)。

然而,“白开水”仅在清末民初小说中可见少数用例,如《三侠剑》:“又听胜爷说道:‘你给我倒点~~喝。’老仆给胜爷倒过一杯~~去。”《雍正剑侠图》:“茶铺里有下叶子泡茶的,有打~~的,一个跟着一个。”与《自迩集》时代相近的词典、教科书中亦未见用例。《汉大》《近汉》未收此词,可补。

---

① 此动词用法,《自迩集》也有用例,如:“鸡叫的时候儿才~~。”(问答章 1.1: 104, 2.1: 151)

【藏私】

说话不～～。(翻译)To speak out without reserve. (注释)reserve：藏，to conceal，私，what is private.（“藏”使隐匿看不见，“私”指私人的。）(续散语之九 1.1：120)

这都是张生为人朴实、向来说话不～～、所以心里有什么说什么。”(践约录 2.1：273)

按：《自迩集》中该词义为“隐藏自己的想法，不愿意表露”。第一版原仅为一短语，第二版将此短语编入了“践约录”，提供了上下文语境。

清末小说中可见该词用例，如《小五义》：“倘若他要～～说不明白，铜网阵不能破，闹一个半途而废、就得多少条生命饶上。”《施公案》：“把上项事一五一十地，细细说了一遍，决无半句～～。”

与《自迩集》相近时代的官话教科书中亦可见用例，如《官话类编》(1892)：“冯太太那个人最直率/爽不过、是说是、非说非、再不能露面～～/藏头露面。”根据该教材的编写格式可知，①“露面藏私”被编写者界定为“北京官话”，而“藏头露面”为南京官话。《增补华语跬步》(1908)：“我的皮气太过于草率，说话不～～，有什么说什么。”《汉大》《近汉》未收此词，可补。

【从丰】

他们没说数儿、竟是叫他～～。这徐永他要给多少他那人胡涂、说要给一百两。一百两、那实在～～了、那巡役们也不觉多。(问答章)

(翻译)They named no sum; They only said he must be liberal. And what did he offer? Well, like a fool, he offered a hundred taels. That was pretty liberal; didn't the Custom House people think so? (注释)Handsome：丰，abounding, plenteous；从丰，in an abounding manner, in the most abounding manner.（“丰”指“丰富的，大量的”，“从丰”即依照大量的方式）(谈论篇 1.1：97，2.1：144，1.1：119，2.1：230)

按：《自迩集》中的翻译和注释明确了该词的词义为“依照大量的方式”。②

---

① 引文中的“/”隔开了《官话类编》(1892)中利用双行小字的形式列出的北京官话与南方官话词汇。

② 另一例为：那巡哨船早躲开了、徐永他经过那个、就长了一个见识、不照前次～～、只给十两银子罢了。(问答篇 1.1：95)

清晚期小说可见该词用例，多与钱相关，如《二十年目睹之怪现状》："言中丞道：'你就叫人去办罢。一切都～～点，不要叫人家笑寒尘。要钱用，打发人到账房里去要。'"《官场现形记》："又敦嘱送奎官、老卢都老爷格外～～。黄胖姑会意，一一允诺。"

与《自迩集》年代相近的词典中可见该词，卫三畏（1874）在"丰"字头下收词条"从丰"，释义为"to give of the fullness; i. e. to make a present, to fork out, to pay the bill"［给予丰盛的、丰富的（财物），可用于送礼、交纳东西、付账等场景］，然未举书证。《汉大》《近汉》未收此词，可补。

参考文献

汉语大词典编辑委员会，《汉语大词典》编纂处编（1981）《汉语大词典编纂手册》，上海：上海汉语大词典编纂处。

白维国，江蓝生（2015）《近代汉语词典（全四卷）》，上海：上海教育出版社。

曹廷玉（2000）近代汉语同素逆序同义词探析，《暨南学报》第5期。

党静鹏（2011）《语言自迩集》的词汇学价值，《河北大学学报》第5期。

董志翘（2017）高瞻远瞩，真知灼见——于《汉语大词典》（第二版）修订之际重温蒋礼鸿先生有关辞书纂的论述//浙江大学汉语史研究中心编，《汉语史学报》第十八辑，上海：上海教育出版社。

傅立民，贺名仑（1994）《中国商业文化大辞典（上）》，北京：中国发展出版社。

高小方，蒋来娣（2005）《汉语史语料学》，北京：高等教育出版社。

汉语大词典编辑委员会，汉语大词典编纂处编（1986—1993）《汉语大词典》，上海：上海辞书出版社；汉语大词典出版社。

汉语大词典编纂处编（2010）《汉语大词典 订补》后记，《汉语大词典订补版》，上海：上海辞书出版社。

江蓝生（2019）一次全面深入的修订——《汉语大词典》第二版第一册管窥，《辞书研究》第4期。

蒋绍愚（2005）《近代汉语研究概要》，北京：北京大学出版社。

蒋绍愚（2019）《谈谈北京话与民族共同语（普通话）的关系》，"北京话学术研讨会"。

刘　坚（1990）《近代汉语语法资料汇编（唐五代卷）》序，刘坚、蒋绍愚编《近代汉语语法资料汇编（唐五代卷）》，北京：商务印书馆。

六角恒广（1992）《日本中国语教育史研究》，王顺洪译，北京：北京语言文化大学出版社。（译自1988年日本东方书店《中国語教育史の研究》）

六角恒广（2000）《日本中国语教学书志》，王顺洪译，北京：北京语言文化大学出版社。

(译自1994不二出版《中国语书志》)
罗常培(1930)耶稣会士在音韵学上的贡献//"中央研究院"历史语言研究所集刊编辑委员会编,《"中央研究院"历史语言研究所集刊》第一本第三分,南京:江苏古籍出版社。
吕叔湘(1980)《现代汉语八百词》增订本,北京:商务印书馆。
内田庆市(2009)关于《语言自迩集》的若干问题//日本关西大学亚洲文化交流研究中心编,《亚洲语言文化交流研究》,上海:上海辞书出版社。
内田庆市(2010)《语言自迩集》源流及其在日本的传播//复旦大学历史地理研究中心编,《跨越空间的文化:16—19世纪中西文化的相遇与调适》,上海:东方出版中心。
内田慶市,氷野歩,宋　桔(2015)《語言自邇集の研究》,东京:好文出版。
内田慶市,氷野善寛(2016)《官話指南の書誌学的研究》,东京:好文出版。
曲文军(2012)《〈汉语大词典〉疏误与修订研究》,济南:山东人民出版社。
宋　桔(2012)《语言自迩集》之协作者〈瀛寰笔记〉之主角,《或问》第二十二辑。
宋　桔(2013)《自迩集》诸版本及其双语同时语料价值,《语言教学与研究》第1期。
宋　桔(2015)《〈语言自迩集〉的汉语语法研究》,上海:复旦大学出版社。
宋孝才(1987)《北京话语词汇释》,北京:北京语言学院出版社。
太田辰夫(1950)清代の北京語について,《中国语学》第34号。
太田辰夫(1951)清代北京语语法研究资料について,《神户外大论丛》第二卷1号。
太田辰夫(1964)北京語の文法特點//太田辰夫编,《中国語文論集》,东京:汲古书院。
太田辰夫(1987)《中国语历史文法》,蒋绍愚,徐昌华译,北京:北京大学出版社。(日文原版出版于1958年)
汪维辉(2011)清代民国时期汉语研究资料概述(中国本土部分)//远藤光晓、朴在渊、竹越美奈子主编《清代民国汉语研究》,首尔:首尔学古房出版社。
王铁崖(1957)《中外旧约章汇编(第1册)》,上海:三联书店。
尾崎实(1965)《语言自迩集》解说　《语言自迩集》索引(初稿),《明清文学言语研究会会报》单刊9。
吴启太,郑永邦(1900)《官话指南》,上海:上海美华书馆重印。
香坂顺一(1964)旗人所教的北京官话-1,《中国语学》第146号。
香坂顺一(1983/1997)《白话语汇研究》,江蓝生,白维国译,中华书局。(日文原版为日本光生馆1983年出版)
徐时仪(2013)《近代汉语词汇学》,广州:暨南大学出版社。
徐文堪(1994)略论汉语大词的特点和学术价值,《辞书研究》第3期。
御幡雅文(1908)《增补华语跬步》,东亚同文会藏版。

张德鑫(2002)威妥玛《语言自迩集》与对外汉语教学//张德鑫编《对以英语为母语者的汉语教学研究》,北京:人民教育出版社。
张华克(2005)《清文指要解读》,台北:文史哲出版社。
张美兰(2007)《语言自迩集》中的清末北京话口语词及其贡献,《北京社会科学》第5期。
张美兰(2011)《明清域外官话文献语言研究》,长春:东北师范大学出版社。
张美兰(2018)《〈官话指南〉汇校与语言研究》,上海:上海教育出版社。
张美兰(2018)从文本比较看威妥玛所编汉语教材的北京口语特征//北京大学汉语语言学研究中心《语言学论丛》编委会,《语言学论丛》第二辑,北京:商务印书馆。
张美兰,陈思羽(2006)清末民初北京口语中的话题标记——以100多年前几部域外汉语教材为例,《世界汉语教学》第2期。
张美兰,刘　曼(2013)《〈清文指要〉汇校与语言研究》,上海:上海教育出版社。
张卫东(2002)《语言自迩集:19世纪中期的北京话》序言//威妥玛著,《语言自迩集:19世纪中期的北京话》,张卫东译,北京:北京大学出版社。
周法高(1966)《论中国语言学的过去现在和未来》,香港:香港中文大学出版社。
Giles H A. (翟理斯)(1872) *Chinese without a Teacher, Being a Collection of Easy and Useful Sentences in the Mandarin Dialect, with a Vocabulary*(汉言无师自明). Shanghai: A. H. de Carvalho.
Giles H A. (翟理斯)(1912) *A Chinese English dictionary*, Shanghai: Kelly & Walsh. Limitied.
Huart I. (1887) C. *Cours éclectique Graduel et Pratique de Langue Chinoise Parlée*(京话指南). Péking: Typ. du Pei-t'ang.
Mateer A H. (1915) *New Terms for New Ideas, a Study of the Chinese Newspaper*, Shanghai: Shanghai American Presbyterian Mission Press.
Mateer C W. (1892) *A Course of Mandarin Lessons Based on Idiom*(官话类编). Shanghai: Shanghai American Presbyterian Mission Press.
Morrison R. (马礼逊)(1815—1823) *A dictionary of the Chinese Language, in Three Parts*(华英字典). Macao: Honorable East India Company.
Sinclair P. (2003) Thomas Wade's *Yü yen tzu êrh chi* and the Chinese Language Textbooks of Meiji-Era Japan. *Asia Major* 16.
Song Ju (2020) The Overture of Peking Pronunciation's Victory: the First Published Peking Orthography. *Journal of Chinese Linguistics* 2.
THOM R. (1846) *The Chinese Speaker; or, Extracts from Works Written in the Mandarin Language, as Spoken at Peking*(正音撮要). Ningpo: Presbyterian Mission Press.
Wade T F. (1867) *Yü yen tzu êrh chi. A Progressive Course Designed to Assist the Student of*

Colloquial Chinese as Spoken in the Capital and the Metropolitan Department(语言自迩集). London: Trubner & Co.

Wade T F. (1959) *The Hsin Ching lu; or, Book of Experiments; Being the First of a Series of Contributions to the Study of Chinese*(寻津录). Hongkong.

Wade T F, Hiller W C. (1886) *Yü yen tzu êrh chi. A Progressive Course Designed to Assist the Student of Colloquial Chinese as Spoken in the Capital and the Metropolitan Department*, Shanghai, London: the Statistical Department of the Inspectorate General of Customs(语言自迩集). W. H. Allen & Co.

Wieger L. (1892/1903) *Rudiments de Parler et de Style Chinois*(汉语入门). Ho Kien Fu.

Williams S W. (卫三畏)(1874) *A Syllabic Dictionary of the Chinese Language*(汉英韵府). Shanghai: American Mission Press.

(复旦大学国际文化交流学院　上海　200433　songju@ fudan. edu. cn)

贵港客方言的方式助词"过"*

——从语言接触的角度看

刘　玲

提要　广西贵港客方言"过"存在方式助词的用法。文章描写了贵港客方言方式助词"过"的用法，并将贵港客方言与当地粤方言、壮语进行比较。文章发现，贵港客方言方式助词的表现形式与当地壮语高度平行。贵港客方言之所以存在方式助词，主要与当地壮语接触有关。

关键词　方式助词　客方言　壮语　语言接触

一、引　言

广西壮语存在一个用于动词或动宾结构后的"方式助词"，表示某一动作行为所使用的方式、方法。学界对此已有考察，如韦庆稳、覃国生(1980)，谢建猷(1994)，欧阳觉亚(1995)等指出壮语大多使用 au^1("用，要")充当方式助词。此外，覃远雄等(1997)，覃东生(2012)，黄阳、郭必之(2013)，覃东生、覃凤余(2018)，郭必之(2019)等注意到广西平话、粤、客方言、桂柳官话等汉语方言中也普遍存在方式助词这一范畴。

贵港市位于广西壮族自治区的东南部，与广西其他汉语方言相似，贵港客方言也存在方式助词，而赣南、闽西、粤东等客方言地区，未见与方式助词有关的现象。本文以贵港市港城街道平富社区搬迁屯的客方言(笔者的母语方言，下文简称为"贵港客方言")为代表，对方式助词进行描写。

---

* 本文获得国家社科基金重大项目"海内外客家方言的语料库建设和综合比较研究"(项目编号 14ZDB103)、"中国境内语言语法化词库建设"(项目编号 15ZDB100)的支持。

贵港客方言使用“过”充当方式助词，强调动作行为所借助的方式、方法或手段。例如：

(1) a. 冇分就偷过。(不给就偷。)

b. 今年去北京坐飞机过。(今年去北京坐飞机。)

c. 大嘅树斩断过。(大的树得用砍的方法让它断。)

d. 青菜炒过食。(青菜炒着吃。)

贵港客方言的方式助词“过”的语义明显与“用，要”无关，其用法有何特点？它怎么来的？本文在对方式助词“过”进行描写的基础上，比较贵港当地粤方言、壮语方式助词的使用情况，从接触引发的语法演变的角度，对贵港客方言方式助词的来源进行探讨。本文认为，贵港客方言方式助词的形成，源于与当地壮语的接触。

二、贵港客方言方式助词“过”的用法

2.1 与方式助词“过”搭配的动词

贵港客方言“过[ko^{551}]”出现在动词后，强调“动作所借助的方式或手段”。例如：

(2) 青菜炒过！(青菜用炒的方式来烹调。)

(3) 地泥扫过，冇使拖过。(地板用扫的方式，不用拖的方式。)

(4) 佢今日行过去学校。(他今天走着去学校。)

(5) 莲藕挖过，拔过冇得。(莲藕要用挖的方式，用拔的方式不行。)

方式助词“过”一般出现于单音节的自主(/动作)动词后，如：炒、扫、拖、走、挖、拔等。

双音节的自主动词，以及非自主动词、性质和状态形容词都不能进入该格式，如：*学习过、*病过、*看中过、*识过、*符合过、*流淌过、*红过、*聪明过、*亮晶晶过等。

2.2 方式助词“过”的句法分布

贵港客方言的方式助词“过”，除了可直接跟在单音节自主动词后，构成“V 过”式外，还能与述宾、述补结构组合，构成“VO 过”“VC 过”式。此外，“V 过”后能紧跟另一个光杆动词 V，构成“V_1过 V_2”的连动式。例如：

2.2.1 “V过”式

(6) 佢讲冇分就偷过。(他说不给就用偷的方式。)

(7) 大嘅树斩过,细嘅树拗过。(大的树用砍的方式,小的树用掰的方式。)

(8) 草多多,拔过冇有锄过嗽快。(草太多了,用手拔没有用锄头锄那么快。)

以上例句均为非现实句。“过”也可用于现实句,例如:

(9) 参$^{=}$日阿妈讲,龠树大多,着斩过。(昨天妈妈说,这棵树太大了,得用砍的方式。)

有一点值得注意,工具类状语与方式助词“过”能同现;而方式类状语则不行。例如:

(10) 米粽要镬头来煮过。(粽子用锅来煮。)

(11) *哟发糕要蒸嘅办法来蒸过。(要用蒸的办法来蒸这些发糕。)

2.2.2 “V_1过V_2”式

“V_1过”后能紧跟另一个光杆动词V_2,构成“V_1过V_2”的连动式。例如:

(12) a. 菜冇够食,摆摆都着抢过食。(菜不够吃,每次都要用抢的方式来吃。)

b. 叫过赢。(通过哭的方式来赢。)

“V_1”以动作动词为主,当“过”出现在连动式“V_1过V_2”结构时,方式助词“过”主要强调实现V_2这一结果,需要通过V_1这一种方式。

值得注意的是,在连动结构中“过”存在歧义现象。例如:

(13) 鱼煎过正食。(鱼煎过之后再吃。/鱼用煎的方式煎好后再吃。)

例(13)的“过”,可以理解为经历体标记,表动作的完成;也可以看作方式助词,表示动作进行的方式、方法。

2.2.3 “VO过”式

方式助词“过”可跟在述宾结构后,构成“VO过”式。举例如下:

(14) 明朝日去北京,佢哋坐飞机过。(明天去北京,我们坐飞机。)

(15) 今日去学校佢哋骑单车过。(今天去学校,我们骑自行车。)

例(14)、例(15)所示“过”前的宾语,为动作“坐”“骑”所凭借的工具,“过”表施行“坐”“骑”这一动作行为的方式。

2.2.4 “VC过”式

贵港客方言的方式助词“过”跟在述补结构后，表示某一结果实现所采用的方式。试比较：

(16) a. 大树斩断过，细树拗断过。(大树用砍的方式来使它断，小树用掰的方式。)

b. ＊大树斩过断，细树拗过断。

例(16)a中，“过”跟在VC结构后头，表明实现“砍断”这一动作结果，施事者使用的方式为“斩、拗”。方式助词“过”只能跟在VC后，不能插在述补结构间，如例(16)b。

除贵港客方言存方在式助词用法外，广西宾阳县新桥镇的客方言也有类似的用法(覃东生 2012)[66]。例如：

(17) a. 你哋有哪咩事要好好讲，冇得打□□[ə[55]ɬə[42]]①。(你们有什么事要好好说，不能打架。)

b. 鸡春你係爱炒打□□[ə[55]ɬə[42]]吃，还係煮□□[ə[55]ɬə[42]]吃。(鸡蛋你喜欢炒着吃，还是煎着吃？)

c. 今夜偓冇吃饭，偓吃粥□□[ə[55]ɬə[42]]。(今晚我不吃饭，我吃粥。)

例(17)显示，新桥客方言的方式助词是双音节词“ə[55]ɬə[42]”，可构成“V＋ə[55]ɬə[42]”“V_1＋ə[55]ɬə[42]＋V_2”“VO＋ə[55]ɬə[42]”式。新桥客方言“ə[55]ɬə[42]”的结构分布与贵港客方言方式助词“过”相似，就材料所见，未见与贵港客方言相似的“VC过”式。

2.3 小结

方式助词“过”在贵港客方言中，构成“V过”“V_1过V_2”“VC过”“VO过”等四种结构，表示动作行为施行、实现某结果的方式、方法或手段。除广西贵港、宾阳②(新桥)的客方言外，赣南、闽西、粤东等客方言区未见方式助词的调查成果。贵港市内通行客、粤方言及壮语，语言接触频繁，同时会说这三种话的人很多。贵港客方言方式助词的产生，极有可能与当地粤方言、壮语接触有关。以下我们来看贵港粤方言、壮语中方式助词的使用情况。

---

① “ə[55]ɬə[42]”不表“执持”义，此语素具体的语法意义尚不可考。(覃东生 2012)[65]

② 宾阳县内主要通行客方言、白话(隶属粤方言)、官话、壮语等。(《宾阳县志》1987)[251]

三、贵港粤方言、壮语中的方式助词

3.1 贵港粤方言①的方式助词“倒”

与贵港客方言不同,贵港粤方言方式助词为“倒[tau^{35}]”(上声)。与贵港客方言“过”相较,方式助词“倒”有“V 倒”“V_1倒 V_2”式,不存在“VO 倒”“VC 倒”式。

3.1.1 “V 倒”式

贵港粤方言方式助词“倒”也可直接跟在自主动词后,构成“V 倒”式。例如:

(18) 大个树锯倒,细个树斩倒。(大的树用锯的方式,小的树用砍的方式。)

(19) 青菜炒倒!(青菜用炒的方式来烹调!)

3.1.2 “V_1倒 V_2”式

“V 倒”后,能紧跟另一个光杆动词,构成“V_1倒 V_2”的连动式。例如:

(20) 菜冇够喫,摆摆都着抢倒喫。(菜不够吃,每次都得靠抢的。)

贵港粤方言“倒”用于连动句时,会出现歧义。例如:

(21) 你坐倒持续/方式喫,麻要徛倒持续/方式喫。(你坐着吃,不要站着吃。/你用站的方式吃,别用坐的。)

例(21)是歧义句。句中的“倒”,一方面可以理解为持续助词,相当于普通话的“着”,表示静态的持续;另一方面也可以看作方式助词,表示动作施行的方式、方法。

贵港粤方言方式助词“倒”只能构成“V 倒”与“V_1倒 V_2”结构,不能构成“VO 倒”“VC 倒”式。例如:

(22) a. 明日去北京,侬队坐飞机(*倒)。(明天去北京,我们坐飞机。)

b. 大个树锯断(*倒)。(大的树锯断。)

---

① 本文所讨论的贵港粤方言,指的是贵港市港北区的粤方言。贵港粤方言语料为笔者调查所得,发音合作人信息如下:LWW,男,28 岁,本科学历,在贵港出生长大,19 岁后外出读书,大学毕业后回到贵港工作;LW,男,56 岁,本科学历,长期在贵港市港北区生活。

与贵港客方言相比，贵港粤方言的方式助词“倒”受到较多的限制。广西汉族与壮族人民杂居相处，汉语方言与当地壮语接触频繁。贵港的客方言使用者多会说粤方言和壮语，方式助词“过”（客）和“倒”（粤），应是受到了壮语的影响。

3.2 贵港壮语的方式助词

贵港壮语①的方式助词为语音弱化了的“ou^1”②，与贵港客方言“过”相似，“ou^1”可分布在“$V + ou^1$”“$V_1 + ou^1 + V_2$”“$VO + ou^1$”结构。与贵港客方言不同的是，“ou^1”与述补结构搭配使用时，方式助词出现在述语和补语间，即“$V + ou^1 + C$”，而不是整个述补结构后，这与壮语的语序有关。例如：

3.2.1 “$V + ou^1$”式

（23）i^5 $haŋ^1$ tsu^4 $tsak^8$ **ou^1**.

不 给 就 偷 M

（不给就偷。）

3.2.2 “$V_1 + ou^1 + V_2$”式

（24）$prak^7$ i^5 kau^5 $kɯn^1$，$tɯk^8$ $tsiːŋ^3$ **ou^1** $kɯn^1$.

菜 不够 吃， 得 抢 **M** 吃

（菜不够吃，得靠抢的方式吃。）

3.2.3 “$V + ou^1 + C$”式

（25）ku^6 fai^4 $huŋ^1$ $mɯŋ^2$ tsu^4 ram^3 **ou^1** lak^7.

树 大 你 就 砍 **M** 断

（大的树你就用砍的方式让它断。）

与贵港客方言不同，贵港壮语方式助词“ou^1”不能直接出现在述补结构后，如不说：

（26）$*ku^6$ fai^4 $huŋ^1$ $mɯŋ^2$ tsu^4 ram^3 lak^7 **ou^1**.

树 大 你 就 砍 断 **M**

（大树你就砍断。）

---

① 本文所讨论的贵港壮语，指的是贵港市港北区港城镇的壮语。贵港壮语语料为笔者调查所得，发音合作人信息如下：WGA，男，27岁，专科学历，18岁后外出读书，毕业后回到贵港工作；NJQ，男，58岁，中专学历，长期在贵港生活。

② 贵港壮语“用、要”义动词为“au^1”。“au^1”在语法化进程中，主要元音发生高化现象，即“au > ou”。

3.2.4 “VO + ou¹”式

(27) mɯŋ¹ pai¹ ma¹ ɬei⁶ poi¹ **ou¹**, nau³ ɬei⁶ naŋ⁶ tsi¹ **ou¹**?

你 去 家 是 走 **M** 还 是 坐 车 **M**

(你回家是通走的方式,还是通过坐车的方式?)

综上,可将贵港客、粤方言和壮语方式助词的结构分布归纳如表1所示:

表1 方式助词在各民族语/方言中的分布①

		V + M	V_1 + M + V_2	VO + M	VC + M	V + M + C
客方言	贵港	+	+	+	+	−
	石桥	+	+	+	(−)	(−)
	梅县	−	−	−	−	−
	石城	−	−	−	−	−
	永定	−	−	−	−	−
粤方言	贵港	+	+	−	−	−
	广州	−	−	−	−	−
	香港	−	−	−	−	−
	廉江	−	−	−	−	−
壮语	贵港	+	+	+	−	+

[说明:“+”表示该民族语/方言具有此结构,“−”表示在该民族语/方言中不存在此结构,“(−)”表示材料中未见此用法]

3.3 小结

对比各民族语/方言可知,贵港壮语方式助词与贵港客方言方式助词的结构分布高度平行,均可分布于4种结构中;而贵港粤方言只有2种。就文献与笔者调查所见,除与壮语有密切接触关系的粤、客方言存在方式助词

① 梅县客方言的语料由邓秋玲提供,石城客(许雯清),永定客(李小华),广州、廉江粤(林华勇),香港粤(黎奕葆)。以上方言,未见方式助词的功能,为节省篇幅,故将例句省去。

外，广西其他地区的汉语方言及亲属语言，普遍存在方式助词的用法。由此可推测，贵港客、粤方言的方式助词，是与当地壮语接触而形成的。广西其他汉语、壮语等亲属语言的方式助词用法举例如下：

（28）柳州官：这套房你是买**要**还是租**要**？（这套房你是买的还是租的？）（覃东生，覃凤余 2018）[576]

（29）南宁粤：旧时去五里亭着行<u>攞（/左）</u>，冇似而家得坐车。（过去到五里亭得走着去，不像现在可以坐车。）（林亦，覃凤余 2008）[250]

（30）南宁平：亚种药含**取**，冇吞落去。（覃远雄等 1997）[28]

（31）武鸣壮语：mau^{214} laːi^{214} møk^{35} nøi^{22}, tu^{31} tu^{31} çam^{33} tuːt^{55} **ʔau**^{214} kun^{214} kɔ^{22}.

猪 多 澗 少， 只 只 都 抢 M 吃 语气助词

猪多澗少，头头猪都抢着吃。（谢建猷 1994）[37]

（32）德宏傣语：sɚ^{3} teu^{5} to^{1} xa^{3} tam^{1} to^{1} pɛŋ^{1} **ʔau**^{1}, bau^{5} tsai^{6} sɯ^{4} **ʔau**^{1}.

衣 裤 我 自 己 做 M， 不 是 买 M

我的衣裤是自己做的，不是买的。（罗美珍 2008）[179]

（33）标准泰语：thâ mâi xâi kɔː khamoi **ʔau**.

如果 不 给 就 偷 M

如果不给就偷。（Neung Reuthai、梁友甫提供）

（34）标准老挝语：laj^{1} ñaat^{4}-qaw^{3} tòòn^{1} siin^{4} [nam^{2} maa^{3}] ADJT

chase grab-take lump meat with dog

[(She) chased the dog to grab the lump of meat from it.]

(Enfield 2007)[378]

四、贵港客方言方式助词“过”的来源

4.1 贵港市港北区港城街道的语言环境

贵港市位于广西壮族自治区的东南部，1996 年升为地级市，辖港北区、港南区、覃塘区和平南县，代管县级桂平市，总人口约 564 万人（2020 年）。市内主要通行的语言有客方言、粤方言和壮语，使用人口约各占三分之一（《贵港市志》1993）[1137]。罗香林（1933/2018）[60]提到，“降至雍正时代，惠、韶、嘉及江西赣州等属的居民，又复向粤省广、肇诸属迁移，凡今日花县、番

禺、增城、东莞等县,当时均渐有客人杂居,而广西桂平、平南、贵县(今贵港)、陆川等地,此时亦渐有嘉属客人移入。”据此可推测,客家人迁入贵港约有三百多年的历史。

本文以贵港市港北区港城街道平富社区搬迁屯[①]客方言为例,详细介绍“搬迁屯”客方言所处的语言环境。港城街道共辖14个社区,总人口为76 330人(2017年),其中壮族人口占65%。其辖域内有9个壮语社区[②],社区内各屯(村)居民主要使用壮语交际。值得注意的是,在壮语社区中,有4个[③]客家人聚集的村落,总人口仅1 600余人。“搬迁囤”村民原住于覃塘区东龙镇义合村,1968年迁至平富社区,为库区移民,总人口仅三百余人(2020年)。此外,港城街道还有5个粤方言社区[④],居民主要使用粤方言交际,社区内没客家人或壮族人成片聚集的村落。

贵港市港北区港城街道客、粤、壮三种方言及民族语接触频繁,客家人与壮语社区、粤方言社区的居民杂居相处,相互通婚,大多数客家人能熟练使用客、粤、壮三种方言及民族语进行交际。粤方言通行于市区及各粤方言社区,为当地权威的汉语方言,大部分壮族人也会讲粤方言。

4.2 客方言方式助词“过”的来源

“过”在贵港客方言中是一个多功能词,除方式助词外,还能充当经历体标记。例如:

(35) 做过经历正知。(做过才知道。)

(36) 鸡肉炒过经历/方式正食。(鸡肉炒过再吃。/鸡肉用炒的方式炒好后再吃。)

(37) 鸡肉炒过方式吃,鱼蒸过方式吃。(鸡肉用炒的方式炒来吃,鱼用蒸的方式蒸来吃。)

例(35)的“过”为经历体标记,表动作的完成。当“过”出现在连动句中,会产生歧义,如例(36)的“过”既可以理解为经历体标记,也可以理解为

---

① 平富社区(原平富村)原属港城镇,2017年12月11日,撤销港城镇,设立港城街道办事处。

② 9个壮语社区分别为:平富、麻山、龙井、棉村、六八、蓝田、富岭、樟村、石寨等社区。

③ 客家人聚集的村落分别为:平富社区搬迁屯、麻山社区山口屯、龙井社区双井屯、蓝田社区龙塘屯。

④ 5个粤方言社区分别为:旺岭、群山、猫儿山、旺华、东山。

方式助词。例(37)中的“过”只表方式、方法,不再表经历。

需要注意的是,当“过”充当方式助词时,既能出现在“V_1 + 过$_{方式}$ + 副词 + V_2”的格式中,也能出现在“V_1 + 过$_{方式}$ + V_2”的格式中。而当“过”为经历体标记时,只能出现在“V_1 + 过$_{经历}$ + 副词/连词 + V_2”的格式中。试比较:

(38) a. 鱼倨冇想煎过,倨想蒸过$_{方式}$正食。(鱼我不想用煎的,我想用蒸的方式蒸好再吃。)

b. 叫过$_{方式}$赢。(通过哭的方式来赢。)

(39) a. 做过$_{经历}$正识。(做过才懂。)

b. *做过$_{经历}$识。

当“过”出现在“V_1 + 过 + 副词 + V_2”句式时,会产生歧义,此类句子较为常见。如:

(40) a. 鸡肉炒过$_{经历/方式}$正食。(鸡肉炒过再吃。/鸡肉用炒的方式炒好后再吃。)

b. 鱼煎过$_{经历/方式}$正食。(鱼煎过再吃。/鱼用煎的方式煎好再吃。)

c. 衫裤晒过$_{经历/方式}$正着。(衣服晒过再穿。/衣服用晒的方式晒干再穿。)

d. 番薯干晒过$_{经历/方式}$正食。(红薯干晒过再吃。/红薯干用晒的方式晒好再吃。)

从形式上看,贵港客方言与汉语普通话相似,“过”表经历时,可出现在“V_1 + 过$_{方式}$ + 副词 + V_2”的格式中;与普通话不同的是,贵港客方言在这一句法结构中,“过”出现了重新分析的情况,如例(40),此时“过”既可充当经历体标记,也能理解为方式助词。而当“过”出现在“V_1 + 过$_{方式}$ + V_2”的连动句中时,“过”只表方式,不表经历。

例(36)、例(40)这类歧义句,提供了“过”在语法化过程中的“桥梁语境”(bridging context)(Heine 2002)[84]。这说明方式助词“过”的产生,源于连动式中“过”的重新分析(reanalysis)。由此,方式助词“过”的语法化路径为:“过$_{经历}$ > 过$_{经历/方式}$ > 过$_{方式}$”。

无独有偶,贵港粤方言“倒”出现在连动式中,也出现了重新分析的情况。例如:

(41) 你徛倒$_{持续}$,麻要坐倒$_{持续}$。(你站着,不要坐着。)

(42) 你坐倒持续/方式喫,麻要徛倒持续/方式喫。(你坐着吃,不要站着吃。/你用站的方式吃,别用坐的。)

(43) 大个树锯倒方式,细个树砍倒方式。(大的树用锯的方式,小的树用砍的方式。)

贵港粤方言"倒"的语法化路径为"倒持续 > 倒持续/方式 > 倒方式"。

类似贵港客、粤方言"过""倒"在连动式中出现重新分析的情况,在汉语中并不罕见,汉语动词的句法演变与连动式关系密切。邢志群(2003)指出,助动词"能""会"、介词"把""将"、动态助词"了""着"等的产生,都源于连动式的重新分析。

由"持续(伴随)"向"方式"演变,在其他语言中也能找到相关的例证。如德语的"mit",豪萨语(Hausa)的"dà",恩巴卡马伯语(Ngbaka Ma'Bo)"tɛ́"等均经历了由伴随格前置词(comitative preposition)向方式前置词(manner preposition)演化的路径(Heine & Kuteva 2002)[115-116]。举例如下:

(44) a. Er kam **mit** seinen Kidern.
he came **with** his:PL child:PL
(Hecame with his children.)

b. Er hat es **mit** Absicht getan.
he has it **with** purpose done
(He did it on purpose.)

(45) **dà** sɑurī
with speed
(fast)

(46) ʔé pá ndàá **tɛ́** ká' bú ...
he pass:at place:that **with** anger
(Conseqently he left that place full of anger ...)

Heine 和 Kuteva(2002)[116] 指出,从"伴随格"(comitative)到"方式"(manner)的演变很有可能不是一蹴而就的,而是存在一个中间"工具格"(instrument)阶段,所以更完整的语法链应该是"伴随格 > 工具格 > 方式"(comitative > instrument > manner)①。贵港粤方言持续/伴随义动词"倒",受

① 中文译文引自龙海平、谷峰等(2012)[117]。

语言接触的影响，经历了重新分析后，直接完成了由“持续/伴随 > 方式”的语法演变，中间不存在“工具格”的阶段。

黄阳、郭必之（2013），郭必之（2019）观察到，广西汉语方言及壮语，普遍存在由“执持/获取”义动词（攞、取、要、au^{1}）语法化为方式助词的语言现象，其语法化路径为：“执持义动词 > 工具介词 > （方式介词） > 方式助词”。覃东生、覃凤余（2018）的观点类似，认为广西壮语、境外台语“获取”义动词“au^{1}”的语法化过程为：“抓取动词 > 摸取动词/方式 > 煎取方式”。他们都认同广西汉语方言方式助词的产生的机制是“复制语法化”，即汉语方言（复制语 replica language）复制了壮语（模式语 model language）“执持/获取”义动词的多功能性及其语法化路径。

我们认同贵港客、粤方言方式助词的产生是与壮语接触所致，但贵港客方言“过”与贵港粤方言的“倒”，既不是宽泛的行为动词，语义上与“执持/获取”义相差甚远，“过”和“倒”无法完成“执持义动词 > 工具介词 > （方式介词） > 方式助词”或“抓取动词 > 摸取动词/方式 > 煎取方式”这类语法化路径。贵港客、粤方言方式助词，无法以壮语为模式语，通过“复制语法化”将“持拿、抓取”义动词的语法化路径，复制到各自的方言中。这说明，广西的汉语方言中，并非所有的方式助词都是通过复制壮语方式助词的语法化路径演变而来的。

那么，贵港客、粤方言的方式助词是通过哪一种机制演化而来的呢？Heine 和 Kuteva（2003，2005）把接触引发的语法演变机制分为“语法借用（grammatical borrowing）”和“语法复制（grammatical replication）”两种。贵港壮语的方式助词“ou^{45}”与贵港客、粤方言的方式助词“过[ko^{551}]、倒[tau^{35}]”语音形式差异大，但功能高度平行。故贵港客、粤方言方式助词的产生，不属语法借用，而属语法复制中的“接触引发的语法化”。Heine 和 Kuteva（2005）进一步把“接触引发的语法化”分为两类：一类是“通常性接触引发的语法化”（ordinary contact-induced grammaticalization），另一类是“复制语法化”（replica grammaticalization）。① 上文已指出，贵港客、粤方言的方式助词，无法通过“复制语法化”产生。

德语的“mit”、豪萨语（Hausa）的“dà”、恩巴卡马伯语（Ngbaka Ma'Bo）的

① 具体的中文介绍可参看吴福祥（2009）。

"tɛ",均经历了从"伴随格前置词"向"方式前置词"的演化[见例(44)—例(46)],可见由"伴随>方式"这一语法化路径在世界语言中较为常见。贵港粤方言助词"倒"也经历了相似的语法化过程,其演变机制是"通常性接触引发的语法化"。我们将其语法复制过程说明如下:

(47) 贵港粤方言方式助词的发展过程

a. 粤方言(复制语)的使用者留意到壮语(模式语)存在方式助词的语法范畴 Mx。

b. 粤方言使用者根据自己语言(复制语)中原有的语言资源("倒"),创制了一个与方式助词对等的范畴 Rx。

c. 于是,粤方言的使用者,依照普遍的语法策略("伴随>方式"),使用他们语言里的语素"倒"来产生方式助词的语法标记 Rx。

d. 最后,他们把"倒"(Ry)语法化为方式助词(Rx)。

那么,贵港客方言方式助词是怎么来的呢?

首先,客方言的方式助词是"过",语义上与壮语"au^1(执持、抓取)"义差别较大,不能通过"复制语法化"直接复制壮语方式助词由"执持义动词>工具介词>(方式介词)>方式助词"或"抓取动词>摸取动词/方式>煎取方式"这类语法化路径。

其次,"伴随>方式"这一语法化路径在世界语言中较为常见,但由"经历>方式"的演变路径,笔者尚未见相关记载。因此,贵港客方言方式助词的产生,亦不是通过"通常性接触引发的语法化"这一机制。

由此推断,贵港客方言方式助词的产生,源自与壮语接触。客方言根据壮语方式范畴的句法表现,从经历体助词的完成用法,创新发展出了方式助词的用法,语法化路径为"过经历>过方式"。贵港客方言方式助词"过"的产生,充分说明接触引发的语法化机制具有多样性和复杂性。

综上,贵港客方言的方式助词"过"及贵港粤方言的方式助词"倒"的产生,是与当地壮语接触的结果,粤方言的演变机制是"通常性接触引发的语法化",客方言则不同,是方言内部的自我创新。

五、结　　语

本文描写了贵港客方言方式助词的用法,在此基础上,联系当地与贵港客方言有密切接触关系的粤方言和壮语等方言及民族语，考察其方式助词的来源。考察后发现：

第一，贵港客方言方式助词“过”可出现于“V + 过”“V_1 + 过 + V_2”“VO + 过”“VC + 过”等四种结构中，与当地壮语高度平行。

第二，贵港客、粤方言方式助词的形成，主要是与当地壮语接触有关。在接触的过程中，壮语为模式语，粤方言为复制语，其机制是“通常性接触引发的语法化”；客方言方式助词的形成，则源自方言内部的自我创新。这与广西境内其他汉语方言的情况（通过“复制语法化”机制）有所不同，体现出同一地区接触引发的语法化机制的多样性和复杂性。

无论是哪一种机制，将语法范畴的形式（如方式助词）的演变，纳入汉语（方言）的体系中进行，是接触引发语法演变的共同特点。本文贵港客方言的“过”及贵港粤方言的“倒”，就是很好的例子。

参考文献

宾阳县志编纂委员会（1987）《宾阳县志》，南宁：广西人民出版社。

贵港市地方志编撰委员会（1993）《贵港市志》，南宁：广西人民出版社。

郭必之（2019）《语言接触视野下的南宁粤语语法》，北京：中华书局。

黄　阳，郭必之（2013）方式助词在广西汉语方言和壮侗语中的扩散：源头、过程及启示//石峰，彭刚主编，《大江东去——王士元教授八十岁贺寿文集》，香港：香港城市大学出版社。

罗香林（1933/2018）《客家研究导论》，广州：广东人民出版社。

林　亦，覃凤余（2008）《广西南宁白话研究》，桂林：广西师范大学出版社。

Heine B，Kuteva T.（2012）《语法化的世界词库》龙海平，谷峰，肖小平译，北京：世界图书出版公司年。

罗美珍（2008）《傣语方言研究（语法）》，北京：民族出版社。

马庆株（1988）自主动词与非自主动词，《中国语言学报》第3期。

欧阳觉亚（1995）两广粤方言与壮语的种种关系，《民族语文》第6期。

覃东生（2012）《对广西三个区域性语法现象的考察》，河北师范大学博士学位论文。

覃东生，覃凤余（2018）广西汉、壮语方言的方式助词和取舍助词，《中国语文》第5期。

覃晓航（1995）《壮语特殊语法现象研究》，北京：民族出版社。

覃远雄，韦树关，卞成林（1997）《南宁平话词典》，南京：江苏教育出版社。

韦庆稳，覃国生（1980）《壮语简志》，北京：民族出版社。

王　均等(1984)《壮侗语族语言简志》,北京:民族出版社。

吴福祥(2009)语法化的新视野—接触引发的语法化,《当代语言学》第3期。

谢建猷(1994)壮语陆西话和汉语平话、白话若干相似现象,《民族语文》第5期。

邢志群(2003)汉语动词语法化的机制//北京大学语言研究中心《语言学论丛》编委会编,《语言学论丛》第二十八辑,北京:商务印书馆。

张均如,梁　敏,欧阳觉亚,等(1999)《壮语方言研究》,成都:四川民族出版社。

Enfield N J. (2007) *A Grammar of Lao*. Berlin and New York: Mouton de Gruyter.

Heine B. (2002) On the Role of Context in Grammaticalization. // Wischer L, Diewald G. (eds.) *New Reflections on Grammaticalization*, Amsterdam & Philadelphia: John Benjamins Publishing Company: 83-101.

Heine B, Kuteva T. (2002) *World Lexicon of Grammaticalization*. Cambridge: Cambridge University Press.

Heine B, Kuteva T. (2003) On Contact-induced Grammaticalization. *Studies in Language* 27 (3): 529-572.

Heine B, Kuteva T. (2005) *Language Contact and Grammatical Change*. Cambridge: Cambridge University Press.

(中山大学　广州　510275　270955306@qq.com)

水磨房话的致使结构*

周　洋

提要　云南省迪庆州香格里拉市三坝乡内新发现的汉藏混合语——水磨房话，采用了一套具有汉藏混合特征的形态型和分析型致使结构。其中，形态型致使结构采用动词后缀"-着"为致使标记表达使成义。分析型致使结构一方面保留了汉语型的使成义动结式，并在此基础上衍生出"动结-着"式和"V_1 Asp 么 + V_2着"式；另一方面出现了含言说动词的"V 说/着说"式和"喊了么 + V 说/着/着说"式用以表达使令义。致使标记"-着"和"V 说/着说"式源自对当地安南藏语方言致使结构的语法复制，而"喊了么 + V 说/着/着说"致使句式是水磨房话创造的致使句式，之后又通过构式拷贝反向扩散入安南藏语。

关键词　水磨房话　安南藏语　语言接触　致使结构　形态句法　语义功能

一、引　　言

1.1　水磨房话简介

云南省迪庆藏族自治州香格里拉市三坝纳西族乡安南村的水磨房组以及哈巴村内相邻的龙旺边组和兰家组通行着一种语音词汇系统，是以西南官话为主、语法系统高度藏语康方言化的汉藏混合语。目前使用这种混合

*　本文研究得到了教育部人文社会科学研究青年基金项目"云南水磨房话语法系统的混合特征研究"（项目编号 17YJC740132）和国家社科基金青年项目"云南水磨房汉藏混合语调查研究"（项目编号 18CYY015）的资助，铃木博之博士帮助转写和标注了本文的藏语例句，《语言研究集刊》的匿名审稿专家提出了详细而极富建设性的修改意见，在此一并致以谢忱。

语的总人口约为 885 人①,以清末以来的藏化回民(以下简称“藏回”)为主。水磨房与一个藏族村民小组——中心组相邻,自古都与藏族有着密切的交往(特别是广泛的通婚),而龙旺边、兰家附近没有藏族的聚居。水磨房与龙旺边、兰家相隔群山,山路蜿蜒,直线距离就有 25 公里。龙旺边和兰家的藏回居民是距今 80 多年前由水磨房迁居过去的。(有关这一地区藏回的人类学研究可参考丁明俊 2006;李红春,张实 2008;次旦顿珠,益西曲珍 2010;等)

我们从历史发源地的角度,将这些藏回居民所说的语言命名为水磨房话。水磨房话在安南村内又被称为“希力卜[ɕə^{44}li^{21}bu^{21}]”(WrT: *sre gleng ba po*)。这是一个藏语名称,字面意义即为“掺杂着说话的(人、地方、方式等)”。在水磨房和中心两个小组内,藏语人口及其语言文化占有绝对的优势地位。在水磨房,安南藏语和水磨房话的双语者比较普遍;而中心组基本是纯藏族的村落,村民虽能听懂水磨房话,但主要说安南藏语。我们结合田野调查经验和户籍资料所反映的民族构成②,认为安南藏语是该区域的上层语言(superstrate),水磨房话是下层语言(substrate)。

由于上述地理、社会和历史的原因,水磨房、龙旺边、兰家三个村民小组使用的混合语虽同出一脉,能够通话,但也存在一些分化后的差异。总的来说,水磨房人所操的北部小片藏语化程度更高,龙旺边人和兰家人所操的南部小片藏语化程度已不及前者。我们所谈的水磨房话指的是水磨房村民小组一带使用的北部小片。根据以往的研究,水磨房话的语音系统以西南官话滇西片方言为基础,与香格里拉市区的汉语方言差别不大③。以 1 200 词

① 此为笔者于 2019 年 8 月 7 日从三坝乡派出所获得的水磨房、龙旺边、兰家三个村民小组的户籍人口总数。

② 水磨房和中心村民小组的人口构成如下(2019 年 8 月 7 日三坝乡派出所提供):

村民小组	总人口	藏族	回族	汉族	其他民族
水磨房组	215 人	117 人	58 人	34 人	6 人
中心组	496 人	475 人	9 人	5 人	7 人

③ 如不考虑只在借词中出现的声韵母,水磨房话共有 27 个声母(包括零声母):p、p^{h}、m、f、v、t、t^{h}、n、l、ts、ts^{h}、s、z、tʂ、tʂ^{h}、ʂ、ʐ、tɕ、tɕ^{h}、ȵ、ɕ、ʑ、k、k^{h}、ŋ、x、零声母 ø。39 个韵母:ɿ、ʅ、i、u、y、a、ia、ua、o、io、uo、ɤ、ə、e、ie、ue、ye、ĩ、ã、iã、uã、yã、ɑ̃、iɑ̃、uɑ̃、õ、iõ、uõ、ẽ、uẽ、yẽ、ai、uai、ɑo、iɑo、ɤo、iɤo、ei、uei。4 个声调:阴平 44、阳平 21、上声 51、去声 13。

词表①为参考,调查发现的非汉语外来词仅占约1%。但其语法系统的藏语化现象比较突出,主要体现为严格的SOV语序、成熟的后置词格标记系统、发达的示证范畴②以及藏语化的时体系统等(参周洋 2018,2019;周洋,铃木博之 2020;Zhou & Suzuki 待刊)。从接触语言学的角度来看,水磨房话整体上属于 Bakker(2003)从结构类型出发所定义的“变构语”(converted language),即“词汇性语素和语法标记的材料都来自一种语言,而句法形态和语义结构都来自另一种语言”的混合语。

1.2 致使结构的相关研究

致使结构(causative construction)是语言类型学者关注的重要议题。(参 Comrie 1974,1976,1989;Shibatani 1973,1976,2002;Song 1996;Dixon 2000,2012;等)作为语言中最常见的增价(valency increasing)手段之一,致使结构会给(所对应的非致使性)小句增加一个新的论元 A(transitive subject,及物主语),即致使者(causer)。具体来说,不及物小句通过致使化(作为一种典型的致使化),原先的论元 S(intransitive subject,不及物主语)转换为被致使者(causee),在新的及物小句中成为论元 O(transitive object,及物宾语),同时致使者成为论元 A。及物小句通过致使化,致使者

---

① 以中国语言资源有声数据库建设领导小组办公室(2010)《中国语言资源有声数据库调查手册:汉语方言》中“第二编·调查表”之“叁·词汇”部分所列词表为参考。

② 水磨房话的示证系统较为复杂,体现为藏语的类型,示证标记大多借自安南藏语方言。由于本文的讨论和例句会对此有所涉及,此处提供简要的背景介绍。水磨房话的示证系统主要包括向自我示证(egophoric)标记-zẽ、-no 和-ji(表达说话者以自我的知识或参与作为信息的来源)、泛言示证(statemental)标记-ɹe(表达说话者对于常理或事实的泛泛而言,而不特别阐明获知相关信息的具体途径)、断言示证(factual)标记“-了[lɤo]/[lɔ]”(表达说话者对于常理或事实的确信,相关信息往往来自说话者个人的经验)、亲见感官示证(visual sensory)标记-tʰi(表达相关信息为亲眼所见获知)、非亲见感官示证(non-visual sensory)标记-tɕa(表达相关信息由听觉、触觉、味觉、嗅觉、心理感受等除视觉以外的途径获知)、感官推测示证(sensory inferential)标记-minɔ(表达说话者虽未目睹事件经过或实情,而是基于视觉、听觉、触觉、味觉等感官获知的直接证据而做出推测)、逻辑推测示证(logical inferential)标记-do(表达说话者不在现场或未获得感官上的直接证据,而仅基于逻辑判断做出推测)、听说示证(hearsay)标记“-说[ʂo]”(表达相关信息是无具体或明确出处的传闻)以及引述示证(quotative)标记“-说在了[ʂo²¹ tsai¹³ lɔ]”(表达相关信息是对具体某人所说话语的引述)。水磨房话示证范畴的详细情况已另文探讨。(参 Zhou & Suzuki 待刊)

会充当论元 A,原先的论元 A(即被致使者)和(或)论元 O 的句法功能通常会接受重新指派。(参 Dixon 2000[31];黄成龙 2014)从形式手段来看,致使结构大体分为词汇型致使(lexical causative)、形态型致使(morphological causative)和分析型致使(analytic causative)三个大类。(参 Comrie 1989)分析型致使中可进一步区分出致使连动结构(causative serial verb construction)和迂说型致使(periphrastic causative)①两类。(参 Dixon 2000;Aikhenvald 2015[143-144],2018)

每种语言中都存在着或多或少的词汇型致使现象,但形态型和分析型致使在不同语言中的分布很不一致。(黄成龙 2014)就中国境内的现代语言而言,藏缅语族语言中存在能产性较高的形态型和分析型致使结构(参陈士林等 1962;戴庆厦 1981;格桑居冕 1982;徐悉艰 1984;孙宏开 1998;Sun 2007;等),阿尔泰语系语言也具有发达的形态型致使结构(参力提甫·托乎提 2004;道布 2007;等),而汉语、壮侗语族和苗瑶语族皆无形态型致使结构,主要依靠分析型致使结构表达致使意义(参 Cheng 1974;黄行 2007;牛顺心 2014;等)。

不过,在汉语官话同藏语、阿尔泰语密切接触的甘青、川滇地区,一些官话方言或混合语中已然萌生了主流汉语方言中所罕见的致使结构类型。在甘青一带,甘肃唐汪话(徐丹 2014)[263]、青海五屯话(Janhunen *et al.* 2008)[79]和甘沟话(赵绿原 2019)都有"-给"用作动词后致使标记的报道,甘沟话中还有一种由言说动词"说"参与构成的分析型致使结构。四川雅江倒话采用"叫-"作为动词前的致使标记(意西微萨·阿错 2004)[71]。而本文所要探讨的云南水磨房话由于受藏语的深刻影响,也产生了藏语化的致使结构,但具体表现与上述方言不完全一样。下面,我们将以 Dixon(2000)提出的致使结构分析框架为参考,描写水磨房话致使结构的基本情况,随后从接触语言学角度讨论其与安南藏语致使结构的对应关系,并解释其接触演化的动因和机制。

---

① 此处的迂说型致使对应于 Aikhenvald(2015)[143]所称的句法型致使(syntactic causatives)。

二、水磨房话致使结构的分类与特征

2.1 词汇型致使

词汇型致使指不通过附加形态标记或借助独立的致使动词(separate causative verb)来表达致使意义,主要有两种方式:一种是由兼有致使义和非致使义的单一词素(lexeme)来表达,另一种是采用与相对的不及物(非致使义)词素无形式关联的另一词素来表达。(Dixon 2000)在水磨房话里,前一种如"开""灭"等词,本身既可以表达致使义,也可以表达非致使义;后一种如"吃"和"喂"、"怕"和"吓"的语义对立,"喂""吓"等词都是词汇型致使结构。词汇型致使没有规律可循。水磨房话的词汇型致使与主流的西南官话差别也不大。因此,本文不做重点讨论。

2.2 形态型致使

形态型致使指通过小句内动词的形态变化,如内部屈折(internal change)、辅音重复(consonant repetition)、元音加长(vowel lengthening)、声调变化(tone change)、重叠(reduplication)、附加词缀(affixation)等方式,表达致使意义。(Dixon 2000)水磨房话的形态型致使采用的是在动词后附加词缀的方式,同时可与格标记、示证-情态标记、回指代词、否定标记等配合成句。

2.2.1 致使标记"着"及其功能

水磨房话的形态型致使标记为后缀"-着[tʂo^{21}]",相对于动后其他语法成分的位置为"动词-持续体标记/动相补语-致使标记'着'-其他体标记-示证/情态标记"。"-着"用于为不及物动词、形容词、及物动词进行增价操作,同时表达使成义,如例(1)—例(6)所示。

(1) t^{h}a^{44}-mə　　k^{h}uai^{13}tsɿ^{51}　tuã^{13}-tʂo^{21}-lə-t^{h}i.

他-么:施事格　筷子　　断-着:致使-了:已行体-[藏]前行体.亲见感官示证

他使筷子断了。

(2) ua^{21}ua^{44}　kuei^{13}sẽ^{44}-mə　na^{13}ȵi^{44}　ʂuei^{13}-tɕ^{h}i^{51}-tʂo^{21}-lɤo.

娃娃　　贵生-么:施事格　那里　睡-起:持续体-着:致使-了:已行体.断言示证

贵生使娃娃在那里睡了。

(3) tʂɤ^{21}kə ʐi^{21}fu^{44} kaɹə tʂ^{h}ɤo^{13}-tɕ^{h}i^{51}-tʂo^{21}-uã^{21}-lɤo.
这个 衣服 非常 臭-起:持续体-着:致使-完:达成体-了:已行体.断言示证①
(某人/某物)使这件衣服非常臭了。

(4) ʐy^{51} ɕia^{13}-tsai^{13}-minɔ, ŋo^{51}ȵi^{21} ʐi^{21}fu^{44}
雨 下-在:进行体-[藏]感官推测示证 我的 衣服
ʂʅ^{21}-tʂo^{21}-lə-ɕɔ̃.
湿-着:致使-了:已行体-[藏]已行体.向心
下雨了,(雨)使我的衣服湿了。

(5) ȵi^{51}ȵi^{21} ʂẽ^{44}fẽ^{13}tʂẽ^{13} ŋo^{51}-ʂã tɕ^{h}io^{21}tɕ^{h}io^{44}-tʂo^{21}.
你的 身份证 我-上:与事格 瞧瞧-着:致使
你的身份证让我看一下。

(6) ŋo^{51}-mə ȵiɤo^{21} ts^{h}ɑo^{51} tʂ^{h}ʅ^{21}-tɕ^{h}i^{51}-tʂo^{21}-ji.
我-么:施事格 牛 草 吃-起:持续体-着:致使-[藏]已行体.向自我示证
我使牛在吃草。

例(1)和例(2)的“断”和“睡”为不及物动词,例(3)和例(4)的“臭”和“湿”为形容词,它们本身只能关涉一个论元。例(5)和例(6)的“瞧瞧”和“吃”为及物动词,本身只能关涉两个论元。这些词原本的非致使义用法如例(1’)—例(6’)所示。

(1’) k^{h}uai^{13}tsʅ^{51} tuã^{13}-lə-t^{h}i.
筷子 断-了:已行体-[藏]前行体.亲见感官示证
筷子断了。

(2’) ua^{21}ua^{44} na^{13}ȵi^{44} ʂuei^{13}-tɕ^{h}i^{51}-lɤo.
娃娃 那里 睡-起:持续体-了:已行体.断言示证
娃娃在那里睡了。

(3’) tʂɤ^{21}kə ʐi^{21}fu^{44} kaɹə tʂ^{h}ɤo^{13}-tɕ^{h}i^{51}-uã^{21}-lɤo.
这个 衣服 非常 臭-起:持续体-完:达成体-了:已行体.断言示证
这件衣服非常臭了。

(4’) ŋo^{51}ȵi^{21} ʐi^{21}fu^{44} ʂʅ^{21}-lə-ɕɔ̃.
我的 衣服 湿-了:已行体-[藏]已行体.向心
我的衣服湿了。

① 感谢审稿人提醒我们更正了该条语料。

(5’) ȵi^{51}ȵi^{21}　ʂẽ^{44}fẽ^{13}tʂẽ^{13}　ŋo^{51}　tɕ^{h}io^{21}tɕ^{h}io^{44}-ȵi^{21}.
　　你的　身份证　我　瞧瞧-自我意愿
　　我要看一下你的身份证。

(6’) ȵiɤo^{21}　ts^{h}ɑo^{51}　tʂ^{h}ʅ^{21}-tɕ^{h}i^{51}-t^{h}i.
　　牛　草　吃-起：持续体-[藏]前行体.亲见感官示证
　　牛在吃草。

如例(1)和例(1’)所示,不及物动词“断”带上形态致使标记“-着”后获得增价,成为二价动词,可以支配两个论元。例(1’)中的不及物主语S“筷子”成为例(1)的及物宾语O,作为致使者的新论元“他”被引入并成为例(1)的及物主语A。

再如例(3)和例(3’)所示,形容词“臭”附带致使标记“-着”后也获得了增价。例(3’)中的不及物主语S“这个衣服”成为例(3)的及物宾语O,但是在例(3)的表层句法中,致使者论元A被省略。

比较例(5)和例(5’)可以发现,及物动词重叠式“瞧瞧”后附致使标记“-着”后,获得支配三个论元的功能。例(5’)的及物主语A“我”在例(5)中成为被致使者,充当间接宾语O_I,由与事格标记“上”标记,论元O“你的身份证”仍做直接宾语O_D。致使者论元A(“你”)在表层句法中被省略。

2.2.2　致使标记“着”的句法环境特征

1.“着”的动词义、动相补语义和致使义

水磨房话的“着”有三种功能：其一为“燃烧”和“中”义动词,通常做句子的主要动词,也可做补语,如例(7)和例(8);其二是实现义动相补语,如例(9)和例(10);其三则为前文所介绍的致使标记功能。三种功能的读音相同,都读[tʂo^{21}]。

(7) xo^{51}　tʂo^{21}-lɔ.
　　火　着-了：已行体.断言示证
　　火着了。

(8) t^{h}a^{44}　ʔa-ji-ta^{51}-tʂo^{21}?　pu^{21}-ji-tʂo^{21}.
　　他　[藏]疑问-[藏]时体助词-打-着：中　不-[藏]时体助词-着：中
　　他有没有打中？没有中。

(9) t^{h}a^{44}tɕia^{44}　ai^{21}tsʅ^{44}　ʐi^{21}kə　sẽ^{44}-tʂo^{21}-minɔ.
　　他家　儿子　一个　生-着：实现-[藏]感官推测示证
　　他家大概生到了一个儿子。

(10) ŋo^{51} tɕĩ^{21}ʐʅ^{21} ʂʅ^{13} lã^{51}-tʂo^{21}-lɔ.
我 今日 是：焦点 懒-着：实现-了：已行体.断言示证
我今天闲着了。

水磨房话“着”用作实现义动相补语时，表达“某一事件的发生或实现”，能产性比普通话的动相补语“着(读 zháo)”更高，而更近似于普通话的动相补语“到”，可搭配的动词也更广泛，但仅限于自主动词。诸如“找着、打着、抢着、瞧着、吃着、穿着、玩着、睡着、想着、闲着、忙着、做着、坐着、生着”等在水磨房话中都带有实现义①。当“着”与非自主动词搭配时，由于非自主动词表达的是主语自身所无法控制的行为，因而“着”不会被解读为实现义动相补语，而只能理解为致使义。诸如“疼着”“死着”“跌着”以及前文例(3)“臭着”、例(4)“湿着”中的“着”都不能视作实现义动相补语。

“V着”单独来看或在特定句法环境中，可能存在实现义和致使义两解的情况。但是当“V着”进入具体的语用环境后，这种歧义通常不存在。此处仅举一例(在脱离语境的情况下)可能存在歧义的“V着”用法，如例(11)。

(11) a. ŋo^{51} tʰa^{44}-ʂã tɕʰio^{21}-tʂo^{21}-lɔ.
我 他-上：与事格 瞧-着：致使-了：已行体.断言示证
我使他看了。

b. ŋo^{51} tʰa^{44}-ʂã tɕʰio^{21}-tʂo^{21}-lɔ.
我 他-上：受事格 瞧-着：实现-了：已行体.断言示证
我看到他了/我看上他了。

由于水磨房话“着”的三种功能相互独立，因此我们也可以见到三个不同功能的“着”连用的现象，如例(12)—例(14)：

(12) ȵi^{51} tʂɤ^{21}kə xo^{51} xɑo^{51}ȵi^{21} tʂo^{21}-tʂo^{21}-tʂo^{21}.
你 这个 火 好地 着-着：实现-着：致使
你使火好好地烧起来。

(13) ŋo^{51} tsʰai^{51}pʰiɑo^{21} mai^{51} kʰɤ^{13} mə, tɕʰiã^{21} ʑi^{21}kə
我 彩票 买 去 么：语气 钱 一个

① 注意，“着”在水磨房话中没有持续体和进行体标记功能。水磨房话的持续体标记是动词后缀“起(起在)”，进行体标记是动词后缀“在”。

tʂo^{21}-tʂo^{21}-tʂo^{21} ʑiɑo^{13}-tʰi.

着：中–着：实现–着：致使 要–[藏]前行体.亲见感官示证

我去买彩票，希望要让我中到钱。

（14）ɕio^{51}tɕʰyə^{21} fei^{44}-tsai^{13}-tʰi， ŋo^{51} kʰɤo^{13}tsɿ^{44}

小雀 飞–在：进行体–[藏]前行体.亲见感官示证 我 扣子：捕鸟用具

ɕia^{13}-tɕʰi^{51} mə， ʐi^{21}kə tʂo^{21}-tʂo^{21}-tʂo^{21}

下–起：持续体 么：语气 一个 着：中–着：实现–着：致使

ʑiɑu^{13}-tʰi.

要–[藏]前行体.亲见感官示证

小鸟在飞，我下了扣子（捕鸟工具），希望让一只鸟飞到扣子里。

2. 致使标记与格标记、示证–情态标记、复指代词、否定标记的配合

Ⅰ. 致使标记与格标记的配合

水磨房话具有一套后置词格标记系统（参周洋 2018）。施事格标记"–么[mə]"和受事–与事格标记"–上[ʂɑ̃]"并非在形态句法上强制要求使用，但往往用于标记或区分生命度高的施事论元和受事–与事论元。因此，在致使句中，"–么"和"–上"也仅限于标记作为人或动物的致使者和被致使者。在致使关系上容易混淆的致使者和被致使者论元必须带格标记，可只标记其中之一（标记被致使者的情况居多），也可同时标记，如例（15）—例（17）所示。

（15）ŋo^{51} ȵiɤo^{21}-ʂɑ̃ tsʰɑo^{51} tʂʰʅ^{21}-tɕʰi^{51}-tʂo^{21}-ji.

我 牛–上：与事格 草 吃–起：持续体–着：致使–[藏]已行体.向自我示证

我使牛在吃草。

（16）ua^{21}ua^{44}-ʂɑ̃ ʂuei^{13}-tɕʰi^{51}-tʂo^{21}-lɔ， ŋo^{51}

娃娃–上：与事格 睡–起：持续体–着：致使–了：已行体.断言示证 我

tʂɤ^{13}ȵi^{44} ʂuei^{13}-tɕʰi^{51}-ji.

这里 睡–起：持续体–[藏]已行体.向自我示证

（我）使娃娃睡了，我就在这里睡了。

（17）ɕi^{21}fu^{44}-mə tʰa^{44}-ʂɑ̃ tɕʰiɑ̃^{21} tʂɑo^{51}

媳妇–么：施事格 他–上：与事格 钱 找

kʰɤ^{13}-tʂo^{21}-minɔ.

去–着：致使–[藏]感官推测示证

大概媳妇让他去赚钱。

Ⅱ. 致使标记与示证-情态标记的配合

如前文所述,水磨房话动词后所能附带的语法标记除了致使标记外,还包括体标记、动相补语、示证和情态标记,相对的句法位置表现为“动词-持续体标记/动相补语-致使标记‘着’-其他体标记-示证/情态标记”。其中居于最末的示证和情态标记往往用来同致使标记配合,协助表达祈使语气或明确致使关系。

水磨房话的 ɹe 借自安南藏语(安南藏语中读作 reʔ),兼有泛言示证判断动词和未完成体泛言示证标记的功能。致使句若为未然语境,动词以-ɹe 结尾,与致使标记“-着”配合,表达一种“使(某人、某物)做什么或怎么样”的祈使语气,如例(18)和例(19)。

(18) ȵi^{51} ua^{21}ua^{44}-ʂɑ̃ ʂuei^{13}-tʂo^{21}-ɹe.
你 娃娃-上:与事格 睡-着:致使-[藏]未完成体.泛言示证
你让娃娃睡觉。

(19) t^{h}a^{44}-ʂɑ̃ xɑo^{51}xɑo^{44}ȵi^{21} tso^{13}-tɕ^{h}i^{51}-tʂo^{21}-ɹe.
他-上:与事格 好好地 坐-起:持续体-着:致使-[藏]未完成体.泛言示证
让他好好地坐着。

但当水磨房话采用句末祈使语气助词□[pe^{51}](来源不明)时,动词词尾的-ɹe 通常不出现,如例(19’)所示。

(19’) t^{h}a^{44}-ʂɑ̃ xɑo^{51}xɑo^{44}ȵi^{21} tso^{13}-tɕ^{h}i^{51}-tʂo^{21} pe^{51}
他-上:与事格 好好地 坐-起:持续体-着:致使 □:祈使语气
让他好好地坐着。

水磨房话的-ji 借自安南藏语,是已行体向自我示证标记,-ȵi^{21}(来源不明)是表达自我意愿的情态标记。因此,一旦致使句以-ji 或-ȵi^{21}结尾,即便是省略了第一人称致使者,甚至省略了标记被致使者的与事格标记,如例(20)和例(21),也能解读出说话者即为致使者。

(20) t^{h}a^{44}mẽ liɑ̃^{51}kə-ʂɑ̃ ʂuei^{13}-tɕ^{h}i^{51}-tʂo^{21}-ji.
他们 两个-上:与事格 睡-起:持续体-着:致使-[藏]已行体.向自我示证
(我)使他们俩睡了。

(21) t^{h}a^{44} sɿ^{51}-tʂo^{21}-lə ʑiɑo^{13}-ȵi^{21}.
他 死-着:致使-了:已行体 要-自我意愿
(我)要使他死。

虽说意愿动词“要”带有一定的致使意味，但是缺少了致使标记的“V + 要-ȵi^{21}”结构无法给动词 V 增价，而只能表达说话人具有进行动词 V 所指行为的意愿。如例（21）的“死着了要-ȵi^{21}”不能缩减为“死了要-ȵi^{21}”或“死要-ȵi^{21}”，后两者表达的都是“说话人自己要死”的意思。“V -着 + 要-ȵi^{21}”整个动词结构才能表达“说话人想要致使他人/他物做什么”的意思①。

水磨房话的-ɕɔ̃ 直接借自安南藏语，是一个已行体向心（cislocative）情态标记，表达相关事件作为外部因素影响到说话者。（参 Suzuki 2017）因而，在说话者作为被致使者参与的致使句中，动词后经常会附加-ɕɔ̃。除上文例（4）和例（4'）外，再如例（22）和例（23）。

（22）tʰa^{44} ŋo^{51}-ʂã xo^{21}fo^{44} tɕio^{21}-tʂo^{21}-ɕɔ̃.
他 我-上：与事格 活佛 瞧-着：致使-[藏]已行体.向心
他使我见了活佛。

（23）ŋo^{51} tʂʰʅ^{21}-tʂo^{21}-lə-ɕɔ̃.
我 吃-着：致使-了：已行体-[藏]已行体.向心
（某人）使我吃了。

Ⅲ. 致使标记与复指代词的配合

水磨房话是严格的 SOV 语序语言，但是带祈使语气的致使句末常出现复指代词“它”。这个“它”不能指人，只能用于指物，如例（24）—例（26）。

（24）ȵi^{51} tʂɤ^{21}kə tẽ^{44} ʐi^{21}tiã^{51} kɑo^{44}-tʂo^{21}-lə tʰa^{44}.
你 这个 灯 一点 高-着：致使-了：已行体 它
你使灯高一点。

（25）tʂɤ^{21}kə tɕi^{44} ȵi^{51} uei^{13}pɑo^{51}-tʂo^{21} tʰa^{44}.
这个 鸡 你 喂饱-着：致使 它
你喂饱这只鸡。

（26）ȵi^{51} su^{44}ʐiɤo^{21}tʂʰa^{21} tʰa^{44}-ʂã tʰai^{21}-tɕʰi^{51} kʰɤ^{13} mə
你 酥油茶 他-上：与事格 抬-起：持续体 去 么：语气

① 感谢审稿人建议我们加以说明。

xo^{44}-$tʂo^{21}$　　$t^{h}a^{44}$.

喝-着:致使　它

你拿酥油茶去让他喝。①

上述例句中"它"的主要功能是强调句中先行的受事论元,如例(24)中的"这个灯"、例(25)中的"这个鸡"以及例(26)中的"酥油茶"。类似现象在次话题句发达的吴语中也能见到。刘丹青(2001)指出,在吴语上海话里,带祈使语气的受事话题句的宾语位置会出现复指话题的代词"伊"。如"侬你地板拖拖伊它"和"侬你老酒先吃脱掉伊它"两句中的"伊"分别复指"地板"和"老酒"。我们认为,水磨房话和上海话里的句末复指代词都具有强调受事论元的作用。

Ⅳ. 致使标记与否定标记的配合

水磨房话的 ma-借自安南藏语,是一个否定前缀。当 ma-前附于动词时,具有禁止义。因而,"ma-V-着"表达的是"不使……发生"的致使义,如例(28)和例(29)。

(27) $ȵi^{51}$　$ʂɤo^{51}$　ma-$p^{h}ie^{51}$-$tʂo^{21}$.

你　手　[藏]否定-撇-着:致使

你别把手崴到。

(28) $ȵi^{51}$　$t^{h}a^{44}$-ʂɑ̃　ma-$uɑ̃^{13}tɕi^{21}$-$tʂo^{21}$.

你　他-上:与事格　[藏]否定-忘记-着:致使

你使他不要忘记。

2.3 分析型致使结构

分析型致使指以致使连动结构或迂说型致使结构表达致使意义。(Dixon 2000)致使连动结构专指由专门的致使动词(verb of causation)与词汇性动词(lexical verb)构成的致使义结构(Aikhenvald 2006)[16-17],如例(29)

① 这一含有多动词结构的例句的语序比较特殊。施事"你"(即说话者所直接命令的对象、同时也充当致使者)、受事"酥油茶"、与事"他上"(也是被致使者)三个论元与多动词结构"抬起去么喝着"的前半部分"抬起去么"构成了给予义双及物结构,同时又与这一多动词结构的后半部分"喝着"构成致使结构。两种结构在同一个句子中共用了一组论元,所有论元一并出现在多动词结构前。这符合水磨房话的 SOV 语序类型特征。当然,致使者"你"、被致使者"他上"和受事"酥油茶"三者都可以再次出现在"喝着"前,但这就会导致出现两个相对比较独立的小句,如"你酥油茶他上抬起去么,他上喝着它"。为了说话时句子的简洁紧凑,上述论元在多动词结构前出现一次即可。此点承蒙审稿人提醒。

中 Tetun Dili 语的致使动词 fó（“给”）与动词 sai（“出”）构成致使连动，以及例（30）中 Yimas 语的动词 wul（“害怕”）与致使动词 cay（“尝试使”）构成致使连动。

（29） Tetun Dili 语（转引自 Aikhenvald 2006）[16]

label　　fó　sai　lia　　ne'e！

否定.能　给　出　声音　这

你不能透露这件事。

（30） Yimas 语（转引自 Aikhenvald 2006）[17]

na-bu-wul-cay-pra-kiak

第三人称单数.宾语–第三人称单数.主语–害怕–尝试使–来–远过去时

在他来的时候，他们试图使他害怕。

水磨房话中没有类似的致使连动结构，但是存在两类迂说型致使句式。

2.3.1　动结式及其衍生句式

赵绿原（2019）发现，受土族语影响强烈的甘沟话中有动结式（如“写完”）、“动结-致使标记‘给’”式（如“写完给”）以及含有致使派生后缀的副动词结构“V_1着 + V_2给”式（如“写着完掉给”）三种与动补结构相关的致使表达方式。赵文将这三者归为形态型致使结构。我们发现，在水磨房话中也有三种与甘沟话上述表达相对应的致使表达，即动结式、“动结-着”式以及带有致使标记的“V_1Asp 么 + V_2着”式①。但是本文对于这三种致使表达的类型归属有着不同于赵文的看法。

1. 动结式

水磨房话的动结式属于以句法结构编码的分析型致使结构，直接继承自汉语语法，在水磨房话中仍常见，如例（31）和例（32）。

（31） t^{h}a^{44}-mə　　xai^{21}tsɿ^{44}　ɕi^{51}lã^{13}-uã^{21}-lɔ.

他–么：施事格　鞋子　　洗烂–完：达成体–了：已行体.断言示证

他把鞋子洗烂了。

（32） t^{h}a^{44}-mə　　tʂɤ^{21}kə　ȵiɤo^{21}　tsai^{51}sɿ^{51}-lə-t^{h}i　　ɤo.

他–么：施事格　这个　牛　宰死–了：已行体–[藏]前行体.亲见感官示证　哦

他把这头牛宰死了。

---

① Asp 代表体标记。

2. “动结-着”式

水磨房话也有两种基于动结式衍生而出的致使表达方式。“动结-致使标记‘着’”式属于混合了分析型与形态型的致使结构,是汉语型的致使结构向藏语型的致使结构转变的过渡阶段。由于其未摆脱动结式的基本结构,我们将其归入分析型致使结构。除前文例(25)中“喂饱着”外,例(31)中的“洗烂”和例(32)中的“宰死”后都可以带上致使标记“-着”,表达的意思没有改变。此处不再赘例。

3. “V_1Asp 么 + V_2着”式

“V_1Asp 么 + V_2着”式是一种较为松散的连动句式。“V_1Asp 么”编码与致使事件相关的方式,而致使义由附带致使标记的“V_2着”表达。我们认为,“V_1Asp 么 + V_2着”式不属于分析型致使,致使义由形态致使标记“-着”单独编码。但由于此结构与动结式相关,我们故将其列在此处。相关用法如例(33)和例(34)所示。

(33) t^ha^{44}-ʂɑ̃ $ts^huẽ^{44}tsʅ^{44}t^hɤo$-mə $xã^{51}$-$tɕ^hi^{51}$ mə
他-上:与事格 村子头-么:从格 喊-起:持续体 么:语气
pu^{21}-ji-lai^{21}-$tʂo^{21}$.
不-[藏]时体助词-来-着:致使
我没有把他从村头喊来。

(34) $ŋo^{51}$ $tʂɤ^{21}kə$ $ua^{21}ua^{44}$ $xɔ̃^{51}$-lə mə
我 这个 娃娃 哄-了:已行体 么:语气
$ʂuei^{13}$-$tʂo^{21}$-$ɕiã^{51}tsai^{13}$-zẽ.
睡-着:致使-想在:将行体-[藏]向自我示证
我要把这个娃娃哄睡。

“么”在水磨房话里是一个多功能的语法标记,既是施事-工具-从格标记,又是语气词(参周洋 2018)。上述结构中的语气词“么”具有舒缓语气的作用,造成了这一连动句式的松散性。

水磨房话中的动结式都能用“动结-着”式和“V_1Asp 么 + V_2着”式两种表达来转换,如例(35)。可见,“V_1Asp 么 + V_2着”可进一步瓦解汉语型的致使义动结式。

(35) a. t^ha^{44}-mə $ŋo^{51}$ $kuã^{13}tsuei^{13}$-lə-ɕɔ̃.
他-么:施事格 我 灌醉-了:已行体-[藏]已行体.向心
他把我灌醉了。

b. t^{h}a^{44}-mə ŋo^{51} kuã^{13}tsuei^{13}-tʂo^{21}-lə-ɕɔ̃.
他-么：施事格 我 灌醉-着：致使-了：已行体-[藏]已行体.向心
他把我灌醉了。

c. t^{h}a^{44}-mə ŋo^{51} kuã^{13}-lə mə tsuei^{13}-tʂo^{21}-ɕɔ̃.
他-么：施事格 我 灌-了：已行体 么：语气 醉-着：致使-[藏]已行体.向心
他把我灌醉了。

2.3.2 含言说动词的致使句式

1. “V说/着说”式

水磨房话中没有“让”“使”“叫”等使令义致使动词，同时由于其SOV型的语序特征，也没有类似主流官话中“让他去”“叫我来”之类的兼语结构。但是，水磨房话的言说动词“说”可做主要动词，构成“V说”式的使令义致使句式。致使者和被致使者分别用施事格和与事格标记区分，如例(36)—例(37)。

(36) lɑo^{44}sɿ^{44}-mə ŋo^{51}-ʂɑ̃ ɕye^{21}ɕiɑo^{13}-t^{h}ɤo ʐi^{21}ts^{h}ɿ^{13} k^{h}ɤ^{13}
老师-么：施事格 我-上：与事格 学校-头：处所 一次 去
ʂo^{21}-ɕɔ̃.
说-[藏]已行体.向心
老师让我去一次学校。

(37) kuei^{13}sẽ^{44}-mə ua^{21}ua^{44}-se-ʂɑ̃ p^{h}a^{21}tɕ^{h}i^{51}-ɹe
贵生-么：施事格 娃娃-些：复数-上：与事格 爬起-[藏]未完成体.泛言示证
ʂo^{21}-t^{h}i.
说-[藏]亲见感官示证
贵生让娃娃们起床。

致使标记“-着”也能出现在“V说”式中，构成杂糅了形态成分的“V着说”式。如例(38)。

(38) ʔama^{44} t^{h}a^{44}-ʂɑ̃ xɑ̃^{51}-lə mə u^{21}t^{h}ɤo^{44}
阿妈 他-上：与事格 喊-了：已行体 么：语气 屋头
tsai^{13}-tɕ^{h}i^{51}-tʂo^{21} ʂo^{21}-lɔ.
在-起：持续体-着：致使 说-了：已行体.断言示证
妈妈让他留在家里。

“V说”式和“V着说”式都以使令义动词“说”为主要动词，因而都属于分析型致使。

2.“喊了么 + V 说/着/着说”式

除了上述“V 说/着说”式外,水磨房话还有一种较为复杂的含言说动词的致使句式“喊了么 + V 说/着/着说”式。主要特征为在句中加插了固化的言说动词结构“喊了么”(有时也采用“说了么”),将致使者和被致使者论元部分与其余动词部分隔开。但“喊了么”不足以为整个句子提供致使义,动词 V 后需要再出现言说动词“说”、致使标记“-着”或“-着 + 说”构成“V 说/着/着说”为动词赋予致使义。这种致使表达具有明显的迂说性质,如例(39)和例(40)。

(39) pa^{44}tã^{44}la^{44}mu^{21} ʔalã^{44}xotʂẽ^{44}-ʂɑ̃ xã^{51}-lə mə ɕĩ^{44}ʂɑ̃^{13}
巴旦拉姆 阿兰乎真-上:与事格 喊-了:已行体 么 心上
tʂo^{21}-lə mə tʂa^{21}ʂʅ^{21} pu^{21}te^{21} ʂʅ^{13} ȵiɤo^{51}
着:中-了:已行体 么 扎实 不得 是:焦点 扭
ʑi^{21}xa^{13} ʂo^{21}-lə-ʂo.
一下 说-了:已行体-说:听说示证
巴旦拉姆叫阿兰乎真如果心上被砸到实在不行的话就扭一下。(历史传说)

(40) ɕiã^{44}ȵy^{51}-mə tɕĩ^{44}tsɿ^{51} ua^{44}-tsai^{13} na^{21}ɕie^{44}
仙女-么:施事格 金子 挖-在:进行体 那些
ʐẽ^{21}-se-ʂɑ̃ xã^{51}-lə mə t^{h}ɑo^{21}tsɿ^{51} mai^{51}
人-些:复数-上:与事格 喊-了:已行体 么:语气 桃子 买
lai^{21}-tʂo^{21}-lə-ʂo.
来-着:致使-了:已行体-说:听说示证
仙女让那些在挖金子的人来买桃子。(历史传说)

3. 双重致使的表达

双重致使(double causative)指对于致使表达的叠加使用。(Dixon 2000)水磨房话基于“喊了么 + V 说/着/着说”式来表达双重致使。在形态句法上,致使者和被致使者有着不同的标记形式,以兹区别。如例(41)和例(42)分别所示,纯粹的致使者论元需附加施事格标记“-么”,如“贵生么”和“阿吾三么”;兼做被致使者和致使者的论元带与事格标记“-上”,如“我上”和“开珠上”;纯粹的被致使者论元不另加格标记,如“六斤”。

（41）kuei^{13}sẽ^{44}-mə ŋo^{51}-ʂɑ̃ lu^{21}tɕĩ^{44} xã^{51}-lə mə
贵生-么：施事格 我-上：与事格 六斤 喊-了：已行体 么：语气
pai^{13} pu^{21}-ji-tso^{13} lai^{51}-tʂo^{21}.
拜：忙 不-[藏]时体助词-做 来-着：致使
贵生没有让我叫六斤来帮忙。

（42）ʔa^{0}u^{44}sã^{44}-mə k^{h}e^{44}tʂu^{21}-ʂɑ̃ lu^{21}tɕĩ^{44} xã^{51}-lə mə
阿吾三-么：施事格 开珠-上：与事格 六斤 喊-了：已行体 么：语气
na^{13}kə ʂu^{21}tsɿ^{44} ma-tɑo^{51}-tʂo^{21} ʂo^{21}-t^{h}i.
那个 树子 [藏]否定-倒-着：致使 说-[藏]前行体.亲见感官示证
阿吾三叫开珠让六斤不要使那棵树倒掉。

当需要再度明确纯粹的被致使者论元时，这一论元可再出现在“喊了么”之后，并带上与事格标记，如例（43）中“喊了么”之后出现的“猴子上”。

（43）xu^{21}li^{44}-mə ɕiõ^{21}-ʂɑ̃ xɤo^{21}tsɿ^{44} xã^{51}-lə mə
狐狸-么：施事格 熊-上：与事格 猴子 喊-了：已行体 么：语气
xɤo^{21}tsɿ^{44}-ʂɑ̃ t^{h}ɑo^{21}tsɿ^{44} tʂ^{h}e^{51} k^{h}ɤ^{13} ʂo^{21}-lə-ʂo.
猴子-上：与事格 桃子 扯 去 说-了：已行体-说：听说示证
狐狸让熊叫猴子去摘桃子。（神话故事）

2.4 小结

通过上述描写分析，我们发现水磨房话的致使结构有如下主要特点：

2.4.1 水磨房话具有高度能产的形态型和分析型致使结构。其中，形态型致使结构通过动词后的致使标记“-着”表达使成义。分析型致使结构中的动结式及其衍生句式“动结-着”式和“V_1 Asp 么 + V_2着”式表达的都是使成义，而“V 说/着说”式、“喊了么 + V 说/着/着说”式都表达使令义。除了动结式，上述所有致使结构都不见于主流的官话方言。我们用表 1 归纳出水磨房话形态型和分析型致使结构的基本句式和标记形式，尤其是致使标记“-着”出现的各种句法环境。

2.4.2 LaPolla（1994）指出，藏缅语言的致使标记多来自“派（send on an errand, entrust with a commission）”义、“使（make）”义或“给（give）”义动词。从世界语言范围来看，致使标记也能源自“做（do）”义和“拿（take）”义动词。（参 Heine & Kuteva 2002）[328] 水磨房话的致使标记“-着”或直接源自

“着”的实现义动相补语用法。这一来源途径既罕见于藏缅语言,也未见于目前文献中报道的甘青-川滇一带的官话方言或混合语[①]。对此,下文将做出解释。

表1 水磨房话致使结构的形式与功能总览

结构类型	基本句式与标记形式	语义功能
形态型	Ⅰ. NP致使者(-么) + NP被致使者(-上) + V-持续体/动相补语-着-体-示证/情态	使成义
	Ⅱ. NP致使者(-么) + NP被致使者(-上) + V_1Asp 么 + V_2着-体-示证/情态	
分析型	Ⅲ. NP致使者(-么) + NP被致使者(-上) + 动结-体-示证/情态	
	Ⅳ. NP致使者(-么) + NP被致使者(-上) + 动结-着-体-示证/情态	
	Ⅴ. NP致使者(-么) + NP被致使者(-上) + V-持续体/动相补语-说/着说-体-示证/情态	使令义
	Ⅵ. NP致使者(-么) + NP被致使者(-上) + 喊了么 + V-持续体/动相补语-说/着/着说-体-示证/情态	
	Ⅶ. NP致使者-么 + NP被致使者/致使者-上 + NP被致使者 + 喊了么 + V-持续体/动相补语-说/着/着说-体-示证/情态	使令义双重致使

2.4.3 虽然形态型和分析型致使结构在水磨房话中都得到了发展,但这并未导致其汉语词汇系统中的词汇型致使结构的衰落。相反,赵绿原(2019)指出,“甘沟话几乎没有纯词汇型的致使结构”,以“喂(feed)”为典型代表的含致使义的动作都需要采用形态型致使结构表达,如用“吃给”表达“喂(feed)”义。

① 甘沟话采用“给”作为致使标记。但是,水磨房话的动词“给”虽语法化为动词后缀表达受益义,但并没有发展出致使义。一次,我们在一位经营小卖部的发音人家里录音时,听到门外一个小女孩喊道“东西卖卖给”,意思就是让发音人卖一点东西给她,整句话有祈使语气,但是动词不带致使义。再如“我他上吃给了”即为“我为(帮)他吃了”的意思。

三、从语言接触看水磨房话致使结构的演化

水磨房话的语法系统是高度藏语化的，其致使结构中异于主流官话的特点同安南藏语的影响有关。在安南藏语方言里，能产的致使结构有两类：一类是采用专门的致使动词后附于主要动词，形成一个声调范围，构成致使连动结构；另一类是采用言说动词构成迂说型致使结构。这两者皆属于分析型致使结构，并且与水磨房话中的形态型致使标记“-着”和含言说动词的分析型致使句式有着对应关系。我们认为，这种对应关系是由语法复制(grammatical replication)①所造成的。

3.1 水磨房话形态型致使标记“-着”的来源及其机制②

采用专门的致使动词构成致使连动结构是藏语康方言中所普遍存在的致使手段。安南藏语的致使动词是ʰʈʂɔʔ^{22}③，来源于“允让义(let, permit)”动词的进一步语法化，用法如例(44)—例(47)。

(44) kʰwə^{55}-ji　kʰwaj^{24}tsə^{44}　ʰʈʂɑʔ^{52}-ʰʈʂɔʔ^{22}-ʰtɕiʔ-mi n̥ɔ̃.
　　他-作格　筷子　断-致使-已行体-感官推测示证
　　他使筷子断了。

(45) kʰwə^{55}　ɕʉː^{24h}tsoʔ^{55}-ᵑɡwə　ʰtswa^{55}　ⁿʈʂʰa^{55}-ʰʈʂɔʔ^{22}-ʱɡʉː.
　　他　牛(总称)-与事格　草　吃-致使-将行体
　　他将使牛吃草。

(46) kuj^{24}sẽ^{44}　kʰwə^{55}　tʉː^{24}　ŋwə^{24}-ʰʈʂɔʔ^{22}.
　　贵生　他　那边　去-致使
　　贵生让他去那边。

---

① 语法复制指一种语言(复制语)对另一种语言(模式语)中的语法概念、语法概念演变过程或语法结构的复制，而不涉及实体语音成分的迁移。(参 Heine & Kuteva 2005[2]；吴福祥 2013，2014)

② 感谢审稿人对该部分所提的修改意见。

③ 这个致使动词在藏语康方言中较常见，在香格里拉市区建塘镇的藏语方言中读ʈʂò、在东旺乡的藏语方言中读 tɕo^{53}、在四川巴塘县的藏语方言中读 tɕùʔ、在德格县的藏语方言中读 tɕu^{53}、在甘孜县的藏语方言中读 tɕi^{31}。(参 Hongladarom 2007；Bartee 2007[160]；王诗文 2013[266]；燕海雄，江荻 2016[37])

(47) kuj^{24} sẽ^{44} k^{h}wə^{55} ^{ɦ}dzə^{24} ma^{24}-^{h}ʈʂɔʔ^{22}-mi n̥ɔ̃.
贵生 他 醉 否定-致使-感官推测示证
贵生没有使他醉。

从语音形式来看,致使动词^{h}ʈʂɔʔ^{22}与水磨房话"着[ʈʂo^{21}]"的读音对应十分明显;再从形态句法分布来看,致使动词^{h}ʈʂɔʔ^{22}总是居于核心动词之后、体标记和示证标记之前的句法位置,这与作为动相补语的"着"的句法位置也高度对应。在上述双重对应的促使下,水磨房话和安南藏语的双语者很容易将两者混淆,将水磨房话的动相补语"着"语法化为致使标记。具体而言,这是一种接触引发的语法化现象(contact-induced grammaticalization)①。在这一过程中,安南藏语作为模式语(model language)提供了致使标记^{h}ʈʂɔʔ^{22}的语法概念,水磨房话作为复制语(replica language)采用自身的材料——读音与^{h}ʈʂɔʔ^{22}近似的动相补语"着"复制了^{h}ʈʂɔʔ^{22}的语法概念。这一语法化过程是由模式语和复制语中两个语言单位之间的语音和形态句法位置的近似性促成的。因而,致使标记"-着"源自实现义语素的罕见现象便可以得到解释。

安南藏语的致使标记^{h}ʈʂɔʔ^{22}尚未脱离动词的性质,可以带否定标记ma^{24}-,如例(47)中的^{ɦ}dzə^{24} ma^{24}-^{h}ʈʂɔʔ^{22}("不使醉")。由于水磨房话动相补语"着"与动词的关系本来就较为紧密,当"着"获得致使标记功能后,动词致使形式"V着"中不能加插否定词,如前文例(33)的"不-ji-来-着"("没有使来")和例(42)的"ma-倒-着"("不使倒")中的否定标记必须出现在动词"来"和"倒"之前。可见,水磨房话致使标记"-着"已经具有动词后缀的语法性质。致使动词往往具有进一步形态化为致使标记(如动词后缀)的语法化趋势(Givón 2015)[18-19]。虽然致使动词^{h}ʈʂɔʔ^{22}在安南藏语中尚未进一步形态化,但是这一形态化趋势已反映在了水磨房话致使标记"-着"的语法化过程中,同时也体现了水磨房话作为混合语从孤立型形态向黏着型形态的转变。

另外,水磨房话致使标记"-着"的句法位置比较特殊,居于持续体标记/

---

① 接触引发的语法化属于语法复制的一个方面,指一种语言(复制语)对于另一种语言(模式语)的语法概念或语法概念的演变过程的复制。(参 Heine & Kuteva 2005[80];吴福祥 2014)

动相补语和其他体标记之间。水磨房话致使标记“-着”是典型的派生后缀(derivational suffix),而体标记属于屈折后缀(inflectional suffix)。根据 Bybee (1985)[33]所指出的形态学普遍规律,较之屈折语素,派生语素会出现在离词干更近的位置。“-着”出现在大部分体标记(如达成体、已行体、前行体标记等)之前合乎这一普遍规律,但唯独持续体标记“-起”通常居于“-着”之前。我们认为,这一现象可以从语义方面进行解释。Bybee(1985)[38]同时还指出,某一语素与动词词干的语义关联度越高,其所出现的句法位置就离动词词干越近。持续体标记“-起”表达的是动作实现后状态的延续,是动相补语的进一步语法化①。在水磨房话中,持续体标记“-起”和动相补语“着”都具有表示动作实现的语义特征,同动词词干的语义关联度高于致使标记“-着”,与动词词干构成一个整体被致使化,因而都必须前置于致使标记“-着”②。

3.2 水磨房话含言说动词的分析型致使句式的来源与扩散

安南藏语具有与水磨房话“V 说/着说”式对应的“V + ɕəː^{24}/ʰʈʂɔʔ^{22} ɕəː^{24}”式使令义致使结构。安南藏语言说动词 ɕəː^{24}的本义为“说”,同时兼表使令义,如例(48)和例(49)所示。

(48) kʰwə^{55} ŋa^{24}-ᵑɡwə ruʔ^{24}je^{24}-ʱdʑɯ ɕəː^{24}-reʔ.
他 我-与事格 帮忙-名物化 说-已行体.泛言示证
他叫我帮忙。

(49) teː^{24}ʐɑ̃^{53} kʰo^{55}-ᵑɡwə pa^{24} sa^{24} ʱdʑeʔ^{55} ma^{24}-ʰʈʂɔʔ^{22} ɕəː^{24}-reʔ.
队长 他-与事格 母牛 喂 忘记 否定-致使 说-已行体.泛言示证
队长叫他不要忘记喂牛。

水磨房话的“说”具有使令义功能同安南藏语 ɕəː^{24}的影响有关。具体来说,水磨房话“说”复制了安南藏语 ɕəː^{24}的语义模式,在言说义的基础上增加了使令义功能。而这种语义模式在汉语也属常见,如言说动词“叫”“令”等都兼具使令义。因而,这一复制过程也符合汉语词汇自身的语义演化规律。

安南藏语还有一种与水磨房话“喊了么 + V 说/着/着说”式对应的致使句式。主要特征为在致使者和被致使者论元后加插固化的言说动词形式 ⁿbeʔ^{24}-tə-reʔ(字面义为“喊-名物化.定指-泛言示证”),后半句再出现另一言说动

① 吴福祥(2004)指出,汉语持续体标记“-着”就直接源自“着”的动相补语功能。

② 感谢审稿人提醒我们特别关注该语序特征的成因。

词 çəː^{24}或者致使动词^{h}ʈʂɔʔ^{22},为相关动词提供致使义。这种句式在安南藏语中专门用于表达使令义双重致使,如例(50)和例(51)。

(50) kuj^{24}sẽ^{44}-ji ŋa^{24}-^{ŋ}gwə ^{n}də^{24} çiː^{24} ^{n}beʔ^{24}-tə-reʔ sẽ^{24} ^{n}ʈʂ^{h}a^{55} çəː^{24}.
贵生-作格 我-与事格 这个 小孩 叫-名物化-泛言示证 饭 吃 说
贵生让我叫那个小孩吃饭。

(51) ʔa^{55}wu^{55}sɑ̃^{55}-ji lu^{24}tɕĩ^{55}-^{ŋ}gwə ^{n}k^{h}ɛː^{24}ʈuʔ^{55} ^{n}beʔ^{24}-tə-reʔ
阿吾三-作格 六斤-与事格 开珠 叫-名物化-泛言示证
ʂ^{h}ẽj^{24}p^{h}õ^{55}-tə ^{n}p^{h}oʔ^{24}-luʔ^{24}-^{h}ʈʂɔʔ^{22}.
树木-那 推-倒-致使
阿吾三让六斤叫开珠把那棵树推倒。

如果我们不看其他地区藏语方言的情况的话,很容易得出水磨房话"喊了么+V 说/着/着说"式是复制了安南藏语"^{n}beʔ^{24}-tə-reʔ + V + çəː^{24}/^{h}ʈʂɔʔ^{22}"式的结论。而事实上,这种加插言说动词的致使句式罕见于香格里拉一带的其他藏语方言。以下例(52)和例(53)所示的两个周边藏语方言点[1]的情况,代表了这一带藏语中更为普遍的双重致使表达方式。

(52) 香格里拉市小中甸乡吹亚顶村藏语方言
^{h}ʈa^{55}ʂ^{h}i^{55}-ji ŋa^{24} çiː^{24} $^{n̥}$t^{h}ɔ̃^{55} ^{h}su^{ʔ22} çiː^{24} ^{m}beː^{24}-ji wɑ̃^{55}-n̥ɔ̃.
扎西-作格 我 小孩 喝 放 说 叫-名物化 来.名物化-感官示证
扎西来让我叫小孩吃饭。

(53) 香格里拉市东旺乡火茸村藏语方言
^{h}ʈa^{55}ʂ^{h}i^{55}-ji ŋa^{24}-ja tə^{24} ʔa^{24}ka^{53}-ja sẽ^{24} ^{ȵ}tɕ^{h}a^{24}-tɕo^{ʔ22}-ri je^{ʔ24} sə^{22}-re^{ʔ}.
扎西-作格 我-与事格 那个 小孩-与事格 饭 吃-致使-名物化 做 说-泛言示证
扎西让我叫那个小孩吃饭。

上述例句代表的方言与安南藏语不同,都没有在双重致使句中加插言说动词的说法。因为"^{n}beʔ^{24}-tə-reʔ + V + çəː^{24}/^{h}ʈʂɔʔ^{22}"式会导致言说动词 beʔ^{24}-tə-reʔ 之后出现受事论元,如例(50)和例(51)所示,这不符合藏语作为

---

[1] 我们选择这两个方言点的原因分别是:一方面,三坝乡是纳西族乡,藏族主要聚居在安南村,因而乡内无其他可供比较的藏语方言点,小中甸乡吹亚顶村是地理位置上较为临近三坝乡安南村的藏语方言点;另一方面,安南村的相当一部分藏族在历史上是从东旺乡迁居而来的,因而安南藏语和东旺乡的藏语可能存在较为密切的历史关系。

OV 型语言的语序规则。因此,这一结构很难通过独立创新在安南藏语内部产生,而更可能是对于水磨房话语法结构的构式拷贝(constructional copying)①。在这一过程中,水磨房话成为模式语并提供了"喊了么 + V 说/着/着说"致使句式,安南藏语作为复制语,采用自身就有的言说动词形式 ^{n}beʔ^{24}-tə-reʔ复制了"喊了么"的句法位置和语义功能,在安南藏语中构建出了相应的致使句式。

综上所述,水磨房话在同安南藏语的接触过程中,致使结构的语法复制体现出双向性特征。水磨房话从安南藏语中引入了基本的藏语型致使结构格局,但在其演变过程中也产生了句式上的创新,并将所创造的加插言说动词的致使句式扩散至安南藏语中。当然,上述双向语法复制必然以水磨房话和安南藏语密切而深入的接触为基础。

四、结　　语

本文讨论了云南新发现的一种汉藏混合语——水磨房话的致使结构的基本特征及其接触演化。我们发现,除汉语型的动结式以外,水磨房话的各种形态型和分析型致使结构都是在同安南藏语的接触影响中形成的。形态致使标记"-着"和迂说型致使结构"V 说/着说"式的产生皆是对安南藏语致使结构的语法复制。"喊了么 + V 说/着/着说"致使句式是水磨房话基于"V 说/着说"结构的句式创新,之后又通过构式拷贝扩散到了安南藏语,使得安南藏语有着同周边藏语方言不同的致使表达。

本文的研究也给我们提出了一些值得进一步探讨的问题。第一,云南

① 根据吴福祥(2014)的定义,构式拷贝指一种语言(复制语)的使用者仿照另一种语言(模式语)的语法结构模式,用自己语言的材料构建出与模式语对等的结构式。吴文进一步提出,中国南方民族语言中的某些同汉语一致的结构都源自对汉语相关结构的构式拷贝。审稿人指出,下层语言在引入上层语言的语法结构时往往采用构式拷贝,而在引入语法标记时常采用语法借用或接触引发的语法化。而本文的案例则指出了,上层语言不仅可能受到下层语言的语法干扰,而且也可以通过构式拷贝引入下层语言的语法结构。事实上,安南藏语语法受水磨房话的影响还表现在其他方面。比如,有着比周边藏语方言更加复杂、更具分析型特征的判断词系统。这是水磨房话在借用安南藏语判断词后通过改造,然后反向干扰安南藏语的结果。(参 Zhou & Suzuki 待刊)可见,在深度语言接触中,语法干扰会是双向的。

水磨房话和香格里拉一带藏语方言中存在的“V说/着说”式分析型致使结构,在赵绿原(2019)所讨论的青海甘沟话和民和土族语方言中也存在。那么,在民族语言和汉语官话方言接触密切的西南和西北地区,使用言说动词“说”来表达致使概念是否体现为一种区域类型特征?第二,在深度的语言接触下,语法特征的迁移往往不是单向的。安南藏语虽然是水磨房话的语法来源语,但是我们也看到,安南藏语的语法也受到了来自水磨房话的干扰。安南藏语是否还从水磨房话中吸收了更多的分析型语法手段?是否在某些方面已跟其他地区的藏语方言产生了明显差异?第三,混合语的产生和演化具有复杂的机制。相同的语言和方言类型在不同的地区可以接触混合产生差异极大的混合语。四川雅江倒话在地理位置上与云南水磨房话较为临近,且同由西南官话和藏语康方言混合形成。但由于藏语康方言内部差异很大,雅江藏语属康方言北路土语,安南藏语属康方言南路土语,从而直接导致了倒话有着同水磨房话不同的致使标记系统(参意西微萨·阿错2004)[71]。因此,混合语的研究必须兼顾对于其来源语方言的调查,而且相关调查还应扩大到周边与混合语没有直接接触关系的方言土话,否则就难以厘清相关语言迁移发生的方向。诸如此类的问题亟待我们进一步调查研究。

参考文献

陈士林,边仕明,李秀清,罗洪瓦(1962)凉山彝语的使动范畴,《中国语文》第8、9期;另载陈士林著,陈朝达,胡再英编(1994)《万里彝乡即故乡:陈士林先生著述及纪念文选集》,西安:西北工业大学出版社:17-58。

次旦顿珠,益西曲珍(2010)“藏穆之路”的回藏关系——云南省香格里拉三坝乡安南村田野调查,《西藏大学学报》第4期:96-100。

戴庆厦(1981)载瓦语使动范畴的形态变化,《民族语文》第4期:36-41。

道　布(2007)蒙古语动词“态”语缀探析,《民族语文》第5期:3-11。

丁明俊(2006)《中国边缘穆斯林族群的人类学考察》,银川:宁夏人民出版社:182-216。

格桑居冕(1982)藏语动词的使动范畴,《民族语文》第5期:27-39。

黄成龙(2014)类型学视野中的致使结构,《民族语文》第5期:3-21。

黄　行(2007)语言接触与语言区域性特征//戴昭铭主编,《人类语言学在中国:中国首届人类语言学国际学术研讨会论文集》,哈尔滨:黑龙江人民出版社:85-93。

李红春,张　实(2008)关于云南“藏回”社会文化变迁的思考,《中国藏学》第2期:41-48。

力提甫·托乎提(2004)《阿尔泰语言学导论》,太原：山西教育出版社：428-431。
刘丹青(2001)吴语的句法类型特点,《方言》第4期：332-343。
牛顺心(2014)《汉语中致使范畴的结构类型研究》,天津：南开大学出版社：144-163。
孙宏开(1998)论藏缅语动词的使动语法范畴,《民族语文》第6期：1-11。
王诗文(2013)《藏语康方言语法研究——德格话语法》,北京：民族出版社。
吴福祥(2004)也谈持续体标记“着”的来源,《汉语史学报》第4期：17-26。
吴福祥(2013)语言接触与语法复制,《百色学院学报》第5期：40-50。
吴福祥(2014)结构重组与构式拷贝——语法结构复制的两种机制,《中国语文》第2期：99-109。
徐　丹(2014)《唐汪话研究》,北京：民族出版社。
徐悉艰(1984)景颇语的使动范畴,《民族语文》第1期：35-42。
燕海雄,江　荻(2016)《藏语甘孜话语法标注文本》,北京：社会科学文献出版社。
意西微萨·阿错(2004)《倒话研究》,北京：民族出版社。
赵绿原(2019)青海民和甘沟话的致使结构,《中国语文》第2期：215-230。
中国语言资源有声数据库建设领导小组办公室编(2010)《中国语言资源有声数据库调查手册：汉语方言》,北京：商务印书馆：96-152。
周　洋(2018)云南水磨房话的格标记及其来源,《方言》第3期：357-369。
周　洋(2019)水磨房话判断句的混合特征,《语言研究》第2期：66-72。
周　洋,铃木博之(2020)水磨房话体范畴的混合特征,《民族语文》第4期：43-56。
Aikhenvald A Y. (2006) Serial Verb Constructions in Typological Perspective. // Aikhenvald A Y, Dixon R M W. (eds.) *Serial Verb Constructions: A Cross-Linguistic Typology*. Oxford: Oxford University Press: 1-68.
Aikhenvald A Y. (2015) *The Art of Grammar: A Practical Guide*. Oxford: Oxford University Press: 62-65.
Aikhenvald A Y. (2018) *Serial Verbs*. Oxford: Oxford University Press.
Bakker P. (2003) Mixed Languages as Autonomous Systems. // Matras Y, Bakker P. (eds.) *The Mixed Language Debate: Theoretical and Empirical Advances*. Berlin/New York: Mouton de Gruyter: 107-150.
Bartee E L. (2007) *A Grammar of Dongwang Tibetan*. Doctoral Dissertation at the University of California.
Bybee J L. (1985) *Morphology: A Study of the Relation between Meaning and Form*. Amsterdam/Philadelphia: John Benjamins Publishing Company.
Cheng R L. (1974) Causative Constructions in Taiwanese. *Journal of Chinese Linguistics* 2(3): 279-324.

Comrie B. (1974) Causatives and Universal Grammar. *Transactions of the Philological Society* 73(1): 1-32.

Comrie B. (1976) The Syntax of Causative Constructions: Cross-Language Similarities and Divergences. //Shibatani M. (ed.) *The Grammar of Causative Constructions (Syntax and Semantics 6)*. New York: Academic Press: 261-312.

Comrie B. (1989) *Language Universals and Linguistic Typology (2nd Ed)*. Chicago: The University of Chicago Press: 161-184.

Dixon R M W. (2000) A Typology of Causatives: Form, Syntax and Meaning. //Dixon R M W, Aikhenvald A Y. (eds.) *Changing Valency: Case Studies in Transitivity*. Cambridge: Cambridge University Press: 30-83.

Dixon R M W. (2012) *Basic Linguistic Theory (Vol. 3: Further Grammatical Topics)*. Oxford: Oxford University Press: 239-293.

Givón T. (2015) Historical Syntax and Synchronic Morphology: An Archaeologist's Field Trip. //Givón T. (ed.) *The Diachrony of Grammar (Vol. 1)*. Amsterdam/Philadelphia: John Benjamins Publishing Company: 3-26.

Heine B, Kuteva T. (2002) *World Lexicon of Grammaticalization*. Cambridge: Cambridge University Press.

Heine B, Kuteva T. (2005) *Language Contact and Grammatical Change*. Cambridge: Cambridge University Press.

Hongladarom K. (2007) Grammatical Peculiarities of Two Dialects of Southern Kham Tibetan. //Bielmeier R, Haller F. (eds.) *Linguistics of the Himalayas and Beyond*. Berlin/New York: Mouton de Gruyter: 119-152.

Janhunen J, Peltomaa M, Sandman E, Xiawu Dongzhou. (2008) *Wutun (Languages of the World/Materials 466)*. Muenchen: Lincom Europa.

LaPolla R J. (1994) Parallel Grammaticalizations in Tibeto-Burman Languages: Evidence of Sapir's "Drift". *Linguistics of the Tibeto-Burman Area* 17(1): 61-80.

Shibatani M. (1973) *A Linguistic Study of Causative Constructions*. Doctoral Dissertation at the University of California.

Shibatani M. (1976) *The Grammar of Causative Constructions (Syntax and Semantics 6)*. New York: Academic Press.

Shibatani M. (2002) *The Grammar of Causation and Interpersonal Manipulation*. Amsterdam/Philadelphia: John Benjamins Publishing Company.

Song J J. (1996) *Causatives and Causation: A Universal-Typological Perspective*. London/New York: Longman.

Sun J T-S. (2007) Morphological Causative Formation in Shangzhai Horpa. *Bulletin of Chinese Linguistics* 2(1): 211-231.

Suzuki H. (2017) The Evidential System of Zhollam Tibetan. //Lauren G, Nathan W H. (eds.) *Evidential Systems of Tibetan Languages*. Berlin/Boston: Walter de Gruyter: 423-444.

Zhou Y, Suzuki H. (待刊) Evidentiality in Selibu: A Contact-Induced Emergence.

(上海财经大学国际文化交流学院　上海　200083　zhou. yang@ sufe. edu. cn)

安远(鹤子)方言的体助词“了”*

蔡 芳

提要 江西安远(鹤子)方言有两个句法位置相当于普通话“$了_1$”的体助词“了”和“啊”,二者可出现的句法环境基本一致,但它们之间的语法意义并不相同。“了”在情状句中的视点包括起始点和自然终结点,其体意义表现为完结,另外在具有消极意义的谓词后只能出现“了”,故“了”的语义特征可总结为[+完结][+消极]。而“啊”在情状句中的视点包含起始点和任意终结点,其体意义表现为停止,在具有积极意义的谓词后只能接“啊”,因此“啊”的语义特征为[+停止][+积极]。

关键词 客家方言 完结 停止 消极义

一、引 言

安远县位于江西省赣州市南部,鹤子镇位于安远县最南部,南与西南接定南县,西北连信丰县。《中国语言地图集》(1987)将安远方言划归客家方言宁龙片,而《中国语言地图集》第 2 版(2012)根据古晓、匣母合口一二等(遇摄除外)和止摄合口三等、蟹摄合口四等今一般读[h]不读[f],以及效摄三四等今韵母都是[iɔ]等特点,将安远方言归入客家方言于信片。

安远(鹤子)方言为笔者的母语。安远(鹤子)方言“了[lio^{24}]”相当于普通话词尾“$了_1$”,但在安远(鹤子)方言中还有一个与普通话词尾助词“了”相当的体助词“啊[a^{24}]”,二者的句法分布基本一致,均可出现在谓语动词、动补结构

* 本文是国家社科基金重大项目“海内外客家方言的语料库建设和综合比较研究(项目编号 14ZDB103)”的阶段性成果。本文得到施其生老师、庄初升老师、林华勇老师的悉心指点,匿名评审专家给予了宝贵意见,谨此一并致谢!

后,但二者语法意义并不完全相同。“啊”的语法意义与普通话的“$了_1$”相近,但“了”的语义在普通话中没有完全对应的形式,有时相当于普通话的“V 完了”,如例(1)a;有时可对译成普通话的“$了_1$”,如例(2)a;另外,如例(2)所示,谓语动词“死”后只能出现“了”,而有些动词后只能出现“啊”,如例(3)b。

(1) a. 我食了夜。吃完了晚饭。

b. 我食啊夜。我吃了晚饭。

(2) a. 死了两只猪。死了两只猪。

b. *死啊两只猪。

(3) a. *来了两个人。

b. 来啊两个人。来了两个人。

由例(1)—例(3)可见,有些动词后既能用“啊”又能用“了”,但语法意义不同,而有些动词后只能用“啊”或只能用“了”。二者均可对译普通话的“$了_1$”,但使用范围却不同,下文将详细考察“了”和“啊”的句法分布及语义特征。

二、“了”的语音形式及其使用范围

“了”在安远(鹤子)方言中有三种读音形式,分别是[lio^{31}]、[lio^{51}]、[lio^{24}]。“了”的读音不同,其语法功能也不同,吴福祥(2011)[35]指出语素多功能性虽是一种共时现象,但它是历时性的产物:一个语言成分在历时过程中先后产生各种意义或功能,如果这些意义或功能并存于特定的共时层面,则该语言成分就会呈现多功能性。因此从“了”共时层面的多功能,也能观察出“了”的历时演变过程。“了[lio^{31}]”读为上声标记为“了上”“了[lio^{51}]”读为去声标记为“了去”“了[lio^{24}]”读为阳平标记为“了”。

2.1 了上

“了[lio^{31}]”上声为本调,可以充当动词、结果补语及傀儡补语。“了上”充当动词时表示“完结、完毕”,出现频率很低,一般出现在已经词汇化的词语中且和“了[lio^{24}]”一起出现。

(4) a. 箇下就了上了。这下就完了。

b. 箇下就了上净了。这下就全完了。

“了上”不能在动词后直接充当结果补语,只能在否定式或补语标记

“嘞”后充当结果补语。

(5) a. 做唔了上个事情。做不完的事情。

b. 箇兜饭我食嘞了上。这些饭我吃得完。

“了上”还能充当傀儡补语,其作用在于构成可能式。

(6) a. 渠当嘞了上车间主任。他当得了车间主任。

b. 渠当唔了上车间主任。他当不了车间主任。

2.2 了去

“了去”可出现的环境不多,一般出现在以下几种句法结构中。

“了去”在连动句的前一小句中表示在后续小句动作开始前动作已经完结,相当于普通话的“完”。

(7) a. 我食了去昼去剃头南$^{=}$。我吃完饭后再剪头发。

b. 阿叔话渠贴了去门神纸归。叔叔说他贴完对联再回家。

c. 我想打了去球再去洗身。我想打完球再去洗澡。

当谓语动词具有“消失、去除、损坏”等消极语义特征时,“了去”在处置句中相当于普通话的“掉”。

(8) a. 过夜茶食唔得,替了去渠去。过夜茶不能喝,把它倒掉。

b. 唔着个衫,送了去渠。不穿的衣服,把它捐掉。

祈使句表示希望状态实现,要求听话人实现某一事态,“了去”在祈使句相当于普通话的“完”。

(9) a. 饭食了去来。把饭吃完。

b. 你先听我讲了去来。你先听我把话讲完。

当句中有时间副词“正”时,“了去”相当于普通话的“完”,强调事情刚刚完结。

(10) a. 我正食了去夜。我刚吃完晚饭。

b. 我正去了去海南,箇次想去桂林。我刚去完海南,这次想去桂林。

“了去”在否定句中表示事情还没有完成,相当于普通话的“完”。

(11) a. 饭还唔曾食了去。饭还没有吃完。

b. 我话还唔曾话了去。我说都还没说完。

“了去”在假设复句的结果主句中相当于普通话的“掉。”

(12) a. 系你唔来,我就□[fə^{31}]了去你个书去。如果你不来,我就把你的书丢掉。

b. 系落雨来,箇兜菜会烂了去。要是下雨的话,这些菜会烂掉。

例(7)—例(12)中的“了去”语义相当于普通话的“完”或“掉”。但“了去”在下列句中不能对应于普通话的“完/掉”,只能对译普通话的词尾“了”,其语义进一步虚化,如例(13)所示。

(13) a. 渠骑摩托跌了去一倒。他骑摩托车摔了一跤。

b. 我就挨了去渠一下,渠就打我。我就碰了他一下,他就打我。

c. 往年间阿爹过了去几多吻苦处。以前爷爷经历了很多苦处。

d. 我蚕〓日同渠讲了去一晡西天。我昨天和他聊了一下午天。

e. 你帮了去渠嘎〓多,渠也唔曾多谢过你。你帮了他这么多,他也没有感谢过你。

2.3 了

“了”较“了去”又进一步虚化,体现在“了”可以出现在补语后,而“了去”不能出现在补语后。

(14) a. 写错了/*了去字。写错了字。

b. 输净了/*了去钱。输光了钱。

c. 食醉了/*了去酒。喝醉了酒。

有些方言的补语性体标记后还可出现纯体助词,如梅县方言的“撇欸”、新界方言的“开里”,而安远(鹤子)方言没有“了去啊”这类形式,直接由“了”出现在动词后即可,如例(15)所示。

(15)〈新界〉手又瘸开里。手又瘸了。(转引自庄初升 2007)

〈梅县〉阿婆病撇欸。奶奶病了。(转引自林立芳 1996)

〈安远鹤子〉a. 渠个手瘸了。他的手瘸了。

b. *渠个手瘸了去啊。

在陈述句中,“了”具有完句功能,而“V+了去”不能单独完句,如例(16)所示。

(16) a. 渠话渠阿娓病了/*了去。他说他母亲病了。

b. 我个锁匙冇了/*了去。我的钥匙丢了。

安远(鹤子)方言“了去[lio^{51}]”和“了[lio^{24}]”的区别与普通话补语“了”和助词“了”的区别类似。马希文(1982)[1]指出“把它扔了”是一个有歧义的句子,既可以理解为叙述句,也可以理解为命令句,在纯粹的北京话里,两种句式里的“了”字读音不同:作为叙述句,读“le”;作为命令句,读“lou”,前者写为“了$_1$”,后者写为“了$_2$”,“了$_2$”的主要功能是做补语。木村英树

(1983)[27]指出普通话存在时态词尾“了$_{p}$”和结果补语“了$_{d}$”,二者具有以下区别:第一,时态词尾“了$_{p}$”很难出现在“的”字结构里,而“了$_{d}$”可以出现在“的”字结构里;第二,“了$_{d}$”可以跟“没(有)”共现;第三,时态词尾“了$_{p}$”不能用于命令句,而“了$_{d}$”可以用于命令句。

安远(鹤子)方言“了去”可出现在“的”字结构中相当于普通话的“掉”,而“了”出现在“的”字结构中相当于普通话的词尾助词“了”。

(17) a. □[fə^{31}]了去个盒叻系装啊米个。丢掉的盒子是装了米的。

b. *□[fə^{31}]了个盒叻系装啊米个。

c. 过过了个事情就唔爱抵$^{=}$箇讲嘿。过去了的事情就不要再说了。

d. *过过了去个事情就唔爱抵$^{=}$箇讲嘿。

“了去”可以和否定词“唔曾没有”共现,其语义相当于普通话的“完/掉”;而“了”不能与“唔曾没有”共现。

(18) a. 饭唔曾食了去。饭没有吃完。

b. *饭唔曾食了。

c. 车还唔曾走了去。车还没有走。

d. *车还唔曾走了。

“了去”可出现在肯定祈使句中,不用于否定祈使句;“了”则相反,可出现在否定祈使句中,而不能用于肯定祈使句中。

(19) a. 烂鞋□[fə^{31}]了去渠去。把烂鞋丢掉。

b. *烂鞋□[fə^{31}]了渠去。

c. 还着得个鞋唔爱□[fə^{31}]了。还能穿的鞋别丢掉了。

d. *还着得个鞋唔爱□[fə^{31}]了去。

上文提到“了去”可出现连动句的前一小句和假设复句的结果主句中,如例(7)和例(12)所示,而“了”不能出现在这两类句中。

(20) a. *我食了昼去剃头南$^{=}$。

b. *系你唔来,我就□[fə^{31}]了你个书去。

综上可见,安远(鹤子)方言“了”多出现在已然句中,是与普通话词尾助词“了$_{1}$”相当的体助词;而“了去”则与普通话补语“了$_{3}$”相当,多出现在未然句中,详见表1。

表1　普通话“了”和安远(鹤子)方言“了”的比较

	〈普〉助词“了”	〈普〉补语“了”	〈鹤〉“了去”	〈鹤〉“了”
“的”字结构	−	+	+	+
与否定词共现	−	+	+	−
肯定祈使句	−	+	+	−
连动句的 VP1	−	+	+	−
结果主句	−	+	+	−

三、“了”分布的语法环境

戴耀晶(1997)[47-48]指出普通话“了”具有现实性,所谓现实性是指相对于某个参照时间来说,句子所表达的事件是一个已经实现了的(realized)现实事件,并指出该现实性是指在关系时间中的现实性,不管句子所表达的事件是在过去、现在还是将来发生,只要它相对参照时间(不是发生时间)而言是实现了的,就是现实事件。

安远(鹤子)方言有两个句法位置与普通话词尾“了”相当的体助词,分别是“了”和“啊”。“了”和“啊”表示事件或动作行为已经发生,即具有现实性。在单一事件句中,“了”和“啊”只能出现在参考时间为过去和现在的事件句中,而不能用于参考时间为将来的事件句中。

(21) a. 我蚕⁼日看啊《红楼梦》。我昨天看了《红楼梦》。

b. 我蚕⁼日看了《红楼梦》。我昨天看完了《红楼梦》。

c. 我看啊《红楼梦》。我看了《红楼梦》。

d. 我看了《红楼梦》。我看完了《红楼梦》。

e. *我明朝日看啊《红楼梦》。

f. *我明朝日看了《红楼梦》。

安远(鹤子)方言的“了”和“啊”在从属谓语中的表现和普通话词尾“了”不同,普通话词尾“了”可以出现在从属谓语中,而在安远(鹤子)方言中,“了”和“啊”均不能出现在从属谓语中,只能出现在主要谓语中,在从属谓语中表示动作完成只能用“了去”。若句子有指示参照时间的词语,只能是表过去的时间词,而不能是表将来和现在的时间词。

(22) a. *我蚕日=食啊/了饭就去啊坐车。

b. 我食了去饭就去啊坐车。我吃完饭就去了坐车。

c. 我做了去作业就走了。我做完作业就走了。

d. 我蚕=日做了去作业就走了。我昨天做完作业就走了。

e. *我现今/明朝日做了去作业就走了。

李铁根(1999)[56-57]指出能比较自由带"了"做定语的动词主要有"消失义动词""去除义动词""'化'类动词""趋向动词'来''去'";而当"V"为及物动词,"N"为受事的"V的N"很多难以加进"了"。前一类"V"的完成造成了一种结果或变化,这种结果或变化在"N"上有所反映;而后一类"V"并未产生什么变化。普通话词尾"了"出现在定语从句中有动词的限制,而安远(鹤子)方言"了"和"啊"用于定语从句对动词的限制较少。

(23)〈普通话〉a. 今天吃了东西的孩子。

b. 今天看(? 了)/过书的学生。

〈安远鹤子〉a. 今日食了苹果个细人叻。今天吃完了苹果的小孩。

b. 今日看了书个同学。今天看完了书的同学。

c. 今日食啊苹果个细人叻。今天吃了苹果的小孩。

d. 今日看啊书个同学。今天看了书的同学。

"了"和"啊"还可以出现在从属小句中,可出现在原因小句以及条件结果关系的条件分句里。

(24) a. 因为渠上昼做了作业,所以现今可以看电视。因为他上午做完了作业,所以现在可以看电视。

b. 因为渠上昼做啊作业,所以现今可以看电视。因为他上午做了作业,所以现在可以看电视。

c. 等你做啊爷姝,就晓得做爷姝个苦。等你做了父母,就知道做父母的辛苦。

d. 等你亏了本个时间,就晓得我话个系对个。等你亏本了,就知道我说的是对的。

"了"和"啊"表示事件已经发生,一般出现在现实句,但并不意味着二者不能出现在非现实句中。范晓蕾(2018)[415]指出非现实句包括主要小句和从属小句,非现实的主要小句表达将来事态,带有情态义,可称为"将来情态句";非现实的从属小句主要是状语小句,按语义分为违实小句和假设小句,后者又分为假设将来句和假设过去句。

在将来情态句中,不论动词是制取义动词还是去除义动词,“了”和“啊”均不能出现在意愿句中,如例(25);“啊”不能用于祈使句中,不论是肯定祈使还是否定祈使句;而“了”不能出现在肯定祈使句,但可用于否定祈使句中,如例(26)、例(27)所示。

(25)〈意愿句〉a. *我想做了作业。

b. *我想做啊作业。

c. *我想□[fə31]丢弃了烂衫衣服。

d. *我想□[fə31]丢弃啊烂衫衣服。

(26)〈肯定祈使句〉a. *作业做了渠。

b. *作业做啊渠。

c. 作业做了去渠。把作业做完。

d. *烂衫□[fə31]了渠。

e. *烂衫□[fə31]啊渠。

f. 烂衫□[fə31]了去渠。把烂衣服丢掉。

(27)〈否定祈使句〉a. 作业唔爱嘎□[kia44]就做了。作业别这么快就做完了。

b. *作业唔爱嘎□[kia44]就做啊。

c. *作业唔爱嘎□[kia44]就做了去。

d. 杯叻唔爱打了。别把杯子摔了。

e. *杯叻唔爱打啊。

f. *杯叻唔爱打了去。

而在违实小句、假设将来句和假设过去句中,“啊”和“了”均可出现其中。

(28)〈违实小句〉a. 系我加⁼先⁼食了奔⁼两碗饭,现今就唔会嘎肚饥。如果我刚才吃完了那两碗饭,现在就不会这么饿。

b. 系我加⁼先⁼食啊奔⁼两碗饭,现今就唔会嘎肚饥。如果我刚才吃了那两碗饭,现在就不会这么饿。

〈假设将来句〉a. 系你做了作业,我就带你出去嫽。如果你做完了作业,我就带你出去玩。

b. 系你做啊作业,我就带你出去嫽。如果你做了作业,我就带你出去玩。

〈假设过去句〉a. 系渠加⁼先⁼看了奔⁼本书,按道理就晓得答案。
如果他刚才看完了那本书,按道理应该知道答案。
b. 系渠加⁼先⁼看啊奔⁼本书,按道理就晓得答案。
如果他刚才看了那本书,按道理应该知道答案。

上文例(18)提到“了”不能和“唔曾”共现,“啊”也不能出现在对过程进行否定的“唔曾”否定句。

(29) a. *渠唔曾食了饭。
b. *渠唔曾食啊饭。
c. 渠唔曾食饭。他没有吃饭。

综上可见,“了”和“啊”的句法分布环境基本相同,在单一事件句中只能用于事件时间先于参照时间的句中;在复合事件现实句中只能出现在主要谓语中,而不能用于从属谓语;而在复合事件非现实句中却只能出现在从属小句中,不能用于主要小句中。

四、“了”在不同情状句中的表现

Smith(1991/1997)提出双部理论(two components theory),即句子的体意义由情状类型和视点类型组成。情状类型包括状态情状(state)、活动情状(activity)、完成情状(accomplishment)、单变情状(semelfactive)、达成情状(achievement)。视点不同则情状的可见程度也不同,下文将讨论“了”和“啊”在不同情状的表现及语义差别。

4.1 状态情状

状态情状是具有静止、持续、无终结点的特征,即起始点和终结点不是状态的一部分。状态情状的时间图式表现为:(I)—(F),括号表示不包括起始点和终结点,横线表示状态内部时间是无差异的。“了”和“啊”均不能出现在状态情状句中。

(30) a. *我晓得了答案。
b. *渠中意了你。
c. *我晓得啊答案。
d. *渠中意啊你。

4.2 活动情状

活动情状的特点是动态、持续、无终结点,与状态情状的区别在于非静态。其时间图式为：I……F_{Abr}。“……”表示内部阶段是连续的，F_{Abr}表示任意终结点。活动情状内部时间间隔中的每一个子事件都是同质的。“了”和“啊”均可出现在活动情状句中，但语义不同。

(31) a. 我跑啊步。我跑了步。

b. 我跑了步。我跑完了步。

例(31)a 表示跑步这一动作停留在任意终止点，并不确定事件是否到达自然终结点，而(31)b 中跑步这一事件已经完结。

4.3 完成情状

完成情状具有动态、持续、终结的特点，其时间图式为：I……$F_{Nat\ R}$。F_{Nat}表示自然终结点，R 表示结果状态。活动情状的任意终结点并未产生结果，而完成情状表示已到达事件的自然终结点，同时结果也产生了。换言之，完成情状是由过程和结果组成的复杂事件，过程和事件不可分离。

“了”和“啊”在完成情状句中的表现与宾语类型相关。宾语可分为有定宾语和无定宾语，无定宾语再分为简单宾语、数量宾语。当句子的宾语为简单宾语时，句子为活动情状句。这里讨论有定宾语和数量宾语对“了”和“啊”分布及语义的影响。

(32)〈有定宾语〉a. 渠写啊箇封信。他写了这封信。

b. 渠写了箇封信。他写完了这封信。

c. 渠食啊奔⁼个苹果。他吃了那个苹果。

d. 渠食了奔⁼个苹果。他吃完了那个苹果。

(33)〈数量宾语〉a. 渠写啊两封信。他写了两封信。

b. 渠写了两封信。他写完了两封信。

c. 渠食啊两个苹果。他吃了两个苹果。

d. 渠食了两个苹果。他吃完了两个苹果。

当宾语为有定宾语时，“啊”表示动作行为在任意终止点终结，例(32)a 并不确定这封信是否写完，例(32)c 也不确定那个苹果是否已吃完，因此其后可出现表示事件未完结的小句，如例(34)a、例(34)b。而宾语为数量宾语时，“啊”表示动作行为达到自然终结点即事件已完结，例(33)a 的两封信已写完，例(33)c 的两个苹果也已吃完，其后不允许出现表示事件未完结的小句，如例(34)c、例(34)d。

(34) a. 渠写啊箇封信，不过还唔曾写了去。他写了这封信，不过还没有写完。

b. 渠食啊奔$^{=}$个苹果,不过还唔曾食了去。他吃了那个苹果,不过还没有吃完。

c. * 渠写啊两封信,不过还唔曾写了去。

d. * 渠食啊两个苹果,不过还唔曾食了去。

不论宾语为有定宾语还是数量宾语,“了”均使情状的自然终结点可见,且强调事件已完结。例(33)a 和例(33)b 虽然都表示三封信已经写完了,但二者的语义有差异。“啊”是受数量宾语的影响表示事件完结,而“了”则是由于本身的视点包含自然终结点而表示事件完结。

4.4 达成情状

达成情状的特点是动态、瞬时、终结,其与完成情状的区别在于没有持续段。达成情状的事件图式为: $E_{Nat\ R}$,E 表示单阶段事件,Nat 表示自然终结点,R 表示结果状态。

“了”和“啊”均可出现在达成情状句中,但对达成动词具有选择限制。具有积极义的自主性达成动词如“到、认出”,只能出现“啊”;而消极义的非自主达成动词如“爆破、跌丢”只能出现“了”,二者不可互换。

(35) a. 渠凳$^{=}$人到啊/ * 了山岭上。他们到达了山顶。

b. 渠认出啊/ * 了渠个小学老师。他认出了他的小学老师。

c. 打爆了/ * 啊两个杯叻。打破了两个杯子。

d. 渠个钱包跌了/ * 啊。他的钱包丢了。

4.5 单变情状

单变情状的时间特性是动态、瞬时、非终结,其时间图式可表现为“E”,即为一个单阶段的事件。

(36) a. 渠扩$^{=}$啊门。他敲了门。

b. 渠扩$^{=}$了门。他敲完门了。

假如是一排人轮流去敲门,每个人都有敲门的任务,例(36)a 表示他做了一次任务,后面还要继续实施,例(36)b 则表示他敲门的任务已经完成,不用再继续敲了。

综上可见,“啊”和“了”均为完整视点,但二者视点所包含的范围却不相同,“啊”包含的是起始点和任意终结点,而“了”的视点则包含起始点和自然终结点。在安远(鹤子)方言中,“完结(completion)”这一概念由“了”表示,其时间图式为“I/////////F_{NatR}”。“啊”对应的概念是“停止(termination)”,其时间图式为“I/////////F_{Arb}”。

五、“了”的消极语义

“了”和“啊”除了在不同的情状句中表现的体意义不同,在不同的动词、动补式及形容词后的语法意义也不同。当谓语为具有“消失、损耗”义的动词时其后只能跟“了”,如例(37)。

(37) a. 渠个脚瘸了/＊啊。他的脚瘸了。

b. 东西冇了/＊啊。东西不见了。

“了”只能出现性质形容词后,表示偏离说话人心理预期具有消极义。不论是出现在正向性质形容词还是负向性质形容词后,“了”都表示该性质不符合说话人的预期。

(38) a. 箇件衫长了/＊啊。这件衣服长了。

b. 箇件衫短了/＊啊。这件衣服短了。

“长”是正向形容词,“短”是负向形容词,“长了”“短了”都表示这件衣服的长度不合适,与说话人的预期不符。

“啊”出现在形容词后表示状态发生变化,如例(39)a表示花变红了,而“了”只能表示静态的评价,如(39)b。

(39) a. 花红啊/＊了。花红了。

b. 颜色太过红了/＊啊。颜色太红了。

同一个形容词后既可出现“啊”,也可出现“了”,对译的普通话相同,但实际上二者语义并不相同。

(40) a. 饭冷啊,可以食嘞。饭冷了,可以吃了。

b. 饭冷了,过滚来食。饭冷了,加热再吃。

例(40)a“饭冷啊”表示饭已经从热的状态变为不热的状态了,是说话人希望发生的变化。而例(40)b“饭冷了”是说话人不希望发生的现象,不表示状态的变化,仅仅只是描述这一性质。

当形容词充当补语时,若表示消极意义及偏离标准或超出人们预期时,其后只能接“了”,如例(41)a、例(41)b。当“V＋形容词补语”表积极意义或符合说话人心理预期时,其后用“啊”,如例(41)c、例(41)d。

(41) a. 输净了钱。输光了钱。

b. 衫买大了。衣服买大了。

c. 洗净啊手。洗干净了手。

d. 病好啊。病好了。

例(41)a和例(41)c的补语都是“净”,但“输净”的含义具有消极性,故用只能“了”;而“洗净”表示积极含义,因此其后只能跟“啊”,二者不能互换。

陶寰(1995)[72]指出吴语L3① 在虚化后,积极型的L3可用于存在句或状态句中,消极型的L3不能用于存在句中。安远(鹤子)方言具有消极意义的“了”不能用于存在句中,而积极型的“啊”则可出现在存在句中。

(42) a. *门口围了一伙人。

b. 门口围啊一伙人。门口围了一群人

c. *壁上挂了一幅画。

d. 壁上挂啊一幅画。墙上挂了一幅画

上文提到,安远(鹤子)方言“了上”为表示“完结”义的动词,补语“了去”来源于“了上”,“了去”又进一步虚化为“了”。动作完结时其所支配的对象也就被处置掉了,而动作对象被处置后则意味着客体的消失,是一种消极的表现,因此在表消极义的语境中只能用“了”。

六、结　　语

汉语方言和普通话普遍存在一个高度虚化的纯体标记和一些虚化程度较低的补语性体标记,纯体标记一般表示实现,而补语性体标记则往往表示完成。不同方言的补语性体标记的虚化程度具有不平衡性,有些方言的虚化程度低仍旧具有实词义,有些方言的虚化程度较高处于补语和体助词之间的阶段,而有些方言则已经虚化成一个真正的体助词。安远(鹤子)方言的“了”和“啊”出现的句法环境基本一致,可见“了”为真正的体助词。“了”和“啊”都是完整视点体,区别在于“了”的终点是自然终结点,而“啊”的终点则是任意终结点。

扬州方言的“得”同样具有[+消极]和[+完成]义,张其昀(2005)将扬州方言的“得”称为“消极”性完成体标记,着重突出了“得”的消极性。但安

① L3是指方言中表示事件的完成,具有补语性,相当于普通话补语“$了_3$”的成分。

远(鹤子)方言的"了"与扬州方言的"得"不同,"得"具有语义强制性只要"得"进入句中即表示消极义;而"了"只有和具有消极义的动词、形容词搭配时才具有消极义,当和中性义动词搭配时突出的是完结义,因此"了"主要语义特征是[+完结],[+消极]为次要语义特征。

参考文献

戴耀晶(1997)《现代汉语时体系统研究》,杭州: 浙江教育出版社。

范晓蕾(2018)邢台话"了$_1$"的两个变体,*Language and Linguistics*, 19。

李铁根(1999)定语位置上的"了"、"着"、"过",《世界汉语教学》第3期。

林立芳(1996)梅县方言的体//张双庆主编,《动词的体》,香港: 香港中文大学中国文化研究所吴多泰中国语文研究中心。

马希文(1983)关于动词"了"的弱化形式/·lou/,《中国语言学报》第1期。

木村英树(1983)关于补语性词尾"着"和"了",《语文研究》第2期。

陶　寰(1995)论吴语的时间标记,复旦大学博士学位论文。

吴福祥(2011)多功能语素与语义图模型,《语言研究》第1期。

张其昀(2005)扬州方言"消极"性完成体标记"得",《中国语文》第5期。

中国社会科学院,澳大利亚人文科学院编(1987)《中国语言地图集》,香港: 朗文出版(远东)有限公司。

中国社会科学院语言研究所编(2012)《中国语言地图集(第2版)》,北京: 商务印书馆。

庄初升(2007)一百多年前新界客家方言的体标记"开"和"里",《暨南学报》第3期。

Smith C S. (1991/1997) *The Parameter of Aspect*. Berlin: Springer Science & Business Media.

(江西师范大学　南昌　330022　1012667320@qq.com)

泉州话副词“[tsiaʔ꜆]”的来源及相关问题*

徐晓娴　庄初升

提要　泉州话中表时间、范围、条件、语气的副词“[tsiaʔ꜆]”，以往的研究多记为“则”。文章结合早期和现代方言材料，从语音演变和语法功能的角度探讨泉州话副词“[tsiaʔ꜆]”的来源，认为“[tsiaʔ꜆]”其实是“正[tsiã꜄]”在语音上发生促化而形成的。通过与同属闽南方言的漳州话、潮州话，闽东方言的福清话，莆仙方言的东海话，以及几种客家话进行比较，进一步呈现“正”在泉州话中各义项的语义演变过程。

关键词　泉州话　副词　语音演变　语法意义

一、泉州话副词“[tsiaʔ꜆]”的语法意义及用字惯例

1.1　泉州话副词“[tsiaʔ꜆]”的语法意义

泉州话副词“[tsiaʔ꜆]”可以表时间、范围、语气，也可以表条件、原因、目的等。笔者拟先对泉州话“[tsiaʔ꜆]”的语法功能展开描写，并暂以学界目前的用字习惯，记为“则”。行文过程中若有本字未明、且尚未找到合适用字的则使用“□”加国际音标表示。泉州话副词“则”的语法意义描写如下：

---

* 本文初稿曾在第15届闽方言国际学术研讨会上宣读，承蒙施其生先生指正，又得到蔡国妹（莆仙）、邓享璋（沙县）、吴若凡（泉州）、林诺舟（泉州）、林梦虹（福清）等师友惠赠语料，《语言研究集刊》编辑部和匿名评审专家提出了宝贵的修改意见，在此一并谢忱。永定、梅县客家话和台北闽南话的情况主要参考了庄初升教授主持的国家社科基金重大项目“海内外客家方言的语料库建设和综合比较研究”（项目编号14ZDB103）和语保工程项目“台湾汉语方言调查”（项目编号YB1716A001）中的调查材料。本文的错漏讹误，概由笔者负责。

1.1.1 时间副词

A. 表示动作正在进行或状态正在持续，一般用于复句中的前一小句，表示某一动作进行时另一动作发生了，强调两者的同时性，有“刚好”的意思，相当于现代汉语的“正”。

(1) 阮则咧食，伊就拍电话来。我们正吃着饭，他就打电话过来了。

(2) 伊则咧欢喜，汝就唔通说伊嘞。他正高兴呢，你别说他了。

“则”单独使用不能表示“恰好”义。泉州话用“拄[꜂tu]”“拄拄”“拄好”表“刚好”，如：

(3) 因两其年纪拄/＊则合适。他俩年龄正好合适。

(4) 我拄好/＊则无伫。我刚好不在。

但泉州话可以用“正正”[tsiã꜄tsiã꜄]表示加强肯定语气的“刚好”，如：

(5) 问题正正出伫即搭。问题正出在这里。

(6) 小刚正正邀因老父相同，直来直去。小刚正像他爸爸一样，心直口快。

B. 有“刚刚”的意思，表示事情发生的时间距离现在不久，如：

(7) 我则下班。我刚下班。

(8) 伊则来汝就行。他刚来你就走。

表示事情在前不久发生的还可以用副词“拄”“随”“拄则”“则随”表示，例(7)和例(8)可以说成：

(7’) 我拄/随考试了。我刚考完试。

(8’) 伊拄则/则随来汝就行。他刚来你就走。

但事情发生的时间与现在的距离，存在一定的主观性。即使事情发生的实际时间是“昨天”或“去年”，说话人仍可以将其视为与现在距离不久的时间，如：

(9) 伊是昨日/旧年则来矣。他是昨天/去年刚来的。

C. 表示事情发生或结束得晚，即动作事件发生的客观时间晚于说话人的预期时间，应是由“刚刚”义引申而来。“则”前的时间成分是焦点所在，可由时间词、短语或小句充当，如：

(10) 伊明年则读小学。他明年才上小学。

(11) 遘九点则开门。到九点才开门。

(12) 伊来其时阵，逐个则开始咧食哩。他来的那会儿，大家才开始吃饭。

随着“则”语义的泛化，事件发生的时间不局限于过去，也可以是现在、将来。“则”修饰的VP还可以泛指一般的情况,如例(13)。在例(13)中,“则”连接了两个前后相继的事件,兼做关联副词,且具有篇章功能(详见下文)。

(13) 伊逐暗皆是牛奶饮嘞则去睏。他每天晚上都是喝了牛奶才睡觉。

D. “则卜”有“正要、将要”的意思,如:

(14) 我则卜问汝。我正要问你。

(15) 我则卜倒里。我正要回家。

例(14)在特定的语境中,“则卜”有“刚好、恰巧”的意思,但例(15)则只表示即将要做某事。“则卜”与汉语普通话中的“正要、才要”意思相近,由于“卜”本身是表意愿的助动词,整个短语便解读为正要进行某个动作行为。

1.1.2 范围副词

表示数量少,限于某种范围,有“仅仅、只”的意思,“则”后的成分往往也是焦点所在,如:

(16) 拢共则五个侬。一共才五个人。

(17) 则写一半,还得够写落去。只写了一半,还得写下去。

1.1.3 关联副词

“则[tsiaʔ˯]”做关联副词使用时,可表时间、条件、原因、目的等,相当于普通话的“才2”。

A. 表时间顺序,如:

(18) 伊册看了则去图书馆。他看完书才去图书馆。

(19) 汝试一摆伊做个点心则行。你尝一下他做的点心再走。

例(19)的“则[tsiaʔ˯]”相当于普通话表时间顺序的“再”。吕叔湘(1980/1999)644谈到“才”和“再”的区分时,认为“再”和“才”的区别在于动作是否已经实现,“再”表示动作尚未实现,但将于某时实现;“才”表示动作已实现,并且强调动作实现得晚。泉州话的“则[tsiaʔ˯]”关联的两个前后相继的事件既可以是已然的,也可以是未然的。

张谊生(2000)19指出,关联副词在汉语副词系统中同其他副词之间并没有一个明确的界限,是一个兼类副词。因此在时间上连接前后相继的两个事件的“则”,也可以视为关联副词。

B. 表示在某种条件的限定下,或基于某种原因、目的,导致的结果。与

表时间顺序的情况相同,语义表达的核心往往在前一小句,如:

(20) 认真学习,则有进步。认真学习,才能进步。

(21) 妈妈是为汝好,则安呢说汝。妈妈是为你好,才这么说你。

(22) 就系因为无侬做着即个题目,老师则叫汝去做。就是因为没人做过这个题目,老师才叫你去做。

1.1.4 语气副词(表强调)

可用于反驳、申辩,或加强否定,如:

(23) 汝则是神经病。你才是神经病。

(24) 我则唔去哩!我才不去呢!

可以看出,泉州话副词"则[tsiaʔ˓]"的语法意义与普通话中的"才"十分接近,可视为焦点小品词(focus particle)。关于普通话副词"才"充当焦点小品词的功能,学界已多有论述(Biq 1988;Hole 2004;刘林 2013;Zhang & Lee 2013;张蕾,李宝伦 2018 等),此不赘述。

1.2 副词"[tsiaʔ˓]"的用字

我们发现,早期泉州戏文中不乏副词"则[tsiaʔ˓]"的用例,文献中记为"即"。嘉靖本《荔镜记》中副词"即"的用法举例如下:

(25) 三日即行一返。[第十四出]三天才走一回。[时间副词]

(26) 必卿今年即十八岁。[第二十四出]必卿今年才十八岁。[范围副词:表数量少]

(27) 当初那是为娘,即来恁厝做奴婢。[第二十四出]当初那是为了小姐,才到你们家做奴婢。[关联副词:表目的]

(28) 三叔再得桃几时即去。[第十二出]三叔玩多一阵子再去。[时间/关联副词:相当于"再"]

过往的研究往往将泉州话和厦门话的"[tsiaʔ˓]"记为"则"。林宝卿(2007)《普通话闽南方言常用词典》收录了闽南地区的常用词。该词典主要以厦门话的口音为主,兼及泉州话和漳州话。书中"则"词条的注音是"ziāh",即"[tsiaʔ˓]",并释为副词,相当于"才"。

《汉语方音字汇》第二版重排本(以下简称《方音字汇》,北京大学中文系语言学教研室 2003)收录的厦门话字音中,"则"和"即"读音相同,文读音都读为[tsɪk˓],白读音都读为[tsiaʔ˓]。《广韵》中,"则"是德韵子德切,"即"是职韵子力切。表 1 是泉州话和厦门话"则""即"两字的读音(文白两读的情况标于字音后)。为便于说明,另举德韵字和职韵字各三字以资比较,其中泉州据笔者调查,厦门据《方音字汇》。

表 1

	则	贼	墨	刻	即	翼	力	值
厦门	tsɪk꜆文 tsiaʔ꜆白	tsɪk꜆文 tsʰat꜆白 tsat꜆白	bɪk꜇文 bak꜇白	kʰɪk꜆文 kʰat꜆白	tsɪk꜆文 tsiaʔ꜆白	ɪk꜇文 sit꜇白	lɪk꜇文 lat꜇白	tit꜇文 tat꜇白
泉州	tsak꜆文 tsiaʔ꜆白	tsak꜆文 tsʰat꜆白	biak꜇文 bak꜇白	kʰiak꜆文 kʰat꜆白	tsiak꜆文 tsit꜆白	iak꜇文 sit꜇白	liak꜇文 lat꜇白	tit꜇文 tat꜇白

如表 1 所示,“则”在泉州和厦门两地都有两种读音,但“[tsiaʔ꜆]”的韵母与同为德韵的“贼”“墨”“刻”的白读形式明显不同。在今泉州话中,曾摄一等入声德韵字的白读音未有读为[-iaʔ]的。而在文读层中,[-ts]组多念[-ak],非[-ts]组则念[-iak],其中“[-iak]”在《汇音妙悟》(成书于清嘉庆年间,作者黄谦,泉州府南安县人)之后才出现(曾南逸 2016)[216-217]。“则”现读为[tsak꜆],本身属于文读层。且从厦门话的情况来看,副词[tsiaʔ꜆]的本字也不会是“则”。

“即”在泉州话中已有文白异读,文读音为[tsiak꜆],白读音为[tsit꜆]。从语音对应关系来看,“即”读为[tsiaʔ꜆],显然属于训读音。厦门话“即”的白读形式也和同为职韵的“翼”“力”“值”不同。曾摄三等入声职韵字在今泉州话中,文读音多读为[-it]或[-iak],白读音多读为[-at]、[-it]。此外,学界一般认为闽语“吃”义动词“[tsiaʔ꜇]”的本字是“食”(“食”为曾摄三等入声字)。曾南逸(2013)[127]对比了泉厦 17 个方言点职韵字的读音,指出:“职韵除‘食’外,不读-iaʔ(含-ia),且-iaʔ(含-ia)一音与‘嚼’音韵地位相符,本字或可争论。”我们认同此看法,认为“食”并非闽语“吃”义动词“[tsiaʔ꜇]”的本字。而同属曾摄三等入声字的“即”,也不可能是副词“[tsiaʔ꜆]”的本字。

从语义上看,古代汉语中的“则”可表范围,一般解释为“才”,如《荀子·劝学篇》中的:“口耳之间则四寸耳,何足以美七尺之躯哉。”“即”也有“便、就”的副词用法。将“[tsiaʔ꜆]”记为“则”或者“即”,从语音对应关系上看都可视为训读字。《方音字汇》将厦门话的“则”“即”的白读音标为“[tsia꜆]”,值得商榷。

二、泉州话副词“[tsia꜆]”的来源

泉州话属于闽方言闽南片的泉漳小片，我们拟结合其他方言点进行比较，比如：同为泉漳小片的漳州话和厦门话，潮汕小片的潮州话，闽东片的福清话，莆仙片的东海话，以及几种客家话等。

2.1 不同方言点相关副词的用法

为便于比较，我们考察了不同方言点相关副词的用法，根据不同义项进行归类，并对首次出现的副词进行注音，详见表2。我们暂按学界以往的用字惯例，并对首次出现的副词进行注音。其中泉州、厦门、漳州、潮州、福清、永定、梅县方言点的情况由笔者调查所得，莆仙东海话的材料来自笔者与蔡国妹老师的私人交流。同一例句中的副词若有不同说法以“/”隔开，没有对应说法的则记为“(无)”，例句以序号表示。福建永定客家话中古清上调与清去调合并为阴上去调，“正”的读音标为“[꜄tsaŋ]”。

表2

<table>
<tr><th>意义</th><th>用例</th><th>泉州</th><th>厦门</th><th>漳州</th><th>潮州</th><th>福清</th><th>东海</th><th>永定</th><th>梅县</th></tr>
<tr><td>正好</td><td>(4)</td><td>拄(拄)
好꜂tu
(꜂tu)
꜂ho</td><td>拄꜂tu；</td><td>拄好
꜂tu
꜂ho</td><td>堵(堵)
꜂tu
(꜂tu)</td><td>正正
tsiaŋ꜄
tsiaŋ꜄</td><td>正(正)
好 tsiã꜄
(tsiã꜄)꜂o</td><td>堵堵(好)
꜄tə꜄tə
(꜄hou)</td><td>正(好)
tsaŋ꜄
(꜂hau)</td></tr>
<tr><td>语气$_1$
(正)</td><td>(5)</td><td>正正
tsiã꜄
tsiã꜄</td><td>正
tsiã꜄</td><td>正
tsiã꜄</td><td>正
tsiã꜄</td><td>正正</td><td>(无)</td><td>正꜄
tsaŋ</td><td>就 tsʰiu꜄
/正</td></tr>
<tr><td>正在</td><td>(1)</td><td>则 tsiaʔ꜆
/拄</td><td>拄</td><td>拄</td><td>正</td><td>正/乍
tsiaʔ꜆</td><td>(无)</td><td>堵堵</td><td>正</td></tr>
<tr><td>刚刚；
嫌晚</td><td>(7)(11)</td><td rowspan="2">则/拄</td><td rowspan="2">则/拄</td><td rowspan="2">正</td><td rowspan="2">正</td><td>乍</td><td>那꜁nɔ/
正那</td><td rowspan="2">正</td><td rowspan="2">正</td></tr>
<tr><td>正要</td><td>(15)</td><td>正/乍</td><td>正/那</td></tr>
<tr><td>仅仅</td><td>(16)(17)</td><td>则</td><td>则</td><td>正/拄</td><td>正/堵</td><td>乍</td><td>那/正</td><td>正</td><td>正</td></tr>
<tr><td>才^2</td><td>(18)(20)
(21)(22)</td><td rowspan="2">则</td><td rowspan="2">则/□
kʰaʔ꜆</td><td rowspan="2">正/甲
kaʔ꜆</td><td rowspan="2">正</td><td>乍</td><td rowspan="2">那/正</td><td rowspan="2">正</td><td rowspan="2">正</td></tr>
<tr><td>再</td><td>(19)</td><td>介 kai꜄</td></tr>
<tr><td>语气$_2$
(才^3)</td><td>(23)(24)</td><td>则</td><td>则/□
kʰaʔ꜆</td><td>正</td><td>正</td><td>乍</td><td>那/正</td><td>正</td><td>正</td></tr>
</table>

表2按副词的词义分出不同的类别,其实是为不同方言点相关副词进行比较的权宜之计。在不同的语用环境中,副词的词义分析难免会有模棱两可的情况。以潮州话的"正"为例,如:

(29) 阮阿孥今年正三岁!我儿子今年才三岁!

副词"正"可分析为范围副词,指数量少,相当于"只""仅",也可做时间副词,有"嫌晚"的意思。另外,这里的"正"在申辩、纠正对方错误的语境中又有强调的语气,可看作语气副词。本文在分类的基础上尽可能选取典型的例句,当然在具体的语境中,某些例句也不乏其他分析的可能。

"正好、恰好"这类副词的归属,学界历来有不同的主张:赵元任(1979)[346]将其归入范围和数量副词;吕叔湘(1980/1999)[18]则认为"恰好"属时间副词;黄伯荣、廖序东版的《现代汉语》(1991/2007)[18]将"恰恰"归为语气副词;王健慈、王健昆(2000)[551]归为情状副词;张谊生(2000)[21]称其为评注性副词。我们认为,该类副词的归类仍取决于具体用法。为便于不同方言的比较,我们暂且把表示时间、空间、数量、程度等的"正好"义副词归入情状副词,并把加强肯定语气的"正好"义副词视为"语气副词$_1$",另将相当于普通话"才^3"的副词归为"语气副词$_2$"。

表2所列的方言点中,同属泉漳小片的泉州话、厦门话和漳州话,相关副词的使用各有不同。可以看出,"则"在不同方言点的语音、语法表现存在共性与差异。泉州话"则"表时间的用法,与"拄"存在竞争关系,日常口语中"拄"的使用频率较"则"高,"则"呈现出被替换的趋势。

漳州话的情况则有所不同。漳州话与潮州话一样,这一类副词在语音上仍保留鼻化韵,读为"[tsiãᵓ]",是"正"的白读音。但表"刚好"义和"正在"义时,漳州话只能用"拄[ᶜtu]","正"已基本被替换。另外,"拄"还发展出"仅仅"的意思。

厦门话本质上是泉州腔和漳州腔混合形成的方言,"[tsiaʔ^{32}]""[kʰaʔ^{32}]"喉塞尾丢失后,进一步舒化为"[tsia^{55}]""[kʰa^{55}]"。今台湾台北闽南话喉塞尾脱落的现象也相当普遍,中古清声母入声字舒化后,形成独立的长阴入调,调值为32,副词"则"常变读为"[tsia^{32}]"。从"则"的语法分布来看,厦门话基本与泉州话相同,其中表申辩、反驳语气和起关联作用的"则"还可以被"□[kʰaʔ꜀]"替换。据邓享璋老师告知,闽中沙县话的"□[kʰãᵓ]"也有相关的用法。闽北建瓯话的"顷顷[kʰaiŋᵓkʰaiŋᵓ]"可表时间，有“刚好”义(李如龙，潘渭水 1998)。厦门话的“□[kʰaʔ꜀]”与沙县话、建瓯话的“□[kʰã꜄]”“顷顷[kʰaiŋ꜄kʰaiŋ꜄]”可能具有同源关系，尚需进一步考察。

值得关注的是，闽东片的福清话在相同的句法环境中，使用的副词也读为“[tsiaʔ꜀]”。冯爱珍(1993)、陈泽平(1998)讨论福清话、福州话的副词时，将该字记为“乍”。如表 2 所示，福清话中起关联作用、相当于普通话“再”的副词必须用“介[kai꜄]”。表示时间上的“正在”和“正要”，福清话可以用“乍[tsiaʔ꜀]”或“正[tsiaŋ꜄]”表示。除此之外，福清话的“乍”与泉州话的“则”在语义分布上基本可以对应起来。“乍”属于假摄开口二等麻韵字，根据古今语音对应规律，其韵母当读为[a]，而不是[iaʔ]，“乍”显然不是本字。这使我们联想到，“乍”“则”两者来源相同，只是用字习惯不同而已。

莆仙东海话中找不出与“正在”及“正”(语气$_1$)相对应的副词。据蔡国妹老师告知，该方言的副词“[tsiã꜄]”一般不单用，在句中皆以变调形式出现，目前仍难以判断其本字是否就是“正”。但从其语法功能和语音形式来看，该副词应当与闽南话和闽东话的“则/乍[tsiaʔ꜀]”或“正[tsiã꜄]”(福清话“正[tsiaŋ꜄]”)属于同一来源，我们暂记为“正”。该方言点另有副词“那[꜁nɔ]”，在表 2 所列的例句中，“那[꜁nɔ]”与“正”可以自由替换，“那[꜁nɔ]”用得更多一些。

在表 2 的 8 个方言点中，潮州话与漳州话，以及永定、梅县的客家话一样，“正”可做时间副词、范围副词、语气副词以及关联副词。表“刚刚”的“正”在潮州话中还可以说成“□正[꜀tãtsiã꜄]”，如：

(30) 伊昨日□[꜀tã]正来个。他昨天刚来的。

其中“□[꜀tã]”本为时间名词，意思相当于“现在”，与时间副词“正”组合在一起发生词汇化，表示“刚刚”。

下面我们将上述方言点副词“[tsiaʔ꜀]”“[tsiã꜄]”“[tsiaŋ꜄]”“[tsaŋ꜄](或[꜂tsaŋ])”的义项进行对比，详见表 3。

可见，泉州话、厦门话、福清话的“[tsiaʔ꜀]”，与潮州话、漳州话、东海话的“正[tsiã꜄]”以及其他客方言的“正[tsaŋ꜄/꜂tsaŋ]”，语义分布大体相当。“[tsiaʔ꜀]”与“[tsiã꜄]”“[tsiaŋ꜄]”语音形式又密切相关(我们将在下文进一步论述)，应属于同一来源。

表 3

	正好	正 (语气$_1$)	正在	刚刚	正要	仅仅	再	才^2	才^3 (语气$_2$)
泉州	—	+	+	+	+	+	+	+	+
厦门	—	+	—	+	+	+	+	+	+
漳州	—	+	—	+	+	+	+	+	+
潮州	—	+	+	+	+	+	+	+	+
福清	+	+	+	+	+	+	—	+	+
东海	+	/	/	+	+	+	+	+	+
永定	—	+	—	+	+	+	+	+	+
梅县	+	+	+	+	+	+	+	+	+

而且,副词“正”在南方汉语方言中的确存在广泛的分布。据柯理思(2002),广东紫金、惠东、惠州、新丰等地的客家话,“正”可放在句末,是副词用法的进一步语法化。粤西廉江粤语的“正”进一步演变为语气助词(林华勇,李雅伦 2014)。叶祖贵(2019)讨论了先行义标记“正”在粤、客、湘方言中的广泛分布和具体来源。据李桂兰博士告知,赣语的“正”也具有多功能用法。我们几乎可以把“正”看成南方汉语方言的共有特征。

2.2 “正”的语音演变

“正”本身是形容词,在方言中有“公正、端正、正确”等义项。显然,副词“正”是由形容词“正”语法化而来的。我们将上述方言点“正”做形容词的读音及相关副词的读音罗列如下,详见表 4:

表 4

	泉州	厦门	漳州	潮州	福清	东海	永定	梅县
形容词	tsɪŋᵓ 文 tsiãᵓ 白	tsɪŋᵓ 文 tsiãᵓ 白	tsɪŋᵓ 文 tsiãᵓ 白	tsiãᵓ	tseiŋᵓ 文 tsiaŋᵓ 白	tsɪŋᵓ 文 tsiãᵓ 白	ᵓtsẽi 文 ᵓtsaŋ 白	tsənᵓ 文 tsaŋᵓ 白
副词	tsiãᵓ/ tsiaʔ꜆	tsiãᵓ/ tsiaʔ꜆	tsiãᵓ	tsiãᵓ	tsiaŋᵓ/ tsiaʔ꜆	tsiãᵓ	ᵓtsaŋ	tsaŋᵓ

结合上述方言点“正”的语法功能和语音对应情况来看，泉州话、厦门话和福清话的“[tsiaʔ$_{\supset}$]”本字应当是“正”。语义的虚化伴随着语音上的弱化，“[tsiaʔ$_{\supset}$]”的实际来源并非“则”或“即”。下面我们统一用“正”表示该副词，并为泉州话、厦门话、福清话副词“正”的语音演变构拟出以下的路径：

泉州话、厦门话：tsiã$^{\supset}$ >tsiaʔ$_{\supset}$

福清话：tsiaŋ$^{\supset}$ >tsiaʔ$_{\supset}$

语义虚化导致语音弱化的现象不胜枚举。据李如龙(2000)[128]，泉州话的“遘[kau$^{\supset}$]”，相当于普通话的“到”，做介词时常以弱化形式出现，读为“[kaʔ$_{\supset}$]”(现多读为“[a$^{\supset}$]”)，如：

(31) 汝遘[kau$^{\supset}$]里阿未？你到家了吗？

(32) 我孤送遘[kaʔ$_{\supset}$/a$^{\supset}$]火车站呢。我只送到火车站。

另外，引出接受对象或处置对象的介词“共[kaŋ$^{\supset}$]”，在语流中也常弱化为“[ka$^{\supset}$]”，如：

(33) 我共[ka$^{\supset}$]伊回批咯。我给他回信了。

(34) 伊共[ka$^{\supset}$]我骂。他把我骂了。

潮州话中表性质的形容词“好”，读为[$^{\subset}$ho]，如：好侬[$^{\subset}$ho$_{\subseteq}$naŋ]、好心[$^{\subset}$ho$_{\subset}$sim]。“好”如果做程度副词位于其他形容词之前，则读为[hoʔ$_{\supset}$]，如：好敠[hoʔ$_{\supset}$tsoi$^{\supseteq}$](很多)、好雅[hoʔ$_{\supset}$ $^{\subset}$ŋiã](很美)。也就是说，副词“好”在语音上发生了促化。

相比之下，客家话、潮州话、漳州话和东海话的“正”都保留了其形容词本来的读音，确切来说应该是白读音，而泉州话、厦门话和福清话则在语音上发生了弱化。副词作为一个语法词，其读音在语流中往往会发生弱化现象。潮州话的副词“正”在语流中，“[tsiã$^{\supset}$]”的声母、韵母常弱化为“[ziã$^{\supset}$]”“[tsia$^{\supset}$]”或“[zia$^{\supset}$]”。

三、泉州话副词“正”的语义演变

3.1 早期方言文献中的“正”

我们观察到，副词“正”的不同义项在早期语料中已有所体现。泉州话的早期语料我们主要参考明代的泉州戏文，其他方言则主要参考19世纪的传教士文献材料(详见附表1)。

如上文所述,嘉靖本《荔镜记》中用“即”来表范围、条件,可见副词“正”的读音很早便发生促化,至迟在明代戏文中已有所反映。但“正好”与“正卜”的“正”在当时仍未开始促化,如:

(35) 你来正好,我正卜问你。[第二十四出]你来了正好,我正要问你。

在当代泉州方言中,“正卜”的“正”语音上已发生促化,读为“[tsiaʔ꜆ beʔ꜆]”,这也可进一步说明,副词“[tsiaʔ꜆]”的确来源于“正”。

早期厦门话传教士文献《厦英大辞典》(*Chinese-English Dictionary of the Vernacular or Spoken Language of Amoy with the Principal Variations*)和《增补厦英大辞典》(*Supplement to Dictionary of the Vernacular or Spoken Language of Amoy*)中也使用“chiah”来表示“正”(我们将《厦英大辞典》等传教士文献的相关例句列出,并于句末标出页码,为便于区分,另将《增补厦英大辞典》记为《增补》,下同。),如:

(36) àn-ni^{n}, chiah hó-sè, it will be all right if done so. [42]按呢,正好势。这样才好。[表条件,才]

(37) ta^{n} chiah-lâi, now come at last. [42]当正来。现在才来。[表时间,嫌晚]

(38) gėh chiah-chhut, the moon just risen. [42]月正出。月亮刚出来。[表时间,刚刚]

(39) ta^{n} chiah lâi; just come. [《增补》216]当正来。刚来。[表时间,刚刚]

我们在19世纪潮州话的传教士文献《汕头方言的发音及释字辞典》(*A Pronouncing and Defining of the Swatow Dialect*)中也发现了“正”做情状副词的用法,表示“刚好、恰好”,如:

(40) cìa^{n} hâh sî; just in good time. [45]正合时。正好合时间。

今潮州话表“刚好、恰好”义的“正”已基本被“堵”代替,“正”的“刚好”义仅保留在个别惯用语中,如“正当时”。“正当时”常用来形容人或某种具体事物恰好处于合时宜的状态。其中的“正”,可理解为与进行体相当的“正在”,也可解读为“正好、刚好”。这也反映了“刚好”义与时间义之间的紧密关系。另有“□[꜀tã]正”,与今潮州话不同,在文献中的意思是“现在”,不是“刚刚”,如:

(41) tâng i a-kong ìm kâi, kàu ta^{n} cìa^{n} peh nì bô ēng; it was dug in the days of his grand-father, a hundred years ago, and has not been used

until now. [191]同伊阿公窖个,遘当正百年无用。从他爷爷开始挖的,到现在一百年没用了。

(42) cṳ̆-lâi kâi kéng khùang to m̄ họ́, taⁿ cìaⁿ cĭam-cĭam họ́; heretofore the times have gone ill with me, now they are gradually improving. [321] 自来个景况都唔好,当正渐渐好。一直以来情况都不好,现在慢慢好了。

相应地,厦门话传教士文献中有“taⁿ”“taⁿ chiah”,分别表示“现在”和“刚刚”,如例(38)、例(40)。

福州话的关联副词“正”在19世纪传教士文献中也已发生语音促化。《福州方言拼音字典》(*Alphabetic Dictionary of the Chinese Language in the Foochew Dialect*)中,“隻”的罗马字拼音记为chiăh,即[tsiaʔ꜆],如:

(43) chiăh꜆ ꜀li, or chiăh꜆ chiăh꜆ ꜀li; has just come. [66]正来/正正来。刚来/刚刚来。[表时间,刚刚]

(44) ꜀chiong wang꜄ chó꜄ chiăh꜆ ꜂sai tek꜆; do it thus and it will answer. [66]总款做正使得。这样做才可以。[表条件,才]

书中也记载了表“刚好、恰好”的“正”,罗马字拼音为chiăng꜄,即[tsiaŋ꜄],如:

(45) chiăng꜄ chiăng꜄; exactly, just right. [67]正正。刚刚好。

(46) chiăng꜄ chiăng꜄ ꜂hó; just the thing! [67]正正好!刚刚好!

今福州话和福清话表“刚好”义的副词仍使用“正好[tsiaŋ꜄ ꜂ŋo]”“正正好[tsiaŋ꜄ziaŋ꜄ ꜂ŋo]”,可见表示该义项的“正”在语音上尚未发生促化。

早期客家话传教士文献《启蒙浅学》(*First Book of Reading*)中也有“正”的相关用例。据庄初升(2010),《启蒙浅学》等巴色会文献反映的是今香港新界一带的客家方言。正如庄初升、黄婷婷(2014)所述,《启蒙浅学》中“正”可做时间副词,也有先行体助词的用法。我们据庄初升等转写和校注的《启蒙浅学》汉字本,对原文中124个“正”的用例进行检索分析。《启蒙浅学》中“正”表“刚刚”的有10例,语气副词有1例,关联副词的用法最多,共102例,另外先行体助词用法为2例,尚未发现“正”表“恰好、刚好”的用例。

3.2 泉州话副词“正”的义项关系

副词是一个半封闭性词类,其词性介于实词和虚词之间。副词“正”在不同方言点、不同时期所呈现的语音和语义差异,正好反映了“正”语义演变的过程。

我们观察到,上述不同方言点中,东海话、梅县话、福清话仍使用“正正好”或“正好”表时间、数量、程度、范围等的“刚好”。福清话中形容词“正”和表“刚好”义的“正”都读为“[tsiaŋᵓ]”,而副词“正”的其他引申义则在语音上发生了促化,读为“[tsiaʔ꜆]”。其中时间副词“正(夹)礼”(正在)和“正卜”(正要)的“正”存在两种读音,分别是保留鼻音韵尾的“[tsiaŋᵓ]”和发生促化的“[tsiaʔ꜆]”。语音上的两读也进一步说明,表“正在”“正要”的“正[tsiaŋᵓ/tsiaʔ꜆]”与表“刚好”的“正[tsiaŋᵓ]”密切相关。正如上文所述,今潮州话、厦门话、泉州话、漳州话表“刚好”义的“正”基本都被“拄[ᶜtu]”(潮州话一般记为“堵”)替换掉,但明代的泉州戏文和19世纪潮州话的传教士文献中,“正”仍有“正好、刚好”的意思。而且,当代泉州话中,表确认强调的语气副词“正正[tsiãᵓ tsiãᵓ]”,由“刚好”义引申而来,读音也未发生弱化。

从“正”的语音形式和语义分布来看,“正”从形容词语法化为副词的过程中,“刚好”义当先于其他义项产生。而且,“刚好”做谓语时也是形容词。也正由于表“刚好”的“正”处在这样的一个过渡阶段,在我们调查的方言点中,其语音形式多未发生弱化。谷峰(2008)讨论古代汉语“方”的多义性时,也认为“方”有“正好”义的时间早于其他义项。

考虑到早期泉州话、早期潮州话、今福清话、今东海话和当代部分客家话中“正”有“刚好”的语义,且“正(正)”在大部分闽客方言点中仍有加强肯定语气的作用,我们把“正”这一情状副词和语气副词的用法加进来,对“正”的形容词用法和副词用法进行归纳,可以得到上述方言“正”的不同功能在概念空间上的分布,如下所示:

范围副词(“仅、只”,表量少)
|
形容词(“端正”等)— 情状/语气副词(“刚好”)— 时间副词(正在/同时;“刚刚”“正要”;嫌晚等)
|
关联副词(“再”;“才²”)— 语气副词(“才³”,表强调)

“正”做形容词时有“端正”等意思,如“四正”,形容位置正中、姿势端正等。这种空间上“不偏不倚”的性质也蕴含了两个物体互相吻合的特征,很容易引申出时间、数量、程度等方面的“刚好”义。因此表情状和语气的“刚好、恰好”与表性质的“公正、端正”语义相关。下面我们将分别勾勒泉州话副词“正”不同义项的演变过程:

3.2.1 正好(时间、空间、数量等)>仅仅、只(限定)

“正”可直接修饰数量成分,表示时间、空间或数量上的“正好”。如果“正”修饰的成分与语境中的其他相关成分构成量上的对比,与说话人预期不一致时,“正”便具有限定义,用于限制数量、范围、程度等。其实“正”在古代汉语中已有限定用法,如:

(47) 玄每冒夜出入,今若图之,正须一夫力耳。(《宋书·王懿传》)

(48) (周处)乃自吴寻二陆,平原不在,正见清河,具以情告。(《世说新语·自新》)

中古汉语和近代汉语里表“正好、刚好”义的一组副词,如“适”“恰”“刚”“方”等,均有“仅仅、只”的用法。(谷峰 2008)可见这类副词中,“刚好”义与限定义关系密切。虽然在共时层面上,表“正好”的“正”已被“拄”替换,具有演变关系的“正好”和“仅仅”这两个义项之间并不存在歧义现象,但参考汉语史和临近方言的平行现象,以及方言内部其他词汇(如“拄”)的语义演变情况,我们仍可以看出,泉州话副词“正”的限定用法当由其“刚好”义引申而来。

3.2.2 正好(时间)>同时/正在;将要;刚刚>嫌晚>前后相继>才^2(关联)>才^3(语气$_2$)

“正好、刚好”这种表示两者相符合的语义特征体现在时间范畴上,则凸显了两个动作事件的同时性。在语境中,如果事件 A 和事件 B 同时发生或进行,“正”可表“正在”;如果“正”修饰的动作事件已经发生,但发生的时间距离参考时间很短,那么“正”表示“刚刚”,此时时间义也成为句中的焦点。如前所述,泉州话、潮州话、福清话的“正在”“正要”在某些语境中,也有“刚好、恰好”的意思,可见时间义与“刚好”义语义相关。也就是说,根据动作事件发生的客观时间,“正”修饰谓词时,由“刚好”义可引申出“正在”“刚刚”“将要”等时间副词的用法。

当“正”前的时间成分成为焦点时,“正”在语用上便有“嫌晚”的意思。当然,某个动作事件的完成,也可以表示时间,这时“正”便连接了两个前后相继的事件,相当于普通话的“才^2”和“再”,并由此进一步引申出条件、原因、目的等用法,具有篇章连接功能。李宗江(1999)[184]指出,汉语“才”类副词的演变过程中,承接副词(即本文所说的关联副词)是由时间副词的意义引申过来的。我们认同李宗江的观点,泉州话副词“正”的关联用法也由其时间义引申而来。

另外,我们把表申辩、反驳语气和起关联作用的用法连接起来。这两个义项,分别对应于普通话的"才^{2}"和"才^{3}"。张谊生(2000)[105]指出,"'才^{2}'在表示逻辑联系时,主要是强调前提条件的排他性、唯一性,而唯一性被推到了极端,就起到了纯粹强调语气情态的作用,于是'才'的第二派生义——'才^{3}'就形成了"。由此看来,泉州话起关联作用的"正",自然也能发展为表申辩、反驳语气的语气副词。

3.2.3 正好(时间、空间、数量等)>正(语气$_{1}$)

"正好"表示两个事物在某些性质特征上正好互相符合时,往往也蕴含了说话人的主观态度,如果事物存在的特征正好符合说话人的心理预期,"正"便很容易引申出语气副词的用法,用于加强肯定语气。普通话的"正"也有这种用法,如例(5)和例(6)的普通话译句。泉州话和福清话都用"正正"加强肯定语气,且"正正"仍未发生语音弱化。

四、余　　论

本文从不同方言点"正"的语法功能和语音表现出发,结合早期文献材料,认为闽南泉州话、厦门话和闽东福清话的"[tsiaʔ꜀]"是副词"正"语音弱化的结果。今福清话的"正好"义副词是"正正[tsiaŋ꜄ tsiaŋ꜄]",时间副词"正(夹)礼"(正在)和"正卜"(正要)的"正"有"[tsiaʔ꜀]""[tsiaŋ꜄]"两种读音。有学者认为这种并存现象似乎表明"[tsiaŋ꜄]"和"[tsiaʔ꜀]"是两个历史来源不同的词。但从目前的材料来看,尚未有证据表明"[tsiaʔ꜀]"另有来源。且结合早期文献和周边方言的情况,我们可以看出,从福建到广东,闽南方言的漳州话、潮州话以及莆仙东海话的"正"仍保留鼻化韵,目前尚未发现这些方言存在"[tsiaʔ꜀]""[tsiã꜄]"两种语音形式并存的现象,永定和梅县的客家话中相应的副词也是"正"。我们认为,"则[tsiaʔ꜀]""乍[tsiaʔ꜀]"都是"正"的弱化形式,实际上属于同一来源。正如上文所述,语音上的弱化与语义虚化程度存在一定的关联,表"刚好"的"正"语义较实在,是"正"从形容词演变为副词的过渡阶段,故保留鼻音韵尾。而福清话中表"正在""正要"义的副词,兼有两种语音,很有可能是"正"在语音弱化完成之后产生的新一轮功能扩散。

从闽客早期文献和方言现状来看,副词“正”表时间、范围、语气、条件等的用法似乎由来已久,是这个方言区域共有的特征,但其语音表现和语法功能也存在不同的差异。在部分客家方言里,“正”进一步语法化,发展出助词的用法。但粤东和闽西的客家话中,“正”的语法功能尚未扩大为助词。闽南方言中,“正”的功能不仅没有进一步扩大,反而有削弱的趋势,“正”作为副词的部分语义也在逐渐被其他副词所替代。

同一语言系统中,虽然不同副词在语义上各有分工,但由于不同副词的语义功能在概念空间上往往存在不同程度的重合,副词与其语法意义之间的关系往往不是一对一,而是多对一或一对多。副词的不同成员在语言演变中往往存在此消彼长的竞争关系,也势必存在不同程度的词汇替换和功能扩散。

从具有亲属关系的不同方言的比较中,我们可以从共时层面上观察到不同方言点相关副词的语义类型,在副词来源和副词语义演变等问题上也会得到更多的启发。

参考文献

北京大学中文系语言学教研室(2003)《汉语方音字汇(第二版重排本)》,北京:语文出版社。

陈泽平(1998)《福州方言研究》,福州:福建人民出版社。

冯爱珍(1993)《福清方言研究》,北京:社会科学文献出版社。

谷 峰(2008)古汉语副词“方”的多义性及其语义演变,《语言科学》第6期。

黄伯荣,廖序东主编(1991/2007)《现代汉语》,北京:高等教育出版社。

柯理思(2002)客家话里表示“暂时吧”、“先再说”的句末形式“正”//谢栋元主编,《客家方言研究(第四届客方言研讨会论文集)》,广州:暨南大学出版社。

李如龙,潘渭水编纂(1998)《建瓯方言词典》,南京:江苏教育出版社。

李如龙(2000)闽南方言的介词//李如龙、张双庆主编,《介词》,广州:暨南大学出版社。

李宗江(1999)汉语“才”类副词的演变//李宗江主编,《汉语常用词演变研究》,上海:汉语大词典出版社。

林宝卿编(2007)《普通话闽南方言常用词典》,厦门:厦门大学出版社。

林华勇,李雅伦(2014)廉江粤语“头先”和“正”多功能性的来源,《中国语文》第4期。

刘 林(2013)《现代汉语焦点标记词研究——以“是”、“只”、“就”、“才”为例》,复旦大学博士学位论文。

龙彼得(1995)被遗忘的文献//龙彼得辑,《明刊闽南戏曲弦管选本三种》,北京:中国戏剧出版社。

吕叔湘(1980/1999)《现代汉语八百词(增订本)》,北京:商务印书馆。

王健慈,王健昆(2000)主语前后的副词位移//陆俭明、沈阳、袁毓林,《面临新世纪挑战的现代汉语语法研究:98 现代汉语语法国际学术会议论文集》,济南:山东教育出版社:548-561。

杨越等辑(1985)《明本潮州戏文五种(影印本)》,广州:广东人民出版社。

叶祖贵(2019)论汉语方言中来源于副词的先行义标记——以"正""再""先"为例,《方言》第 2 期。

曾南逸(2012)也谈《荔镜记》的方言归属,《中国语学研究·开篇》第31 卷,东京:好文出版社。

曾南逸(2013)《泉厦方言音韵比较研究》,北京大学博士学位论文。

曾南逸(2016)泉州方言的三个断阶现象——兼及共同闽语 *-iɑi、*-iɑn、*-iɑt 在共同闽语中的音值,《语言学论丛》第 1 期。

张　蕾,李宝伦(2018)副词"才"在复句中的语义及对相关格式的允准,《世界汉语教学》第 1 期。

张谊生(2000)《现代汉语副词研究》,上海:学林出版社。

赵元任(1979)《汉语口语语法》,吕叔湘译,北京:商务印书馆。

中国社会科学院语言研究所古代汉语研究室编(1999)《古代汉语虚词词典》,北京:商务印书馆。

周祖谟校(2011)《广韵校本》,北京:中华书局。

庄初升(2010)清末民初西洋人编写的客家方言文献,《语言研究》第 1 期。

庄初升,黄婷婷(2014)《19 世纪香港新界的客家方言》,广州:广东人民出版社。

Fielde A. (菲尔德)(1883) *A Pronouncing and Defining of the Swatow Dialect*. Shanghai: American Presbyterian Mission Press.

Barclay T. (巴克礼)(1923) *Supplement* to *Dictionary of the Vernacular or Spoken Language of Amoy*. Shanghai: The Commercial Press.

BASLE(巴色会)(1880) *First Book of Reading*.

Biq, Yong-O. (1988) From Focus in Proposition to Focus in Speech Situation: *Cai* and *Jiu* in Mandarin Chinese. *Journal of Chinese Linguistics* 16: 72-108.

Douglas C. (杜嘉德)(1873) *Chinese-English Dictionary of the Vernacular or Spoken Language of Amoy with the Principal Variations*. London: Trübner and Co.

Hole D. (2004) *Focus and Background Marking in Mandarin Chinese — System and Theory behind Cai, Jiu, Dou and Ye*. London and New York: Routledge, Curzon.

Maclay R.（摩嘉立），Baldwin C.（鲍德温）（1870）*Alphabetic Dictionary of the Chinese Language in the Foochew Dialect*. Foochow：Methodist Episcopal Mission Press.

Zhang Lei，Lee P P.（2013）A Semantic Study of Mandarin *Cai* as a Focus Adverb in Simple Sentences. //Ji Donghong，Xiao Guozheng.（eds.）*Chinese Lexical Semantics-13th Workshop*，CLSW 2012，Wuhan，China，July 6-8，revised selected papers. Springer（LNCS）：685-695.

附表 1

方言点	相关文献及说明
泉州话	嘉靖本《荔镜记》全名为《重刊五色潮泉插科增入诗词北曲勾栏荔镜记戏文全集》，本文据日本天理大学藏本，即收入《明本潮州戏文五种》的版本。其方言归属存在争议，本文暂同龙彼得（1995）、曾南逸（2012），认为嘉靖本《荔镜记》除了九支标有"潮腔"的曲牌外，其他戏文以泉州方音为主。
厦门话	1.《厦英大辞典》（*Chinese-English Dictionary of the Vernacular or Spoken Language of Amoy with the Principal Variations*），由英国长老会杜嘉德（Carstairs Douglas）编写，成书于 1873 年。 2.《增补厦英大辞典》（*Supplement* to *Dictionary of the Vernacular or Spoken Language of Amoy*），由英国长老会传教士巴克礼（Thomas Barclay）编写，1923 年在上海商务印书馆出版。
福州话	《福州方言拼音字典》（*Alphabetic Dictionary of the Chinese Language in the Foochew Dialect*），由美以美会传教士摩嘉立（R. S. Maclay）和鲍德温（C. C. Baldwin）编写，于 1870 年在福州美华书局出版。该书于 1897 年和 1929 年又相继出版了第二版和第三版。
潮州话	《汕头方言的发音及释字辞典》（*A Pronouncing and Defining of the Swatow Dialect*），由美北浸信会传教士菲尔德（A. M. Fielde）1883 年编写，其编写以潮州府城音为准。
客家话	《启蒙浅学》（*First Book of Reading*），是由瑞士巴色会传教士 1880 年编写的客家方言启蒙读本。据庄初升（2010），该书反映的是今香港新界一带的客家方言。

大同方言的无条件连词“愿”及其由来*

张　宝

提要　文章研究大同方言的无条件连词“愿”。在描写用法和功能的基础上指出了“愿”从情态动词到副词,并最终成为无条件连词的演化路径。文章认为:行为主体意愿在言者主观性的不断介入之下,“愿”的语义与词性随之发生变化。

关键词　大同方言　“愿”　情态动词　副词　无条件连词

一、引　　言

根据《中国语言地图集》(1990),大同方言属于晋语大包片,“愿”①在该方言中的用法很有特点。请看:

(1) a. 你愿愿意当官儿,不愿当官儿,这都不要紧重要,就看你想望追求啥。

b. 你愿愿意/可以/无论当官儿,愿不当官儿,这都不要紧,就看你想望啥。

---

* 本文是在温锁林教授指导下完成的,初稿在复旦大学语法沙龙(2018.9.27)做过报告,修改稿在第六届晋方言国际学术研讨会(2019.9.15)上宣读。宗守云、董建交、梁银峰、盛益民、陈振宇、高顺全、卢英顺等师长在修改过程中给予诸多帮助,《语言研究集刊》匿名审稿专家与编辑部老师对文章内容的增删取舍提出了许多富有建设性的指导意见,谨此一并致以最诚挚的敬意与谢意。文中不妥及疏漏概由笔者负责。

① 关于本字的考定,我们一是根据读音:“愿”与“愿意”“情愿”中的“愿”在大同方言中发音完全一致,为[$y\varepsilon^{213}$];二是鉴于语义比较的旁证:“愿V不V”与普通话的“爱V不V”表义类似,“爱”属于心理动词(可参阅黄伯荣,廖序东 1983;邢福义 1991;张志公 1985),语义特征表现为[+人][+自主][+大脑器官][+思维/心理活动],同为心理动词且音为[$y\varepsilon^{213}$]的只能是“愿”。

c. 官儿么，你愿愿意/可以/无论当，愿不当，这都不要紧，就看你想望啥。

d. 官儿么，你愿愿意/可以/无论当愿不当，这都不要紧，就看你想望啥。

e. 官儿么，你愿无论当不当，这都不要紧，就看你想望啥。①

(2) a. 我是供供应他念书了，往后以后他愿无论讨吃，愿要饭，都和我没相干没关系。

b. 我是供他念书了，往后他愿无论讨吃要饭，都和我没相干。

c. 我是供他念书了，往后他愿无论干啥，都和我没相干。

(3) a. 雨愿无论下早，愿下晚，甭误了咱自留地追肥雨后施肥就行。

b. 雨愿无论下早下晚，甭误了咱自留地追肥就行。

c. 雨愿无论哪时什么时候下，甭误了咱自留地追肥就行。

(4) a. 明儿个明天下茶雁北婚俗一种，愿无论你去，愿我去。

b. 明儿个下茶，愿无论你去我去。

c. 明儿个下茶，愿无论谁去。

例(1)a的"愿"即"愿意"，可按情态动词理解，这与普通话并无多大差异。但例(1)b—例(1)e的说法就有了异样：例(1)b"愿不当官儿"中的"愿"前置，脱离了否定词"不"的管控；例(1)c把动词"当"的宾语"官儿"提至句首的话题位置，"愿"仅支配核心VP"当"或"不当"；例(1)d是个紧缩式，包含了"愿当""愿不当"两个并列项；例(1)e脱落了后一个"愿"，前一个"愿"连接了正反并列式"当不当"。后四句的说法在普通话中很难看到。

例(1)b—例(1)d中的"愿"在大同方言中可做三种解释：一是"愿意"；二是"可以"；三是"无论"。但值得注意的是：最后一种解释最为当地人所接受，而例(1)e中的"愿"只能理解为表示"无条件、无例外"的无条件连词。例(1)b—例(1)d中的"愿"之所以还可解释为意愿情态动词，是因为"当官儿"是"你"可以有"意愿"的积极事件；而例(2)"讨吃""要饭"之类的消极事件不可能是"他"有"意愿"的行为，所以该句中的"愿"不能换成"愿意"；例(3)的情况更能说明问题，其主语都成了客观的自然气象"雨"，"愿"就无

① 未注明出处的语料均为母方言者的内省语料，所有例句均经塞北地域史学家、大同民俗学家赵佃玺先生(1941—)检视。

法再表现“意愿”这种人的主观情态;例(2)—例(4)的c中,“愿”连接了任指疑问代词“啥”“哪”和“谁”,只能表达“无论、不论、不管”所具备的无条件关系,成了标准的无条件连词。

例(1)—例(4)中的“愿”无论表示“意愿”还是表示“无条件”,其所关涉的行为情态都是非现实性的(如虚拟、祈使、将来等)。从例(1)—例(4)来看,“愿”的语义由行为主体的“意愿”逐渐转化为说话者的“认识”——“任由某种情况发生发展”的情感态度,表现为话语主观性不断增强的过程(沈家煊 2001),这正好也是“愿”由意愿情态动词演化为无条件连词的过程。大同方言的“愿”正是经历了行为主体主观性(“意愿”)的渐失以及言者主观性(“任由”“不在意”的情感态度)的增强,所以产生了多种表义功能。

二、“愿”的功能及其句法表现

大同方言无条件连词“愿”的使用情况有三种:双用,多用,单用。

2.1 双用

“愿”在大多数情况下成双配对地连接两个并列的条件项,即:“愿X,愿Y”。“愿”是说话者标示在并列条件项之前的标记成分,并列条件项既可是单词也可是短语/小句。

2.1.1 并列条件项是单词

(5) A:啥时候取钱?B:愿今儿,愿明儿,都不妨事没关系。

(6) 亲圪蛋儿昵称,愿吃,愿穿,咱们家全由顺随、听从你。

(7) 一个大学还,愿好,愿赖,考上就行!

“愿”后的成分可以是时间名词“今儿、明儿”,也可以是动词“吃、穿”,还可以是形容词“好、赖”。

2.1.2 并列条件项是短语或小句

(8) 愿拿钱给爹,愿你拿钱给你妈,爷才不管你那闲事儿!

(9) A:大爷,咋给钱?B:愿给现金,愿扫微信,咋也行。

(10) 愿你打他,愿他打你,谁打谁也不对哇?

“愿”后的并列条件项“拿钱给你爹”和“拿钱给你妈”是连动短语;“给现金”和“扫微信”是动宾短语;例(10)中,“愿”引出的并列条件项是小句。

2.1.3 并列条件项结构紧缩现象

“愿X,愿Y”在实际使用中还会有融合度更高的形式,即“愿X,愿Y”的句法界限消失,融合为一个并列短语“愿X愿Y”。无论“X/Y”是单词还是短语、小句,都会出现这样高度融合的情况。请看:

(11) 愿男愿女,生一个达倒行了。

(12) 愿死愿活,我是不管他了!

(13) 愿打狗愿撵鸡,媳妇儿上房我搭梯。

(14) 愿你联系他愿他联系你,谁联系谁也行。

如例(11)—例(14)所示,区别词“男”“女”、动词“死”“活”、短语“愿打狗”“愿撵鸡”以及小句“你联系他”“他联系你”之间都不再用逗号隔开,而是合二元为一体,以并列形式独立做小句。这种取消提顿的短语化倾向,是因原来的小句结构过于简化,以致于独立性变弱,进而出现“抱团取暖”的结构紧缩现象。(温锁林,韩国颖 2015)

当“愿X愿Y”中的“X”和“Y”由语义对立的单音节词充当(如例(11)—例(14)的“愿男愿女”“愿死愿活”,以及“愿好愿赖”“愿猪愿狗”)时,就形成了以“愿……愿……”为固定的构式框架,以单音节词“X、Y”为构式变项的四字格,“愿X愿Y”整体以极简约的方式在给出并列条件项的同时更强调了“无所谓、不相干或不满的态度”(江蓝生 2007),这与普通话“爱V不V”①结构的表义有相似之处。但是“爱V不V”结构中的“V”均为同一动词,比如“爱来不来”“爱吃不吃”,而“愿X愿Y”结构中的“X”与“Y”可以是名词(“猪、狗”)、动词(“死、活”)、形容词(“好、赖”)和区别词(“男、女”)等,且“X”和“Y”并非同一,而是以反义词(或同类词)的对举形式出现。

2.2 多用

若出现三个或三个以上的并列条件项,“愿”作为配套成分也要相应地随之出现:

(15) 老人住谁家也行,愿女儿家,愿大儿子家,愿小儿子家。

(16) 赶紧给玉珍找女婿哇,愿城的,愿村的,愿外地的,聘出去就行!

---

① 受普通话以及周边方言的影响,大同话也后起了“爱V不V”甚至“爱X爱Y”的说法,其表义和功能类似于“愿X愿Y”,但远没有后者普遍和地道。

(17) 愿论文,愿项目,愿专著,愿称号,总得有一个呢哇? 您儿啥都没有咋上教授? 这让我们也为难啊。

有一点需要明确:“愿”无论是双用还是多用,都是表达“无条件、无例外”的无条件连词,而并非选择连词。大同方言表达选择关系既不用“愿 X,愿 Y”也不用“或者 X,或者 Y”,而是用“不了 X,不了 Y”或“要不 X,要不 Y”。请比较:

(15′) a. 老人住谁家也行,愿女儿家,愿儿子家。(无条件关系)

b. 老人住谁家也行,不了(要不)女儿家,不了(要不)儿子家。(选择关系)

(16′) a. 赶紧给玉珍找女婿哇,愿城的,愿村的,愿外地的,聘出去就行! (无条件关系)

b. 赶紧给玉珍找女婿哇,不了(要不)城的,不了(要不)村的,不了(要不)外地的,聘出去就行! (选择关系)

(17′) a. 愿论文,愿项目,愿专著,愿称号,总得有一个呢哇? 您儿啥都没有咋评教授? 这让我们也为难啊。(无条件关系)

b. 不了(要不)论文,不了(要不)项目,不了(要不)专著,不了(要不)称号,总得有一个呢哇? 您儿啥都没有咋评教授? 这让我们也为难啊。(选择关系)

无条件连词属于偏正连词,对应全集关系,表示“无条件、无例外”;选择连词属于并列连词,对应有数的若干元素,表示“择一(或择几)而从”。但二者在全集由有限元素构成的特殊情形下有交叉,如图 1 所示:

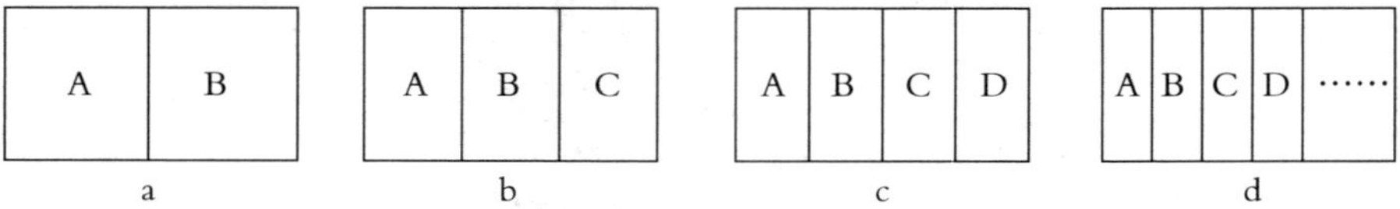

图 1

例(15)如图 1a,“老人”的孩子不是“女儿”就是“儿子(包括大儿子和小儿子)”,“女儿家”和“儿子家”是“老人”居家养老仅有的选择项;例(16)如图 1b,言说者将“玉珍”姑娘可选“女婿”的地域范围由近及远进行排布,本地的无外乎要么“城的”,要么“村的”,除了“本地的”当然就是“外地的”,“本地的”之所以要细化为“城的”“村的”,是因为“本地人”毕竟是择婿的首选域;例(17)如图1c,评教授得有条件,"论文""项目""专著""称号"无论什么都行但总得有,参评者必须在其间做出至少一项的选择予以申报,而且这四个备选项也构成了参评条件的全集别无其他;但无条件全集由有限元素构成的情形当然不止图1a、b、c三种情况,也可能会更多甚至于无法列举,如图1d。例(15)—例(17)的"愿"之所以可用表示选择关系的"不了"或"要不"替换,就是因为在条件项被全盘列举的无条件关系之下,在有限条件项中做选择就会显现一种选择关系的假象。但是选择连词可以对应已然事件的客观陈述,作为无条件连词的"愿"却只能对未然事件备选项做主观择判。请比较:

(18) a. 愿爹,愿妈,孩子谁领走都行。(主观择判)

b. 孩子夜里[ni55]昨天达[taʔ4]叫领走了,不了(要不)爹领走了,不了(要不)妈领走了,我记撒[saʔ4]不清了。(客观陈述)

c. *孩子夜里达叫领走了,愿爹领走了,愿妈领走了,我记撒不清了。(客观陈述)

(19) a. 愿念书,愿学徒,愿打工,反正你得去深圳闯一闯。(主观择判)

b. 去深圳那年,我没一天海蹬儿游无所事事,成日闲逛,不了(要不)念书,不了(要不)学徒,不了(要不)打工。(客观陈述)

c. *去深圳那年,我没一天海蹬儿游,愿念书,愿学徒,愿打工。(客观陈述)

(20) a. 明儿个晌午弟兄们聚一下,愿你请,愿我请,愿他们谁请。(主观择判)

b. 咱们弟兄们年轻那会儿会儿"会儿"的重叠式经常聚得一搭一起打平伙平摊式聚餐,不了(要不)你请,不了(要不)我请,不了(要不)他们谁请,现在聚不起儿起来啦!(客观陈述)

c. *咱们弟兄们年轻那会儿会儿经常聚得一搭打平伙,愿你请,愿我请,愿他们谁请,现在聚不起儿啦!(客观陈述)

2.3 单用

单用的"愿"一如标准的无条件连词,可接正反并列式、选择并列式以及表示任指的疑问代词。这种用法的"愿"绝不能用表选择的"不了"(或"要不")替换,更不能换成"或者",这充分说明"愿"与普通话无条件连词"无论"的用法一致:

(21) 这张买断工龄的协议,今儿个今天你愿同意不同意,都得签字。

(22) 愿他上午去下午去,人家那儿那儿"那儿"的重叠式都有人。

(23) 愿谁有困难,都可以来寻找我。

颇为特别的是,如果条件项以并列形式被列举,大同方言的"愿"既可附加在前设条件项之前,也可附加在后设条件项之前。前者是无条件连词的标准位置,后者是一种语用上的信息追补现象。具体情况请看下文。

2.3.1 附加于前设条件项之前

(24) A:要大要小? B:愿大小。

(25) A:你结婚沈红说不来。 B:愿来不来,我不稀罕!

(26) A:听话啊,妈没带钱,咱不买啊。 B:愿带没带,我就要!

(27) 吞就吞,并就并,愿牛吃天马吃地,和咱们个小钳工能有啥关系?

例(24)是买西瓜的对话场景,A是说卖瓜人在提问中摆明了选择项:"大(的瓜)"和"小(的瓜)";B是说在买瓜人看来:西瓜即可,大小不论。例(25)、例(26)的前后条件项都是肯定否定式的并列,与普通话中的"爱V不V"属于同样性质的结构。例(27)是两个主动宾小句的并列,这些例子的后一条件项均可补出无条件标记"愿",但因其结构高度紧缩再无法拆开——中间绝不能再有语音提顿。请看:

愿大小	→	愿大愿小	→	*愿大,小
愿来不来	→	愿来愿不来	→	*愿来,不来
愿有没有	→	愿有愿没有	→	*愿有,没有
愿牛吃天马吃地	→	愿牛吃天愿马吃地	→	*愿牛吃天,马吃地

2.3.2 附加于后设条件项之前

单独使用的"愿"也能附加于后设条件项之前,"愿"的出现倒逼无标记的前项"X"成为后项"Y"的并设条件项。从说话人角度看,这是一种言语信息交际中的补充策略,即前项"X"是其最初的认定项,但在话语在线生成过程中突然想到还有"Y"的存在,于是就紧急动用"愿"给这个"Y"做了标记。从听话人角度看,光听到前项"X"还无法意识到它的条件项地位,直到听了"愿Y"才反过来断定前项"X"也是一个条件项,从而完成了话语意义的完整理解。例如:

(28) 斌斌爹愿斌斌妈,谁签字儿都行。

(29) 今儿愿明儿,赶紧把手续办了吧,快甭拖了。

(30) 你愿你媳妇儿,谁礼拜日有工夫时间,来居委会一下。

例(28)光看“斌斌爹”还不能确定其义,它只有在后续话语“愿斌斌妈”的倒逼下才被赋予了并列条件项的地位。例(29)、例(30)同此,只是两并列条件项是紧缩结构①。

此外,“愿”只引带后设条件项的时候,两个并列条件项未必一定出现在同一小句,“愿Y”还可与前一并列条件项“X”离析开来出现在后续小句(但此时的“愿”前必须有停顿,小句末尾必须得加语气词“呢”)。上述例(28)—例(30),大同方言也可采用如下说法:

(28′) 斌斌爹签字儿就行,愿斌斌妈呢。

(29′) 今儿赶紧把手续办了吧,愿明儿呢,快甭拖了。

(30′) 你礼拜天有工夫来居委会一下,愿你媳妇儿呢。

可以说,由于“愿”的关联和引导,无论相隔多远,听话者都能将与“Y”存在并列条件关系的“X”给追寻出来。值得注意的是:“愿”附加于后设条件项的时候,前后项必须以NP形式出现,正反/选择并列式的VP或动词性短语小句在这里都是不允许的。请看:

(21′) *这张买断工龄的协议,你同意愿不同意,都得签字。

(22′) *他上午去愿下午去,人家那儿那儿“那儿”的重叠式都有人。

(25′) *A:你结婚沈红说不来。B:来愿不来,我不稀罕!

(27′) *吞就吞,并就并,牛吃天愿马吃地,和咱们个小钳工能有啥关系?

---

① 匿名审稿专家认为“例(28)—例(30)中的‘愿’用于句内成分选择,已经是典型的选择连词”,我们在文中仅将其看作语用上的信息追补标记,只不过这些例句也“在条件项被全盘列举的无条件关系之下,在有限条件项中做选择就会显现一种选择关系的假象”,实际上还是一些选择让步式的无条件句。宗守云(2017,2018)通过“并列项离析”“联系项单用”“复合句整合”三阶段论证了张家口(涿鹿、怀来)方言中的“无论”由无条件连词发展为选择连词的演化过程,但其中第二阶段后的许多例句(尤其被联系成分是述谓性小句的)无法套用在“愿”之上,比如“骑自行车,无论(*愿)开车,都要遵守交通规则”;比如“去康保,无论(*愿)去张北,都要告诉我一声”;再比如“你去锄锄地无论(*愿)搂搂园子”。这说明大同方言“愿”作为联系项的功能远没有张家口方言“无论”完整,例(28)—例(30)的用例还只停留在语用操作层面。当然,语言的变化是常态,语用法也会语法化,大同方言的无条件连词“愿”也有可能在将来演化出选择连词的用法(也可能不会,毕竟有“不了X,不了Y”与“要不X,要不Y”的双重挤压),但将来的趋势并非当下的存在,将“愿”定位为无条件连词既符合母方言者现阶段的语感把握,也符合“愿”在大同方言共时平面最显赫的语法表现,保证了事实描写与现象解释的系统性和一致性。

三、无条件连词“愿”的由来

3.1 肇始阶段:从“意愿”到“允准”

“‘愿’字用作助动词,表示希望做或乐意做某一件事。这个‘愿’字一直沿用到现代,在口语里则变成为双音词‘情愿’或‘愿意’。”(王力 1989)“愿”在普通话书面语中是表意愿的情态动词,这一用法从上古汉语沿用至今。如:

(31) 抑臣愿君安其乐而思其终也。(《左传》)

(32) 愿车、马、衣、轻裘,与朋友共,敝之而无憾。(《论语》)

(33) 我愿你得到幸福。(路遥《人生》)

(34) 我愿拿一切来换他的一个真切的拥抱和亲吻。(严歌苓《人寰》)

然而,“愿”在大同方言中除了表“意愿”外还表“允准”,可替换为“可以”。请看:

(35) 基金你愿愿意/可以买,愿不买,都行,挣的人不少,赔的人也可多呢。

(36) 三明和他表妹去年结婚了,你愿愿意/可以信愿不信,随你。

(37) 那货愿愿意/可以吃烧毡子愿吃煮帽子,他能消化得了就行。

(38) 你愿愿意/可以白天来,愿黑将儿来,咱们诊所儿多会儿都有人。

Lyons(1977)认为说话人可在话语中铭刻自我印记,上述例(35)—例(38)的“愿”既可从句子行为主体的视角出发解释为“愿意”;也可从言者的视角出发解释为“可以”,后一种解释是说话人的本位思考,铭刻了言者的自我印记。如例(35)从行为主体来看,愿意买基金与否由“你”来决定;从说话人来看,“基金”可以买也可以不买,因为“挣的人不少”但“赔的人也可多呢”,所以作为建议丑话要说在前头。后三例同此,不再赘述。

从行为主体的“意愿”到说话人的“允准”,实际上是言者主观性的介入,这种介入使“愿”从客观情态算子向主观情态算子转变,于是“愿”的解释出现了首次松动,该松动为后来的重新分析(reanalysis)创设了先决条件。

“愿”产生两解现象也说明其语义包含着原始义的遗留,这是语法化过程中保持原则的作用。“因为实词虚化为语法成分后,多少还保持原来实词的一些特点。虚词的来源往往就是以这些残留的特点为线索考求出来的,残余的特点也对虚词的具体用法施加一定的限制。”(沈家煊 1994)但是语法化是个渐变过程，其新旧用法的交界地带、中间状态绝不会一直持续，“愿”在某些语境下再无法解释为“愿意”，请看：

(39) 手表愿走不走都没事儿，看时间咱们有手机呢。

(40) 电饭锅愿洗没洗，咱们今天不用它，都是便宜方便、便利饭。

(41) 哥哥愿讨吃要饭，天涯海角妹妹我都跟着你。

(42) 她愿寻死愿上吊，看那不要屄脸的，得了劲儿了还！

例(39)、例(40)的“手表”和“电饭锅”都是不具有意愿能力的非生命物，自然无法充当意愿主体；例(41)、例(42)的“讨吃要饭”和“寻死上吊”都是消极事件，自然也无法充当意愿客体：被“希望”或“愿意”的对象。这种语义和谐的要求根本决定于“意愿-认知图景①”：意愿主体心中期望实现的想法即为意愿客体，意愿主体落实为“人”，意愿客体落实为“积极事件”。在逻辑推理和认知图景的制约下，“愿”的语义解释从主语主观轴调整到了言者主观轴——由“希望、愿意”的“意愿”转变为“听凭、任由”的“允准”，如图 2 所示：

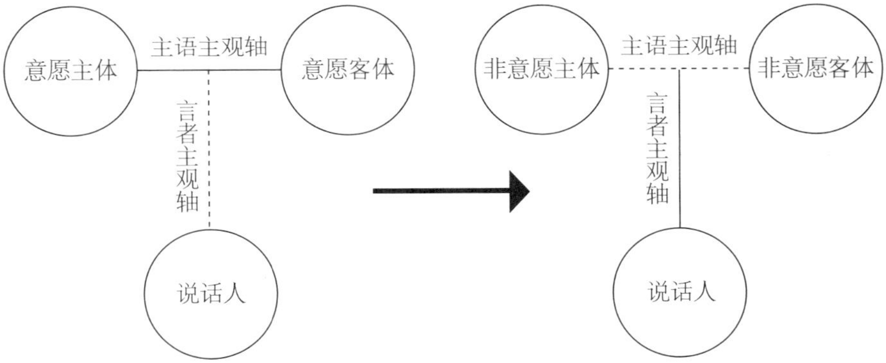

图 2

3.2 形成阶段：从“允准”到“无条件”

在肇始阶段，“愿”后所列举的往往是两种然否对立的客观条件，是“有条件的允准”。一旦语义变化的大门被打开，“愿”的语义就又会出现新的变化——由“有条件允准”变成“无条件允准”。比如下面例(43)—例(45)都后附一个“无所谓、没关系”意思的小句，这与“无条件允准”形成前后呼应的

① 关于“认知图景”的概念、理论及应用等问题，可参阅卢英顺(2005, 2017)相关论述。本文对“非生命物”和“消极事件”的把握直接源于宗守云(2017, 2018[209-211])相关论述，特此说明。

语义匹配。请看:

(43) 二岗哥愿去广州上大学,愿去北京上大学,和我都没相干。

(44) 只要自己喜欢,你愿穿裙子愿穿裤子,没人管的。

(45) 她愿寻嫁张三愿寻李四,都挺好的,甭没一个对。

上述三例中的"愿"难以再解释为"愿意"或"可以",比如例(43)是说二哥"去广州上大学"或者"去北京上大学"都和"我"没有关系;例(44)是说"你喜欢穿裙子就穿裙子喜欢穿裤子就穿裤子",只要自己愿意没人可以干涉;例(45)同此。可见复句逻辑推理关系反映了"愿……愿……"结构表示在任何条件之下结果都一样。

Traugott(1995)就曾强调这种局部上下文在语言演化过程中所起的重要作用,我们认为大同方言中的情态动词"愿"由"有条件允准"到"无条件允准"也是语境推理(context inference)机制作用的结果。有逻辑的语境推理在反复运用和最终凝固之下会导致更高程度主观性表达成分的形成,这种演化基于语义淡化、消退甚至洗白(semantic bleaching):言者观点从"行,可以"到"任凭,不管"的转变,就是进一步的态度从有到无,意义由实而虚①。

由"允准"向"无条件允准"的语义偏移过程,实际上就是言者主观性逐渐移入的过程。伴随这种表义特点的变化,与"愿"配套的表达形式也会随之减少,即言者主观化的程度高低跟语言编码形式的多少成反比,这一点可参看 Langacker(1990)、Traugott(1995)等人的相关论述。大同方言中"愿"在表示"无条件允准"时出现了对原有句法结构的整合:

(46) a. 美姐愿上太原唱戏,愿出口外唱戏,人家男人都不管。

b. 美姐愿去哪唱戏,人家男人都不管。

(47) a. 只要你一个儿自己喜欢,愿吃米,愿吃面,愿吃山药,愿吃粉条,都行。

b. 只要你一个儿喜欢,愿吃啥都行。

(48) a. 愿寻张三,愿寻李四,都挺不赖,这年头儿还能饿着个你?

b. 愿寻谁都挺不赖,这年头儿还能饿着个你?

---

① 蒙陈振宇老师告知:大同方言"任凭,不管"义的"愿"若表现为说话人情绪强烈的冷漠和消极,就类似于北京话的"爱"(例如:"爱咋咋""爱谁谁""爱 V 不 V")和普通话厌恶色彩浓厚的"无所谓!""随你便!""你想怎样就怎样!"(江蓝生 2007),由于其与本文讨论的无条件连词"愿"不是同一条演化道路,我们将另文讨论。

(49) a. 二兵爹本事好,愿卖豆腐,愿卖白菜,愿卖苏根茎蓝根块,人儿人家永不赔钱。

b. 二兵爹本事好,愿卖什么菜,人儿永不赔钱。

当"愿"后出现"哪""啥""谁"和"什么"时,由于这些任指疑问代词不定用法的关联,"愿"表达无条件性质的"无论、不论、不管"义完全得到确立。此外,"愿"也多用于正反并列式和选择并列式之前,请看:

(50) 我去矿务局呀,你愿去不去。

(51) 愿他回家不回家,我根本不在乎!

(52) 他有本事就行,愿走西口还是闯关东。

(53) 愿你买白菜还是买芹菜,甭把钱花完了就行。

"愿"常与"还是"搭配使用,在复句中总有"都"与之呼应,"愿 A,都 B"几乎成为固定搭配模式,这些都是"愿"成为无条件连词的句法表现。连词与起关联作用的副词最重要的区别就是连词既可用在主语之前也可用在主语之后,而起关联作用的副词"都只能用在主语的后面,谓语动词或形容词的前面"(刘月华,潘文娱,故韡 2001)。"相同的语法结构在不同的序列位置上会有不同的功能"(姚双云 2018),大同方言的"愿"不仅可用在主语之后,也可用在主语之前,这是我们将其最终定位为无条件连词的句法依据,请看:

(54) 愿谁去,都没说事问题。

(55) 愿他来不来,我就是不去。

(56) 愿你杨六郎隐喻"成气候",愿你卖麻糖隐喻"不成气候",随你!

(57) 愿她给钱,愿我给钱,和你有啥相干有什么关系?

历经了逐步由实而虚的语法化过程之后,"愿"的功能逐渐规约化,其原本的主语主观性完全转变为后来的言者主观性,"愿"成了大同方言标准而广泛使用的无条件连词①。它不仅出现在日常生活口语,也强力渗透进了公

① 宗守云(2017,2018[210])通过"如果任何条件下结果或结论都不改变,那么在极端状况下结果或结论也不改变"的语义关联论证了张家口方言中的"爱"由无条件连词进一步发展为虚拟连词的演化过程,但"爱"作为虚拟连词例句也无法套用在"愿"之上。比如"雨爱(*愿)下到过年六月嘞,我也不在乎";比如"地爱(*愿)荒成沙漠嘞,我也不打算作物它";再比如"你爱(*愿)坐一百年监牢嘞,我都等你"。这说明大同方言的"愿"虽然也有"任何条件下结果或结论都不改变"的语义内涵,但未能发展出虚拟连词的用法,究其原因,可能是受到方言系统中地位更稳固的其他强势虚拟连词(比如"哪怕")的挤压。

务语境:

(58) 独立自主,自力更生,愿过去,愿现在,愿将来,都是我们不变的立足点。

(59) 愿是国家统配煤矿,愿是地方矿小煤窑,都需要通过适当的渠道沟通市场。

(60) 青年人精力充沛,愿做啥工作,只要真正用心去钻,都是可以大有作为的。

3.3 落实阶段:本义完全丧失

现在大同方言的"愿"早已失去了"希望"和"愿意"的本义——前者被"想"取代,后者被双音化的"愿意"(或"想")取代,"愿"做意愿情态动词的用法消失了。请看:

(61) 我想考(上)清华。　　　　＊我愿考(上)清华。

(62) 翠云想跟大平一块儿走。　　＊翠云愿跟大平一块儿走。

(63) 我不愿意/想当老师。　　　＊我不愿当老师。

(64) 谁愿意去花园屯下几天乡?　＊谁愿去花园屯下几天乡?

"考(上)清华"和"跟大平一块儿走"都是行为主体所希望的事件,大同方言用"想","想"就是"希望","愿"反而失掉了"希望"的含义;"当老师"和"去花园屯下几天乡"都是行为主体的意愿,大同方言采用双音化的"愿意",或者单音节的"想"。可见:"愿"原初的语法阵地已被"想"和"愿意"二者全盘占领,这意味着它再无法回归其本来面貌,只能在由实而虚的路子上越走越远。有一个表达最能说明问题:"愿V不"。普通话对"愿V不"的理解是"愿V不愿V",请看:

愿吃不=愿吃不愿吃　愿嫁不=愿嫁不愿嫁　愿去那儿不=愿去那儿不愿去那儿

现实用例如:

(65)"来,菊生!愿去不?"(冯德英《苦菜花》)

(66)"到底你愿当尼姑不?"(老舍《老张的哲学》)

大同方言对"愿V不"的理解却与普通话迥异,"愿V不"绝非"愿V不愿V"正反疑问式的缩略,而是"愿V愿不V"/"愿V不V"的缩略,请看:

愿吃不≠愿吃不愿吃　愿嫁不≠愿嫁不愿嫁　愿去那儿不≠愿去那儿不愿去那儿

愿吃不＝愿吃愿不吃　愿嫁不＝愿嫁愿不嫁　愿去那儿不＝愿去那儿愿不去那儿

愿吃不＝愿吃不吃　愿嫁不＝愿嫁不嫁　愿去那儿不＝愿去那儿不去那儿

而且，大同话的"愿V不"[①]在使用中充满了责怪、鄙夷、不满的口气，请看：

(67) 愿吃不，老娘是不给你再做(饭)了，别一天挑肥拣瘦，有吃的就不错了。

(68) 不知道揩屎拖累谁呢！你愿嫁不，给人家那小伙儿说对象的人可多呢！

(69) 小军愿去那儿不，我是给他再寻不上合适的跌歇处这里指单位啦。

我们将前面例(66)提取出"你愿当尼姑不"请大同本地人完句，得到如下答案：

(70) a. 你愿当尼姑不，爷才不管你！

b. 你愿当尼姑不，那是个人你自己的自由。

c. 你愿当尼姑不，反正我是给前后都安顿好了。

d. 你愿当尼姑不，慈云庵吃得可比咱们家里头好呢！

e. 你愿当尼姑不，招呼打迟了，人家还不一定叫你当呢！

Hopper(1991)指出：一种语法功能可以同时由几种语法形式来表示，能表达同一语法功能的多种并存形式经过筛选和淘汰，最后缩减为一二种。这是语法化规律中形成互补的并存原则和择一原则。与表"希望"的用法受到"想"挤压导致"愿"这种语义没有沿用下去的宿命相同，其表"愿意"的用法由于"愿意"和"想"的双重挤压也归于消亡。没有回头路的"愿"只能在虚化的道路上一直朝前走，做无条件连词的用法最终成为其显赫的句法应用安身之所。

四、结　语

语义的虚化演变一般有两种路径：一是语义要素的脱落，二是语境

① 大同方言的正反问不是"V不V"而是"V不"，这一点可参看马文忠、梁述中(1986)及张海燕(2014)等相关论著。

义素的吸收(Bybee *et al.* 1994),大同方言"愿"的演化是后者的结果。其从陈述句子主语到陈述言者主语伴随着作为连续统(continuum)的词性转换,意愿情态动词、允准情态动词、无条件允准副词和无条件连词四者之间有一条连续的语法化路径,形成该语法化路径的基础是主观性的转变机制,即主观性主体的转变——"愿"的"意义越来越依赖于说话人对命题内容的主观识解"(Traugott 1995),从客观情态算子逐步转变为主观情态算子。我们将其演化路径和机制示意如图3:

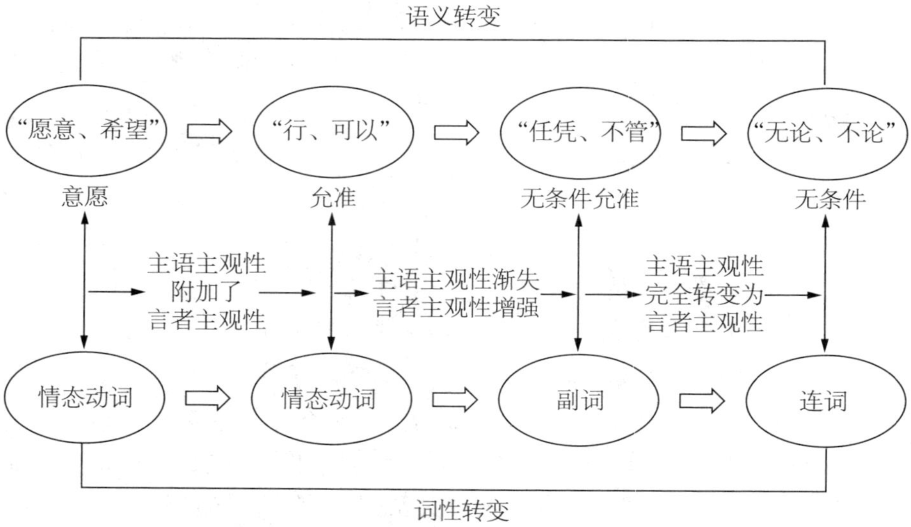

图3

据笔者田野调查,无条件连词"愿"呈现出以晋语大包片大同市市辖四区(平城区、云冈区、云州区、新荣区)方言、左云县方言和怀仁市(原怀仁县,2018年2月撤县建市)方言为中心向四周扩散的特点。大同市辖区周边县域(浑源、丰镇)也有使用,不过在频率上没有前述地区普遍与典型。而在地理格局上深入于晋语张呼片的阳高、天镇两县以及属于(或毗邻)北方官话保唐片涞阜小片的广灵、灵丘两县在同样的使用情况下多用"爱",这一点可参看宗守云(2017,2018)相关论述。连词的语法功能及其来源问题一直是汉语语法学界关注的重点,我们认为各地方言于此也有很多问题亟待深入发掘和探讨。

参考文献

黄伯荣,廖序东(1983)《现代汉语》,北京:高等教育出版社。

江蓝生(2007)同谓双小句的省缩与句法创新,《中国语文》第6期:483-493,575。

刘月华,潘文娱,故　韡(2001)《实用现代汉语语法》,北京:商务印书馆:316。

卢英顺(2005)认知图景与句法、语义成分,《复旦学报》第3期:197-202。

卢英顺(2017)《认知图景:理论构建及其运用》,上海:学林出版社:5。

马文忠,梁述中(1986)《大同方言志》,北京:语文出版社:103-104。

沈家煊(1994)"语法化"研究综观,《外语教学与研究》第4期:17-24,80。

沈家煊(2001)语言的"主观性"和"主观化",《外语教学与研究》第4期:268-275,320。

王　力(1989)《汉语语法史》,北京:商务印书馆:252-253。

温锁林,韩国颖(2015)新兴因果构式"因为A,所以B"的建构与修辞功能,《福建师范大学学报》第3期:48-57。

邢福义(1991)《现代汉语》,北京:高等教育出版社。

姚双云(2018)口语中的连词居尾与非完整复句,《汉语学报》第2期:2-13,95。

张海燕(2014)大同方言的疑问句,《汉字文化》第6期:55-60。

张志公(1985)《现代汉语》,北京:人民教育出版社。

中国社会科学院、澳大利亚人文科学院(1990)《中国语言地图集》,香港:朗文(远东)出版有限公司:B2,B7。

宗守云(2017)张家口方言一些特殊形式的选择连词——现实性对立和主观性差异,《中国语文》第4期:204-206,438-449,511。

宗守云(2018)《张家口晋语语法研究》,北京:商务印书馆:206-213。

Bybee J, Perkins R, Pagliuca W. (1994) *The Evolution of Grammar: Tense, Aspect, and Modality in the Languages of the World*. Chicago: University of Chicago Press: 295-297.

Hopper P J. (1991) On Some Principles of Grammaticalization. //Traugott E C, Heine B. (eds.) *Approaches to Grammaticalization (Vol. 1)*. Philadelphia: John Benjamins Publishing Company: 17-35.

Langacker R W. (1990) *Subjectification*. Cognitive Linguistics 1: 5-38.

Lyons J. (1977) *Semantics (Vol. 2)*. Cambridge: Cambridge University Press: 739.

Traugott E C. (1995) Subjectification in Grammaticalization. //Stein D, Wright S. (eds.) *Subjectivity and Subjectivisation: Linguistic Perspectives*. Cambridge: Cambridge University Press: 31-54.

(上海外国语大学国际文化交流学院　上海　200083　tongchen.bao@foxmail.com)

淳安威坪等吴徽语的长元音及其形成*

郑　伟

提要　文章从讨论淳安威坪徽语的长元音及其古音来源入手，指出徽语（及部分浙南吴语）各方言的长元音可分作两类，一类是韵腹长化增生后滑音，即由早期的单元音韵母[i，u，y，ɔ]等经过韵腹长化后增生了后滑音[ə，ɐ]，形成[iːɐ，uːə，ɔːɐ]（或直接写作[iɐ，uə，ɔɐ]）等韵母；另一类是介音长化后占位做韵腹，即由早期的后响复韵母[ie，ye，uə]经过介音长化，形成[iːe，yːe，uːə]等韵母。长元音韵母在元音长化过程几乎都会体现出"变异"特征，即元音长化词汇为基本单位，比如来自早期[i]韵的部分字读[iːə]，部分字读[ie]或仍读单韵母[i]。正由于吴徽语长元音韵母的形成呈现出阶段性和变异性，所以它是一种晚起的语音现象，和中古以前的汉语或南方少数民族语言的底层没有直接的历史关系。

关键词　威坪徽语　南部吴语　长元音　词汇扩散　语音变异

一、引　　言

我们首先回顾一下关于徽语长元音的已有研究。合肥师范学院方言调查工作组（1962）[6]命名的"歙祁方言区"即为徽语区，该书指出，"除了歙县、

---

*　本文的写作获国家社科基金重大项目（项目编号 18ZDA296）、国家社科基金重点项目（项目编号 17AZD038）、上海市教育委员会科研创新项目（项目编号 2019－01－07－00－05－E00049）、华东师范大学人文社科跨学科创新研究团队项目（项目编号 2018ECNU－QKT007）的支持。承蒙编辑部和匿名审稿人提出细致的修改意见，谨此致谢。尚存错漏，当由作者负责。

绩溪方言无长元音韵母外，其他各点都有长元音韵母”，如表 1 所示①：

表 1 “爹瓜”等字在徽语中的读法

	休宁	屯溪市	黟县	绩溪	祁门	歙县
爹	iːɐ̆	iːɐ̆	iːᴇ̆$_{\breve{e}}$	——	iːᴇ̆	——
瓜	uːɐ̆	uːɐ̆	uːɐ̆	uɒ 乖	uːɐ̆	ua 花
冤	yːɐ̆	yːɐ̆	yːᴇ̆	yĩ	ỹːᴇ̆专	e
班般	uːɐ̆	uːɐ̆	ɔ	ɑ	uːə̆	ɛ
鞭边	iːɐ̆	iːɐ̆	iːᴇ̆	iĩ	——	e
帮钢	ao	ao	uaŋ 王	õ	uːə̆	ɔ 帮 a 钢
生声	ia	iːɐ̆	ɑ	iã 整	iã	ʌ̃灯
平亭	a	ɛ	ᴇːɐ̆	——	æ̃丁	iʌ̃英

郑张尚芳(1986)[14-15]主张将徽语分为绩歙、休黟、祁德、严州、旌占五片，并且指出，除婺源外，都有长元音，而[uː-]类长元音韵母最常见。如“别”：休宁[pʰiːɛ^{35}]，黟县[pʰiːɛ^{31}]；“话”：休宁[uːɜ^{11}]，黟县[uːaʔ^{33}]，凫峰[uːa^{53}]；“园”：休宁[yːɛ^{55}]，黟县[yːa^{55}]。

伍巍(1994)[22-24]曾讨论过徽语的长元音，并将其分作四套：一，[ɔɐ̆, iɐ̆, uɐ̆, yɐ̆]([ĩɐ̆, ũɐ̆, ỹɐ̆])；二，[eɐ̆, ieɐ̆, yeɐ̆]；三，[ɘɐ̆]；四，[ɯɐ̆, iɯɐ̆]。[ɔɐ̆, iɐ̆, uɐ̆]来自徽语的咸、山、假三摄。[ĩɐ̆, ũɐ̆, ỹɐ̆]仅见于祁门，除咸、山摄以外，还见于宕、江摄合臻摄部分舌齿音字。[eɐ̆, ieɐ̆, yeɐ̆, ɘɐ̆]仅见于黟县，前三韵为蟹摄四等字、梗摄开口细音字和曾摄开口一等字的读音，后一韵[ɘɐ̆]为效摄一等字的读音。[ɯɐ̆, iɯɐ̆]仅见于祁门，主要来自效摄细音和假摄开口二等字(除帮组外)。例字如下：祁门：钳[tɕĩɐ̆^{55}]、仙[sĩɐ̆^{11}]、凡[fũɐ̆^{55}]、端[tũɐ̆^{11}]、圈[tɕʰỹɐ̆^{11}]、将[tsĩɐ̆^{11}]、箱[sĩɐ̆^{11}]、庄[tʂũɐ̆^{11}]、光[kũɐ̆^{11}]、双[ʂũɐ̆^{11}]；朝[tʂʰɯɐ̆^{55}]、烧[ʂɯɐ̆^{11}]、浇[tɕiɯɐ̆^{11}]、妖[iɯɐ̆^{11}]、茶

① 表 1 中徽语各方言的语料引自合肥师范学院方言调查工作组(1962)[6]，并根据该书的“韵母表”(第 36—113 页)中的相关字音材料做了补充。画横线处表示该书没有相应的材料可引，下文同此。

[tʂʰɯɐ̆^{55}]、沙[ʂɯɐ̆^{11}]、家[kɯɐ̆^{11}]、牙[ŋɯɐ̆^{55}];黟县:米[meɐ̆^{53}]、西[ʃeɐ̆^{31}]、灯[teɐ̆^{13}]、英[ieɐ̆^{31}]、闺[tʃyeɐ̆^{31}]、毛[məɐ̆^{55}]、劳[ləɐ̆^{55}]、操[tʃʰəɐ̆^{31}]、好[xəɐ̆^{53}]。对于徽语长元音的来源,伍文提出两种假设:"一种可能是早期汉语原有长短元音的对立,……徽语'对立'已消失,但至今保留长元音;另一种可能是徽语语音中至今仍残留壮侗语的成分,明确的答案尚待进一步的研究。"

孟庆惠(1997)[419-420]将安徽境内的徽语分作东片(旌德、绩溪、歙县,即绩歙片)、西片(屯溪、休宁、黟县、祁门,即休黟片),其中"东片话没有高元音[i,u,y]为韵腹和开元音[ɐ]为韵尾的长元音韵母,西片话有这样的韵母"。休黟片徽语中的[uɐ̆,ɔɐ̆,iɐ̆,yɐ̆]都是带后滑音[ɐ̆]的长元音韵母,例字如表2所示:

表2 "疤写"等字在徽语中的长元音读法

	歙县	绩溪	旌德	屯溪市	休宁	黟县	祁门
疤	pa^{1}	pɔ^{1}	po^{1}	pa^{1}	puɐ̆^{1}	pɔɐ̆^{1}	puɐ̆^{1}
写	ɕye^{3},se^{3}	ɕiɔ^{3}	ɕia^{1}	siɐ̆^{1}	siɐ̆^{1}	siɐ̆^{1}	siɐ̆^{1}
花	xua^{1}	xo^{1}	xuɔ^{1}	xuɐ̆^{1}	xuɐ̆^{1}	xuɐ̆^{1}	xuɐ̆^{1}
尖	tse^{1}	tsɛ̃i^{1}	tɕi^{1}	tsiɐ̆^{1}	tsiɐ̆^{1}	tʃɐ̆^{1}	tsĩɐ̆^{1}
田	tʰe^{2}	tʰɛ̃i^{2}	tʰi^{2}	tiɐ̆^{5}	tiɐ̆^{5}	tiɐ̆^{2}	tĩɐ̆^{2}
凡	fɛ^{2}	fɔ^{2}	fæ^{2}	fuɐ̆^{5}	fuɐ̆^{5}	fɔɐ̆^{2}	fũɐ̆^{2}
饭	fɛ^{6}	fɔ^{6}	fæʔ^{7}	fuɐ̆^{5}	fuɐ̆^{6}	fɔɐ̆ʔ^{7}	fũɐ̆^{6}
边	pe^{1}	pɛ̃i^{1}	pi^{1}	piɐ̆^{1}	piɐ̆^{1}	piɐ̆^{1}	pĩɐ̆^{1}
官	kuɛ^{1}	kuɔ^{1}	kue^{1}	kuɐ̆^{1}	kuɐ̆^{1}	kuɐ̆^{1}	kũɐ̆^{1}
专	tɕye^{1}	tɕyɛ̃i^{1}	tɕyɪ^{1}	tɕyɐ̆^{1}	tɕyɐ̆^{1}	tʃuɐ̆^{1}	tɕyɐ̆^{1}

赵日新(2005)对徽语长元音的产生原因提出了四种可能:一,古代少数民族语言(侗台语)的底层;二,汉语古音(内外转)遗留;三,"后衍音"说;四,南方方言的特殊韵母结构。赵文明确否定了前三种因素,但对徽语长元音具体如何产生这一问题也未及展开详细讨论。

二、威坪徽语高元音的裂化及其形成

淳安县为杭州市辖县，以千岛湖闻名。威坪镇（虹桥头）处在浙皖两省的边界，与歙县街口镇相邻。以前因为山川阻隔，交通不便，往来多依靠水路，现在已有县级公路相通，甚为便利。按《中国语言地图集》（1987）图 B10 的调查，淳安威坪、唐村和歙县街口都属于徽语绩歙片①。2010 年 5 月至 2017 年 2 月，我们多次在威坪镇汪川村[ŋ^{w44} k^{h}ɔ̃^{21}]②进行实地调查和语料核实，本文所引威坪汪川徽语的语料，主要引自笔者历次田野调查所得的一手资料。

2.1 长元音韵母[uːə]及其形成

先看威坪徽语中以后高元音[u]为韵腹的长元音韵母[uːə]。

歌戈韵：歌哥锅[kuːə^{1}]、果裹馃当地一种面粉、米粉等制成的食品[kuːə^{3}]、过[kuːə^{5}]、科窠棵颗[k^{h}uːə^{1}]、课[k^{h}uːə^{5}]、和～气禾[xuːə^{2}]、火伙[xuːə^{3}]、货[xuːə^{5}]、蛾鹅俄[uːə^{2}]、我[uːə^{4}]、饿[uːə^{5}]；

模鱼韵：模 1～子模 2～范摹～仿[muːə^{2}]、暮慕墓募[muːə^{5}]、污眼睛～[uːə^{1}]、吴吾梧[uːə^{2}]；

麻韵：鸦老～：乌鸦污眼睛～[uːə^{1}]、哑～子：哑巴[uːə^{3}]；

铎觉韵：各阁搁胳硌鱼刺～住，横着刺[kuːə^{6}]、嶽岳[uːə^{3}]。

从辖字数量来看，威坪徽语读[uːə]以歌戈韵字为最多，该读音同时也

---

① 郑张尚芳（2002a）^{103}曾引述过淳安唐村威坪方言的语料，并认为其接近绩歙片徽语，尤其近绩溪。曹志耘（2017）^{11}有段话述及淳安境内的绩歙片徽语，"原淳安县西北部临安徽省歙县的王阜乡同乐庄村及其以北的十几个村，以及相邻的屏门乡大源里村平时说接近歙县话的方言，但一般人也会说王阜乡严家一带的淳安话。跟王阜乡相邻的威坪镇北部的刘大坞、合富、黄石潭村，以及屏门乡北部的金竹岭脚等村平时说当地的淳安话，但也会说这种歙县话"。"当地的淳安话"，即指的是徽语严州片方言。

② 郑张尚芳（2002a）^{95}提道："徽州多数严州'肫军''川圈'分别同音。徽语见章组相混一般读[tɕ]组（如休宁'蔗占剑镜'[tɕia^{5}]），但黟县'军圈'[tɕ]组，'肫川'[tʃ]组有别。淳安'肫军'同读[tsuen^{1}]，'川圈'同读[ts^{h}uã^{1}]，部位都前化，而相反的遂安'肫军'同读[kyen^{1}]，'川圈'同读[k^{h}yɛ̃^{1}]，部位都前化了，显得很是特殊，这显然与带合唇介音有关。"明白了"川"字在徽语读软腭舌根声母[k^{h}]，也就能理解威坪村名汪川的"川"字为何在当地会读[k^{h}ɔ̃^{1}]了。

是歌与模、麻等阴声韵的合并层次,而这几个韵的韵母元音在徽语中普遍有后高化倾向。

表 3　徽语代表方言中歌模麻韵字的今读①

	绩溪	歙县	黟县	屯溪	休宁	祁门	婺源	旌德	建德	寿昌
爬$_{\text{假开二}}$	p^{h}o^{2}	p^{h}a^{2}	p^{h}oɐ^{2}	p^{h}uːə^{2}	p^{h}uːə^{2}	p^{h}uːə^{2}	p^{h}o^{2}	p^{h}ɔ^{2}	po^{2}	p^{h}ɤ^{2}
瓜$_{\text{假合二}}$	ko^{1}	kua^{1}	kuːɐ^{1}	kuːə^{1}	kuːə^{1}	kuːə^{1}	ko^{1}	kuɔ^{1}	ko^{1}	kuə^{1}
歌$_{\text{果开一}}$	kɵ^{1}	ko^{1}	kau^{1}	ko^{1}	ko^{1}	kɔ^{1}	ko^{1}	kɷ^{1}	ku^{1}	ku^{1}
过$_{\text{果合一}}$	kɵ^{5}	ko^{5}	kau^{5}	ko^{5}	ko^{5}	kuːə^{5}	ku^{5}	k^{h}ɷ$^{1}_{\text{科}}$	ku^{2}	ku^{5}
铺$_{\text{遇合一}}$	p^{h}u^{1}	p^{h}u^{1}	p^{h}u^{1}	p^{h}u^{1}	p^{h}u^{1}	p^{h}u^{1}	p^{h}u^{1}	p^{h}u^{1}	p^{h}u^{1}	p^{h}u^{1}

徽语各方言的歌模麻韵,除了个别为官话型读音(如歙县麻$_{\text{二}}$读[a]),都经历了元音后高化：歌 * ɑ > ɔ > o > u,麻 * a > ɑ > ɔ > o > u,模 * u > u(带星号的拟音为《切韵》音,下文同此)②;除了徽语,吴语也是如此(郑伟 2009)。部分徽语的麻$_{\text{二}}$字,如黟县的[oɐ]和祁门、休宁的[uːə]分别是在中元音[o]、高元音[u]阶段的裂化,成为长元音的一种表现形式。从表 3 可以看出,大部分徽语的歌韵字处于 ɔ > o > u 的不同阶段,那么威坪徽语的[uːə]自然也应该是韵腹[u]裂化成为长元音的结果。

威坪方言歌(戈)、麻(二开/合/三)、模(及鱼、虞)韵的基本读音分别是[ɤu、o、u],例字如下③:

歌戈韵：波菠坡山～[pɤu^{1}]、婆[p^{h}ɤu^{2}]、多[tɤu^{1}]、舵[tɤu^{4}]、大～姨[tɤu^{5}]、拖[t^{h}ɤu^{1}]、驮[t^{h}ɤu^{2}]、罗腡[lɤu^{2}]、歌哥[kɤu^{1}]、可[k^{h}ɤu^{3}]、河[xɤu^{2}]、贺[xɤu^{5}];

麻韵：爬[p^{h}o^{2}]、麻[mo^{2}]、家[ko^{1}]、寡[ko^{3}]、架[ko^{5}]、虾花[xo^{1}]、渣抓[tso^{1}]、茶[ts^{h}o^{2}]、蛇[zo^{2}]、社[zo^{4}]、丫～头桠～枝[o^{1}]、牙[o^{2}]、瓦[o^{3}]、蛙[uo^{1}]、划～船画话[uo^{2}];

① 如无特别说明,以下所引的徽语方言语料,旌德来自孟庆惠(1997),建德、寿昌来自曹志耘(2017),其他则来自平田昌司(1998)。

② 寿昌方言的麻二[ɤ]可以看作是其他方言[o]展唇化的结果,也是后高化进程中的另一类演变。

③ 另有少数麻二合口字读[uo],麻三字读[i](如：借[tɕi^{5}]、谢[ɕi^{5}]、笪$_{\text{斜}}$[tɕ^{h}i^{5}])。

模鱼虞韵：蒲[p^hu^2]、殕[p^hu^3]、孵[p^hu^5]、夫[fu^1]、乌污[$ʋu^1$]、胡湖壶[$ʋu^2$]、都[tu^1]、土[t^hu^3]、姑[ku^1]、箍[k^hu^1]、虎[xu^3]、租[tsu^1]、苏[su^1]、武[u^3]、雾[u^5]。

可见这三类韵基本上还是分而不混的，那为何在威坪徽语中会出现三韵合并、都读长元音[uːə]的现象？既然合并的辖字跟不合并的相比只占很少一部分，那么此种变化应该是以词汇为条件的扩散式音变。词汇扩散式的音变过程常常伴有"变异"(variation)，一字多读(即"未变"形式与"已变"形式共存)是汉语方言里词汇扩散音变的常见方式。(王士元 2000)[59]就威坪徽语由早期单元音[u]韵母演变为长元音[uːə]韵母而言，其语音演变的阶段性(语音变异)可由以下几个方面来看：

第一，一字两读，如威坪方言"污"字[$ʋu^1$]、[$uːə^1$]两读便是。

第二，一韵两读，即歌韵字读[ɤu]或[uːə]，麻韵字读[o]或[uːə]，模鱼虞字读[u]或[uːə]。

第三，与其他徽语的比较，如读[uːə]的字在祁门徽语里，主要是麻二(唇音及合口字)、戈韵及部分舒化后的入声字，但也有少部分歌韵字读[uːə]，如：多[$tuːə^1$]、阿~胶屙[$uːə^1$]、傩[$luːə^2$]、裸[$luːə^3$]。所以，祁门、威坪都可以视作歌韵字元音长化的"先锋部队"，这也是词汇扩散音变中的常见现象。

2.2 长元音韵母[iːə]及其形成

再看威坪徽语里以前高元音[i]为韵腹的长元音韵母[iːə]。例字如下：

蟹摄开口三四等字：蓖~麻[$piːə^1$]、批[$p^hiːə^1$]、题提蹄啼鸡打鸣[$t^hiːə^2$]、帝隶奴~[$tiːə^5$]、体[$t^hiːə^3$]、弟[$t^hiːə^4$]、替涕第递[$t^hiːə^5$]、黎[$liːə^2$]、礼[$liːə^4$]、谜[$miːə^2$]、抵[$tiːə^3$]、祭际济剂[$tɕiːə^5$]、妻[$tɕ^hiːə^1$]、砌[$tɕ^hiːə^5$]、西栖犀[$ɕiːə^1$]、齐[$ɕiːə^2$]、荠[$ɕiːə^4$]、泥[$iːə^2$]；

止摄开口三等字：秕[$piːə^4$]、丽[$liːə^5$]；

深曾摄入声开口字：立笠力[$liːə^3$]、即鲫褶~起来[$tɕiːə^6$]、缉[$tɕ^hiːə^6$]、息熄媳[$ɕiːə^6$]。

总结一下，[iːə]是该方言蟹摄三四等和舒化后的深曾摄入声合并的层次，同时止摄三等开口字几乎不读[iːə]。另外，齐韵字除了大部分读作[iːə]，还有两种读音层。一是个别齐韵字的白读是[ᴇ]，如：梯[$t^hᴇ^1$]、屉抽～[tʰE^{1}]。读[E]韵的齐韵字数量很少,是白读音,它代表了《切韵》以前的读法。能与祭韵相区别,且读[e]的齐韵字,是南方方言的保守特征之一。闽语、赣语(如高安、宜丰)、客家话(如连城、梅县、石城)、湘南土话(如东安)等方言也有此种现象;而在衢州片吴语里,精组和来母的齐韵字至少是可以和同声母条件的祭韵字相区分的。(秋谷裕幸 2002)威坪方言还有一些齐韵字读[ie],如:挤[tɕie^{3}]、洗[ɕie^{3}]、低[tie^{1}]、底[tie^{3}]、犁[lie^{2}]。徽语严州片的齐韵端组字读[iɑ],浙南龙游话"第屉低涕"读[i],"底剃弟地泥"等字也读[iɑ];此外,淳安话"屉"白读[tʰe^{6}](秋谷裕幸 2002)[102],应该和威坪的性质相同。至于威坪的[ie],似乎应该是跟严州片徽语的[iɑ]同属一类。

绝大部分的止摄三等(支脂之微韵)开口字,它与蟹摄三四等开口字的合并层是[i]①,如:

止开三字:披丕[pʰi^{1}]、皮疲脾琵[pʰi^{2}]、避弊[pʰi^{5}]、离篱璃梨厘狸[li^{2}]、媚[mi^{2}]、里理鲤[li^{4}]、地[tʰi^{5}];

蟹开三四字:蔽敝毙陛闭[pi^{5}]、篦[pʰi^{1}]、鐾～刀布[pʰi^{5}]、迷[mi^{2}]。

可见蟹摄三四等合并后的读音[iːə]是晚起的,从而也可以推断,长元音韵母[iːə]应来自更早的[i]。

表4　徽语代表方言祭废齐韵字的今读

	绩溪	歙县	黟县	屯溪	休宁	祁门	婺源	旌德	建德	寿昌
例蟹开三	nʅ^{5}	lʅ^{5}	lɛɐ^{5}	——	liːe^{5}	liːə^{5}	lɤ^{5}	ȵiʔ^{7}艺	li^{5}	li^{6}
废蟹合三	fi^{5}	fe^{5}	fɛi^{5}	fe^{5}	fe^{5}	fʅ^{5}	fi^{5}	pʰʅʔ^{7}币	fi^{2}	fi^{5}
弟蟹开四	tsʰʅ^{4}	tʰi^{3}	tʰɛɐ^{3}	tʰe^{4}	tʰe^{4}	tʰiːə^{3}	tʰi^{4}	tʰi^{3}	ti^{2}	tʰi^{4}
梯蟹开四	tʰa^{1}	——	tʰɛɐ^{1}	——	tʰe^{1}	tʰiːə^{1}	tʰi^{1}	tʰi^{1}	tʰe^{1}	tʰiɛ^{1}
西蟹开四	sʅ^{1}	sʅ^{1}	sɛɐ^{1}	se^{1}	se^{1}	siːə^{1}	si^{1}	sʅ^{3}洗	ɕi^{1}	ɕi^{1}

① 知系字读相应的[ʅ]、[ʅ],绩溪、歙县、祁门、遂安等徽语见系或帮系字后的[i]也发生了舌尖化,如绩溪"鸡"[tsʅ]、"喜"[sʅ]、"皮"[pʰʅ]、"地"[tʰʅ]、"里"[nʅ]。(合肥师范学院方言调查工作组 1962[6];平田昌司 1998[38,56,132];郑张尚芳 2002a[95,101];罗常培 2008[179])

威坪徽语由早期单元音[i]韵母演变为长元音[iːə]韵母所呈现出的词汇扩散式音变,可做如下观察:

第一,该方言绝大多数止摄开口三等字还读作单元音[i],但已有个别字变作了长元音韵母[iːə](如"秕丽")。

第二,蟹摄开口三四等字大部分已读作长元音[iːə],但仍有一部分字仍读作单元音[i]。

第三,和上表3所列其他徽语相比,有些徽语的祭齐韵字还读作[i](如婺源、建德、寿昌等),而祁门和威坪则已经有不少字变作[iːə]了。

三、其他吴徽语中的长元音韵母

3.1 徽语其他方言的长元音韵母

上文所论威坪徽语中长元音韵母[uːə]、[iːə]是在高元音韵腹[u]、[i]的基础上分别长化后增生后滑音[ə]形成的。[ə]是个中元音,它跟其他徽语方言的调查报告中写作[ɐ](中元音)应该属于相同的性质。郑张尚芳(2002a)[96]根据其二十世纪六十、八十年代在徽语区的调查材料指出:"屯溪、休宁、黟县、祁门及歙县岩寺、淳安,有前响的带[ə,ɐ]尾的特殊复元音韵,其中[ʅ,i,u,y]为主元音(拖音[ə,ɐ]较模糊,读开点就是[ɜ,a],在[iː]后常变[ɛ]),而黟县比前述其他点多[ɛːɐ,ɤːɐ, ɔːɐ]。别的徽语则没有这类复元音韵。"郑张先生所说的"复元音韵",即是长元音韵母。不管是何种音值的韵尾,我们在将其作为长元音韵母来对待时,需要通过古音与方言之间、方言与方言之间的比较,才能判断徽语中长元音韵母的来源。

郑张(2002a)[107]还提到,在徽语严州片中,淳安与建德、寿昌相比有一点不同,"其他点及本地文读作[ʅ,u,y]的字,它的白读变成[a]韵或带上[a]拖尾,例如:迟[ts^ha^{35}]、四[sa^{13}]或[$sʅa^{13}$]、布[pa^{13}]、路[lua^{44}]、姑[kua^{24}]、女[ya^{55}]、柜[$tɕ^hya^{53}$]、鱼[ya^{35}],源于[$ʅ^a$,u^a,y^a]"。把这一音变过程加以形式化,就是:

ʅ→$ʅ^a$→ʅa　u→u^a→ua　y→y^a→ya

因此,[ʅa,ua,ya]和上文讨论的威坪徽语的[iːə,uːə]一样,都是带后滑音的长元音韵母。

伍巍(1994)[24]把徽语中长元音[ɔː]/[ɔ̃ː]、[iː]/[ĩː]、[uː]/[ũː]、[yː]/

[ỹː]的来源及其产生过程写作:

ɔ̃→ɔ̃ːᵊ→ɔːə(ɔɐ̆)　　ĩː→ĩːᵊ→iːə(iɐ̆)

ũː→ũːᵊ→uːə(uɐ̆)　　ỹː→ỹːə→yːə(yɐ̆)

以其他元音为韵腹的长元音韵母,也有相同的来源,如黟县徽语:

曾梗合流层: eːŋ→ẽː→ẽːə→eːə(eɐ̆);

蟹摄四等韵: eː→eːə(eɐ̆)

为什么徽语里所有的长元音韵母所带的伴随性的后滑音都是[ə, ɐ]呢?可以从长元音的发音生理机制来解释。如 Ohala(1981)曾指出,很多语言里发长[a]时,实际的音值是[aə]或高化的[a]。伍巍(1994)[24]的分析也很符合音理:"韵尾[ɐ]的产生与长元音发音的特点有关。相比之下,长元音要比短元音稍费力,它要求舌位和唇形较长时间的站定。汉语音节发音的一般特点是,接近于音节末尾的部分(如元音韵尾)均有舌位和唇形放松的特点,长元音发音时,开头和末尾更容易形成对比,当位于发音行将结束的时候,为了省力,带音虽在继续,舌位和唇形已有放松的动作,提前做好结束的准备,这样就很容易留下一个不前不后、不高不低的尾巴[ɐ]。"朱晓农(2005)[3] 在谈及发音初始态时指出,"调音初始状态指嘴唇微开或微闭、舌位适中,发出的音为混元音[ə]。这里定义的是生理上最自然的、最无标记的声(低降调)和音(混元音)"。

所以说,音节的末尾位置是发音过程中能量最小、趋近于零的状态,因此在音节尾出现[ɐ,ə]是符合普遍发音机制的结果。

据平田昌司(1998)[68,85],屯溪方言有[ye]与[yːe]、[ie]与[iːe]长短韵母元音的对立,休宁方言有[ie]与[iːe]、[ua]与[uːə]长短韵母的对立,同时"[iːe,uːə,yːe]三韵前长后短,但不存在音位上的长短对立,其中的[i,u,y]都是主要元音,而不是介音"。当然,有元音长短对立的汉语方言(如广州话),同时还伴随着元音舌位高低的细微差别,徽语自然也不例外,屯溪[ye,ue]韵中的[e]实际音值近于[ɪ]。(平田昌司 1998)[69]该书提供的休宁音系是平田先生调查的,与平田昌司(1982)也相一致,只是记音习惯上略有差别,如长元音韵母的写法,平田文较早写作[iĕ,uə̆,yə̆]。冯雪珍(1986)调查的也是休宁城关,但在音系描写上与平田文略有些出入。其中如①:

① 各个韵类的例字,引自冯雪珍(1982)音系的韵母表。

	冯雪珍(1986)	平田昌司(1982)	平田昌司(1988)
巴端八	uːa	uǎ	uːə
鞭爹跌	iːa	iě	iːe
转愿血	yːa	yě	yːe
该开骨	uə	uɤ	ue

这说明在描写韵腹元音后面的后滑音时,各家处理办法不一是很正常的事情,未必就真的是不同的音质;就算是同一个调查人,也会有前后不同的记音习惯。

将平田昌司(1998)调查的七个徽语方言,再加上本文调查的威坪徽语,徽语各方言带长元音的阴声韵母可归纳为以下一些①:

黟县: iːu　iːe　uːɐ　yːe

祁门: iːə　uːə　yːə　ɯːə　iɯːə

休宁: iːe　uːə　yːe

屯溪: iːe　uːə　yːe

威坪: iːə　uːə

就徽语而言,至少需要区分两类以[i]或[u]为主元音、带[e,ə,ɐ]等后滑音的长元音韵母,一类是由单元音韵母[i,u]长化后增生后滑音,变成了[iːe,uːə,uːɐ]等;另一类来自[ie,uə]之类的后响复韵母的介音长化,然后介音"占位"成为韵腹元音,之前的韵腹元音反而变短变轻,成了后滑音。上文已经指出,威坪徽语[uːə,iːə]属于第一类长元音韵母,伍巍(1994)、孟庆惠(1997)、平田昌司(1998)、郑张尚芳(2002a)等都曾谈及徽语其他方言中的此类长元音韵母。

关于第二类韵母,如平田昌司(1998)[85]所举休宁方言的例子,"[ia,ie,io,iau]四韵里的[i],[ua,uɤ,ue]三韵里的[u],[ye]韵里的[y]都是介音,轻而短。[iu]韵里的[i]相对地说比较重而长"。介音轻而短符合大部分汉语方言的实际,而"狗酒手油竹"等字[iu]韵的[i]重而长,则是长元音韵母的另一种表现,即介音拉长。再看徽语各方言此类长元音韵母的代表例字:

-iːu 韵: 黟县　标飘矛苗叼挑鸟疗萧焦超翘窑、掠弱虐药约。

-iːe 韵: 黟县　边偏面颠年连仙泉严言厌、爹夜、奶、憋灭列接歇薛叶;

① 这里所列的仅是阴声韵的长元音韵母,祁门等徽语还有带鼻尾的长元音韵母,绩歙、休黟、祁德片徽语还有小称变调后带-n尾的长元音韵母。

屯溪　谢爹借、奶、边偏健先念闪烟扇盐然见战、经轻生声影英荣赢蝇、别鳖叠帖屑雪；

休宁　卸泻写借、例、边篇面电颠脸艰念严掀选轩旋、憋灭撇瞥跌叠懿逸益易列劣。

-iːə 韵：祁门　祭蓖批鼙低帝梯挤西、爹姐写爷惹、憋灭跌别碟叠协蚀设译页逆热业。

-uːə 韵：黟县　话花瓜、弯安端坛穿酸干宽看汉幻、夺脱捋刷刮阔葛；

屯溪　巴爬骂瓜爪夸花、班叛蛮反万汗寒槛端粉敦钝村、拨八乏刷滑挖夺；

祁门　巴爬麻瓜化、抄巢罩、多妥锅科火货、八伐法佛掇作渴喝辖豁戳桌酌。

黟县[iːu]韵的古音来源相对简单：一部分来自中古效摄各韵，另一部分则是少数中古宕摄入声字舒化后的读音。

[iːe]韵在黟县、屯溪、休宁三个方言中都出现了部分麻三字，该韵的字读[iːe]应该来自早期的[ie]。蟹摄二等佳韵字“奶”读[iːe]可能是来自 * -e > -^{i}e > -ie > -iːe，[e]的读法也见于一些吴语。大部分的咸山摄三四等字读[iːe]则是早期 * -ien > -ie 先脱落鼻音成分，然后介音再长化的结果。[iːe]另一主要的来源是咸山摄三四等的入声字舒化。祭韵字“例”在休宁读[iːe]显得很孤立，只能看作[i]的裂化才比较合理。其中屯溪与其他徽语不同之处还在于大部分梗摄三四等字也读[iːe]，它应是早期 * -ieŋ 脱落鼻音韵尾介音长化后占位为主元音的结果。

祁门[iːə]韵的来源跟上述[iːe]韵的来源有可比之处，但与后者相比，前者不含咸山摄三四等舒声字，后者另含有中古齐韵字。应注意到[iːə]是蟹开三四祭齐的合并层，而包括休宁在内的众多徽语的齐韵有更早的读音层次，郑张尚芳(2002a)[104]所举的例子如表 5 所示：

表 5　“齐洗鸡”等字在部分徽语中的今读

	休宁	凫峰	黟县		休宁	凫峰	黟县
齐	$ts^{h}e^{55}$	$ts^{h}E^{24}$	$tʃ^{h}eːa^{55}$	迟	$tɕ^{h}i^{55}$	$ts^{h}ɿ^{24}$	$ts^{h}ɿ^{55}$
洗	se^{42}	$s\ E^{55}$	$seːa^{53}$	丝	$sɿ^{11}$	$sɿ^{11}$	$sɿ^{31}$
鸡	$tɕie^{11}$	$tɕiːe^{11}$	$tɕieːa^{31}$	棋	$tɕi^{35}$	$tɕi^{35}$	$tɕiai^{44}$

[uːə]是徽语中最常见的长元音合口韵母之一,辖字的中古来源几乎都是合口字,如歌戈韵、麻$_{二}$、寒桓韵、痕魂韵和山宕江等摄的入声字,这些韵要么带合口介音,要么带圆唇主元音。来源复杂,歌、麻韵字可能是从[u]阶段开始长化及裂化,但显然不是歌麻合并后再一起变作长元音,因为这几个方言的歌、麻二韵并没有合并。至于寒桓痕魂读长元音[uːə],其来源不好遽定,其合并后的读音不太可能是单元音韵母-u,更可能是[ɔ,o]这样以主元音本身体现圆唇特征的韵母,那么后来的[uːə]便应该是在单元音韵母基础上的裂化,如-o > -uə/-uɐ/-ua 等①。部分效摄字加入这一元音长化进程,其起点也应该是[ɔ,o]等圆唇后元音。

像伍巍(1994)[15]说到的,“舌位较低的[ɐ]与舌位较高的[ɯ]均可做韵尾”,例如:

黟县:低[teɐ̆^{31}]、班[pɔɐ̆^{31}]、先[ʃiɐ̆^{31}]、瓜[kuɐ̆^{31}]、关[kuɐ̆^{31}]、桃[t^{h}ɘɐ̆^{55}]、头[t^{h}aɯ^{55}]、肉[ȵiaɯ^{31}]、开[k^{h}uaɯ^{31}]、罪[tʃ^{h}yaɯ^{53}];

祁门:齐[ts^{h}iɐ̆^{55}]、爬[p^{h}uɐ̆^{55}]、月[yɐ̆^{33}]、茶[tʂ^{h}ɯɐ̆^{55}]、桥[tɕ^{h}iɯɐ̆^{55}]。

这其中就有两类来源的带后滑音的长元音韵母,黟县的麻合二“瓜”字和祁门的麻开二“爬”字、蟹开四“齐”字早期分别读作单韵母[u]或[i],后来变作长元音韵母;黟县山开四“先”字、效开一“桃”字和祁门的效开三“桥”,其韵母早期就是个复韵母,所以韵尾[ɐ̆]不是增生的产物。

3.2 浙南吴语中的长元音韵母

赵元任(1956)[27]曾谈及徽语和吴语之间颇接近,“所有的徽州话都分阴阳去,近似吴话,而声母都没有浊塞音,又近似官话区。但是如果要嫌全国的方言区分的太琐碎的话,那就最好以音类为重,音值为轻,换言之,可以认为是吴语的一种。大家都知道,行政的区域跟方言的区域往往不相干的。……婺源县……这一隅的方音很有点介乎吴楚之间的意味。就在婺源尽隔壁的江西玉山县我们在民国二十四年做初步调查的时候就发现那里的口音非常近乎吴语。所以拿徽州认为广义的吴语区内可以说也不算扯的太远罢?这也是‘吴头楚尾’之又一义了”。伍巍(1988)列举了吴、徽语在音韵演变方面的几点共同创新,如佳皆韵读单元音,麻韵二等读圆唇元音,山咸摄字失去鼻音韵尾,止摄见系字合口字腭化读[tɕ]组等。其中有些特点,宕

① 郑张尚芳(2002b)对汉语方言中的此类演变有专门的讨论。

江梗摄字完全失去鼻音韵尾、部分臻摄字失去鼻尾、早期读[tɕ]组的齐齿音字变成[ts]组、入声字失去塞音韵尾变成舒声等,则是浙南吴语(如温州)与徽语更相一致之处。

现在,我们至少还可以再加上一点,那就是长元音韵母的形成也可以看作是吴、徽语的共同创新。作为浙南温州话音系中有长元音韵母的最早报道,郑张尚芳(1964)[36]说:“就真的元音结合来说,仅有[iɛ,yə,yɔ,uɔ]四韵,其中[i,u,y]都是元音性的,可以延长。尤其是[iɛ,yə]读成[iːɛ,yːə]是更普遍的现象(即几乎是[i,y]作领音而[ɛ,ə]作韵尾)。……永中念[iɛ]韵的字(例如‘甜’[diɛ^{21}]、‘姜’[tɕiɛ^{44}])城区绝大部分念成[i]韵(例如‘甜’[di^{21}]、‘姜’[tɕi^{44}]),这也可见[i]的领音趋向之强。永中的[yə]韵字在南部平阳、瑞安等县大部念[y]或[y^{ə}](例如平阳敖江‘条’[dy^{21}]、‘焦’[tɕy^{44}]),这同样是一个可以显示趋向的现象。”从这段话中可以得出:“甜姜”等字在温州各地区方言的读音变化,证明了 y→yː→y^{ə}→yə、i→iː→i^{ɛ}→iɛ 的单元音韵母变成长元音韵母的具体过程。也就是和上文讨论的徽语由[i,u]变作[iːə,uːə]的元音长化演变是一致的。

曹志耘(2002)[70]在谈到南部吴语内部的语音差异时,所指出的其中一条是高元音破裂化(diphthongization):“即在主要高元音的前后加上一个附属性的元音,如[ɿ]读成[ɿə]或[ɿɣ],[i]读成[ei],[u]读成[uo]、[uə]或[uɣ],[y]读成[ye]或[øy],主要出现在衢州地区西部的开化、常山、江山、上饶地区东部的广丰、玉山,以及丽水地区西部的遂昌、松阳、庆元等地。其中遂昌、松阳、广丰等方言的情况较为典型,例如遂昌:紫[tsɿɣ^{3}]、次[ts^{h}ɿɣ^{5}]、师老~[sɿɣ^{1}]、脐[zɿɣ^{2}]。”在该方言区做过调查的其他学者,也有类似的观察。早期如傅国通(1996a)[770]在描写遂昌音系时说:“[ɒ],有复合现象,起音是[ɔ]。[ɣ],有复合现象,可记作[ɯɣ]。[uo]里的[o]近似[ə],可记作[uə]。”傅国通(1996b)[551]在描写松阳音系时说:“韵母中的[ɿiɛ],其中的[ɿi]表示这个韵母的起音(韵头)既有点像舌尖元音[ɿ],又有点像舌面元音[i],严式标音可记作[ɿiᴇ]。……[ɣ]韵略有动程,起头有个小[ɯ]。……[u]韵略有动程,起音时有个小[u]。”

以上论著所涉南部吴语,主要集中在丽衢片、瓯江片方言;同属南部吴语的婺州片方言,也有不少方言有类似的长元音韵母。如据曹志耘等(2016)[97-98,297]在描写金华、永康音系时所说,金华方言“[ɣa](爬马八白)、

[ia](借夜白天白铁白)、[uɑ](瓜沙官白塔白活白)、[ie](底白编白接白)、[uɤ](过河)、[yɤ](靴权白佔白血白)的介音较长”，永康方言“[ɑ,iɑ,uɑ,yɑ]韵的实际音值是[ɑː,iˑAˑ,uˑɑˑ,y̆ɑː]。[ə,ĭə,ŭə,y̆ə]韵的实际音值是[əː,ĭəː,ŭəː,y̆əː]”。虽然各个方言中长元音韵母的形式不一，但其来源，不出我们在上文讨论的两种，要么从单元音韵母长化而来，并增生后滑音；要么在复韵母基础上，介音变长，而之前的主元音在实际听感上反倒像是个韵尾。

有鉴于此，郑张尚芳(2002a)[93]也主张将吴、徽语的长元音韵母联系起来看，徽语“西部各点(黟县、祁门、休宁、屯溪及歙县岩寺)有特殊的前响复元音韵母，它们以高元音[i,u,y]或半高元音[e,o]作为主元音，而以[ə,ɐ]为韵尾拖音。这多半是由后响复元音强化介音的过程中产生的，小半来自附加央元音尾的特殊发音习惯(如黟县)。这种现象在永康吴语中的[iːə,iːa,uːə,uːa,yːə]等也有相似表现，淳安除[uːa,yːa]还有[ʅːa]，在一些龙衢小片吴语的[ʅːə]韵的拖音中也有相似表现。也不能单列为徽语的独特表现”。

3.3 吴徽语的小称音和长元音韵母

上文讨论的，都是纯粹语音层面上的长元音韵母，并不涉及构词等语法因素。而徽语和浙南吴语中，比较常见的小称音变也能形成长元音韵母。

小称音变跟儿化、儿尾密切相关。徽语中小称音变的进程呈现出阶段性(郑张 2002a)[98]，最初的阶段应是词汇性手段，如旌德的儿尾构词，“姑儿女孩儿”[ku^{1} ȵi^{0}]、“猫儿”[miɔ^{2} ȵi^{0}]，接下来的阶段就是儿尾和前面的词融合为一个音节，成为带鼻音尾的儿化音节，比如郑张尚芳(1986)[14-15]提到的小称音变导致元音鼻化加儿化-n尾的长元音韵母形式(儿化之后还可能涉及变调，和长元音韵母本身无涉)，如绩溪：舅[tɕiõːn^{35}]、燕[ieːn^{325}]、茄[tɕ^{h}yaːn^{55}]；屯溪：舌[tɕiaːn^{15}]、囡女孩[leːn^{25}]、燕[iaːn^{25}]、蚕[ts^{h}ɔːn^{55}]。其他绩歙片徽语的-n尾儿化音节，都伴有长元音韵母，如黄山：女家女儿、女孩[niːn^{55} kɑ^{55}]、小家男孩[ɬaːn^{33} kɑ^{55}]、奶祖母[nɑːn^{55}]、婆外婆[p^{h}ɵːn^{55}]、爷叔叔[ieːn^{33}]、孵小鸡[pu^{11} ɬia$^{325-5}$ tɕiːn^{55}]、虾蟆[kɑ^{33} muəːn^{33}]等。(郑张 2002a)[102]休黟片、旌占片徽语也有类似的儿化且读长元音的音节。严州片徽语则没有这种儿化长元音音节。

浙南吴语也有和徽语相同的儿化构词现象，加上上文所论的吴、徽语长元音韵母，同样也会出现儿化后读长元音韵母的例子，曹志耘等(2016)[197,234,271]所调查婺州片吴语中，磐安方言的“有些小称韵中的元音比较长，有时听上去甚至像是两个音节,例如‘盘儿’像是[bɤːn^{213}],又像是[bɤ$^{213\text{-}21}$ n$^{213\text{-}3}$]。这种情况主要发生在小称韵中的元音为单元音,同时声调为阴平或阳平浊平的时候。因为绝大多数小称韵中的[n]尾是后来加上去的,原韵母和[n]尾的结合一开始就可能不太紧密,其中单元音比复元音更容易拖长,所以会造成长元音现象或分为两个音节的现象”。浦江方言中,“有些小称韵中的元音比较长,有时听上去甚至像是两个音节,例如‘燕儿’像是[iɑ̃ːn^{53}],又像是[iɑ̃^{53}n^{0}]”。东阳方言的情形也相类似。当然,读长元音韵母的小称形式也只出现在某个本来就有长元音韵母的方言音系之中,有的带长元音韵母的小称音节,在原式中可能是个单元音韵母,也可能已经是个长元音韵母了。

四、结　　论

徽语及部分浙南吴语的长元音韵母是汉语方言研究中很值得注意的现象,也是有待深入分析的课题之一。本文先根据第一手的调查材料,分析了浙江淳安威坪镇汪川村徽语的长元音韵母及其形成过程,该方言只有[iːə]、[uːə]两个,都是早期的高元音单韵母[i,u]长化后增生后滑音 ə 的结果。但这只是个权宜的结论,因为不能排除先发生增生后滑音再元音长化的可能。

从古今比较、方言比较来看,威坪型的长元音的起点比较明确,而其他徽语中类似的长元音韵母也有跟威坪型相同的历史来源,即由早期单元音韵母[i,u,y,ɔ]等经过韵腹长化后增生了后滑音[ə,ɐ],形成[iːɐ,uːə,ɔːɐ](有的调查报告可能省去长元音符号,直接写作[iɐ,uə,ɔɐ])等韵母。

徽语长元音韵母还有第二种形成过程,即介音长化后占位作韵腹,即由早期的后响复韵母[ie,ye,uə]经过介音长化,形成[iːe,yːe,uːə]等韵母。在此种情况下,可以排除先增生后滑音再元音长化的可能,因为其长化音变的起点已经是复元音韵母了。丽衢片、婺州片、瓯江片等南部吴语也都有这两类来源的长元音韵母,所以在长元音韵母这一点来看,属于共同创新。

在观察徽语的韵母元音长化时,必须充实重视词汇扩散的音变方式,“未变”“变异”“已变”三种形式在徽语各方言里很容易观察得到。一字两读(其中之一是长元音读法,另一种可能仍是早期读音),一韵两读(某个历史韵类中,一部分字已带长元音韵母,另一部分字还是读早期形式),某类字在甲方言读长元音韵母而在邻近的乙方言仍读早期形式等，均可说明长元音韵母的形成所呈现的阶段性，甚至还有同个历史韵类的某些辖字读作和长元音韵母相似的第三类韵母，这些都是语音变异的具体表现。

参考文献

曹志耘(2002)南部吴语语音的共性和差异∥丁邦新，张双庆编，《闽语研究及其语周边方言的关系》，香港：香港中文大学出版社：65-71。

曹志耘(2017)《徽语严州方言研究》，北京：北京语言大学出版社。

曹志耘等(2016)《吴语婺州方言研究》，北京：商务印书馆。

冯雪珍(1988)休宁方言纪要∥江苏省语言学会主编，《语言研究集刊》第二辑，南京：江苏教育出版社：364-411。

傅国通(1996a)《遂昌县志·方言》，杭州：浙江人民出版社。

傅国通(1996b)《松阳县志·方言》，杭州：浙江人民出版社。

合肥师范学院方言调查工作组编(1962)《安徽方言概况》，内部刊印本。

罗常培(2008)绩溪方音述略∥罗常培，《罗常培文集》第九卷，济南：山东教育出版社：175-204。

孟庆惠(1997)《安徽省志·方言志》，北京：方志出版社。

平田昌司(1982)休宁音系简介，《方言》第4期：276-284。

平田昌司主编(1998)《徽州方言研究》，东京：好文出版。

秋谷裕幸(2002)闽语和其他南方方言的齐韵开口字∥丁邦新，张双庆编，《闽语研究及其语周边方言的关系》，香港：香港中文大学出版社：95-104。

王士元(2000)语言变化的词汇透视∥王士元，《语言的探索——王士元语言学论文集选译》，石锋等译，北京：北京语言文化大学出版社：49-69。

魏建功等(1934)黟县方音调查录，《国学季刊》第4期：35-85。

伍　巍(1988)徽州方言和现代"吴语成分"∥复旦大学中国语言文学研究所吴语研究室编，《吴语论丛》，上海：上海教育出版社：329-335。

伍　巍(1994)《论徽州方音》，广州：暨南大学博士学位论文。

赵日新(2005)徽州中的长元音，《中国语文》第1期：75-78。

赵元任(1956)绩溪岭北音系∥"中央研究院"历史语言研究所编，《"中央研究院"历史语言研究所集刊》第34本：278-301。

赵元任，杨时逢(1965)绩溪岭北方言∥"中央研究院"历史语言研究所编，《"中央研究院"历史语言研究所集刊》第36本：11-115。

郑　伟(2009)吴语太湖片果摄的演化模式和历史层次，《语言科学》第4期：356-365。

郑张尚芳(1964)温州音系,《中国语文》第1期: 28-75。
郑张尚芳(2002a)《现代汉语方言概论·徽语》,上海: 上海教育出版社。
郑张尚芳(2002b)方言介音异常的成因及 e > ia、o > ua 音变//北京大学语言研究中心《语言学论丛》编委会编,《语言学论丛》第二十六辑,北京: 商务印书馆: 89-108。
郑张尚芳(1986)皖南方言的分区(稿),《方言》第1期: 8-18。
朱晓农(2005)元音大转移和元音高化链移,《民族语文》第1期: 1-6。
Ohala J. (1981) The Listener as a Source of Sound Change. //Masek C, Hendrick R, Miller M F. (eds.) *Papers from the Parasession on Language and Behavior*, Chicago: Chicago Linguistic Society.

(华东师范大学中文系　上海　200241　wzheng@ zhwx. ecnu. edu. cn)

[u]介音在安徽望江方言蟹、止二摄字中的表现*

曹　香

提要　文章以皖西南怀岳片望江方言作为主要考察对象，在分析蟹止二摄读音形式的基础上，具体探讨了[u]介音在其蟹止二摄中的表现和层次，将其与周边方言相比较，并据此推导望江方言蟹止二摄[u]介音的来源问题。分析结果表明，望江方言蟹止二摄开口字韵母中的[u]介音以及合口字[u]介音的一致性是通过类推其[u]介音特征而成的结果。

关键词　怀岳片　望江方言　蟹止摄　[u]介音

一、引　言

望江县位于安徽省西南部，东与安庆市、东至县相连，南与东至、江西彭泽县交界，西与太湖、宿松县相邻，北与怀宁县接壤。由于地处安徽省西南部，望江方言及其周边方言也被称为皖西南方言。皖西南地区主要有赣语、江淮官话两种方言。狭义上的皖西南方言主要指皖西南怀岳片方言。

根据1987年的《中国语言地图集》，皖西南望江方言被划入赣语怀岳片。一个重要原因是古全浊塞音、塞擦音声母不论平仄，一律读送气清音。但关于皖西南方言的性质，历来颇受争议。郑张尚芳（1987）将皖西南方言称为赣语怀彭片，认为这一片的方言受江淮官话影响很大。黄拾全（2008）指出皖西南怀岳片方言在语音特点上更接近于江淮官话。可以看到，皖西南怀岳片方言的语音现象是较为复杂的。

---

*　本文得到上海师范大学创新一流研究生人才培养机制改革项目（项目编号209－AC9103－19－368005132）资助。文章不足之处，由作者承担责任。

合口[u]介音的问题一直是学者们讨论的焦点,这个问题在汉语方言中显得十分重要。关于合口[u]介音的问题,一般认为,上古汉语并不存在合口介音,但有唇化软腭音声母。潘悟云(2000)等认为,以《切韵》为代表的中古音系只有一个合口介音,并将其定作[w]。徐通锵(1991)在谈到现代方言音系中的合口韵问题时,指出合口韵的分布在南方方言吴方言、客家话、粤方言和闽方言中的底层白读大都限于见系字,还未见有其他条件下开合口的对立情况。张光宇(2006)在谈到汉语方言合口介音消失的问题时,指出从传统的"五音"来看,汉语方言合口[u]介音的消失依照唇、舌、齿、牙、喉的顺序发生,合口[u]介音在唇音声母后最容易丢失;从发音时的舌体姿态来看,舌体后部抬得越高,[u]介音越不容易消失。邵慧君(2010)指出粤方言[u]介音韵母的出现环境几乎与客家方言一样,限于零声母和软腭辅音[k、k^h]之后。侯小英(2017)在分析客方言的[u]介音时,认为大多数客方言都带有[u]介音韵母,只有少数客家方言存在无[u]介音韵母,这一特点以古合口二等[u]介音的有无为区别特征,呈现出明显的地域性。在谈到[u]介音韵母与声母的拼合情况时,侯小英(2017)指出,客方言中,与[u]介音相拼的基本为软腭辅音,以塞音[k、k^h]最为常见;如果[k、k^h]不带[u]介音的话,则其他声母也不带;反之,如有其他声母带[u]介音的话,那么[k、k^h]一定也带。

在皖西南怀岳片望江方言中,一个值得关注的现象是蟹止二摄少数开口字增生[u]介音,且合口字(知庄章组字除外)均带有[u]介音,韵母一致读为[uei]。我们认为,就蟹止二摄开合口字的语音表现形式来看,在皖西南方言中,只有望江方言存在蟹止二摄合口字(知庄章组字除外)均带有[u]介音的现象;蟹止二摄合口帮组、非组、端组、晓组、泥来组字韵母与见组字韵母合流,读作[uei],是一个重要的语音变化。由此可见,望江方言蟹止二摄[u]介音的表现形式值得进一步讨论。

本文采用数码标调法,以1、2、3、4、5、6、7、8表示阴平、阳平、阴上、阳上、阴去、阳去、阴入和阳入,其中34表示不分阴阳的上声,56表示不分阴阳的去声。本文语料来源:南昌取自熊正辉(1989)、宿松取自孙宜志(2002)、岳西取自储诚志(1987)、太湖取自黄拾全(2011)、潜山取自唐乐燕(2013)、怀宁取自蔡跃兰(2011)、安庆取自鲍红(2012)、桐城取自孙宜志(2006)、望江方言点材料来自笔者的实地调查,发音人信息如下:檀代鹅,女,1941,农民,未受过学校教育，赛口镇双龙村黄屋组；付绍江，男，1941，农民，未受过学校教育，鸦滩镇南山村。

二、蟹止二摄在望江方言中的表现

望江方言[u]介音增生的问题既涉及蟹止二摄合口字，又涉及蟹止二摄开口字，蟹止二摄开合口字的语音表现如表1、表2所示：

表1　蟹止二摄开口字

韵类及音读		古声类	例字	辖字比例（%）
蟹开一咍	ai	端系、见系	台耐才开孩	94.7
	uei	从母、来母	在来袋	5.3
蟹开一泰	ai	端系、见系、泥来母	带赖艾害	87
	uei	帮组	贝沛	13
蟹开二皆	ai	见系、帮组、庄组	埋拜豺芥楷	63
	iai	见晓组	皆介械	33
蟹开二佳	ai	见系、帮组、照组、泥母	牌买柴街矮	81
	iai	见组	懈崖	13
	ia	见母	佳	3
蟹开二夬	ai	帮组、庄组	败迈寨	100
蟹开三祭	i	帮组、见组、端系	蔽例弊祭艺	63
	ʅ	知章组	制世誓	37
蟹开四齐	i	见系、端系、帮组	米梯礼妻计	100
止开三支	i	见系、帮组、来母	被离骑戏动	50
	ʅ	精知庄章组	紫知纸翅是	43
	ɛ	日母	儿尔	3
	uei	帮组	碑被	4

(续表)

韵类及音读		古声类	例字	辖字比例(%)
止开三脂	i	见系、帮组、泥来母	眉地梨器姨	48
	ʅ	精知庄章组	姿私迟师指	41
	ɛ	日母	二	3
	uei	帮组	悲美媚	8
止开三之	i	见系、泥来母	里欺疑喜医	60
	ʅ	精知庄章组	子字祀试志	35
	ɛ	日母	耳饵	3
止开三微	i	见系	汽希衣	100

望江方言蟹摄开口一二等字的主体层次是[ai],有少数字存在韵母语音读[uei]的现象,表现出[u]介音增生的特点;蟹摄开口三四等字与止摄开口三四等字基本合流,读作[i]或者[ʅ],日母字均读[ɛ]。部分止摄开口三等字有文白异读差异,白读音读[i],文读音为[uei],这应该是由强势方言普通话的影响而造成的。

表2 蟹止二摄合口字

韵类及音读		古声类	例字	辖字比例(%)
蟹合一灰	uei	见系、帮组、端系	辈腿雷灰煨	98
	uai	见组	块	1.9
蟹合一泰	uei	见系、端组	蜕兑会开会	60
	uai	见组	会会计外桧	30
	ei	精组	最	10
蟹合二皆	uai	见系	乖坏怀	100
蟹合二佳	uai	见系	拐歪	33.3
	ua	见系	褂画	66.7

(续表)

韵类及音读		古声类	例字	辖字比例(%)
蟹合二夬	uai	见组	快	50
蟹合三祭	uei	见系、精组	脆岁卫	55.6
	yei	知章组、日母	缀税芮	44.4
蟹合三废	uei	非组、影母	废肺秽	100
蟹合四齐	uei	见系	圭桂惠	75
	ie	见系	携	15
	i	见系	菜	15
止合三支	uei	见系、精组、来母	累嘴跪毁委	73.1
	yei	章组	吹垂蕊	26.9
止合三脂	uei	见系、精组、来母	垒泪翠轨位	69.8
	yei	知章组	追槌水	21.2
	yai	庄组	帅	6
	uo	邪母	穗	3
止合三微	uei	见系、非组	非痱肥挥鬼	100

就蟹止二摄合口字的整体语音表现来看，韵母读[uei]是蟹摄合口一三四等字和止摄合口三等字的主体层次。蟹摄合口三四等的内部音韵格局较为稳定，韵母读[uei]和[yei](因声母不同而造成的条件变体)。蟹止二摄合口字韵母均存在[u]介音增生的特征，个别字除外，例如：最[$tsei^4$]。

在熊正辉(1989)整理的《南昌方言同音字汇》中，蟹止二摄合口帮组字韵母、非组字韵母均无[u]介音；精组、端组、见组、泥来母均有[u]介音；以《客赣方言调查报告》(李如龙，张双庆 1992)为例，17个赣方言点中，各个方言点的蟹止二摄帮组字韵母均不存在[u]介音；非组字(微母字除外)带有[u]介音的方言点分别为新余和都昌；精组、端组、来母字有[u]介音仅为吉水和新余两个方言点；见组字(疑母字除外)无[u]介音的仅有宜丰一个方言点，其他方言点见组字韵母均带有[u]介音。

可见,赣方言中蟹止二摄合口字[u]介音基本与软腭辅音[k、k^h、x]相拼,与唇齿音[f]、硬腭辅音[ts、ts^h、s]相拼的只占少数,不存在与双唇辅音[p、p^h、m]相拼的情况。蟹止二摄双唇辅音[p、p^h、m]后不带[u]介音是赣方言的重要特征。

这样来看,以[u]介音的有无为依据,赣方言蟹止二摄合口字韵母可以分为两类:一类是不论声母为唇音还是非唇音,不受声母条件的限制,其后都带有[u]介音,例如望江;另一类是当声母为唇音时,其后韵母无[u]介音,当声母为非唇音时,其后韵母有[u]介音,大多数赣方言都存在这种情况。

三、望江方言与周边其他方言语音层次比较

候小英(2017)认为,客方言[u]介音一般由早期唇化软腭音声母的唇化成分演变而来,但在一些非客方言中心区的点,带[u]介音韵母分布的合口韵母较多,这应当是受北方方言影响的结果。

为了探究皖西南望江方言[u]介音的增生情况,我们在将其与怀岳片其他方言进行比较的同时,还应与邻近江西赣语南昌方言和江淮官话安庆、桐城方言进行比较。从地理位置上来看,望江县毗邻安庆市,两地之间的人口交流尤为密切。从移民历史上来看,明代洪武年间安庆地区接收了江西的大规模移民,皖西南地区因此形成了赣语怀岳片。

下面将比较望江周边方言点蟹止二摄字的[u]介音情况,详见表3。

表3　蟹止摄合口见晓组

	盔	灰	桂	跪	毁	贵
南昌	k^hui^1	$fɨi^1$	kui^5	kui^{34}	$fɨi^{34}$	kui^5
望江	k^huei^1	$xuei^1$	$kuei^5$	$kuei^5$	$xuei^{34}$	$kuei^5$
宿松	k^huei^1	$huei^1$	$kuei^5$	$kuei^5$	$huei^{34}$	$kuei^5$
岳西	k^huei^1	$xuei^1$	$kuei^5$	$kuei^5$	$xuei^{34}$	$kuei^5$
怀宁	k^huei^1	$xuei^1$	$kuei^5$	$kuei^5$	$xuei^{34}$	$kuei^5$
潜山	k^huei^1	$xuei^1$	$kuei^2$	$kuei^2$	$xuei^{34}$	$kuei^2$

（续表）

	盔	灰	桂	跪	毁	贵
太湖	$k^{h}uei^{1}$	$xuei^{1}$	$kuei^{5}$	$kuei^{5}$	$xuei^{34}$	$kuei^{5}$
安庆	$k^{h}uei^{1}$	$xuei^{1}$	$kuei^{56}$	$kuei^{56}$	$xuei^{34}$	$kuei^{56}$
桐城	$k^{h}uei^{1}$	$xuei^{1}$	$kuei^{56}$	$kuei^{56}$	$xuei^{34}$	$kuei^{56}$

从见晓组字的语音表现来看，蟹止二摄合口见晓组字，望江方言与安徽宿松、岳西、怀宁、潜山、太湖、安庆、桐城方言点的表现基本一致，主要表现为[uei]类；江西南昌晓组字韵母另成一类，读作[ɨi]。可见，蟹止二摄合口见晓组字具有[u]介音是皖西南怀岳片方言和江淮官话黄孝片的共同特征。

表 4　蟹止摄合口端、精组

	腿	对	队	最	岁	翠
南昌	$t^{h}ui^{34}$	tui^{5}	tui^{5}	$tsui^{5}$	sui^{5}	$ts^{h}ui^{34}$
望江	$t^{h}uei^{34}$	$tuei^{5}$	$tuei^{5}$	$tsei^{5}$	$suei^{6}$	$ts^{h}uei^{5}$
宿松	$t^{h}ei^{34}$	tei^{5}	tei^{5}	$tsei^{5}$	$ɕi^{5}$ sei^{5}	$ts^{h}ei^{21}$
岳西	$t^{h}ei^{34}$	tei^{5}	tei^{5}	$tsei^{5}$	sei^{5}	$ts^{h}ei^{5}$
怀宁	$t^{h}ei^{34}$	tei^{5}	tei^{5}	$tsei^{5}$	sei^{5}	$ts^{h}ei^{5}$
潜山	$t^{h}ei^{34}$	tei^{2}	tei^{2}	$tsei^{2}$	sei^{2}	$ts^{h}ei^{2}$
太湖	$t^{h}ei^{34}$	tei^{5}	tei^{5}	$tsei^{5}$	$ɕi^{6}$	$ts^{h}ei^{5}$
安庆	$t^{h}ei^{34}$	tei^{56}	tei^{56}	$tsei^{56}$	sei^{56}	$ts^{h}ei^{56}$
桐城	thi^{34} $t^{h}ei^{34}$	thi^{56} tei^{56}	thi^{56} tei^{56}	$tsei^{56}$	sei^{56}	$ts^{h}ei^{56}$

如表 4 所示，蟹止二摄合口端组字及精组字，江西南昌读作[ui]，皖西南宿松和太湖“岁”字韵母白读为[i]，其他字韵母则为[ei]，岳西、怀宁（老派）、潜山和安庆都读为[ei]，但怀宁新派蟹止二摄合口端组、精组字韵母已转变为[uei]，与望江方言相同。望江方言中的“最”一字韵母仍读为[ei]，其他字韵母均读作[uei]，以演变的趋势而言，望江方言蟹止二摄合口端组、

精组字读[ei]是语音演变在个别词汇中的残余,桐城"腿、对、队"字存在文白异读,文读韵母为[ei],白读韵母为[i]。

表 5　蟹止摄合口泥来母

	雷	内	累	垒	类	泪
南昌	lui^{5}	lui^{6}	lui^{6}	lui^{34}	lui^{6}	lui^{6}
望江	luei^{2}	nuei^{6}	luei^{6}	luei^{34}	luei^{6}	li^{6}luei^{6}
宿松	lei^{2}	nei^{6}	lei^{6}	lei^{34}	lei^{6}	lei^{6}
岳西	lei^{2}	nei^{6}	lei^{6}	lei^{34}	lei^{6}	lei^{6}
怀宁	—	nei^{6}	lei^{6}	lei^{34}	lei^{6}	lei^{6}
潜山	lei^{2}	nei^{6}	lei^{6}	lei^{34}	lei^{6}	lei^{6}
太湖	lei^{2}	nei^{6}	lei^{6}	lei^{34}	lei^{6}	lei^{6}
安庆	nei^{2}	nei^{56}	nei^{56}	nei^{34}	nei^{56}	nei^{56}
桐城	ni^{2}nei^{2}	ni^{56}	nei^{56}	nei^{34}	nei^{56}	nei^{56}

从表 5 可见,在蟹止二摄合口泥来母字的读音方面,望江与江西南昌均带有[u]介音,宿松、岳西、怀宁、潜山、太湖无[u]介音,江淮官话黄孝片的安庆、桐城泥来母相混,均读作[n],韵母主要读作[ei],桐城方言有读[i]、[ei]两个时间层次。

表 6　蟹止摄合口帮组

	杯	配	倍	妹	背~书	梅
南昌	pi^{1}	p^{h}i^{34}	p^{h}i^{6}	mi^{6}	p^{h}i^{6}	mi^{5}
望江	puei^{1}	p^{h}uei^{5}	p^{h}uei^{6}	muei^{6}	p^{h}uei^{6}	muei^{2}
宿松	pei^{1}	p^{h}ei^{5}	p^{h}ei^{6}	mei^{6}	p^{h}ei^{6}	mei^{2}
岳西	pei^{1}	p^{h}ei^{5}	p^{h}ei^{6}	mei^{6}	p^{h}ei^{6}	mei^{2}
怀宁	pei^{1}	p^{h}ei^{5}	p^{h}ei^{6}	mei^{6}	p^{h}ei^{6}	mei^{2}

（续表）

	杯	配	倍	妹	背~书	梅
潜山	pei^{1}	$p^{h}ei^{2}$	$p^{h}ei^{6}$	mei^{6}	$p^{h}ei^{6}$	mei^{2}
太湖	pei^{1}	$p^{h}ei^{5}$	$p^{h}ei^{6}$	mei^{6}	$p^{h}ei^{6}$	mei^{2}
安庆	pei^{1}	$p^{h}ei^{56}$	pei^{56}	mei^{56}	pei^{56}	mei^{2}
桐城	pei^{1}	$p^{h}ei^{56}$	pei^{56}	mei^{56}	pei^{56}	mei^{2}

表6这一组例字表明，望江方言蟹止二摄合口帮组字韵母均读作[uei]。在属于皖西南怀岳片的宿松、岳西、怀宁、潜山、太湖方言材料中，蟹止二摄合口帮组字韵母均读为[ei]，与安徽江淮官话黄孝片安庆、桐城方言相同。

表7　蟹止摄合口非组

	废	肺	飞	匪	痱	费
南昌	fɨi^{5}	fɨi^{5}	fɨi^{1}	fɨi^{34}	fɨi^{5}	fɨi^{5}
望江	$fuei^{5}$	$fuei^{5}$	$fuei^{1}$	$fuei^{34}$	$fuei^{5}$	$fuei^{5}$
宿松	fei^{5}	fei^{5}	fei^{1}	fei^{34}	fei^{5}	fei^{5}
岳西	fei^{5}	fei^{5}	fei^{1}	fei^{34}	fei^{5}	fei^{5}
怀宁	fei^{5}	fei^{5}	fei^{1}	fei^{34}	fei^{5}	fei^{5}
潜山	fei^{2}	fei^{2}	fei^{1}	fei^{34}	fei^{2}	fei^{2}
太湖	fei^{5}	fei^{5}	fei^{1}	fei^{34}	fei^{5}	fei^{5}
安庆	fei^{56}	fei^{56}	fei^{1}	fei^{34}	fei^{56}	fei^{56}
桐城	fei^{56}	fei^{56}	fei^{3}	fei^{34}	fei^{56}	fei^{56}

如表7所示，皖西南怀岳片宿松、岳西、怀宁、潜山、太湖方言的蟹止二摄合口三等唇齿辅音[f]拼[ei]，江西南昌地区的蟹止二摄合口三等唇齿辅音[f]拼[ɨi]，望江方言与其情况不同，唇齿辅音[f]可拼带有[u]介音的韵母

[uei]。江西南昌方言蟹止二摄合口帮组字与非组字不同韵,帮组字韵母为[i],非组字韵母为[ɨi]。

就蟹止二摄合口字的整体情况来看,皖西南怀岳片宿松、岳西、潜山、怀宁、太湖五县和江淮官话黄孝片安庆、桐城只有见组字与[u]介音韵母相拼,其他组字只能与无[u]介音韵母相拼。而江西南昌见组字、端组字、精组字、泥来组字可与[u]介音韵母相拼,帮组和非组字只能与无[u]介音韵母相拼。望江方言各组字可以任意与[u]介音韵母相拼,表现出内部语音形式的一致性。

皖西南怀岳片方言点(望江方言除外)中能与[u]介音相拼的仅是软腭部位的辅音,以塞音[k、k^{h}、x]最为常见,在其他声母后均存在合口丢失现象。而望江方言并不存在这一情况,蟹止二摄开合口等字中与[u]介音相拼的声母并不限于软腭辅音,还包括双唇辅音、唇齿音等。

此外,通过调查我们还发现,望江方言中蟹止二摄[u]介音的增生较为彻底,不仅在合口字中(见组声母除外)出现,还在开口字中存在,只不过仅出现在主元音为[ei]的开口字中,如表8所示。

表8 蟹止二摄开口字的今读

蟹摄开口字	来	在	袋	牌	开	卖	世	米
	luei^{2}	ts^{h}uei^{6}	t^{h}uei^{6}	p^{h}ai^{2}	k^{h}ai^{1}	mai^{6}	sʅ^{5}	mi^{34}
蟹摄合口字	杯	雷	队	坏	肺	桂	脆	税
	puei^{1}	luei^{2}	tuei^{5}	xuai^{6}	fuei^{5}	kuei^{5}	ts^{h}uei^{5}	ɕyei^{5}
止摄开口字	碑	刺	美	离	奇	二	眉	移
	p^{h}uei^{1}	ts^{h}ʅ^{5}	muei^{34}	li^{2}	tɕ^{h}i^{2}	ɛ^{6}	mi^{2} muei^{2}	i^{2}
止摄合口字	累	跪	泪	追	位	醉	肥	贵
	luei^{6}	kuei^{5}	li^{6} luei^{6}	tɕyei^{1}	uei^{6}	ts^{h}uei^{6}	fuei^{2}	kuei^{5}

在蟹摄开口一等咍韵字中,“来、在、袋”三字韵母读[uei]与蟹摄开口一等韵母主体层读[ai]的演变方向不一致,这一语音现象值得关注。

结合周边方言来看蟹摄开口一等咍韵字的情况,详见表9:

表 9　蟹摄开口一等咍韵例字

	来	袋	栽	在	赛	开
望江	$luei^{2}$	$t^{h}uei^{6}$	$tsai^{1}$	$ts^{h}uei^{6}$	sai^{5}	$k^{h}ai^{1}$
宿松	lei^{2}	$t^{h}ei^{24}$	$tsei^{1}$	$ts^{h}ai^{24}$	sai^{21}	$k^{h}ei^{1}$
岳西	lai^{2}	$t^{h}ai^{6}$	$tsai^{1}$	$ts^{h}ai^{6}$	sai^{5}	$k^{h}ai^{1}$
怀宁	lai^{24}	$t^{h}ai^{43}$	$tsai^{1}$	$ts^{h}ai^{43}$	sai^{51}	$k^{h}ai^{1}$
潜山	lai^{2}	$t^{h}ai^{22}$	$tsai^{1}$	$ts^{h}ai^{22}$	sai^{215}	$k^{h}ai^{1}$
太湖	lei^{2}	$t^{h}ei^{33}$	$tsai^{1}$	$ts^{h}ei^{33}$	sai^{13}	$k^{h}ai^{1}$
安庆	nai^{2}	tai^{56}	$tsai^{1}$	$tsai^{56}$	sai^{56}	$k^{h}ai^{1}$

在表 9 中，望江方言蟹摄开口一等咍韵少数字韵母读[uei]，宿松、太湖两点韵母则读[ei]，没有[u]介音增生的情况，怀宁、潜山、岳西、安庆四点的咍韵字均不存在读[ei]的情况。孙宜志(2001)在分析江西赣方言的语音特点时，讨论到江西的一些赣方言点还保存着咍泰二韵的区别，如波阳方言咍韵部分字韵母为[ei]，与泰韵[ai]相对立。徐建(2011)在对皖西南怀岳片方言进行研究时，指出太湖、宿松方言中存在咍泰分韵的痕迹，咍韵读[ei]只存在于少数口语常用字中。我们认为，望江方言咍韵少数字韵母也存在过读[ei]的情况，只不过后来在类推的作用下增生了[u]介音。望江方言蟹止摄开口字增生[u]介音，这一情况不仅在皖西南怀岳片方言是没有的，在江西赣方言也不存在，应该属于后期形成的读音。

通过与周边方言点的比较可以看出，同一韵摄不同声母之后存在[u]介音有无的互补格局。见组字韵母带有[u]介音是望江方言固有的音韵格局，并且望江方言蟹止二摄合口见组字韵母读作[uei]的现象应发生在其他组字韵母读为[uei]之前。这样来看，蟹止二摄合口字的[u]介音不应看作早期形式的保留。

对于《切韵》时代蟹止二摄合口韵的拟音问题上，各家的看法基本相同。蟹摄合口三四等和止摄合口三等在《切韵》分别拟作祭[iuɛi]、齐[uei]和支[iue]、脂[iuei]、微[iuøi]。而在后期蟹止二摄合口韵的演变问题上，杨耐思(1981)、李新魁(1985)认为在《中原音韵》时代齐微韵合口非敷奉母字读为

[i],并未演变为[ei]。张玉来(1999)则将《韵略易通》中"非肥"类字拟为[fei],以便与《切韵》及现代方言更好地接轨。郑伟(2008)认为蟹摄合口三四等和止摄合口三等在《中原音韵》中都归入齐微韵,指出它们有着共同的音变起点[uei]。

结合望江方言及其周边方言蟹止二摄开合口字韵母的整体情况来看,望江方言蟹止二摄[u]介音的存在并不以中古开合口为条件,也与声母无关。一般认为,就保留的古音特征来看,离江西最近的宿松方言比望江方言更为存古。就文白读的情况来看,白读往往代表更早的层次,望江方言止摄开口三等帮组少数字白读为[i],文读为[uei],例如:被[p^hi^6]|[p^huei^6]、眉[mi^2]|[$muei^2$]。因此,对于望江方言来说,止摄开口三等字中的文读音[uei]可以说是比较晚的语音层次。总的来看,蟹止二摄合口字内部[u]介音的一致性并不代表早期的音韵格局,而应属于一种后起的音变现象。

我们认为望江方言蟹止二摄开合口字的[u]介音是由类推机制造成的,是在韵母[ei]的基础上,把[u]介音类推到蟹止二摄开合口韵母读[ei]的字,使望江方言蟹止二摄开合口字韵母(见组字除外)带上[u]介音。望江方言蟹止二摄非组、帮组、精组、泥来母字也经历过皖西南怀岳片其他方言点韵母读[ei]的类似过程,只不过在发音习惯的影响下望江人会将蟹止二摄见组字带的[u]介音类推到其他组字中。

四、结　　语

汉语方言中的语音变化现象十分复杂。同一片区的方言在语音表现上也会存在较大的差异。皖西南怀岳片方言处于赣语与江淮官话的交界地带,它与江淮官话有着密切的关系。望江方言作为皖西南怀岳片方言的一员,在与其他成员保持共性的同时,语音特征还表现出明显的区别性。本文通过对望江方言蟹止二摄读音表现形式的梳理,在与周边方言对比分析的基础上,深入探讨了望江方言蟹止二摄[u]介音的独特性;揭示蟹止二摄的[u]介音并不反映中古特征,而是一种后起的音变特征。就拿望江方言蟹止二摄的介音问题来看待,结合望江方言音系结构的层次分析以及周边方言的比较研究才能更全面看待问题并得出结论。

参考文献

蔡跃兰(2011)安徽怀宁方言语音研究,安徽大学硕士学位论文。
储诚志(1987)安徽岳西方言的同音字汇,《方言》第4期。
侯小英(2017)客方言的u介音,《方言》第1期。
黄拾全(2008)皖西南方言语音研究,暨南大学硕士学位论文。
黄拾全(2011)安徽太湖方言音系,《方言》第1期。
李如龙,张双庆(1992)《客赣方言调查报告》,厦门:厦门大学出版社。
李新魁(1983)《中原音韵音系研究》,郑州:中州书画社。
潘悟云(2000)《汉语历史音韵学》,上海:上海教育出版社。
邵慧君(2010)论粤方言i、u介音韵母——由粤西方言说起,《暨南学报》第6期。
侍建国(2011)《历史语言学:方音比较与层次》,北京:中国社会科学出版社。
孙宜志(2001)《江西赣方言语音研究》,山东大学博士学位论文。
孙宜志(2002)安徽宿松方言同音字汇,《方言》第4期。
唐乐燕(2013)安徽潜山梅城方言语音研究,安徽大学硕士学位论文。
熊正辉(1989)南昌方言同音字汇,《方言》第3期。
徐通锵(1991)《语言论》,长春:东北师范大学出版社。
徐　建(2011)《安徽太湖方言语音研究》,广西师范大学硕士学位论文。
杨耐思(1981)《中原音韵音系》,北京:中国社会科学出版社。
叶蜚声,徐通锵(1997)《语言学纲要》,北京:北京大学出版社。
张光宇(2006)汉语方言合口介音消失的阶段性,《中国语文》第4期。
张玉来(1999)《韵略易通研究》,天津:天津古籍出版社。
郑　伟(2008)太湖片吴语音韵演变研究,复旦大学博士学位论文。
郑张尚芳(1986)皖南方言的分区,《方言》第1期。
庄初升(2016)客家方言及其他东南方言的唇化软腭音声母,《方言》第2期。

清华简《成人》研读札记七则*

蔡一峰

提要　文章是对新近发布的清华大学藏战国竹简《成人》篇中的一些语句做出新的疏释，认为简12“市无𨋎”的“𨋎”读“榦”，指围栏围墙，“市无𨋎”指市事失控；简13“迵谣无节”的“迵”读“诵”；简17“道攺扈寶”可读“道褫猖肆”，“寶”可能是富逸丰逸之“逸”的专字；简17-18“残家焚宗”的“焚宗”犹夷宗、灭宗；简21训违逆的“方”应读“妨”，读为“惑”的“国”字可径释为“或”；简25“断辞有謱”的“謱”读“数”，指审辨；简28“濬去凶殃”的“濬”读“决”，表决绝。

关键词　清华简　成人　出土文献　考释　札记

2019年出版的《清华大学藏战国竹简（玖）》中收录了一篇名为《成人》的先秦佚籍，原无篇题，现名是由整理者据简文内容拟定。全文凡30支简，主要记述了“成人”有关典狱刑法的论说。该篇文辞古朴，涉及多种重要的刑罚概念，部分内容可与《尚书·吕刑》参照对读，是研究先秦政治思想、法治观念和司法制度等方面的难得资料。整理者贾连翔对《成人》的文本已经做了详细深入的考释，精义盛多，不少研究者也陆续有高见发表。细加研读之余，发现尚有剩义可以补苴，辑成札记数则，谨以求教于同道师友。

一

简12：“市无𨋎（垣），商无瘣（肆），价不裳（常），无型（刑）。”整理报告注：“𨋎，见母元部，读为匣母元部之‘垣’，指市场围墙。或读为‘阛’，《说

* 本文是国家社科基金重大项目（项目编号17ZDA300）及中国博士后科学基金第65批面上资助（项目编号2019M651394）的阶段性成果。

文》:'市垣也。'㝃,从疒('丬'之讹变),逸省声,喻母质部,读为心母质部之'肆',指店铺。"李均明(2019)读"䡅"为"廛",认为"无廛""无肆"指没有法定合理的经营场所。

按,"䡅""垣"声纽牙喉音很近,但开合不同,严格上所在元部也不同类,难言相通,[①]"䡅"读"圜"也存在类似问题,报告提供的两种读法都不易落实。"廛"的声母是舌音 d-,与"䡅"相差太远,也不能通。"䡅"的释读需要重新考虑。"㝃"所从"疒"是"丬"的讹变可备一说,但言"逸"省声则有未安。楚简逸豫的"逸"多作"㝈",也有作"𢙴"(上博简《天子建州乙本》9),这是在假借字"㝈"上加注意符"心"、又省去"丬"形而成的安逸之"逸"的本字。[②]"㝈"本作"牄",金文常用为编钟、编磬的集合单位词"肆"。"㝃"声符"兔"的"逸"一读即来源于此,报告读"肆"可信。

"市无䡅""商无肆""价不常"三个分句句式齐整,相关相涵,字词训释应该相互观照。

"䡅"可读为"榦"。《说文·木部》:"榦,筑墙端木也。"徐锴《系传》:"筑墙两旁木也,所以制版者。""榦"或作"幹"。《诗·大雅·文王有声》:"王后维翰。"毛传:"翰,幹。"孔颖达疏:"幹者,筑墙所立之木幹。"《诗·大雅·板》:"大宗维翰。"郑玄笺:"王当用公卿诸侯及宗室之贵者为藩屏垣幹。""榦"是古代筑墙时夹板两边所竖的起固定作用的木柱或木板,由于都做栏圈用,木榦和墙体有时并无严格区分。《说文·韦部》:"韓,井垣也。""韓"俗作"韩"。《庄子·秋水》:"出跳梁乎井幹之上。"陆德明《释文》:"井幹,井栏也。""井幹"亦作"井榦"。西周早期金文韩国韩氏之"韩"有作"䡅"(《集成》[③]5906、《铭图》

① 《庄子·天下》"桓团",《列子·仲尼》作"韩檀"。桓团是战国平原君门下辩士,生平不详,其姓究是"桓"还是"韩"待考。又"桓团"二字皆合口,"韩檀"却皆开口,其间变化恐非偶然,不宜径作"亘""䡅"相通的依据。另,金文中吴王光称"光逗",攻吴王光剑(《新收》1807)"攻吴王光𣄼以吉金自作用剑","𣄼"李家浩(1990)释"韩",认为"韩""逗"音近,是同一人名的不同写法。后来李守奎(2014)据清晰图片改释"旃",认为"𣄼"与中山王器中人名后加的"旃(也)"是一字。

② 说详陈剑(2008)[18],文中已推测"兔"可能本有"逸"一读。

③ 《殷周金文集成》简称为《集成》;《近出殷周金文集录》简称《近出》;《新收殷周青铜器铭文暨器影汇编》简称《新收》;《商周青铜器铭文暨图像集成》简称《铭图》。

2426),[①]所从"𩫏"是"墉"和"郭"共同的表意初文,作为表意偏旁的"𩫏"又常与"土"旁换用,"𩫏"应该就是表城垣之"韩(榦)"的专字。戎生编钟铭(《近出》28)"𠦪不廷方",《诗·大雅·韩奕》作"榦不庭方","𠦪"无疑读为"榦"。"𠦪""榦""幹""𩫏""韓(韩)"同源孳乳。《管子·小匡》:"处商必就市井。"尹知章注:"立市必四方,若造井之制,故曰市井。"由此,环绕在市场周边起分界作用的"市垣"又能称"市𠦪(榦)"就不难理解了。

在农耕经济为主的先秦时代,人们就十分重视市易商情。清华简《越公其事》讲述勾践回国励精图治实施"五政",其中就有专门一章是"修市政"。管理市场的官员也叫"司市""市司""市官""治市""监市""市吏""市掾""市令"等。为维持市场秩序便于管理,贸易活动通常是被要求集中在特定区域内进行,以土墙之类为界划分,这也就是"集市"的由来。界线不存则市不成市。"黑市"在先秦称"室市"(《逸周书·大匡》),以交易地点名之,显然是为了与正规合法的买卖行为相区别。"市无榦"就是市场没有了围墙,言下之意就是市事失控。"商无肆"与"市无榦"对举。《诗·大雅·行苇》:"或肆之筵,或授之几。"毛传:"肆,陈也。"《急就篇》:"贳贷卖买贩肆便。"颜师古注:"肆,谓坐市行列也。"管理商肆的官员称"肆长"。《周礼·地官·肆长》云:"肆长各掌其肆之政令,陈其货贿,名相近者相远也,实相近者相尔也,而平正之。敛其总布,掌其戒禁。"整理者谓"肆"指店铺,未中肯綮。《吕氏春秋·慎大》:"汤立为天子,夏民大说,如得慈亲,朝不易位,农不去畴,商不变肆,亲郼如夏。"银雀山汉简《守法守令等十三篇·市法》有言:"为肆邪分列疏数……下化(货)贱者受(授)肆毋过十尺,此肆邪市列之数也。"(简883-885)"邪"整理小组(1985)[141]读为"叙",引《周礼·司市》郑注:"叙,肆行列也。"市肆有列,《市法》可以表明这种列的组织在战国时期就已经存在了。《成人》"商无肆"即言行商无定所,无法掌控之义,都是贸易活动混乱不堪的表现。市场供销紊乱,直接后果自然是"价不常"了。

"市无榦,商无肆,价不常"是成人阐明引发"五凶"的五种"无刑"之一。它前承"祝、宗忘礼,史、师失常"(简11-12),后接"邦征无恒,关敀(霸?)会当(党?),徭税要强"(简12-13)。前者讲官员失职,后者讲厚赋苛征,都跟司正荒宁治市不力密不可分。

---

① 详考参谢明文(2015)、刘洪涛(2016)。

二

简13:“五诃(歌)不典,迵(童)条(谣)无卽(节),戍(一)耑(短)戍(一)长,无型(刑)。”“迵”整理报告释文括注“童”。有研究者认为“迵谣”是“同人之谣”,不必读“童谣”,也有人怀疑“迵”可读“诵”,但无详论。①

按,“迵”和“童”都是东部字,声纽同是定母,但上古来源不同。“迵”的声母是流音L-类,“童”的声母则是塞音T-类。两类声母字上古时一般不通用,“迵”径读为“童”不无可疑。揆之上下文,前面“五歌”是虚指,后言“一短一长”是对“不典”和“无节”的补充说明,亦非确指,其间若是“童谣”或“同瑶”皆显唐突,文气也不连贯。

“迵”读“诵”当可从。《诗·郑风·子衿》:“纵我不往,子宁不嗣音。”毛传:“诵之歌之。”孔颖达疏:“诵,谓歌舞也。”《诗·大雅·崧高》:“吉甫作诵,其诗孔硕。”朱熹《集传》:“诵,工师所诵之词也。”《礼记·文王世子》:“春诵夏弦。”郑玄注:“诵,谓歌舞也。”清华简《越公其事》简55-56:“唯位之次尻、服饰、群物品采之愆于故常,及风音诵诗歌谣之非越常律,夷吁蛮吴,乃趣取戮。”报告注释[四三]已指出可与之合观。甚是。“风音诵诗歌谣之非越常律”也就是本篇之“五歌不典,诵谣无节”,益证“迵”读“诵”无碍,不必舍近求远。

三

简17:“则(贼)人瀼(攘)人,道攺(夺)扂(闾)寶(抶),无赦。”整理报告注:“攺,从攴,它声,透母歌部,读为定母月部之‘夺’。扂,又见清华简《天下之道》,从户,昌声,‘闾’字异体。《说文》:‘楚人名门皆曰闾阖。’此与‘道’相对举。寶,字形构造与‘宝’相似,惟声符换为‘兔’(‘逸’省),喻母质部,可读为书母质部之‘抶’,训为‘击’、‘戮’,盖为谋财伤人所造的专字。”王永昌(2019)[202]提及整理者贾连翔的最初意见是将“闾寶”读为“猖肆”,主张此

① 见简帛论坛“清华九《成人》初读”第60楼网友“心包”及第61楼“my9082”发言,2019-12-03。

读可从,又将“攺”读为“施”,“道施猖肆”指在道路上施行猖狂肆意的行为。网友暮四郎意“阊”读“党”,是基层组织单位。① 王宁(2019)改读“攺”为“杀”,认为“寶”从兔声是“贮”字或体,读“屠”,若从“逸”省声则读“肆”训为杀,“道杀阊肆(或屠)”是指在路上杀人或入户杀人。

按,报告言“攺”从攴它声甚是,但读“夺”不妥。“它”“夺”古音开合有别,且楚简表“夺”多记作“敚”,“它”声字也未见与“夺”或“兑”声字发生联系。② “攺”读“施”音固可通,唯“施”置诸文例仍语焉不畅,难以遽信。“肙”从昌声当是,《天下之道》之字正读为“昌”(简7:“邦家其乱,子孙不肙。”)。报告言“肙”是“阊”字异体或是,但泥于与“道”对举,将“阊”训为门则非确诂。《说文·门部》:“阊,天门也。”“阊”特指天门,非一般室门,先秦古书又常“阊阖”连称,极少有“阊”字单用。③ 又若将“肙”读为“党”,于音于义也难信从。“寶”从“兔”声自有道理,但言“逸”省声亦失之,理由前文已有论及,此不赘。“寶”除去“兔”旁的其余构件与“宝”字义符全同,颇疑即为富逸丰逸之“逸”的专字。

“道攺肙寶”可读为“道褫猖肆”,“肙(猖)寶(肆)”同义连用,作“道攺(褫)”补语,无需强求对举。“道褫猖肆”就是在路上明目张胆袭夺作歹,自当重罚不得宽免。“猖肆”亦可与简10“隹(惟)民昌(猖)凶”之“猖凶”并观。

清华简《系年》简59“宋人是故杀申伯无畏,貤其玉帛”,简116“二年,王命莫敖阳为率师侵晋,拕宜阳,围赤岸,以复黄池之师”中,张富海(2014)读“貤”为褫夺的“褫”,网友小狐将“貤”“拕”读为“拕”,训夺。二说皆是。这种用法的“拕”和“拕”可视为“褫”的异体,马王堆帛书《周易》“终朝三褫之”之“褫”即作从手的“搋”。从攴的“攺”亦同理,“攺”之于“褫”犹“敚”之于“夺”。

四

简17-18:“戋(残)家焚(偾)宗,大攻少(小),无赦。”整理报告注:“戋,

① 简帛论坛“清华九《成人》初读”第54楼,2019-12-02。

② “攺”又见清华简《子仪》,辞例为“攺之绩兮而奋之”,整理报告读“攺”为“夺”,亦不妥,有研究者已改读“施”。因上下文义不明,暂难论定,姑附于此,以俟后考。

③ 详参丁福保(1988)11585-11586、张舜徽(2009)2902-2903。

此读为“残”。焚，並母文部，读为帮母文部之‘偾’，倒覆也。大攻小，指兼并战争，见《墨子·备城门》。又《左传》成公十三年：‘又欲阙翦我公室，倾覆我社稷，帅我蝥贼以来荡摇我边疆。’”王宁（2019）疑“戋”读为“歼”，训灭，“焚”依字读，焚灭义，与“歼”意思略同。

按，“戋”读“残”可从，该字还见于本篇简10“天爱戋民之命”，整理报告谓：“‘戋’同‘戈’，即‘翦’字，疑读为‘贱’，‘贱民’见于《史记·郦生陆贾列传》。”所疑可从。《治邦之道》简1“戋少刖勮”，第八册整理报告（2018）[136,139]读“翦小削损”，亦是。王宁改释“戋”为“歼”实不必，但云“焚”不烦破读则可取。“焚宗”犹言“夷宗”，皆是灭宗。《国语·越语》：“若以越国之罪为不可赦也，将焚宗庙。”又《周语》：“是以人夷其宗庙，而火焚其彝器。”古书“残”常跟“灭”“夷”等搭配并举，如《国语·越语》：“吾将残汝社稷，灭汝宗庙。”《吕氏春秋·贵直论》：“居数年，越报吴，残其国，绝其世，灭其社稷，夷其宗庙，夫差身为擒。”《春秋繁露·必仁且知》：“其规非者，其所为不得，其所事不当，其行不遂，其名辱，害及其身，绝世无复，残类灭宗亡国是也。”①

五

简21-22：“五正之诣（稽），隹（惟）爽、隹（惟）方、隹（惟）国（惑）。”整理报告注：“诣，与后文‘䭫’同从旨声，读为‘稽’，指考察合验。爽，训为‘差’，指差别、差错。方，违逆也。清华简《汤在啻门》：‘型（刑）情以不方。’国，读为‘惑’，指疑狱。”所言《汤在啻门》一句位于该篇第17号简，第五册整理报告（2015）[147]注释言：“方，害”。

按，“方”之训违逆、妨害实为“妨”之假借义，“方”皆当读为“妨”。《书·尧典》：“方命圮族。”蔡沈《集传》：“方命者，逆命而不行也。”《孟子·梁惠王下》：“方命虐民。”赵歧注：“方，犹逆也。”“逆命”“违命”之言“方命”，当源自抵御、禁备的“防”，“妨”即由此派生。马王堆帛书古佚书《称》：“疑则相伤，杂则相方”，马王堆汉墓帛书整理小组（1976）[90,96]已指出“方”读“妨”，后出《集成》（2014）[178]按语更明确指出“方”应读为妨害之“妨”，并改

① 何有祖（2019）也指出“焚宗”有灭宗义，不过认为上博简《容成氏》简41“樊宗离族残群”之“樊宗”也当读“焚宗”，则反不如旧说读“叛宗”允恰。

释文作“方(妨)”,甚是,此外,本简读为“惑”之“国”字简影为,可径释“或”。楚简“惑”作(清华简《汤处于汤丘》12)、(上博简《孔子见季桓子》27)等,上面所从“或”旁写法与之契合。

六

简25-26:“一日折狱,剸(断)詞(辞)又(有)謱(数),狱至无青,则幾詞(辞)于戢(岁),致(属)之于乡里。”整理报告注:“謱,读为‘数’,训为‘计’。青,读为‘请’,指请求。一说‘青’读为‘争’,指争讼。《周礼·小司寇》:‘岁终,则令群士计狱弊讼,登中于天府。’可与本句相参。”王永昌(2019)疑“数”为“法”之义,“断辞有数”指狱讼的断决之辞有法可依,并引典籍中“数”训“法”的书证:《管子·任法》:“圣君任法而不任智,任数而不任说。”《韩非子·制分》:“夫治法之至明者,任数不任人。”陈奇猷《集释》:“数,法也。”“本篇数字用为法字之义。”

按,王文所疑有理,唯引陈奇猷说有失允恰。“数”“法”析言有别,“数”之训“法”实为审辨的引申或语境义。《诗·小雅·巧言》:“往来行言,心焉数之。”朱熹《集传》:“数,辨也。”《易·说卦》:“数往者顺,知来者逆。”《荀子·非相》:“欲观千岁,则数今日;欲知亿万,则审一二。”明辨则通理法,故古书“数”也能训为理。《韩非子·孤坟》:“夫以疏远与近爱信争,其数不胜也。”王先慎《集解》:“数,理也。”《吕氏春秋·壅塞》:“世之直士,其寡不胜众,数也。”高诱注:“数,道数也。”简文“断辞有数”是说断狱要基于充分审辨,一旦判决,决辞就要有根有据。《岳麓书院藏秦简(四)》“吏弗能审而数”(简94),刘杰(2019)谓“审而数”之“而”是并列连词。甚是。此“数”也表审辨。《尚书·吕刑》:“刑罚世轻世重,惟齐非齐,有伦有要。……其刑其罚,其审克之。狱成而孚,输而孚。”《易·系辞下》云:“辨物正言,断辞则备矣。”所言亦是此理。准是,后文“狱至无青”亦能明晓,“青”可读“情”,指人情私情,“狱至无情”即言刑狱没有人情,与“断辞有数”主旨相合。《管子·八观》有云:“私情行而公法毁。”①

① 承蒙邬可晶面告,疑“青”可读为“眚”,谓刑狱无过失,亦与“有数”相对。谨录此备参。

该句所在文段是成人对典狱、司正等司法人员的训诫之辞，涉及罪行、刑量、执法、断狱等方面，此部分与《尚书·吕行》多直接关联，反映商周以来“明德慎罚”的立法思想。前文简24-25“爯(称)而䕯(权)之，緟(董)[①]而蒝(原)之，隓(随)而敚(揣)之，戠(察)詞(辞)思(息)詘(屈)，两诰訐(信)政(属)，尚毋又(有)不正”，“称”与“权”、“董”与“原”、“随”与“揣”一一对举，一再强调司政典狱必须明察审辨，度刑公正。简23“狱埅(成)又(有)幾，日求氒(厥)审”，“幾”注释无说，网友ee认为读“譏”，表查问。[②] 甚是。稽查盘问乃辨狱决罪的关键环节和主要依据，“狱成有譏”与“断辞有数”亦相应。

七

简28：“至退(复)般(返)纯若，濬去凶央(殃)。”整理报告注：“濬，决。”

按，报告注释稍嫌简略。“濬”是疏通河道、挖掘井池，清除淤塞挖深河槽使水流通畅，词义似也与决去有关，但于典籍无例可援，置于文例亦欠通畅。此用为“决”应属假借。西周金文有“旂对厥賓于尊彝”(师旂鼎，《集成》2809)、“伯扬父乃成賓，曰：‘牧牛！ 𠭥乃可湛，汝敢以乃师讼。……’”(𠑇匜，《集成》10285)，文中之“賓”是表判决的法律用语。邬可晶(2013)认为“賓”的声符“𣦼”象手(“又”)持铲臿之类工具(“歺”)疏通坑谷、沟壑(“穴”)，是疏濬的“濬”的表意初文，金文可音近读判决的“决”，其说可信。竹简之“决”表判决不甚贴切，应是决绝一类义。《汉书·翟方进传》：“以为决去陂水，其地肥美，省堤防费而无水忧，遂奏罢之。”《荀子·君道》：“其辩说足以解烦，其智虑足以决疑，其齐断足以距难，不还秩〈私〉，不反君，然而应薄扞患足以持社稷然后可，夫是之谓国具。”古人言“决疑”犹言“去(祛)疑”，“决去”连用密合无间。

参考文献

陈　剑(2008)甲骨金文旧释“𩰫”之字及相关诸字新释//复旦大学出土文献与古文字研究中心编，《出土文献与古文字研究》第二辑，上海：复旦大学出版社：13-47。

① 从网友“紫竹道人”读，见简帛论坛“清华九《成人》初读”第31楼，2019-11-27。

② 简帛论坛“清华九《成人》初读”第54楼，2019-12-02。

丁福保(1988)《说文解字诂林》,北京: 中华书局。
何有祖(2019)《上博简〈容成氏〉"焚宗"补说》,简帛网,2019-10-12。
贾连翔(2019)清华简《成人》及有关先秦法律制度,《文物》第9期: 50-55。
李家浩(1990)攻敔王光剑铭文考释,《文物》第2期: 74-76。
李均明(2019)清华简《成人》篇之尚"五"观,《第九届出土文献与法律史研究国际学术研讨会会议论文集》,华东政法大学,2019-10。
李守奎(2014)清华简《系年》"也"字用法与攻吾王光剑、繺书缶的释读//中国古文字研究会,中山大学古文字研究所编,《古文字研究》第三十辑,北京: 中华书局: 374-380。
李学勤(1989)银雀山简《市法》讲疏,《秦汉简牍论文集》,兰州: 甘肃人民出版社。
刘洪涛(2016)释"韩"//中国古文字研究会,中山大学古文字研究所编,《古文字研究》第三十一辑,北京: 中华书局: 140-143。
刘　杰(2019)《岳麓书院藏秦简(四)》札记四则,《中山大学学报》第6期: 113-117。
马王堆汉墓帛书整理小组(1976)《马王堆汉墓帛书·经法》,北京: 文物出版社。
清华大学出土文献研究与保护中心编,李学勤主编(2015)《清华大学藏战国竹简(伍)》,上海: 中西书局。
清华大学出土文献研究与保护中心编,李学勤主编(2018)《清华大学藏战国竹简(捌)》,上海: 中西书局。
清华大学出土文献研究与保护中心编,黄德宽主编(2019)《清华大学藏战国竹简(玖)》,上海: 中西书局。
裘锡圭主编(2014)《长沙马王堆汉墓简帛集成》,北京: 中华书局。
王念孙撰,徐炜君等点校(2014)《读书杂志》,上海: 上海古籍出版社。
王　宁(2019)《读清华简〈成人〉散札》,复旦大学出土文献与古文字研究中心网站,2019-12-04。
王永昌(2019)读清华简(九)札记//李学勤主编,《出土文献》第十五辑,上海: 中西书局: 200-205。
邬可晶(2013)说金文"贀"及相关之字//复旦大学出土文献与古文字研究中心编,《出土文献与古文字研究》第五辑,上海: 上海古籍出版社: 216-235。
谢明文(2015)释西周金文中的"垣"字//中国文字学会《中国文字学报》编辑部编,《中国文字学报》第六辑,北京: 商务印书馆: 69-72。
银雀山汉墓竹简整理小组(1985)《银雀山汉墓竹简(壹)》,北京: 文物出版社。
张富海(2014)说清华简《系年》之"褫"及其他//中国古文字研究会,中山大学古文字研究所编,《古文字研究》第三十辑,北京: 中华书局: 387-391。
张舜徽(2009)《说文解字约注》,武汉: 华中师范大学出版社。
(复旦大学出土文献与古文字研究中心　上海　200433　caicaiyifeng@163.com)

中国手语位移事件中主体和背景的编码特征研究*

王雅琪　杨建新

提要　中国手语位移事件中的主体和背景通过“手势 + 类标记结构”的方式来进行编码，这两种编码方式在编码过程中常常出现省略现象，其必要性梯度为：主体类标记 > 主体手势/背景手势 > 背景类标记，省略与类标记类型和注意视窗的闭合有关。主体和背景的编码顺序兼具序列性及同时性，手势编码顺序随位移事件类型的不同而不同，并与主体的生命度及主体和背景空间关系的凸显度相关；而类标记编码顺序则与主体的运动性质相关。研究结果证实了注意视窗理论跨语言载体的适用性，也体现了位移事件编码跨语言载体的共性和个性。

关键词　中国手语　位移事件　主体和背景　编码方式　编码顺序

一、引　　言

近四十年来，国内外认知语言学界许多学者对不同语言的位移事件表达进行了研究（Fillmore 1982；Langacker 1987；Lakoff & Johnson 1999；Talmy 1985，2000a，2000b；严辰松 1998；邵志洪 2006；阚哲华 2010；李福印 2017；郑国锋 2018；张克定 2019 等），但大多是对有声语言位移事件词汇化模式及其概念要素编码的研究，对手语位移事件表达的研究还相对较少。中国手语是中国聋人群体使用的形义结合的“手势—视觉”沟通符号体系，是真

---

* 本文曾在复旦大学语法沙龙做过报告，陈振宇教授提出了宝贵的意见，特表感谢！另外，本文的写作和修改得到龚群虎教授、杨旭博士、陈雅清博士的指点，特此致谢！若有错缪，责在本文笔者。

正的语言学意义上的语言。(龚群虎 2009)[64]一般来说,有声语言通过位移动词和介词表达物体的位置移动或与其他物体的空间关系,而手语则是通过双手的位置关系及运动来分别表示空间关系及空间位移(Meir & Sandler 2008)——这里所说的双手的位置关系及运动就是手语中的类标记结构(classifier construction)。本文讨论手语位移事件的表达,重点关注主体和背景这两个概念要素的编码,一方面可以了解手语位移事件的编码规则,另一方面可以通过对不同于有声语言载体的手语位移事件的描述,挖掘人类语言中位移事件编码的共性和个性,拓展当下认知语言学对位移事件编码的认识。

二、研究回顾

Talmy(2000b)[25]把运动事件定义为含有位置移动或静态位置持续状态的事件,根据这一定义,运动事件又可分为位移事件及静态事件。已有文献分别对手语位移事件及静态事件的编码进行了一些有益的讨论,本文主要关注手语位移事件的编码,手语静态事件编码的相关研究可参看 Emmorey(1996)、李线宜(2010)及吴铃、李恒(2014)。

位移事件包含六个概念要素,即四个内部要素:主体(figure)、背景(ground)、路径(path)、运动(motion);两个外部要素:方式(manner)、致使(cause)。“主体”是位移事件中位移的实体本身,“背景”是与主体运动路径相关的起参照点作用的物体。(Talmy 2000b)[25-26]从二十世纪九十年代开始,国内外手语语言学研究者对不同国家、地区的手语位移事件的表达方式进行了相关研究。不过研究多侧重于通过对手语位移事件中的概念要素和语言形式的对应情况的考察来区分语言类型(如:Slobin & Hoiting 1994;Tang 2003;Arik 2010;Tai & Su 2013;李线宜 2010;李恒,吴铃 2013,等),主要讨论了“路径、运动、方式、致使”等要素的编码特征(Tang 2003;李线宜 2010;王雅琪等 2017),而对“主体、背景”编码特征的讨论仅散见于以下研究中。

Tai & Su(2013)指出一个完整的手语位移事件可编码为“主体-背景-类标记谓语”或“背景-主体-类标记谓语”,其中类标记谓语里面一般包含背景类标记手形(classifier handshape)及伴有运动、路径要素的主体类标记手形(Tai & Su 2013)[87]。这一结果与 Tang 和 Yang(2007)[1223]的观点相似——"手语位移事件中的主体和背景两个要素一般通过类标记手形来表达,而运动、路径、方式等要素则通过类标记手形的运动来表达"。另外,Tang(2003)及李线宜(2010)分别对香港手语及上海手语位移事件中的主体和背景编码顺序进行了讨论。认为香港手语在表达位移事件时,背景一般先于主体编码,但当主体为"人"且充当自主自移事件的施事,而背景是无生命的物体时,主体也可以先于背景编码(Tang 2003)[155];上海手语位移事件通过类标记结构表达,一般都是先编码整个事件的背景,然后再编码事件中的主体(李线宜 2010)[218]。

这些研究告诉我们,手语位移事件通过"主体/背景手势 + 类标记(结构)"来表达。其中,手势相当于有声语言中的"词",而类标记(又称类标记谓语或类标记结构)是指包含运动、位置、握持和"视觉-几何描述"的多成分动词结构。(Schembri 2003)[3]类标记一般分为形状类标记、语义类标记或实体类标记、操持类标记。(Sandler & Lillo-martin 2006)[77]形状类标记是指用模拟物体的外形和尺寸的手形来指代物体,操持类标记是指用手抓、拿或接触物体时的手形来指代物体,语义类标记则是指用较为固定的手形来指代人或物。主体的类标记一般为语义类标记,根据凸显视角不同,主体的类标记手形也不同:主体为人时,Y 手形是无标记形式,V 手形凸显腿部动作,A 手形凸显头部或上半身;主体为动物时,Y 手形也是无标记形式,5 手形凸显四肢动作。(洪卡娜 2008)

关于位移事件中主体与背景的编码顺序问题,大多认为应该遵循"背景优先于主体"的原则,或者两种编码顺序共存。整体看来,前人文献中对手语位移事件主体和背景的编码顺序问题都没有给予专门的关注,只是在讨论词汇化类型或事件表达时进行了简单的现象描写,没有系统讨论主体和背景在不同类型的位移事件中的具体编码顺序及方式,也未探讨其认知理据。另外,手语位移事件编码中主体和背景的编码形式有时会有所省略,但并不影响事件的语义表达,这一现象在前人的文献中也鲜见讨论。

本文将在认知语言学理论框架内,对中国手语不同类型的位移事件中主体和背景的编码方式、编码顺序进行实验调查,总结主体和背景的编码特征;并试着运用 Talmy(1978/2000a)注意力图式系统中的"主体-背景"理论及注意视窗理论,分别解释手语位移事件中的主体与背景的编码顺序及编码省略的认知理据。

三、研究设计

3.1 实验材料

本研究参考有声语言对位移事件的分类方法(范立珂 2015)[88-89],把手语位移事件分为:自主自移事件、非自主自移事件和他移事件。根据这三类位移事件选择了六张实验图片。其中,图1、图2是自主自移事件,图1的主体是"动物",而图2的主体是"人",做这一区分的主要目的是考察类标记手形的使用是否对主体和背景的编码产生影响。同样,下面两类事件,即非自主自移事件(图3、图4)和他移事件(图5、图6)也分别选择了无生物及人作为事件的主体。

图1

图2

图3

图4

图5

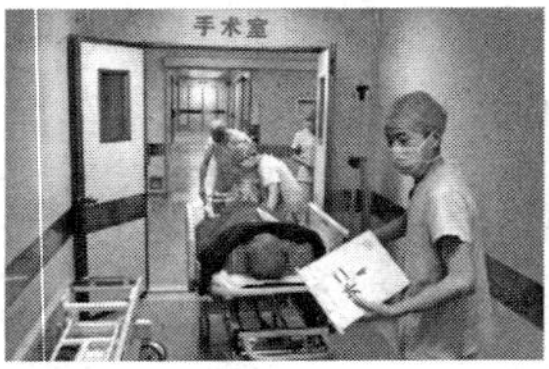

图6

3.2 聋人被试

为了获得较为纯正的手语语料,研究选择四名以中国手语为第一语言且年龄在50—70岁之间的社会聋人作为聋人被试。这类人群受手势汉语的影响较小,保证了被试的手语纯正度;此外,他们的家庭成员中至少有两至三位聋人,中国手语是他们日常交际的主要语言,保证了被试的手语熟练度。值得注意的是:中国手语不同于手势汉语。手势汉语是用手语中的手势词汇按照汉语的词汇语法结构表达出来的,而中国手语有自身的语音(语形)、词汇、形态和句法,与汉语相异。(龚群虎 2009)[64]

3.3 实验过程

为了观察到自然的手语表达,避免聋人受试因汉语词汇和语法结构的干扰而打出手势汉语,研究通过非言语任务来采集语料。首先将六张图片分别展示给四名聋人受试,图片上无任何文字说明,实验设计者也不对图片做任何文字说明;然后要求聋人各自在家中(避免聋人之间互相参照彼此的手语)看图打手语,分别根据这六张实验图片打出六个位移事件的手语,并将手语视频传送给实验设计者;最后采集到 24 段手语视频作为研究的实验语料。研究的实验图片数量和被试人数参照了同类研究(施婉萍 2011;姜诚 2012;吴铃,李恒 2014,等)。另外,本文所示例的手语位移事件编码均为自然的手语表达,但由于受地域、个体差异和语境变化等原因,这些位移事件也可以有其他表达方式。

四、研究结果及分析

中国手语位移事件分为自主自移事件、非自主自移事件和他移事件这三类,下面将分别根据不同的位移事件类型来对主体、背景及其他相关要素的编码方式及顺序进行分析。

4.1 自主自移事件

自主自移事件中的主体是事件的自主发出者,位移力来自主体自身,主体具有生命度高的特征。自主自移事件中背景一般为静态信息,如位置、场所、静物等;主体一般为动态信息,如生命度高的施事(人或动物)。下面我们通过两个例子来看四位受试分别如何编码自主自移事件中主体和背景这两个概念要素。

以下图表中,“/”表示序列性的手势或类标记,“[ ]”表示类标记结构,“ + ”表示同时编码的主手主体类标记和辅手背景类标记,“ - ”表示运动、路径等要素和主体类标记结合在一起由主手编码。

表1　图1的视频转写、主体和背景的编码次数及顺序方式

受试	视频转写	编码次数		编码方式及顺序
		主体	背景	
受试S	桌子/猫/[桌子的类标记B手形+猫的类标记Y手形-跳下来]	2	2	背景手势/主体手势/[背景类标记B手形+主体类标记Y手形]
受试Y、L	桌子/猫/[桌子的类标记B手形+猫的类标记5手形-跳下来]	2	2	背景手势/主体手势/[背景类标记B手形+主体类标记5手形]
受试T	猫/桌子/[桌子的类标记B手形+猫的类标记V手形-跳下来]	2	2	主体手势/背景手势/[背景类标记B手形+主体类标记V手形]

我们可以看到这个位移事件中,主体"猫"和背景"桌子"这两个概念要素都进行了两次编码,第一次是手势编码,第二次是类标记编码。手势编码中,背景优先于主体;类标记结构中,主体和背景类标记同时编码。背景类标记编码时,四位受试都统一用了B手形指代桌子,但主体类标记编码时,四位受试分别用Y手形、5手形、V手形来指代猫,这是由于聋人在对主体进行概念化时凸显的视角不同。

表2　图2的视频转写、主体和背景的编码次数及顺序方式

受试	视频转写	编码次数		编码方式及顺序
		主体	背景	
受试S	山/女人/背包(模拟手势)/[山的类标记(山的单手手形)/人的类标记V手形-往上走]	2	2	背景手势/主体手势/[背景类标记("山"的单手手势)/主体类标记V手形]
受试Y	山/[山的类标记(山的单手手形)/人的类标记V手形-往上走]	1	2	背景手势/[背景类标记("山"的单手手势)/主体类标记V手形]
受试L	山/女人/背包(模拟手势)/[人的类标记V手形-往上走]	2	1	背景手势/主体手势/[主体类标记V手形]
受试T	年轻人/背包(模拟手势)/山/[山的类标记(山的单手手形)/人的类标记V手形-往上走]	2	2	主体手势/背景手势/[背景类标记("山"的单手手势)/主体类标记V手形]

此位移事件中，受试 S、T 都对主体“人”和背景“山”进行了两次编码，即“手势 + 类标记”。但受试 Y 省略了主体的手势编码，仅在类标记结构中编码了主体，这是由于 V 手形是语义类标记，指“人”的腿部动作，隐含了“人”这一语义，如果聋人不想凸显“人”的具体特征(如男/女、老人/小孩等)，则无需单独编码“人”这一手势。而受试 L 则仅对背景进行了手势编码，这说明手语表达自主自移事件时，背景的编码形式优先选择手势编码，其类标记编码可依语境而省略。并且，类标记结构中的主体和背景类标记未同时编码，而是背景类标记先于主体类标记进行了编码，这是由于“爬山”是持续运动，可允许在类标记结构编码中出现序列性。

4.2 非自主自移事件

非自主自移事件可分为两种类型：一是主体为高生命度的施事，位移力来自主体自身，但不是自主发生的位移，如：他不小心摔倒在地上了；二是主体为无生命的物体，位移力为某种不确定的自然力；外部事件(致使)是隐含的，没有显性的表层形式，如：苹果掉在了地上。下面我们通过两个例子来看非自主自移事件中主体和背景的编码方式。

表 3 图 3 的视频转写、主体和背景的编码次数及顺序方式

受试	视频转写	编码次数		编码方式及顺序
		主体	背景	
受试 S、Y	男人/路/走/[路面的类标记 B 手形 + 人的类标记 Y 手形 – 摔倒]	2	2	主体手势/背景手势/[背景类标记 B 手形 + 主体类标记 Y 手形]
受试 L	路/男人/走/[人的类标记 Y 手形 – 摔倒]	2	1	背景手势/主体手势/[主体类标记 Y 手形]
受试 T	男人/走/[路面的类标记 B 手形 + 人的类标记 Y 手形 – 摔倒]	2	1	主体手势/[背景类标记 B 手形 + 主体类标记 Y 手形]

这个事件中，四位受试都对主体“男人”进行了两次编码，即手势 + 类标记；受试 S、Y 对背景“地面”也进行了两次编码，受试 L 只对背景进行了手势编码，而受试 T 仅对背景进行了类标记编码，这是由于类标记 B 手形的无标

记语义(即“平面”)与背景“地面”的语义相似,所以不用手势编码“路”也不会产生歧义。此例中,主体先于背景进行手势编码,受试 L 因为类标记结构中无背景编码,所以需要在事件开端编码背景。

表 4 图 4 的视频转写、主体和背景的编码次数及顺序方式

受试	视频转写	编码次数			编码方式及顺序
		主体	起点背景	终点背景	
受试 S	树/苹果/[树的类标记 1 手形 + 苹果的类标记 C 手形 - 掉下来]/地上	2	2	1	背景手势(起点)/主体手势[背景(起点)类标记 1 手形 + 主体类标记 C 手形]/背景手势(终点)
受试 Y	苹果/树/[地面的类标记 B 手形 + 苹果的类标记 C 手形 - 掉下来]	2	1	1	主体手势/背景手势(起点)/[背景(终点)类标记 B 手形 + 主体类标记 C 手形]
受试 L	树/苹果/[树的类标记 5 手形 + 苹果的类标记 C 手形 - 掉下来]	2	2	0	背景手势(起点)/主体手势[背景(起点)类标记 5 手形 + 主体类标记 C 手形]
受试 T	苹果/树/[树的类标记 5 手形 + 苹果的类标记 C 手形 - 掉下来]	2	2	0	主体手势/背景手势(起点)/[背景(起点)类标记 5 手形 + 主体类标记 C 手形]

这个事件有两个背景,即起点背景“树上”和终点背景“地上”。聋人在对视频中的苹果树上的苹果掉在地上进行编码时,无一例外都编码了起点背景“树”1—2 次(即单独的“手势”形式或“手势 + 类标记结构”形式),而只有受试 S 编码了终点背景“地上”,且放在类标记结构之后,起补充说明作用;受试 Y 则是在类标记结构中编码了背景“地上”的类标记,这两个编码即使省略后,也不会给句子带来歧义。此例中,主体和背景在手势编码时的优先顺序表现不明显。

4.3 他移事件

在他移事件中,主体通常是被使役者,位移力来自主体外部的施事。主体可以是有生物,也可以是无生物,施事必须是有生物。下面我们通过两个例子来看他移事件中主体、背景、施事的编码过程。

表5　图5的视频转写、主体、背景和施事的编码次数及顺序方式

受试	视频转写	编码次数				编码方式及顺序
		主体	背景	施事	外部背景	
受试S	图书馆/女人/书架/[拿书的类标记CH手形-拿书]	1	1	1	1	(外部背景)手势/施事手势/背景手势/[主体类标记CH手形]
受试Y	女人/图书馆/[拿书的类标记CH手形-拿书]	1	0	1	1	施事手势/(外部背景)手势/[主体类标记CH手形]
受试L	图书馆/女人/[拿书的类标记CH手形-拿书]/书	2	0	1	1	(外部背景)手势/施事手势/[主体类标记CH手形]/主体手势
受试T	女人/书架/[拿书的类标记CH手形-拿书]/书	2	1	1	0	施事手势/背景手势/[主体类标记CH手形]/主体手势

这个位移事件中,施事为“女人”,主体是“书”,背景是“书架”。值得注意的是,有三位受试在编码此事件时,加入了一个事件发生的外部背景“图书馆”,这和聋人的叙事特点有关:手语是高语境语言,聋人一般在描述事件前先交代事件发生的地点等外部整体背景信息,再开始描述事件,这和汉语有相通之处。而背景“书架”则仅有两位受试进行了手势编码。此例的主体编码也比较特殊,一般来说,聋人会在类标记结构之前用手势编码主体,而这个事件中,四位受试却均在类标记结构之中或之后编码主体,这是因为在设定了外部背景之后,无需用手势“书”编码主体,而是通过“书”的类标记就能表达“书”的语义。而在编码顺序上,施事在手势编码时优先于主体和背景。

表6　图6的视频转写、主体、背景、施事的编码次数及顺序方式

受试	视频转写	编码次数				编码方式及顺序
		主体	背景	施事	外部背景	
受试S	护士/推(模拟)/病人/手术室/[手术室的类标记U手形+人的类标记Y手形-进去]	2	2	1	0	施事手势/主体手势/背景手势/[背景类标记U手形+主体类标记Y手形]

(续表)

受试	视频转写	编码次数				编码方式及顺序
		主体	背景	施事	外部背景	
受试Y	病人/送/手术室/护士/推(模拟)/[手术室的类标记U手形+人的类标记Y手形-进去]/做手术	2	2	1	0	主体手势/背景手势/施事手势/[背景类标记U手形+主体类标记Y手形]
受试L、T	医院/病人/着急/[手术室的类标记U手形+人的类标记Y-住院]做手术	2	1	0	1	(外部背景)手势/主体手势/[背景类标记U手形+主体类标记Y手形]

此例中,施事为“护士”,主体是“病人”,背景是“手术室”。四位受试都对主体进行了两次编码,受试S、Y对施事进行了手势编码,也分别对主体和背景进行了两次编码,两者的差别仅为施事编码顺序的不同。而受试L、T则加入了外部背景“医院”,省略了背景“手术室”的手势编码及施事“护士”的编码,不会引起歧义。此例中,施事、主体和背景在手势编码时的优先顺序表现不明显。

五、讨　　论

通过语料调查,我们发现中国手语位移事件中的主体和背景一般通过“手势+类标记结构”来编码。中国手语位移事件中的主体、背景及相关要素的编码方式、编码顺序等特征可归纳如下:

5.1　编码方式

中国手语位移事件中的主体和背景一般进行两次编码,即先编码主体和背景手势,再以类标记手形结合运动、路径(方式)等概念要素编码为一个类标记结构。

主体和背景手势(类标记)在编码过程中常常出现省略现象。主体和背景编码的必要性梯度为:主体类标记>主体手势/背景手势>背景类标记。主体编码中,类标记编码是必要的,手势编码可省略;而背景编码中,手势是主要的(但不是必要的)编码方式,类标记编码可省略。这是由于手语是主体类(Figure-type)语言(Tang 2003;李线宜 2010),即运动必须和主体合并为类标记结构来表达,一个手语位移事件中,运动是最必不可少的要素,因此主体也是必须编码的要素,而背景在一定条件下可以省略。其中,主体和背景的手势编码省略需满足两个条件:一是当主体或背景的类标记是语义类标记时;二是当聋人在对位移事件进行概念化时,凸显的视角不在于主体或背景的具体性状特征,而在于主体的动作时。如在图2的调查语料中,受试Y省略了主体的手势编码,这是因为V手形的无标记语义就是指人的腿部动作,隐含了“人”这一语义,且不凸显“人”的具体特征(如男/女、老人/小孩等)。这体现了语言的经济性。

主体和背景的编码省略现象还可以通过注意视窗的开启和闭合来进行解释。Talmy(2000a)[259]指出一个序列性(或者在概念上呈序列性)的场景可以分别在开始、中间、结束部分开启最强注意视窗;同样,这一场景中也有一部分没有经历开窗,该部分因为句法成分表达的缺省而被置于背景位置,称为起始、中间及结尾视窗闭合。中国手语自移事件中,有时一个简单位移事件含有两个背景,一个起点背景,一个终点背景,如图4中的“树”是起点背景,“地上”是终点背景,如果聋人的注意视窗在位移的起始路径和中间路径开启了,结尾路径关闭了,即没有凸显表达苹果掉下来的终点背景的具体性状(如水泥地、沼泽地等),则可以省略终点背景。这证明了注意视窗开启和闭合是非常基本的,该认知过程不仅发生在口语中,而且发生在自然交流系统的全部认知领域。(Talmy 2000a)[303]他移事件中,聋人一般会在整个事件的起始位置编码一个“外部背景”,这个外部背景可以激活施事、主体、背景等要素,主体是必须编码的成分,而施事和背景则可根据聋人注意视窗开启和闭合而选择省略其中一个概念要素。如图5中,三位受试编码了外部背景“图书馆”,根据人们的百科知识及类标记结构中主体的运动(主体类标记CH手形模仿从书架拿书的动作)推断该事件的背景是“书架”,因此可闭合“背景”这一视窗。同理,图6中,受试L、T加入了外部背景“医院”,根据人们的百科知识可以推出病人在医院做手术的地方就是“手术室”,推病人进手术室的则为“护士”,因此,这个位移事件中的“背景”和“施事”可作为一个隐性要素,经历视窗闭合。

5.2 编码顺序

中国手语位移事件中的主体和背景的编码顺序兼具序列性和同时性。

一般来说,手势编码部分主体和背景编码呈现序列性,而类标记结构编码部分则包含同时性及序列性两种情况。其中,不同类型的位移事件在主体和背景手势编码顺序上呈现出一定的差异,具体表现如下:

自主自移事件中,背景一般先于主体进行手势编码,这是因为自主自移事件一般关注主体与背景的空间关系,即主体发生了空间位置的移动。有声语言中这种空间关系是通过语法形式的序列组合来实现的,编码时通常对主体进行凸显,且体现在句法结构的优先上,即"主体先于背景"编码。(Talmy 1978,1988,2000a)而手语的空间关系主要在类标记结构中体现,主体和背景的手势形式只是起到"空间定位"的作用。这是因为手语是"视觉-空间"语言,在编码位移事件时,一般先搭建虚拟舞台,对参与空间位移关系的实体(主体和背景)进行引入介绍,即"空间定位",再用类标记结构来编码其空间关系。从空间定位这个角度出发,一般是先定位体积较大、较固定的背景,将其作为一个参照点,然后再定位位移主体,因此,其手势编码部分呈现"背景优先主体"倾向。

非自主自移事件中,主体先于背景进行手势编码的情况更多,这是由于此类事件的位移力不是来自主体自身,运动多为瞬间动作,如滑倒、掉等,且多表达主体受损义,事件凸显主体的运动本身,而不关注主体与背景的空间关系。所以,这类事件的主体凸显度高于背景,体现在可先于背景进行手势编码。

他移事件中,主体、背景及施事的手势编码顺序与主体的生命度有关。当主体为无生命物时,一般施事优先于主体和背景;当主体为有生命物时,则施事、主体和背景的优先性表现不明显,聋人可根据其凸显的要素不同而进行不同顺序的编码。另外,如果他移事件中增加了"外部背景",则"外部背景"优先编码,这是因为"外部背景"通常不直接表达空间关系,而是为空间关系中的主体、背景、施事设定语境。

通过以上分析,发现主体和背景手势编码呈现序列性,其编码顺序与主体的生命度及主体和背景空间关系的凸显度有关,且随位移事件类型不同而不同:自主自移事件一般是"背景先于主体编码",非自主自移事件一般是"主体先于背景编码",他移事件中的主体、背景、施事编码顺序则可选择性更大。然而,类标记结构中的主体和背景类标记编码通常呈现同时性,但当主体运动是持续动作时,则编码可能出现序列性,且有"背景类标记优先于主体类标记”编码的倾向。如图2“人爬山”这个事件中的运动(爬山)是持续动作,受试均先编码背景类标记后再编码主体类标记。而在其他几例中,主体运动为瞬间动作,如“跳下来、摔倒、掉下来、进去”等,受试则同时编码主体及背景类标记。可见,类标记结构中的主体和背景类标记编码顺序与主体的运动性质相关。

六、结　　论

通过对中国手语位移事件主体和背景编码的考察得出以下结论:中国手语位移事件通过“手势+类标记结构”的方式来编码主体及背景。聋人可根据注意视窗的闭合而省略背景、施事等概念要素,但主体(尤其是主体类标记)编码不可省略,并且类标记类型也对主体和背景手势编码的省略产生影响。主体、背景编码省略现象证实了注意视窗理论跨语言载体的适用性。同时,中国手语位移事件主体和背景的编码顺序体现了跨语言载体的共性和个性。其中,主体和背景手势(类标记)的序列性编码体现了手语与有声语言之间的共性,而主体和背景类标记的同时性编码则体现了手语独特的视觉空间性。

另外,本研究对聋人汉语学习也有一定的启示。聋人在用书面汉语表达位移事件时常常出现背景做主语,主体做宾语的现象,如“学校开进了车”“盒子滚进了球”。虽然在有声语言中主体/背景优先顺序逆转句也是存在的,但不具有典型性;但是在聋人书面汉语表达中这种逆转句比比皆是,这是由于聋人没有区分空间定位和句法关系,把空间定位的顺序等同于句法顺序,从而造成了他们习得汉语语序的困难。了解手语和汉语在位移事件主体和背景编码上的异同有助于聋人的汉语语法学习。

参考文献

范立珂(2015)《位移事件的表达方式探究》,上海:复旦大学出版社。

龚群虎(2009)聋教育中手语和汉语问题的语言学分析,《中国特殊教育》第3期。

洪卡娜(2008)上海手语类标记手形调查报告,复旦大学硕士学位论文:12-16。

姜　诚(2012)上海手语名词手势受年龄影响变异的调查研究,《中国特殊教育》第3期。

阚哲华(2010)汉语位移事件词汇化的语言类型研究,《当代语言学》第2期。

李福印(2017)典型位移运动事件表征中的路径要素,《外语教学》第4期。
李 恒,吴 铃(2013)中国手语运动事件的词汇化模式,《现代外语》第11期。
李线宜(2010)上海手语类标记结构调查研究,复旦大学硕士学位论文。
邵志洪(2006)英汉运动事件框架表达对比与应用,《外国语》第2期。
施婉萍(2011)香港手语的话题句,《当代语言学》第2期。
王雅琪等(2017)手语中位移事件的运动与路径特征研究,《现代特殊教育》第12期。
吴 铃,李 恒(2014)中国手语如何表达静态运动事件,《中国特殊教育》第12期。
严辰松(1998)运动事件的词汇化模式——英汉比较研究,《解放军外语学院学报》第6期。
张克定(2019)非现实位移事件的编码与突显,《外国语文》第1期。
郑国锋(2018)英汉语位移运动事件中的移动体:以多参照物构式为例,《西安外国语大学学报》第3期。
Arik E. (2010) Describing Motion Events in Sign Language. *Poznan Studies in Contemporary Linguistics* 46(4): 367-390.
Emmorey K. (1996) The Confluence of Space and Language in Signed Languages. // Bloom P. *et al.* (eds.) *Language and Space*. Cambridge MA: MIT Press: 171-209.
Fillmore C J. (1982) Toward a Descriptive Framework for Spatial Deixis. // Jarvella R J, Klein W. (eds.) *Speech, Place and Action: Studies in Deixis and Related Topics*. New York: John Wiley & Sons: 31-59.
Lakoff G, Johnson M. (1999) *Philosophy in the Flesh: The Embodied Mind and Its Challenge to Western Thought*. New York: Basic Books.
Langacker R W. (1987) *Foundations of Cognitive Grammar (Vol. I): Theoretical Prerequisites*. Stanford, California: Stanford University Press.
Meir I, Sandler W. (2008) *A Language in Space*. New York: Taylor & Francis Group, LLC.
Sandler W, Lillo-Martin D. (2006) *Sign Language and Linguistic Universals*. Cambridge: Cambridge University Press.
Schembri A. (2003) Rethinking "Classifiers" in Signed Languages. // Emmorey K. (ed.) *Perspectives on Classifier Construction in Sign Language*. London: Lawrence Erlbaum Associates, Publishers: 3-34.
Slobin D I, Hoiting N. (1994) Reference to Movement in Spoken and Signed Languages: Typological Considerations. // Gahl S, Dalbey S, Johnson C. (eds.) *Proceedings of the Twentieth Annual Meetings of the Berkeley Linguistic Society*. Berkeley: Berkeley Linguistic Society.
Tai J H Y, Su S F. (2013) Encoding Motion Events in Taiwan Sign Language and Mandarin

Chinese: Some Typological Implications. //Cao Guangshun *et al.* (eds.) *Language and Linguistics Monograph Series 50*. Taipei: Institute of Linguistics, Academia Sinica.

Talmy L. (1978) Figure and Ground in Complex Sentences. //Greenberg J H. (ed.) *Universals of Human Language (Vol. 4): Syntax*. Stanford, Calif: Stanford University Press.

Talmy L. (1985) Lexicalization Patterns. //Shopen T. (ed.) *Language Typology and Syntactic Description (Vol. II): Grammatical Categories and the Lexicon*. Cambridge: Cambridge University Press: 57-149.

Talmy L. (1988) Force Dynamics in Language and Cognition. *Cognitive Science* 1: 49-100.

Talmy L. (2000a) *Toward a Cognitive Semantics (Vol. 1): Concept Structuring Systems*. Cambridge: MTI Press.

Talmy L. (2000b) *Toward a Cognitive Semantics (Vol. 2): Typology and Process in Concept Structuring*. Cambridge: MTI Press.

Tang G. (2003) Verbs of Motion and Location in Hong Kong Sign Language: Conflation and Lexicalization. //Emmorey K. (ed.) *Perspectives on Classifier Construction in Sign Language*. London: Lawrence Erlbaum Associates Publishers: 143-166.

Tang G, Yang G. (2007) Events of Motion and Causation in Hong Kong Sign Language. *Lingua* 117: 1216-1257.

（王雅琪　复旦大学中文系　上海　200433/
豫章师范学院外国语学院　南昌　330103　541503787@qq.com;
杨建新　河西学院外国语学院　张掖　734000　262720249@qq.com）

CONTENTS

Abstract: In this paper, the causes of the actuation phase of sound changes are discussed. It argues that the causes can be divided into two major parts: articulation and perception. The reasons concerning perception further include the factors of phonological systems and enhancement of distinctiveness. Finally, this paper gives a concise review of the listener-based model of sound changes proposed by Professor John Ohala.

Key words: sound changes; co-articulation; regressive assimilation; the listener-based model of sound changes; hypocorrection; hypercorrection

Abstract: The adverb *jiù* "就" can function as a topical focus operator, which assigns the feature [focus] to the topic, and simultaneously requires that the comment contains an anaphor referring back to something in the preceding discourse. Moreover, the focus feature in the topic will project into the whole clause due to its illocutionary force. Compared with ordinary contrastive topic clauses, the *jiù* clause are different in that, while the former often co-occur with a contrastive focus in the comment, the latter bans such a focus. The above mentioned function of *jiù* is reflected systematically in the topic's quantificational features and the anaphoric forms in the comment.

Key words: *jiù* "就"; Contrastive Topics; Inverted Information Structure; Topic Foci Projetion

Abstract: This paper mainly discusses the semantic properties and uses of

views on a number of major issues to be solved in the study of this category, which concerns the notion of multidimensionality and instantaneity.

Key words: Alignability; Alignment-disalignment; The Social Group; Dimensions of alignability; A real-time construction.

Abstract: Both "*ye*" and "*you*" are Chinese adverbs which can express repetition and mood. For the free choice use of "WH + *ye/you*" constructions, the relevant sentences are mostly negative, but in some cases they may also be affirmative ones; while the "WH + *you*" sentences are almost all negative. Based on corpus statistics and the development of the functions of the two morphemes, it can be concluded that the negative polarity feature of "*you*" is stronger than that of "*ye*". This paper also explores the asymmetry of the two adverbs in the positive and negative non-interrogative WH-sentences from the perspectives of subjective degrees, basic semantic features and information value.

Key words: *ye*; *you*; WH-sentences; negative polarity; asymmetry

Abstract: Aiming at *Yijing*'s multiple functions, this paper proposes and further proves, from the perspectives of Degree Semantics and Alternative Semantics, that *Yijing* can function as a focus-sensitive operator. Its analysis suggests that *Yijing* takes the predicate as the associated focus, and is possessed with both a ranking and an excluding function: on the one hand, by ensuring that the focus is valued the highest in the set of alternatives, *Yjing* will make the focus and the alternatives it triggers automatically ranked by a declining order; on the other hand, *Yijing* is capable of excluding propositions activated by the alternatives in the context, thus adding a not-at-issue meaning to the sentence. Under this account, the asserted temporal, degree and modal interpretations of *Yijing*, together with its counter-expectation function, are all reflexes of its function as a focus-sensitive operator.

Key words: *Yijing*; focus; alternatives; gradability; not-at issue meaning

Abstract: The words of the "*Bei*" family derived from "*Huabei*" are of great linguistic significance. "*Huabei*", originally a sentence, is then directly realized as a word. Such phenomenon shows that new lexical structures can give new lexical and grammatical meanings to mood words with only grammatical meanings. Moreover, the anti-grammaticalization of "*Bei*" is realized. "*Huabei*" has the pragmatic effect of homophonic pun, which attracts other businesses to follow suits and use the structure "X *Bei*" extensively. The human brain which gives priority to the understanding of semantic information, the open social environment which promotes language change, and the characteristics of Chinese itself together promote "*bei*" to produce a new relation between sound and meaning.

Key words: "*Hua Bei*"; "X *Bei*"; Antigrammaticalization

Abstract: "*Shenme*" (what) exclamatory sentence is a special form in linguistic typology of the world, whose core meaning is to express "strong emotion caused by mirativity". Based on migration patterns, the construction developed pure exclamatory usage for positive emotions, "negative" usage for pragmatic negation and negative emotion, and so on. We examined nine types of exclamatory sentences in Chinese, all of which tend to express pragmatic negation and negative emotion for many reasons. First, many of the "*Shenme*" exclamations in languages that express affirmation and positive emotions only accept degree explanations, which is also referred to as "quantitative surprises". However, the Chinese exclamatory sentence "*Shenme*" only expresses "qualitative surprises", which leads to its negative usage. Secondly, we categorize the negative meaning into seven types, and the specific triggering factors for their expression of pragmatic negation and negative emotion are explained. Statistics show that the factual proposition is related to the position of turns and whether the previous discourse is quoted. Verbal phrases are usually in the first turn of the discourse, and often indicate that the behavior or situation concerned is true, but unreasonable; adjectives, on the other hand, are often used in subsequent sentences to show objection to the judgment of the other person, because the speaker consider them counterfactual. More importantly, native Chinese speakers use these formats in an anti-alliance contexts, even if the focus element is neutral or positive words. Therefore, the anti-alliance relationship is also the fundamental reason to explain why Chinese language cannot achieve the balance between the affirmation and negation, and between positive and negative emotions.

Key words: "what" exclamatory sentence; Mirativity; Pragmatic negation; Negative emotions; Qualitative surprises; The anti-alliance

Abstract: Based on the difference between the participants and the semantic type, the iterative construction N *lai* N *qu* can be divided into two types: the single-agent iterative and the multi-agent interactive iterative, of which the interactive repetitive type reflects the interactive tendency of the construction. The component N of the single-agent iterative can be the subject of displacement, the tool of displacement, the object or the speech content. The component N of the multi-agent iterative can be tools of communication, interactive objects, or interactive contents. The construction is solidified from the subject-verb constructions N *lai* and N *qu*. The process of constructionalization is facilitated by the blurring of *lai* and *qu*, both of which gradually changed from verbs of displacement to iterative marks. And the semantics has undergone a process of evolution from [+ move] [+ direction] to [− move] [+ direction] to [− move] [− direction]. The evolutionary process of N *lai* N *qu* is subjected to multiple suppression by the structure, including both the suppression from the structure per se and the suppression between its components. In addition, the use of interactive iterative is subject to the restriction of "multi-agent participation". The construction is still in the process of grammaticalization, and its use is limited by the context. Driven by subjectivity, the highly grammaticized N *lai* N *qu* shows the pragmatic tendency of negative evaluation in appropriate contexts.

Key words: "N come N go(N 来 N 去)"; constructionalization; interactive meaning; multi-interaction; negative assessment

Abstract: The opposition between actual motion and fictive motion is the essential difference between the verb dou_0 (都$_0$) and the adverb dou_1 (都$_1$). By analyzing the statistic data of the structure of NP + dou_1 (都$_1$) + VP extracted from a large scale of diachronic materials, we found that 1) Originally the NPs in such constructions normally refer to single entities, 2) and the diachronic gradience of NPs is "NPs which refer to single entities" > "collective NPs, generic use of NPs, and plural pronouns that refer to plural entities" > "juxtaposed NPs". Also, we discuss the diachronic gradience of Vs. When the NPs refer to single entities, the gradience is "completed verbs" > "stative verbs". When the NPs refer to plural entities, the gradience is "completed verbs" > "stative verbs" > "active verbs". The notion of fictitiousness can reveal the grammaticalizational process and the characteristics of NPs in *dou*-constructions.

Key words: *dou* (都); grammaticalization; fictive motion; fictive change; representing course

Abstract: The semantic differences between the bounded predicate-object structure and the inverted predicate-object structure are obvious, with the former functioning as predicative verbal structures while the latter being categorized as referential modifier-head nominals. Being referential is the main reason for the inverted structure to function quite freely as an inverted verb-object compound modifier. Similar to the verbal type of "N de V", the inverted predicate-object structure has lost some of its verbal touch and acquired some referential quality. Syntactically, the bounded predicate-object structure can only take a bounded structure as its component. Semantically, it works better for a modifier within a compound expression to be referential. The inverted predicate-object structure can work directly as a modifier and form an inverted verb-object compound. It is the natural outcome of a joint function of factors like referentiality, lightness/stress and looseness/closeness.

Key words: bounded structure; referentiality; lightness/stress; looseness/closeness; inverted verb-object compound

Abstract: Place deixes used after personal pronoun can produce a space structure. Due to the difference in the spatial relation indicated by personal pronouns and place deixes, the locational structure of "personal pronoun + place deixis" can express external reference, internal reference and coincidence reference, and the corresponding expressions in syntax are attributive noun phrases of the cohesive type, attributive noun phrases of the combined type, and apposition phrases. The "personal pronoun + place deixis" can further refer to things attached to places, institutions, people and abstract things. Place deixes are used before the VP of the sentence in realis modality to indicate that the action takes place in the present, that is, at the scene of spatiotepmporal location. Such usage expresses a kind of proactive behavior, emphasizing the speaker's attitude and emotion, and showing its exclamatory nature. When used in front of VP to express non-irrealis modality and states, place deixes act as pragmatic elements, emphasizing that the behavioral attributes described by verbs and adjectives are the implied contrast of the objects referred to by personal pronouns.

Key words: Place deixis; Localization; reference relations; transferred designation; the present — the scene; pragmatic element

Abstract: From the perspective of Case-assigning and labeling algorithm, it's unnecessary to categorize light verbs. However, from the perspective of introducing arguments, light verbs can be classed as Caus(e), Bec(ome), Do and Be according to their eventive meaning. To highlight the non-core argument, the functional category Appl is introduced and it can occur in all kinds of constructions expressing accomplishment, achievement, activity and state. The four types of light verbs can introduce both core arguments and non-core ones; therefore, the non-core arguments can behave similarly as the core ones in terms of syntax.

Key words: light verb; Appl; event meaning; mom-core argument; non-canonical object

Abstract: The frequency adverb "*Shishi*"(时时) may have been superimposed by the frequency adverb "*Shi*"(时) as early as the Western Han Dynasty, and "*Bushi*"(不时) was probably lexicalized from a cross-layer structure "*Bushi*"(不时) in the Song and Yuan dynasties. The adverb "*Shibushi*"(时不时) may appear in the Republic of China at the earliest, and the generation mechanism of the expression is blend. On the surface level, "*Shibushi*"(时不时) is a combination of semantically similar frequency adverbs "*Shishi*"(时时) and "*Bushi*"(不时); on the deep level, "*Shibushi*"(时不时) is contained in the pattern "S 时时 VP" and "S 不时 VP" and is generated during the coupling process. The subjectiveness of the speaker is the motivation for the generation of the adverb of frequency "*Shibushi*"(时不时).

Key words: "*Shibushi*"; Frequency Adverb; blend; subjective

Abstract: Based on a systematic investigation of the encoding formats of 19 meteorological events in Classical Chinese within a typological framework, this paper finds that nearly all the meteorological expressions fall under three encoding types: predicate type, argument type and "argument-generalized predicate" type. The ontological features of a certain meteorological event determine which encoding type qualifies as the predominant type. Besides, Chinese native speakers' unique understanding of meteorological events may lead to the emergence of non-dominant encoding types or determine the specific forms of a certain encoding type. From Old to Middle Chinese, the development of the encoding formats of meteorological events exhibits a general trend: from predicate type to argument type. The motivation for this change is the evolutionary trend in the history of Chinese: from synthetic to analytic, and from implicit to explicit. This paper argues that Eriksen et al.'s hypothesis of the general direction of diachronic development does not conform to Chinese, in that language-specific structural characteristics are not taken into consideration in their theory.

Key words: Classical Chinese; meteorological expressions; encoding types; event types; diachronic development; from synthetic to analytic

Abstract: The early foreign Chinese learning documents had witnessed the history of the language and culture contact between China and the West in the 17-19th century. It is believed that these documents preserved spoken Chinese at that time and a valuable bilingual corpus, and a part of their contents can be traced back to Chinses local sources. The 19th century Peking Mandarin textbook *Yü-yen Tzŭ-êrh Chi*, is an important representative of such documents, which could provide reliable references and multiple evidences for modern Chinese language study. This paper analyzes examples of the document concerning documentary evidence, headwords and the meaning of items of *Hanyu Da Ci Dian*, and reveals the value of the bilingual coexistent corpus extracted from the multiple versions of *Yü-yen Tzŭ-êrh Chi.*

Key words: foreign Chinese learning documents; modern Chinese; *Yü-yen Tzŭ-êrh Chi*; *Hanyu Da Ci Dian*

Abstract: This article describes the use of the manner particle *guo* in Guigang Hakka and compares it with Guigang Yue and Zhuang [Tai-Kadai]. The manifestations of the manner particle in Guigang Hakka is highly parallel with that in Guigang Zhuang. The development of the manner particle *guo* is induced from the perspective of language contact.

Key words: manner particle; Hakka; Zhuang; language contact

Abstract: This paper focuses on the morphological and analytic causative constructions in the Shuimofang dialect, which is a newly discovered Sino-Tibetan mixed language spoken in Alangu Village, Sanba Township, Shangri-La Municipality, Diqing Tibetan Autonomous Prefecture, Yunnan Province. The morphological causative construction is substantiated by a verbal suffix-tʂo^{21} encoding manipulative causation. The analytic causative constructions can be further classified into two subtypes. The first subtype employs the verb-resultative(VR) construction and its derived constructions, i. e. "VR-tʂo^{21}" and "V_1Asp mə + V_2-tʂo^{21}", to express manipulative causation. The second subtype includes constructions such as "V + ʂo^{21}/tʂo^{21} ʂo^{21}" and "xã^{51}-lə mə + V + ʂo^{21}/tʂo^{21}/tʂo^{21} ʂo^{21}" to indicate directive causation. The emergence of the causative suffix-tʂo^{21} and the causative construction "V + ʂo^{21}/tʂo^{21} ʂo^{21}" can be seen as cases of grammatical replication on the model of Alangu Tibetan. But the construction "xã^{51}-lə mə + V + ʂo^{21}/tʂo^{21}/tʂo^{21} ʂo^{21}" was originally formed in the Shuimofang dialect and later replicated by Alangu Tibetan by means of constructional copying.

Key words: the Shuimofang dialect; Alangu Tibetan; language contact; causative construction; morphosyntax; semantic function

Abstract: The aspect marker *lio* "了" and *a* "啊" in the Jiangxi Anyuan (Hezi) dialect corresponding to the aspect marker *le* "了$_1$" of Mandarin. The syntactic environment in which they appear can be basically the same, but the grammatical meaning between them is not the same. The viewpoint of *lio* has a initial point and a natural endpoint, and thus the aspect meaning is complete. In addition, verbs with negative meanings can only occur with *lio*. Therefore, the semantic features of *lio* can be summarized as [+completion] [+ negative]. The viewpoint of *a* in situation sentence contains an initial point and an arbitrary endpoint, and its aspect meaning is termination. , Positive verbs can only combine with *a*. Therefore, the semantic feature of *a* is [+termination][+active].

Key words: Hakka dialect; completion; termination; negative

Abstract: In the Quanzhou dialect, the adverb "[tsiaʔ꜇]", mostly referred to as "则" in previous studies, expresses four main semantic categories: TIME, RESTRICTION, CONDITION and EMPHASIS. Based on the historical literatures and the related contemporary vernacular language materials, this paper discusses the phonetic change and grammatical functions of "[tsiaʔ꜇]". We find that "[tsiaʔ꜇]" has undergone phonetic erosion from its original form "[tsiã꜄]", which should be written as "正". Comparing it with lexical forms of the same semantic roles in other dialects of the same Min dialect group, including Zhangzhou, Chaozhou, Fuqing and Donghai dialects, and a few dialects in Hakka dialect group, we further analyze the semantic change path of "正[tsiaʔ꜇]" in the Quanzhou dialect.

Key words: Quanzhou Dialect; Adverb; Phonetic Change; Grammatical Function

Abstract: This paper studies the unconditional conjunction "*yuàn*" (愿) in the Datong dialect. On the basis of a detailed description of its usage and function, this paper points out that "*yuàn*" (愿) evolved from a modal verb to an adverb, and finally became an unconditional conjunction. We hold the opinion that with the continuous intervention of subjectivity, the semantics and the part of speech of "*yuàn*" (愿) change accordingly.

Key words: Datong dialect; "*yuàn*"(愿); modal verb; adverb; unconditional conjunction

Abstract: This paper begins with a discussion of the long vowels of the Weiping

Chun'an Hui dialect and its origin, arguing that the long vowels of the Hui dialect (also some branches of southern Wu) can be divided into two types. One type features the lengthening of the nuclei, resulting in the epenthesis of an off-glide. Specifically, monophthongs like [i, u, y, ɔ] combining with off-glides [ə, ɐ] then result in [iːɐ, uːə, ɔːɐ] (or [iɐ, uə, ɔɐ] directly). The other type features the lengthening of the medial, which takes the space of nuclei, that is, the diphthongs with off-glides like [ie, ye, uə] go through the process of medial-lengthening and become [iːe, yːe, uːə]. The long-vowel finals always show mutational characteristics in the lengthening process, which means that the lexical item is the basic unit of the phonological deviation. For example, the Chinese characters with the final [i] in early time may have new finals like [iːə], [ie] after phonological deviation, or may simply keep the [i]. The formation of the long-vowel finals in Wu and Hui dialects is phased and variable. It can be inferred that such a phonological phenomenon is highly likely to appear late and has no direct historical relationship with the substratum of Chinese and other minority languages in south China before the Middle Ages.

Key words: Weiping Hui dialect; southern Wu dialect; long vowel; lexical diffusion; phonetic variation

Abstract: This paper concerns the Wangjiang dialect of the Huaiyue group in the southwest of Anhui province as the main object of study and analyze the pronunciation form of *xie* (蟹) *zhi* (止) rhymes, and discussed the representation and the strata of the medial [u] in the rhymes. Based on a comparision with the surrounding dialects, it deduced the source of medial [u] in *xie zhi* rhymes of the wangjiang dialect. The results indicate that the consistency of the medial [u] in open-mouth words and closed-mouth words in the dialect can be derived from specific features.

Key words: Huaiyue group; Wangjiang dialect; *Xie Zhi* Rhymes; Medial[u]

Abstract: This paper makes new comments on the text "*Chengren*" of

Tsinghua Bamboo Slips: The character 轪 represents enclosing wall in 市无轪(12th Strip) can be read as *Gan*(榦), and 市无轪 means that the market is out of control; the character 迵 in 迵谣无节(13th Strip) can be read as *Song*(诵); the sentence 道敀肩寳(17th Strip) can be re-interpreted as *Daochichangsi*(道褫猖肆), and 寳 may be the specialized character means opulence; the word 焚宗 in 残家焚宗(17-18th Strip) means exterminate a family; the character 方(21th Strip) means 'disobey' should be read as *fang*(妨); the character 国(21th Strip) can be read as *huo*(惑) and should be re-interpreted as 或; the character 謱 can be read as *Shu*(数) in 断辞有謱(25th Strip), which means 'distinguish critically'; the character 潘 in 潘去凶殃(25th Strip) means 'remove' and should be read as *Jue*(决).

Key words: Tsinghua Bamboo Slip; *Chengren*(成人); Excavated Text; Textual Research; Reading Notes

Encoding of Figure and Ground in Chinese Sign Language Motion Event

Abstract: In CSL motion events, the Figure and Ground are encoded by "sign + classifier", but the ellipsis of encoding elements of Figure and Ground is very common, and the gradient of necessity should be: Figure classifier > Figure sign/Ground sign > Ground classifier. The ellipsis of the elements is related to the types of classifier and the windowing of attention. Moreover, the encoding sequence of Figure and Ground is both sequential and simultaneous. The sequence of the signs of Figure and Ground varies according to the types of the motion events, and is influenced by the animacy of the Figure and the highlight of the space relation between Figure and Ground; and the sequence of the classifier of Figure and Ground varies by the property of motion. The study testifies the applicability of the theory of windowing of attention across different language modalities, and also reflects the universality and uniqueness of encoding motion events across different language modalities.

Key words: Chinese Sign Language; Motion Events; Figure and Ground; encoding mode; encoding sequence

稿　约

一、《语言研究集刊》刊登语言学各领域的学术论文、评论，每年出版两辑，每辑35万字左右。

二、本集刊欢迎国内外学者赐稿。来稿投电子文本即可，请寄编辑部邮箱：yuyanxue@fudan.edu.cn；或登录《语言研究集刊》网站（http://yjjk.chinajournal.net.cn/）在线投稿。请勿寄编委会或编辑成员个人，以免遗失或延误。如作者本人认为需寄纸质文本，请寄：中国上海市邯郸路220号，复旦大学中文系《语言研究集刊》编辑部（邮编200433）。稿件一经刊出，即致薄酬和样书二册。

三、来稿一般不超过15 000字（但优秀的稿件字数可以从宽），题目、作者名、单位、提要和关键词均需中英文对照。电子文本请寄简体中文版word版和PDF版两种。本刊实行双向匿名评审，所以PDF版请投两份，一份有作者信息，另一份则不出现作者本人信息、基金项目（如有）、“参拙著”之类提示性文字。Word版只需一份，具有作者信息。正文末请附e-mail联系地址。除必须使用繁体字、异体字外，请使用简体字。

四、来稿请勿用word中的自动格式（如章节、例句排序等）。撰写格式如下：

1. 题目为宋体小二号加粗占1行居中，作者名为楷体小四号占1行居中。“提要”2字和“关键词”3字为黑体五号，提要、关键词内容为宋体五号；提要和关键词部分两端各缩进两个字符。正文为宋体五号。

2. “提要”2字和“关键词”3字顶格，后分别空1格，然后续写提要和关键词，关键词之间用分号隔开。正文首行空2格，单独成段的引文和例句采用仿宋体，不用引号，且首行空2格，回行不空格。

3. 大的章节，请用“一、二、三”等编序，序号和标题用楷体四号占3行居中。小节用“1.1、1.2、1.3”和“1.1.1、1.1.2、1.1.3”等编序，序号和小标题用黑体五号顶格,占1行。例句如需编序,请用"(1)、(2)、(3)"等,并全文统一编号。

4. 国际音标请用IPAPANNEW字体,并用"[ ]"标明,声调用数码上标。

5. 行文中如需注明观点或引文、例句的出处,应采用以下格式:

赵元任(1934)指出……

"…………"(王力1958)17-19

"…………"(段玉裁《说文解字注》)

6. 图表请在左上方用"图1""表2"等排序,黑体小五号顶格。附在文末的图表在图表左上方加注"附图1""附表3"等。

7. 正文后隔开2行附参考文献。"参考文献"4字黑体小五号顶格,所列文献用宋体小五号,并依作者姓名的拼音字母顺序编排,首行顶格,回行空2格。西文文献排在中文文献、日文文献后。现代文献的编辑依次为:作者名、括注发表或出版年份、文章题目(西文用正体)或书名(中文加书名号,西文用斜体)、期刊名(中文加书名号,西文用斜体)期数或出版社名。作者名勿用简称。古代文献的编辑依次为:作者名、括注朝代、书名。同一作者的文献,按发表或出版时间先后排列。文章题目或书名与期刊名或出版社之间用逗号分开,最后加句号。参考文献只列正文实际涉及的文献。

8. 基金项目、鸣谢等采用脚注,注释亦采用脚注,并用带圈数字表示序号,如①、②等。

以上各条可参考本刊近期已发表的论文(纸质或图片形式。期刊网上下载的本刊论文格式均已改变)。

五、请勿一稿多投。文责由作者自负。

六、来稿审读时间约为三至六个月,不论录用与否,一般不退原稿。是否录用,由编辑部通过e-mail通知。来稿如无特别声明,为了统一体例、格式等,本刊可能会对稿件做技术性的修改或删节,并请作者审阅校样。

七、本刊已加入"中国知网"电子期刊出版系统,所发文章均可在期刊网(www.cnki.net)上检索并下载。凡给本刊投稿的作者,均视为已知晓并接受其论文上线发表。

八、文章一经发表,版权属《语言研究集刊》所有。在其他出版物上转载、选编已发表的论文,需特别注明"本文首发于《语言研究集刊》第×辑"字样。

图书在版编目(CIP)数据

语言研究集刊. 第二十七辑 / 复旦大学汉语言文字学科《语言研究集刊》编委会编. —上海: 上海辞书出版社, 2021
ISBN 978-7-5326-5750-6

Ⅰ.①语… Ⅱ.①复… Ⅲ.①语言学—丛刊 Ⅳ.①H0-55

中国版本图书馆 CIP 数据核字(2021)第 040765 号

语言研究集刊(第二十七辑)

YUYAN YANJIU JIKAN(DI ERSHIQI JI)

复旦大学汉语言文字学科《语言研究集刊》编委会 编

责任编辑 刘 博
装帧设计 杨钟玮

出版发行 上海世纪出版集团
上海辞书出版社(www. cishu. com. cn)
地　　址 上海市陕西北路 457 号(邮编: 200040)
印　　刷 浙江新华数码印务有限公司
开　　本 787×1092 毫米 1/18
印　　张 $26\frac{4}{18}$
字　　数 462 000
版　　次 2021 年 4 月第 1 版 2021 年 4 月第 1 次印刷
书　　号 ISBN 978-7-5326-5750-6/H·728
定　　价 88.00 元